SURVIVAL CZECH

Book
2

SURVIVAL CZECH

Book

SOŇA VÁCHALOVÁ

SURVIVAL CZECH

Book
2

LEDA 2003

© Soňa Váchalová, 2003
© Illustrations Bořivoj Frýba, 2003
© LEDA spol. s r. o., 2003

ISBN 80-7335-016-5

Contents

BOOK 2

Grammar Appendix
Declension 9
Verbs 14
Expressions of time and adverbs of place 19
Verbs of motion 21
Pairs of verbs 22

Wordlists
Czech-English Wordlist 31
English-Czech Wordlist 77

Key 117

GRAMMAR APPENDIX

Declension

1. NOUNS

=== Abbreviations ===

mih   masculine inanimate nouns ending in a hard or neutral (ambiguous) consonant in nom sg
mis   masculine inanimate nouns ending in a soft consonant in nom sg
mah   masculine animate nouns ending in a hard or neutral (ambiguous) consonant in nom sg
mas   masculine animate nouns ending in a soft consonant or *-tel* in nom sg
ma-a masculine animate nouns ending in *-a* in nom sg
ma-e masculine animate nouns ending in *-e* in nom sg
f-a   feminine nouns ending in *-a* in nom sg
f-e   feminine nouns ending in *-e / -ě* in nom sg
f-ice feminine nouns ending in *-ice* in nom sg
fs   ⎧ feminine nouns ending in a soft consonant in nom sg
        ⎩ feminine nouns ending in a consonant in nom sg and in *-e* in nom pl
f-st ⎧ feminine nouns ending in *-st* in nom sg
        ⎩ feminine nouns ending in a consonant in nom sg and in *-i* in nom pl
n-o   neuter nouns ending in *-o* in nom sg
n-í   neuter nouns ending in *-í* in nom sg
n-e   neuter nouns ending in *-e / -ě* in both nom sg and nom pl
n+t   neuter nouns ending in *-e / -ě* in nom sg and adding *-t* before an inflection

The endings are to be added to the last consonant.

=== Use of the cases ===

acc ⎯ direct object
  prepositions: **pro, přes**; **na** with verbs such as *čekat, těšit se*; **o** with verbs such as *zajímat se, starat se, žádat, prosit* and in comparison; **za** with expressions of time and with verbs such as *platit*; **v / ve** with hours and days; **na, za, před / přede** and **pod / pode** indicating direction

gen ⎯ genitive constructions (of-genitive, s-genitive)
  prepositions: **bez / beze, u, od, do, z / ze, kromě, místo, kolem, vedle, blízko, nedaleko, včetně**
  object of verbs such as *bát se, napít se, týkat se, ptát se, zeptat se*

dat ⎯ indirect object
  prepositions: **k / ke, kvůli, proti, naproti, díky**

loc   prepositions: **o** expressing *concerning, about, of, on*; **o** expressing *at, during*; **v / ve** and **na** indicating location; **po, při**

instr — prepositions: **s / se; před / přede, za, nad / nade, pod / pode** and **mezi** indicating location
expresses *by the instrumentality of, by means of, by, through*
after verbs such as *stát se, být*

SG	acc	gen	dat	loc	instr
mih	–	-u	-u	-u	-em
OR	–	-a	-u	-e / -ě	-em
n-o	–	-a	-u	-e / -ě	-em
OR	–	-a	-u	-u	-em
f-a	-u	-y	-e / -ě	-e / -ě	-ou
ma-a	-u	-y	-ovi	-ovi	-ou
mah	-a	-a	-ovi / -u	-ovi / -u	-em
mas	-e	-e	-i / -ovi	-i / -ovi	-em
ma-e	–	–	-i / -ovi	-i / -ovi	-em
mis	–	-e	-i	-i	-em
n-e	–	–	-i	-i	-em / -ěm
f-e, *f*-ice	-i	–	-i	-i	-í
fs	–	-e / -ě	-i	-i	-í
f-st	–	-i	-i	-i	-í
n-í	–	–	–	–	-ím
n+t	–	-ete	-eti	-eti	-etem

PL	nom	acc	gen	dat	loc	instr
mih	-y	-y	-ů	-ům	-ech	-y
mah	-i / -(ov)é	-y	-ů	-ům	-ech / -ích	-y
ma-a	-(ov)é	-y	-ů	-ům	-ech / -ích	-y
n-o	-a	-a	|a	-ům	-ech / -ách	-y
mis	-e	-e	-ů	-ům	-ích	-i
mas	-i / -(ov)é	-e	-ů	-ům	-ích	-i
ma-e	-i / -ové	–	-ů	-ům	-ích	-i
f-a	-y	-y	|a	-ám	-ách	-ami
f-ice	–	–	|e	-ím	-ích	-emi
f-e	–	–	-í	-ím	-ích	-emi / -ěmi
fs	-e / -ě	-e / -ě	-í	-ím	-ích	-emi / -ěmi
n-e	–	–	-í / |ě	-ím	-ích	-i
n-í	–	–	–	-ím	-ích	-ími
f-st	-i	-i	-í	-em	-ech	-mi
n+t	-ata	-ata	-at	-atům	-atech	-aty

The verticular indicates that the ending following it is dropped.
The dash indicates that the form does not differ from that in nom sg.

Declension

2. ADJECTIVES

SG	nom	acc	gen	dat	loc	instr
			soft adjectives			
mi	-í	-í	-ího	-ímu	-ím	-ím
n	-í	-í	-ího	-ímu	-ím	-ím
ma	-í	-ího	-ího	-ímu	-ím	-ím
f	-í	-í	-í	-í	-í	-í
			hard adjectives			
mi	-ý	-ý	-ého	-ému	-ém	-ým
n	-é	-é	-ého	-ému	-ém	-ým
ma	-ý	-ého	-ého	-ému	-ém	-ým
f	-á	-ou	-é	-é	-é	-ou

PL						
			soft adjectives			
mi	-í	-í	-ích	-ím	-ích	-ími
n	-í	-í	-ích	-ím	-ích	-ími
ma	-í	-í	-ích	-ím	-ích	-ími
f	-í	-í	-ích	-ím	-ích	-ími
			hard adjectives			
mi	-é	-é	-ých	-ým	-ých	-ými
n	-á	-á	-ých	-ým	-ých	-ými
ma	-í	-é	-ých	-ým	-ých	-ými
f	-é	-é	-ých	-ým	-ých	-ými

3. POSSESSIVE PRONOUNS

Můj and **tvůj** take the same endings; the endings are added to **m-** or **tv-**.
Náš nad **váš** take the same endings; the endings are added to **naš-** or **vaš-**.
Její takes the same endings as soft adjectives.
Jeho and **jejich** do not change.

MŮJ, TVŮJ

SG	nom	acc	gen	dat	loc	instr
mi	-ůj	-ůj	-ého	-ému	-ém	-ým
ma	-ůj	-ého	-ého	-ému	-ém	-ým
n	-é	-é	-ého	-ému	-ém	-ým
f	-á	-ou	-é	-é	-é	-ou

MŮJ, TVŮJ

PL	nom	acc	gen	dat	loc	instr
mi	-é	-é	-ých	-ým	-ých	-ými
ma	-í	-é	-ých	-ým	-ých	-ými
n	-á	-á	-ých	-ým	-ých	-ými
f	-é	-é	-ých	-ým	-ých	-ými

NÁŠ, VÁŠ

SG	nom	acc	gen	dat	loc	instr
mi	náš / váš	náš / váš	-eho	-emu	-em	-ím
ma	náš / váš	-eho	-eho	-emu	-em	-ím
n	-e	-e	-eho	-emu	-em	-ím
f	-e	-i	-í	-í	-í	-í

PL						
mi	-e	-e	-ich	-im	-ich	-imi
ma	-i	-e	-ich	-im	-ich	-imi
n	-e	-e	-ich	-im	-ich	-imi
f	-e	-e	-ich	-im	-ich	-imi

4. PERSONAL PRONOUNS

FORMS FOLLOWING VERBS:

nom	acc	gen	dat + loc	instr
já	mě / mne	mě / mne	mi	mnou
ty	tě	tě	ti	tebou
my	nás	nás	nám	námi
vy	vás	vás	vám	vámi
on *ma*	ho / jej	ho	mu	jím
on *mi*	ho / jej	ho	mu	jím
ono	ho / je	ho	mu	jím
ona	ji	jí	jí	jí
oni, ony, ona	je	jich	jim	jimi

12

Declension

FORMS FOLLOWING PREPOSITIONS:

nom	acc	gen	dat	loc	instr
já	mě / mne	mě / mne	mně	mně	mnou
ty	tebe	tebe	tobě	tobě	tebou
my	nás	nás	nám	nás	námi
vy	vás	vás	vám	vás	vámi
on *ma*	něho / něj	něho	němu	něm	ním
on *mi*	něj	něho	němu	něm	ním
ono	ně	něho	němu	něm	ním
ona	ni	ní	ní	ní	ní
oni, ony, ona	ně	nich	nim	nich	nimi

The strong forms *jeho* and *jemu*, which correspond to *něho* and *němu*, and the forms *tebe*, *tobě* and *mně* can be used for emphasis.

5. KDO, CO, TEN, TO, TA

nom	acc	gen	dat	loc	instr
kdo	koho	koho	komu	kom	kým
co	co	čeho	čemu	čem	čím
ten *mi*	ten	toho	tomu	tom	tím
ten *ma*	toho	toho	tomu	tom	tím
to	to	toho	tomu	tom	tím
ta	tu	té	té	té	tou

Někdo and *nikdo* take the same endings as *kdo*; *něco* and *nic* take the same endings as *co*. *Jeden*, *jedno* and *jedna* take the same endings as *ten*, *to* and *ta* respectively.

6. DVA, TŘI, ČTYŘI, PĚT, DEVĚT

nom	acc	gen	dat	loc	instr
dva *m*	dva	dvou	dvěma	dvou	dvěma
dvě *f / n*	dvě	dvou	dvěma	dvou	dvěma
tři	tři	tří	třem	třech	třemi
čtyři	čtyři	čtyř	čtyřem	čtyřech	čtyřmi
pět	pět	pěti	pěti	pěti	pěti
devět	devět	devíti	devíti	devíti	devíti

Generally, numbers from 5 to 99 take *-i* in gen, dat, loc and instr.

13

7. OČI, UŠI, RUCE, NOHY

nom		acc	gen	dat	loc	instr
oči	eyes	oči	očí	očím	očích	očima
uši	ears	uši	uší	uším	uších	ušima
ruce	hands	ruce	rukou	rukám	rukou / rukách	rukama
nohy	feet, legs	nohy	nohou / noh	nohám	nohou / nohách	nohama

Verbs

1. BASIC CONJUGATION

The following inflections express the present tense of imperfective verbs and the future tense of perfective verbs.

TYPE OF VERB	JÁ	TY	ON	MY	VY	ONI
hled|at	-ám	-áš	-á	-áme	-áte	-ají
mluv|it	-ím	-íš	-í	-íme	-íte	-í
mysl|et	-ím	-íš	-í	-íme	-íte	-í
vid|ět	-ím	-íš	-í	-íme	-íte	-í
um|ět	-ím	-íš	-í	-íme	-íte	-ějí
var|ovat	-uji	-uješ	-uje	-ujeme	-ujete	-ují
pozv|at	-u	-eš	-e	-eme	-ete	-ou
zap|nout	-nu	-neš	-ne	-neme	-nete	-nou
přij|mout	-mu	-meš	-me	-meme	-mete	-mou
NEGATIVE						
	ne + verb		e.g. *nehledám, nemluvím, neumím;* *není* is the only irregular form			

Irregular verbs

	JÁ	TY	ON	MY	VY	ONI
být	jsem	jsi	je	jsme	jste	jsou
chtít	chci	chceš	chce	chceme	chcete	chtějí
jíst	jím	jíš	jí	jíme	jíte	jedí
vědět	vím	víš	ví	víme	víte	vědí

Verbs

Some verbs with changes in spelling

	JÁ	TY	ON	MY	VY	ONI
brát	beru	bereš	bere	bereme	berete	berou
číst	čtu	čteš	čte	čteme	čtete	čtou
hrát	hraji	hraješ	hraje	hrajeme	hrajete	hrají
mít	mám	máš	má	máme	máte	mají
moci	mohu	můžeš	může	můžeme	můžete	mohou
pít	piji	piješ	pije	pijeme	pijete	pijí
poslat	pošlu	pošleš	pošle	pošleme	pošlete	pošlou
přát	přeji	přeješ	přeje	přejeme	přejete	přejí
psát	píši / píšu	píšeš	píše	píšeme	píšete	píší / píšou
smát se	směji se	směješ se	směje se	smějeme se	smějete se	smějí se
stát	stojím	stojíš	stojí	stojíme	stojíte	stojí
ukázat	ukážu	ukážeš	ukáže	ukážeme	ukážete	ukážou
vzít	vezmu	vezmeš	vezme	vezmeme	vezmete	vezmou
začít	začnu	začneš	začne	začneme	začnete	začnou

Pomoci takes the same endings as *moci*; *žít, lít, bít / rozbít* take the same endings as *pít*; *bát se* takes the same endings as *stát*.

2. PAST TENSE

3RD PERSON: past participle
1ST AND 2ND PERSONS: affirmative forms of **být** + past participle

být	1ST AND 2ND PERSONS			
m sg	*f sg*	*m (+ f) pl*	*f pl*	
já jsem byl	já jsem byla	my jsme byli	my jsme byly	
ty jsi byl *fam*	ty jsi byla *fam*	vy jste byli	vy jste byly	
vy jste byl *pol*	vy jste byla *pol*			
3RD PERSON				
m sg	*f sg*	*n sg*	*ma (+ f) pl*	*f / mi pl*	*n pl*
on byl	ona byla	ono bylo	oni byli	ony byly	ona byla
NEGATIVE				
affirmative forms of **být** + negative past participle			*e.g.* já jsem nebyl		

15

3. FUTURE TENSE OF IMPERFECTIVE VERBS

future forms of **být** + infinitive   *e.g.* já budu mít

	JÁ	TY	ON	MY	VY	ONI
být	budu	budeš	bude	budeme	budete	budou

4. PASSIVE VOICE

affirmative / negative forms of **být** + passive participle

➤ The present tense of **připravit**

1ST AND 2ND PERSONS			
m sg	*f sg*	*m (+ f) pl*	*f pl*
já jsem připraven	já jsem připravena	my jsme připraveni	my jsme připraveny
ty jsi připraven *fam*	ty jsi připraven *fam*	vy jste připraveni	vy jste připraveny
vy jste připraven *pol*	vy jste připravena *pol*		

3RD PERSON		
m sg	*f sg*	*n sg*
on je připraven	ona je připravena	ono je připraveno
ma (+ f) pl	*f / mi pl*	*n pl*
oni jsou připraveni	ony jsou připraveny	ona jsou připravena

➤ The future tense: future forms of **být** + passive participle   *e.g.* já budu připraven
➤ The past tense: past tense of **být** + passive participle   *e.g.* já jsem byl připraven
➤ The negative: negative forms of **být** + passive participle

e.g. já nejsem připraven,
já nebudu připraven,
já jsem nebyl připraven

5. PAST PARTICIPLE

The final **-t** of the infinitive is replaced by **-l**:   hleda|t > hleda**l**

m sg	*f sg*	*n sg*	*ma (+ f) pl*	*f / mi pl*	*n pl*
hledal	hledala	hledalo	hledali	hledaly	hledala

Verbs

There may be irregularities in spelling, e.g.

být > byl	pít > pil	žít > žil	dát > dal	vést > vedl	zavřít > zavřel
mít > měl	chtít > chtěl	jít > šel	číst > četl	říci > řekl	přijmout > přijal
jíst > jedl	vzít > vzal	začít > začal	moci > mohl	krást > kradl	nabídnout > nabídl

6. PASSIVE PARTICIPLE

➤ The ending depends on the type of verb:

verbs ending in **-at / -át** (incl. **-ovat**)	**-án**	hledat > hledán, malovat > malován
verbs ending in **-et / -ět, -it**	**-en**	vidět > viděn, zrušit > zrušen
verbs ending in **-st / -zt**	**-en**	nést > nesen, vézt > vezen
verbs ending in **-nout**	**-nut**	rozhodnout > rozhodnut
verbs ending in **-hnout** mostly	**-en**	táhnout > tažen
verbs ending in **-knout** often	**-en**	obléknout > oblečen
verbs ending in **-mout**	**-at**	přijmout > přijat
verbs ending in **-ít / -ýt** in the infinitive and in **-iji / -yji** in the 1st person sg	**-it / -yt**	rozbít > rozbit umýt > umyt

m sg	*f sg*	*n sg*	*ma (+ f) pl*	*f / mi pl*	*n pl*
hledán	hledána	hledáno	hledáni	hledány	hledána

➤ Irregular forms: jíst > jeden, sníst > sněden, vzít > vzat

7. PRESENT PARTICIPLE

3rd person plural of imperfective verbs + **-cí**   *e.g.* hledat > oni hledají > hledající

8. PRESENT CONDITIONAL TENSE

auxiliary **by** + past participle

➤ The present conditional of **být**:

1ST AND 2ND PERSONS			
m sg	*f sg*	*m (+ f) pl*	*f pl*
já bych byl	já bych byla	my bychom byli	my bychom byly
ty bys byl *fam*	ty bys byla *fam*	vy byste byli	vy byste byly
vy byste byl *pol*	vy byste byla *pol*		

17

	3RD PERSON				
m sg	*f sg*	*n sg*	*ma (+f) pl*	*f / mi pl*	*n pl*
on by byl	ona by byla	ono by bylo	oni by byli	ony by byly	ona by byla

➤ Reflexive verbs: 2nd person sg: **by ses / sis** + past participle

e.g. ty by ses smál, ty by sis přál

➤ The negative: auxiliary + negative past participle

e.g. já bych nebyl, ty by ses nesmál

9. PAST CONDITIONAL TENSE

present conditional of **být** + past participle

➤ The past conditional of **mít**:

1ST AND 2ND PERSONS			
m sg	*f sg*	*m (+ f) pl*	*f pl*
já bych byl měl	já bych byla měla	my bychom byli měli	my bychom byly měly
ty bys byl měl *fam*	ty bys byla měla *fam*	vy byste byli měli	vy byste byly měly
vy byste byl měl *pol*	vy byste byla měla *pol*		

3RD PERSON		
m sg	*f sg*	*n sg*
on by byl měl	ona by byla měla	ono by bylo mělo
ma (+ f) pl	*f / mi pl*	*n pl*
oni by byli měli	ony by byly měly	ona by byla měla

➤ The past conditional of **být**: present conditional of **být** + **býval**

e.g. byl bych býval, byli bychom bývali

➤ Reflexive verbs: 2nd person sg: **by ses / sis** + past participle

e.g. ty by ses byl smál,
ty by sis byl přál

➤ The negative: one of the past participles is negative

e.g. já bych byl neměl / já bych nebyl měl,
ty by ses byl nesmál /
ty by ses nebyl smál

18

Expressions of time and adverbs of place

1. SEASONS OF THE YEAR

	NOUN	ADVERB	SINCE, FROM / UNTIL, BY	ADJECTIVE
winter	zima *f*	v zimě	od / do zimy	zimní
spring	jaro *n*	na jaře	od / do jara	jarní
summer	léto *n*	v létě	od / do léta	letní
autumn	podzim *m*	na podzim	od / do podzimu	podzimní

2. MONTHS OF THE YEAR

	NOUN	ADVERB	SINCE, FROM / UNTIL, BY	ADJECTIVE
January	leden *m*	v lednu	od / do ledna	lednový
February	únor *m*	v únoru	od / do února	únorový
March	březen *m*	v březnu	od / do března	březnový
April	duben *m*	v dubnu	od / do dubna	dubnový
May	květen *m*	v květnu	od / do května	květnový
June	červen *m*	v červnu	od / do června	červnový
July	červenec *m*	v červenci	od / do července	červencový
August	srpen *m*	v srpnu	od / do srpna	srpnový
September	září *n*	v září	od / do září	zářijový
October	říjen *m*	v říjnu	od / do října	říjnový
November	listopad *m*	v listopadu	od / do listopadu	listopadový
December	prosinec *m*	v prosinci	od / do prosince	prosincový

3. DAYS OF THE WEEK

	NOUN	ADVERB	SINCE, FROM / UNTIL, BY	ADJECTIVE
Monday	pondělí *n*	v pondělí	od / do pondělí	pondělní
Tuesday	úterý *n*	v úterý	od / do úterý	úterní
Wednesday	středa *f*	ve středu	od / do středy	středeční
Thursday	čtvrtek *m*	ve čtvrtek	od / do čtvrtka	čtvrteční
Friday	pátek *m*	v pátek	od / do pátku	páteční
Saturday	sobota *f*	v sobotu	od / do soboty	sobotní
Sunday	neděle *f*	v neděli	od / do neděle	nedělní

	NOUN	ADVERB	SINCE, FROM / UNTIL, BY	ADJECTIVE
today	dnešek *m*	dnes	ode / do dneška	dnešní
tomorrow	zítřek *m*	zítra	od / do zítřka	zítřejší
yesterday	včerejšek *m*	včera	od / do včerejška	včerejší

the day after tomorrow		pozítří
the day before yesterday		předevčírem

19

4. THE DAY

	NOUN	ADVERB	SINCE, FROM / UNTIL, BY	ADJECTIVE
morning	ráno *n*	ráno	od / do rána	ranní
(later)	dopoledne *n*	dopoledne	od / do dopoledne	dopolední
noon	poledne *n*	v poledne	od / do poledne	polední
afternoon	odpoledne *n*	odpoledne	od / do odpoledne	odpolední
evening	večer *m*	večer	od / do večera	večerní
night	noc *f*	v noci	od / do noci	noční

5. HOURS

x	x.15	x.30	x.45
jedna	čtvrt na dvě	půl druhé	tři čtvrtě na dvě
dvě	čtvrt na tři	půl třetí	tři čtvrtě na tři
tři	čtvrt na čtyři	půl čtvrté	tři čtvrtě na čtyři
čtyři	čtvrt na pět	půl páté	tři čtvrtě na pět
pět	čtvrt na šest	půl šesté	tři čtvrtě na šest
šest	čtvrt na sedm	půl sedmé	tři čtvrtě na sedm
sedm	čtvrt na osm	půl osmé	tři čtvrtě na osm
osm	čtvrt na devět	půl deváté	tři čtvrtě na devět
devět	čtvrt na deset	půl desáté	tři čtvrtě na deset
deset	čtvrt na jedenáct	půl jedenácté	tři čtvrtě na jedenáct
jedenáct	čtvrt na dvanáct	půl dvanácté	tři čtvrtě na dvanáct
dvanáct	čtvrt na jednu	půl jedné	tři čtvrtě na jednu

V / VE AT	PŘED BEFORE	DO UNTIL, BY	KOLEM / PO AT ABOUT / AFTER	MEZI BETWEEN
v jednu	jednou	jedné	jedné	jednou a druhou
ve dvě	druhou	dvou	druhé	druhou a třetí
ve tři	třetí	tří	třetí	třetí a čtvrtou
ve čtyři	čtvrtou	čtyř	čtvrté	čtvrtou a pátou
v pět	pátou	pěti	páté	pátou a šestou
v šest	šestou	šesti	šesté	šestou a sedmou
v sedm	sedmou	sedmi	sedmé	sedmou a osmou
v osm	osmou	osmi	osmé	osmou a devátou
v devět	devátou	devíti	deváté	devátou a desátou
v deset	desátou	deseti	desáté	desátou a jedenáctou
v jedenáct	jedenáctou	jedenácti	jedenácté	jedenáctou a dvanáctou
ve dvanáct	dvanáctou	dvanácti	dvanácté	dvanáctou a jednou

6. ADJECTIVES

NOUN	ADJECTIVE	NUMBER (gen) + ADJECTIVE
minuta	minutový	dvouminutový, desetiminutový
hodina	hodinový	tříhodinový, čtyřhodinový
den	denní	pětidenní, čtrnáctidenní
týden	týdenní	dvoutýdenní, šestitýdenní
měsíc	měsíční	tříměsíční, šestiměsíční
rok	roční	desetiroční, dvacetiroční
	jednoletý	dvouletý, devítiletý, tisíciletý

Jedno- can be used for emphasis: **jednodenní, jednoroční**.
Sto does not change: **stoletý**.

7. ADVERBS OF PLACE

POSITION	DIRECTION
tady	sem
tam	tam
vlevo	doleva
vpravo	doprava
nahoře	nahoru
dole	dolů
uprostřed	doprostřed
uvnitř	dovnitř
venku	ven
doma	domů

Verbs of Motion

SINGLE ACTION IN PROCESS			HABITUAL ACTION		
INFINITIVE	PRESENT	FUTURE	INFINITIVE	PRESENT	FUTURE
jít	já jdu	já půjdu	chodit	já chodím	já budu chodit
jet	já jedu	já pojedu	jezdit	já jezdím	já budu jezdit
letět	já letím	já poletím	létat	já létám	já budu létat
nést	já nesu	já ponesu	nosit	já nosím	já budu nosit
vézt	já vezu	já povezu	vozit	já vozím	já budu vozit
vést	já vedu	já povedu	vodit	já vodím	já budu vodit
táhnout	já táhnu	já potáhnu	tahat	já tahám	já budu tahat

Pairs of Verbs

Imperfective	Perfective	Imperfective	Perfective
balit	zabalit (wrap up) / sbalit (do the packing)	krájet	nakrájet (cut into pieces, slice, dice)
blížit se	přiblížit se	krást	ukrást
bohatnout	zbohatnout	kupovat	koupit
brát (si)	vzít (si)	lehat si	lehnout si
brzdit	zabrzdit	lekat se	leknout se
červenat	zčervenat	lepit	nalepit
česat	učesat	lepšit (se)	zlepšit (se)
čistit	vyčistit	lít	nalít
dařit se	podařit se	loučit se	rozloučit se
dávat	dát	luxovat	vyluxovat
dávat si	dát si	malovat	vymalovat
dědit	zdědit	mávat	zamávat
děkovat	poděkovat	měnit (se)	změnit (se)
dělat	udělat	měřit	změřit
dodávat	dodat	míchat (mix)	smíchat
dovážet	dovézt	mizet	zmizet
dožívat se	dožít se	moknout	zmoknout
držet	podržet	mrznout	zmrznout
fénovat	vyfénovat	mýt	umýt
filmovat	nafilmovat	nabízet	nabídnout
fotografovat	vyfotografovat	nacházet	najít
foukat	vyfoukat (blow dry)	nakupovat	nakoupit
házet	hodit	napadat	napadnout
hloupnout	zhloupnout	nastupovat	nastoupit
holit se	oholit se	natírat	natřít
horšit (se)	zhoršit (se)	navrhovat	navrhnout
hořet	shořet	navštěvovat	navštívit
chytat	chytit	nechávat	nechat
klepat	zaklepat	ničit	zničit
končit	skončit	nutit	přinutit
kontrolovat	zkontrolovat	objednávat	objednat
koupat se	vykoupat se	objednávat se	objednat se
krájet	ukrojit (cut a piece, slice off)	objevovat se	objevit se
		oblékat (si/se)	obléknout si (se/si)

Pairs of verbs

Imperfective	Perfective	Imperfective	Perfective
obracet se	obrátit se	představovat (si/se)	představit (si/se)
odemykat	odemknout	přecházet	přejít
odcházet	odejít	překládat	přeložit
odkládat	odložit	přemlouvat	přemluvit
odmítat	odmítnout	přepínat	přepnout
odnášet	odnést	přestávat	přestat
odpovídat	odpovědět	přestupovat	přestoupit
odtahovat	odtáhnout	převlékat se	převléknout se
odvážet	odvézt	přidávat	přidat
omlouvat se	omluvit se	přicházet	přijít
opalovat se	opálit se	přijímat	přijmout
opírat se	opřít se	přikrývat	přikrýt
opravovat	opravit	přinášet	přinést
otevírat	otevřít	připomínat	připomenout
parkovat	zaparkovat	připravovat (se)	připravit (se)
péci	upéci	přišívat	přišít
píchat	píchnout	přivážet	přivézt
platit	zaplatit	ptát se	zeptat se
plést	uplést	půjčovat (si)	půjčit (si)
podávat	podat	působit	způsobit
podepisovat	podepsat	radit	poradit
pomáhat	pomoci	rozbalovat	rozbalit
pořádat	uspořádat	rozbíjet	rozbít
posílat	poslat	rozdělovat	rozdělit
poskytovat	poskytnout	rozhlížet se	rozhlédnout se
poslouchat	poslechnout	rozhodovat (se)	rozhodnout (se)
potkávat	potkat	rozsvěcovat	rozsvítit
pouštět	pustit	rušit	zrušit (cancel)
používat	použít		vyrušit (disturb)
povídat si	popovídat si	říkat	říci
povzbuzovat	povzbudit	sedat si	sednout si
pozorovat	zpozorovat	seřizovat	seřídit
prát	vyprat	sestavovat	sestavit
probouzet se	probudit se	setkávat se	setkat se
prodávat	prodat	shánět	sehnat
prohlížet (si)	prohlédnout (si)	scházet se	sejít se
prohrávat	prohrát	schovávat	schovat
prosit	poprosit	skládat	složit
předepisovat	předepsat		

Imperfective	Perfective	Imperfective	Perfective
slavit	oslavit	věřit	uvěřit
slibovat	slíbit	větrat	vyvětrat
slyšet	uslyšet	vcházet	vejít
snižovat	snížit	vidět	uvidět
spoléhat se	spolehnout se	vítat	přivítat, uvítat
spravovat	spravit	volat	zavolat
sprchovat se	osprchovat se	volit	zvolit
srovnávat	srovnat	vracet (se)	vrátit (se)
starat se	postarat se	vraždit	zavraždit
stárnout	zestárnout	vstávat	vstát
startovat	nastartovat	vstupovat	vstoupit
stávat se	stát se	všímat si	všimnout si
stavět (se)	postavit (se)	vybalovat	vybalit
stříhat	nastříhat (into pieces)	vybírat si	vybrat si
	ostříhat (hair)	vydělávat	vydělat
sundavat (si)	sundat (si)	vyhazovat	vyhodit
svlékat (si/se)	svléknout (si/se)	vyhrávat	vyhrát
šedivět	zešedivět	vycházet	vyjít
šetřit	ušetřit	vychovávat	vychovat
tapetovat	vytapetovat	vyměňovat	vyměnit
tloustnout	ztloustnout	vyndavat	vyndat
trávit	strávit	vypínat	vypnout
tvořit	vytvořit	vyplácet se	vyplatit se
ukazovat	ukázat	vyplňovat	vyplnit
uklidňovat	uklidnit	vyrábět	vyrobit
uklízet	uklidit	vyrušovat	vyrušit
umírat	umřít	vyřizovat	vyřídit
upevňovat	upevnit	vystupovat	vystoupit
urážet	urazit	vysvětlovat	vysvětlit
usínat	usnout	vyvážet	vyvézt
usmívat se	usmát se	vyzvedávat	vyzvednout
utírat	utřít	vzkazovat	vzkázat
utrácet	utratit	vzpomínat	vzpomenout
uvědomovat si	uvědomit si	zabíjet	zabít
uzdravovat se	uzdravit se	začínat	začít
váhat	zaváhat	zahýbat	zahnout
vařit	uvařit	zajišťovat	zajistit
vážit	zvážit	zakládat	založit
vdávat se	vdát se	zalepovat	zalepit

Pairs of verbs

Imperfective	Perfective	Imperfective	Perfective
zalévat	zalít	zjišťovat	zjistit
zaměstnávat	zaměstnat	zkoušet	zkusit
zametat	zamést	zkoušet si	vyzkoušet si
zamykat	zamknout	zlobit se	rozzlobit se
zapínat	zapnout	zmenšovat (se)	zmenšit (se)
zapomínat	zapomenout	zouvat (se)	zout (se)
zařizovat	zařídit	zpívat	zazpívat
zastavovat (se)	zastavit (se)	ztrácet	ztratit
zašívat	zašít	zůstávat	zůstat
zatýkat	zatknout	zvát	pozvat
zavírat	zavřít	zvětšovat (se)	zvětšit (se)
zbývat	zbýt	zvykat si	zvyknout si
zdobit	ozdobit	zvyšovat	zvýšit
zdravit	pozdravit	žádat	požádat
zhasínat	zhasnout	žehlit	vyžehlit
získávat	získat	ženit se	oženit se

Perfective	Imperfective	Perfective	Imperfective
dát	dávat	nastříhat	stříhat
dát si	dávat si	natřít	natírat
dodat	dodávat	navrhnout	navrhovat
dovézt	dovážet	navštívit	navštěvovat
dožít se	dožívat se	nechat	nechávat
hodit	házet	objednat	objednávat
chytit	chytat	objednat se	objednávat se
koupit	kupovat	objevit se	objevovat se
lehnout si	lehat si	obléknout (se/si)	oblékat (se/si)
leknout se	lekat se	obrátit se	obracet se
nabídnout	nabízet	odejít	odcházet
nafilmovat	filmovat	odemknout	odemykat
najít	nacházet	odložit	odkládat
nakoupit	nakupovat	odmítnout	odmítat
nakrájet	krájet	odnést	odnášet
nalepit	lepit	odpovědět	odpovídat
nalít	lít	odtáhnout	odtahovat
napadnout	napadat	odvézt	odvážet
nastartovat	startovat	oholit se	holit se
nastoupit	nastupovat	omluvit se	omlouvat se

Perfective	Imperfective	Perfective	Imperfective
opálit se	opalovat se	přestat	přestávat
opravit	opravovat	přestoupit	přestupovat
opřít se	opírat se	převléknout se	převlékat se
oslavit	slavit	přiblížit se	blížit se
osprchovat se	sprchovat se	přidat	přidávat
otevřít	otevírat	přijít	přicházet
ozdobit	zdobit	přijmout	přijímat
oženit se	ženit se	přikrýt	přikrývat
píchnout	píchat	přinést	přinášet
podařit se	dařit se	přinutit	nutit
podat	podávat	připomenout	připomínat
poděkovat	děkovat	připravit (se)	připravovat (se)
podepsat	podepisovat	přišít	přišívat
podržet	držet	přivézt	přivážet
pomoci	pomáhat	přivítat	vítat
popovídat si	povídat si	půjčit (si)	půjčovat (si)
poprosit	prosit	pustit	pouštět
poradit	radit	rozbalit	rozbalovat
poskytnout	poskytovat	rozbít	rozbíjet
poslat	posílat	rozdělit	rozdělovat
poslechnout	poslouchat	rozhlédnout se	rozhlížet se
postarat se	starat se	rozhodnout (se)	rozhodovat (se)
postavit (se)	stavět (se)	rozloučit se	loučit se
potkat	potkávat	rozsvítit	rozsvěcovat
použít	používat	rozzlobit se	zlobit se
povzbudit	povzbuzovat	říci	říkat
pozdravit	zdravit	sbalit	balit
pozvat	zvát	sednout si	sedat si
požádat	žádat	sehnat	shánět
probudit se	probouzet se	sejít se	scházet se
prodat	prodávat	seřídit	seřizovat
prohlédnout (si)	prohlížet (si)	sestavit	sestavovat
prohrát	prohrávat	setkat se	setkávat se
předepsat	předepisovat	shořet	hořet
představit (si/se)	představovat (si/se)	schovat	schovávat
přejít	přecházet	skončit	končit
přeložit	překládat	slíbit	slibovat
přemluvit	přemlouvat	složit	skládat
přepnout	přepínat	smíchat	míchat

Pairs of verbs

Perfective	Imperfective	Perfective	Imperfective
snížit	snižovat	vybalit	vybalovat
spolehnout se	spoléhat se	vybrat si	vybírat si
spravit	spravovat	vyčistit	čistit
srovnat	srovnávat	vydělat	vydělávat
stát se	stávat (se)	vyfénovat	fénovat
strávit	trávit	vyfotografovat	fotografovat
sundat (si)	sundavat (si)	vyfoukat	foukat
svléknout (si/se)	svlékat (si/se)	vyhodit	vyhazovat
učesat	česat	vyhrát	vyhrávat
udělat	dělat	vychovat	vychovávat
ukázat	ukazovat	vyjít	vycházet
uklidit	uklízet	vykoupat se	koupat se
uklidnit	uklidňovat	vyluxovat	luxovat
ukrást	krást	vymalovat	malovat
ukrojit	krájet	vyměnit	vyměňovat
umřít	umírat	vyndat	vyndavat
umýt	mýt	vyplatit se	vyplácet se
upéci	péci	vyplnit	vyplňovat
upevnit	upevňovat	vypnout	vypínat
uplést	plést	vyprat	prát
urazit	urážet	vyrobit	vyrábět
uslyšet	slyšet	vyrušit	rušit, vyrušovat
usmát se	usmívat se	vyřídit	vyřizovat
usnout	usínat	vystoupit	vystupovat
uspořádat	pořádat	vysvětlit	vysvětlovat
ušetřit	šetřit	vytapetovat	tapetovat
utratit	utrácet	vytvořit	tvořit
utřít	utírat	vyvětrat	větrat
uvařit	vařit	vyvézt	vyvážet
uvědomit si	uvědomovat si	vyzkoušet si	zkoušet si
uvěřit	věřit	vyzvednout	vyzvedávat
uvidět	vidět	vyžehlit	žehlit
uzdravit se	uzdravovat se	vzít (si)	brát (si)
vdát se	vdávat se	vzkázat	vzkazovat
vejít	vcházet	vzpomenout	vzpomínat
vrátit (se)	vracet (se)	zabalit	balit
vstát	vstávat	zabít	zabíjet
vstoupit	vstupovat	zabrzdit	brzdit
všimnout si	všímat si	začít	začínat

Perfective	Imperfective	Perfective	Imperfective
zahnout	zahýbat	zešedivět	šedivět
zajistit	zajišťovat	zhasnout	zhasínat
zaklepat	klepat	zhloupnout	hloupnout
zalepit	zalepovat	zhoršit (se)	horšit (se)
zalít	zalévat	získat	získávat
založit	zakládat	zjistit	zjišťovat
zamávat	mávat	zkontrolovat	kontrolovat
zamést	zametat	zkusit	zkoušet
zaměstnat	zaměstnávat	zlepšit (se)	lepšit (se)
zamknout	zamykat	změnit (se)	měnit (se)
zaparkovat	parkovat	zmenšit (se)	zmenšovat (se)
zaplatit	platit	změřit	měřit
zapnout	zapínat	zmizet	mizet
zapomenout	zapomínat	zmoknout	moknout
zařídit	zařizovat	zmrznout	mrznout
zastavit (se)	zastavovat (se)	zničit	ničit
zašít	zašívat	zout (se)	zouvat (se)
zatknout	zatýkat	zpozorovat	pozorovat
zaváhat	váhat	způsobit	působit
zavolat	volat	zrušit	rušit
zavraždit	vraždit	ztloustnout	tloustnout
zavřít	zavírat	ztratit	ztrácet
zazpívat	zpívat	zůstat	zůstávat
zbohatnout	bohatnout	zvážit	vážit
zbýt	zbývat	zvětšit (se)	zvětšovat (se)
zčervenat	červenat	zvolit	volit
zdědit	dědit	zvyknout si	zvykat si
zeptat se	ptát se	zvýšit	zvyšovat
zestárnout	stárnout		

WORDLISTS

WORDLISTS

Czech-English Wordlist

Nouns beginning with **ch** are listed separately following **h**.

A

a and
adresa *f, -y* address
adresát *ma, -i* addressee
advent *mi* Advent
agentura *f, -y* agency; **reklamní ~** advertising agency
agresivní *adj* aggressive
akademický *-á, -é adj* academic
akademie *f, 0* academy
akcie *f, 0* share, stocks
album *n, pl* alba album
ale but
alej *f, -e* avenue
Alpy *f pl* the Alps
ambiciózní *adj* ambitious
americký *-á, -é adj* American
Američan *ma, -é* American
Amerika *f* America; **v Americe** in America
anděl *ma, -é* angel
angína *f, -y* tonsilitis
anglický *-á, -é adj* English
Angličan *ma, -é* Englishman, English *(person)*
angličtina *f, -y* English *(language, lesson)*
Anglie *f* England
angrešt *mi, -y* gooseberry
ani – ani neither – nor
antibiotika *n pl* antibiotics
apartmá *n, 0* suite
aperitiv *mi, -y* aperitif

arabsky *adv* Arabic
architektura *f, -y* architecture
asi approximately, perhaps, about *(with numbers)*
asistent *ma, -i* / **asistentka** *f, -y* assistant
aspirin *mi, -y* aspirin
aspoň at least
astrologie *f* astrology
atmosféra *f* atmosphere
Australan *ma, -é* Australian *(person)*
Austrálie *f* Australia
australský *-á, -é adj* Australian
auto *n, -a* car; **služební ~** company car
autobus *mi, -y* bus
až when; all the way to / from, as far as, up to

B

babička *f, -y* grandmother
balení *n, 0* pack
balíček *mi, pl* balíčky small parcel, package
balík *mi, -y* parcel
bal|it *imp* (já -ím, oni -í) (to) pack; wrap
balkon *mi, -y* balcony; **první ~** dress circle; **druhý ~** upper circle
banán *mi, -y* banana
banka *f, -y* bank; **v bance** in the bank
bankéř *ma, -i* banker

31

bankovka *f*, -y banknote
barva *f*, -y colour, dye
basketbal *mi* basketball
bát se *imp* (já se bojím, oni se bojí) (to) fear, be afraid
baterka *f*, -y; coll (electric) torch
bav|it se *imp* (já se -ím, oni se -í) (to) enjoy oneself
bavlna *f* cotton
bavlněný -á, -é *adj* cotton
bazén *mi*, -y swimming pool
běh|at *imp* (já -ám, oni -ají) (to) run
belgický -á, -é *adj* Belgian
benzin *mi* petrol
benzinová pumpa *f*, -y petrol / filling station
beránek *ma, pl* beránci lamb
betlém *mi*, -y crib, crèche, the Nativity
bez *prep* + *gen* without
bezohledný -á, -é *adj* inconsiderate, rude
běž|et *imp* (já -ím, oni -í) (to) be running
bílý -á, -é *adj* white
biskup *ma*, -ové bishop
bitva *f*, -y battle
blahopřání *n*, 0 congratulation
blahopř|át *imp* (já -eji, oni -ejí) (to) congratulate
bledý -á, -é *adj* pale
blízko near, nearby
blízký -á, -é *adj* near, close
blíž|it se *imp* (já se -ím, oni se -í) (to) draw near, approach
blok *mi*, -y block
bohat|nout *imp* (já -nu, oni -nou; *pp* -l) (to) be getting rich
bohatý -á, -é *adj* rich, wealthy
bohužel unfortunately; **Bohužel ne.** I am afraid not.
bochánek *mi, pl* bochánky Easter cake (*big bun of yeast dough*)

boj *mi*, -e fight
bol|et *imp* (ono -í, ony -í) (to) ache, hurt, be painful / sore
bonbon *mi*, -y sweet
bonboniéra *f*, -y box of chocolates
borůvka *f*, -y bilberry
bos -a, -o *adj pred* barefoot
bosý -á, -é *adj* barefooted
bota *f*, -y shoe, boot
bouřka *f*, -y thunderstorm
brambor *mi*, -y potato; **kilo brambor** a kilo of potatoes
branka *f*, -y (small) gate; goal
brát *imp* (já beru, oni berou) (to) take
bratr *ma, pl* bratři brother
bratranec *ma, pl* bratranci cousin
broskev *f, pl* broskve peach
brusl|it *imp* (já -ím, oní -í) (to) skate
brýle *f pl*; *gen pl* brýlí glasses; **~ proti slunci / sluneční ~** sunglasses
brzda *f*, -y brake; **ruční ~** handbrake
brzd|it *imp* (já -ím, oni -í) (to) brake
brzy soon; early
břeh *mi*, -y (river) bank, shore
březen *mi* March
Budapešť *f* Budapest
budík *mi*, -y alarm clock
budova *f*, -y building
buď – nebo / anebo *conj* either – or
buchta *f*, -y (plain) cake
bunda *f*, -y; *gen pl* bund anorak, (casual / sports) jacket
bydlení *n*, 0 housing
bydl|et *imp* (já -ím, oni -í) (to) live (*not used of living in countries or continents*)
bydliště *n*, 0 residence, place of residence
byt *mi*, -y flat

být *imp* (já jsem, oni jsou; *pp* byl) (to) be;
~ **na řadě** (to) be one's turn;
~ **nucen** (to) be forced / compelled
bývalý -á, -é *adj* former

C

Words beginning with **ch** are listed in a separate section following **h**.

CD přehrávač *mi*, -e CD player
cédéčko *n*, -a; coll CD
celkem *adv* altogether
celý -á, -é *adj* whole, all; ~ **den** all day
cement *mi* cement
cena *f*, -y price; prize; award
centrum *n*, *pl* centra centre; town-centre; **do centra** to the centre
cesta *f*, -y way; journey, trip; **služební** ~ business trip; **svatební** ~ honeymoon (trip)
cest|ovat *imp* (já -uji, oni -ují) (to) travel
cigareta *f*, -y cigarette
církev *f*, *pl* církve church (body)
císař *ma*, -i / -ové emperor
císařovna *f*, -y empress
cít|it *imp* (já -ím, oni -í) (to) smell;
~ **se** (to) feel
citron *mi*, -y lemon
cizí *adj* foreign; other people's
cizina *f* foreign countries; **v cizině** abroad
cizinec *ma*, *pl* cizinci / **cizinka** *f*, -y foreigner
co what; ~ **nejdříve** as soon as possible; ~ **nejrychleji** as fast as possible
copak what
což *conj* which

cukr *mi*, -y sugar
cukrárna *f*, -y cake shop
cukřenka *f*, -y sugar bowl
cvič|it *imp* (já -ím, oni -í) (to) practise (on), exercise, train, do gymnastics

Č

čaj *mi*, -e tea
čas *mi*, -y time
časopis *mi*, -y magazine
část *f*, -i part
často *adv* often
Čech *ma*, *pl* Češi Czech *(person)*
čekárna *f*, -y waiting room
ček|at (na + acc) *imp* (já -ám, oni -ají) (to) wait (for), await, expect
čepice *f*, 0 cap, woolly hat
černobílý -á, -é *adj* black and white
černý -á, -é *adj* black
čerstvý -á, -é *adj* fresh
čert *ma*, -i devil
červen *mi* June
červenec *mi* July
červený -á, -é *adj* red
Češi *ma pl* Czechs *(men, men and women)*
Češka *f*, -y Czech *(woman)*
čeština *f* Czech, the Czech language
četba *f* reading
čí whose *(question-word)*
činohra *f*, -y play
číslo *n*, -a number, figure; **poštovní směrovací** ~ **(PSČ)** post code; **rodné** ~ birth index, birth certificate number; ~ **telefonu / telefonní** ~ telephone number
číst *imp* (já čtu, oni čtou) (to) read
čistírna *f*, -y dry-cleaner's
čist|it *imp* (já -ím, oni -í) (to) clean

33

čistý -á, -é *adj* clean, clear
číšník *ma, pl* číšníci waiter
článek *mi, pl* články article *(in a magazine, newspaper)*
člověk *ma, pl* lidé; *dat / loc sg* -u man, human being, person; **Člověče, nezlob se** ludo
člun *mi,* -y boat, barge, dinghy; **nafukovací ~** inflatable dinghy
čokoláda *f,* -y chocolate, a bar of chocolate
čtenář *ma,* -i **/ čtenářka** *f,* -y reader
čtvrt *f,* -i / -ě quarter
čtvrtek *mi, pl* čtvrtky; *gen sg* čtvrtka Thursday

D

dál(e) farther on, further; **Dále!** Come in.
daleko far, far away; **To je daleko.** It's a long way.
dalekohled *mi,* -y binoculars, telescope
dálnice *f,* 0 motorway
další *adj* further, next
dáma *f,* -y lady
dánský -á, -é *adj* Danish
daň *f, pl* daně tax
dar *mi,* -y gift, present
dárek *mi, pl* dárky present
dař|it se *imp* (ono se -í, ony se -í) (to) do well, flourish; **Daří se mi to.** I am getting on well with it.
d|át *perf* (já -ám, oni -ají) (to) give; **~ do pořádku** (to) put / set in order, sort (sth) out; **~ přednost** + dat (to) prefer; give way; **~ se** (to) be possible (to do); **~ si** (to) have *(something to eat / drink or a shower)*; **~ vědět** (to) let know

datum *n, pl* data date
dáv|at *imp* (já -ám, oni -ají) (to) give; put on; **Co dávají v televizi?** What's on TV?; **~ do pořádku** (to) put / set in order, sort (sth) out; **~ přednost** + dat (to) prefer; give way
dcera *f,* -y daughter
dědeček *ma, pl* dědečkové grandfather
dějiny *f pl* history
děl|at *imp* (já -ám, oni -ají) (to) do, make; **~ zkoušku** (to) take an exam, sit (for) an exam
děleno + instr divided by
den *mi, pl* dny / dni day; **pár dní** a couple of days; **toho dne** on this / that day
deprese *f,* 0 depression
déšť *mi, pl* deště rain
deštník *mi,* -y umbrella
děti *f pl* children
dětství *n,* 0 childhood
dezert *mi,* -y dessert
diář *mi,* -e diary
dieta *f,* -y (special) diet
dietní *adj* dietary *(usually for medical reasons)*
díky thanks ♦ prep + dat thanks to
dílna *f,* -y workshop
dílo *n,* -a; *gen pl* děl work
diplomat *ma,* -é / -i diplomat
díra *f,* -y; *gen pl* děr hole
disk *mi,* -y disc; **kompaktní ~** compact disc
disketa *f,* -y diskette
diskotéka *f,* -y disco(theque)
dít se *imp* (ono se děje, ony se dějí) (to) happen, be going on
dítě *n, pl* děti *f* child
divadlo *n,* -a theatre

dív|at se *imp* (já se -ám, oni se -ají) (to) look; **~ na** + acc (to) look at, watch
dívka *f*, -y girl
dlouho (for) a long time, long
dlouhý -á, -é *adj* long
dluh *mi*, -y debt
dnes, coll **dneska** today; **~ večer** tonight
dnešek *mi* today
do *prep* + gen into, to; *(with expressions of time)* till, by
doba *f*, -y (period of) time
dobře well; all right
docela quite
dod|at *perf* (já -ám, oni -ají) / **dodáv|at** *imp* (já -ám, oni -ají) (to) add *(say)*; deliver
dohr|át *perf* (já -aji, oni -ají) (to) finish playing
dohromady *adv* together
docház|et *imp* (já -ím, oni -ejí) (to) reach *(a place)*; visit, frequent; fall short, run out; **Dochází nám káva.** We are running out of coffee.; **Docházejí nám zásoby.** Our supplies are running out.
dojem *mi*, *pl* dojmy impression
do|jít *perf* (já -jdu, oni -jdou; *pp* -šel) (to) reach *(a place)*, get (to); run out *(of supplies)*; **Došla nám káva.** We have run out of coffee.; **~ pro** + acc (to) go for, fetch
doklad *mi*, -y (a piece of) documentary evidence; receipt
dokonce (i) *adv* even; **Dokonce i dítě umí ...** Even a child can ...
dokument *mi*, -y document
dole *adv* down (there / here)
doleva *adv* (to the) left
dolů *adv* down *(direction)*

doma *adv* at home
domácí *ma* / *f*; *adj decl* landlord; landlady *(of rented property)* ◆ *adj* home-made
domácnost *f*, -i household
domek *mi*, *pl* domky small house
domluv|it se *perf* (já se -ím, oni se -í) (to) make oneself understood; reach agreement
domov *mi*, -y home; **odejít z domova** (to) leave home
domů *adv* home *(direction)*
dopis *mi*, -y letter
doplat|it *perf* (já -ím, oni -í) (to) pay extra, pay an additional sum
dopoledne *n* / *adv* later in the morning
doporuč|it *perf* (já -ím, oni -í) (to) recommend
doprava *adv* (to the) right ◆ *f*, -y transport
dopravní zácpa *f* traffic jam
doprostřed *adv* to the middle
doprovod|it *perf* (já -ím, oni -í) (to) accompany, see (sb) home, see (sb) off
dopředu *adv* to the front
do|psat *perf* (já -píši, oni -píší) (to) finish writing
dort *mi*, -y (rich) cake, gateau, flan
dospělý -á, -é *adj* adult, grown-up ◆ *ma*, *pl* dospělí; *adj decl* adult (person)
dospívající *adj* adolescent ◆ *ma* / *f*; *adj decl* adolescent, teenager
dost enough
do|stat *perf* (já -stanu, oni -stanou) (to) get, be given; **~ se** (to) get to *(a place)*
douf|at *imp* (já -ám, oni -ají) (to) hope; **Doufám, že ano / že ne.** I hope so / not.

35

doutník *mi*, -y cigar
dováž|et *imp* (já -ím, oni -ejí) (to) import
do|vědět se *perf* (já se -vím, oni se -vědí) (to) find out, get to know; ~ **o** + *loc* (to) learn about
do|vézt *perf* (já -vezu, oni -vezou) (to) bring *(by means of transport)*; import
dovnitř *adv* to inside ◆ *prep* into
dovolená *f*, -é; *adj decl* holiday
dovol|it *perf* (já -ím, oni -í) (to) allow; **Dovolte mi, abych ...** Allow me to ...
dozadu *adv* to the back
doz|vědět se *perf* (já se -vím, oni se -vědí) SEE **dovědět se**
do|žít se + *gen*; *perf* (já se -žiji, oni se -žijí) / **dožív|at se** *imp* (já se -ám, oni se -ají) (to) live to be / see
drahý -á, -é *adj* dear, expensive; ~ **kámen** *mi*, *pl* drahé kameny precious stone; ~ **kov** *mi*, *pl* drahé kovy noble metal
dramatický -á, -é *adj* dramatic
drobné *mi pl; adj decl* (small) change
druhý -á, -é second, (the) other
drž|et *imp* (já -ím, oni -í) (to) hold, keep
dřevo *n*, -a wood, timber
dříve *adv* earlier, sooner
dříve než *conj* before
duben *mi* April
důchod *mi*, -y retirement; retirement pension; **být v důchodu** (to) be retired
důchodce *ma*, -i / **důchodkyně** *f*, 0 pensioner
důležitý -á, -é *adj* important
dům *mi*, *pl* domy house; **obchodní** ~ department store, shopping centre

dutý -á, -é *adj* hollow
dvakrát twice
dveře *f pl; gen pl* dveří door; **ve dveřích** in the doorway; **za dveřmi** behind the door
dvoje two, two pairs of
dvoulůžkový *adj* double, twin-bedded *(room)*
dých|at *imp* (já -ám, oni -ají) (to) breathe
džem *mi*, -y jam
džíny *f pl* jeans
džus *mi*, -y juice

E

ekonomický -á, -é *adj* economic
ekzém *mi*, -y eczema
elegantní *adj* elegant
elektrický -á, -é *adj* electric
elektřina *f* electricity
emigrace *f* emigration
emigr|ovat *imp* (já -uji, oni -ují) (to) emigrate
energie *f*, 0 energy
evropský -á, -é *adj* European; **Evropská unie** *f* the European Union
exist|ovat *imp* (já -uji, oni -ují) (to) exist
experiment|ovat *imp* (já -uji, oni -ují) (to) experiment
expres *adv* express

F

faktura *f*, -y invoice
fara *f*, -y parish office
farma *f*, -y farm
fax *mi*, -y facsimile, fax
film *mi*, -y film; roll of film; **akční** ~ action film; **dokumentární** ~ documentary

film|ovat *imp* (já -uji, oni -ují) (to) film, shoot a film, make a film of
finance *f pl* finance
finanční *adj* finance, financial
firma *f*, -y company, firm
flambovaný -á, -é *adj* flambé
flétna *f*, -y flute
fond *mi*, -y fund; **investiční ~** investment fund
formulář *mi*, -e form
fotbal *mi* football *(game)*
fotoaparát *mi*, -y camera
fotografie *f*, 0 photograph
fotograf|ovat *imp* (já -uji, oni -ují) (to) photograph, take photographs of
fouk|at *imp* (já -ám, oni -ají) (to) blow
frak *mi*, -y tailcoat
francouzsky *adv* French
francouzský -á, -é *adj* French
fronta *f*, -y queue; front; **stát ve frontě** (to) queue
fung|ovat *imp* (ono -uje, ony -ují) (to) work *(of machines)*, function
fyzika *f* physics

G

galanterie *f*, 0 haberdashery, haberdasher's
galerie *f*, 0 art gallery
gang *mi*, -y gang
garáž *f*, -e garage *(for parking)*
garsonka *f*, -y bed-sitter, studio flat
gauč *mi*, -e sofa, settee
gotický -á, -é *adj* Gothic
gramatika *f*, -y grammar
granát *mi*, -y garnet; grenade
grapefruit *mi*, -y grapefruit
guma *f*, -y rubber; eraser; **kalhotová ~** elastic (band)

gymnastika *f* gymnastics
gymnázium *n*, *pl* gymnázia grammar school

H

hád|at *imp* (já -ám, oni -ají) (to) guess
hala *f*, -y hall, concourse
halenka *f*, -y blouse
hezky *adv* nicely
hezký -á, -é *adj* pretty, lovely, good-looking, handsome, nice
historik *ma*, *pl* historikové / historici historian
hlad *mi* hunger
hlas *mi*, -y voice
hlasitý -á, -é *adj* loud
hlava *f*, -y head
hlavně *adv* mainly, chiefly
hlavní *adj* main, chief, central *(railway station, post office)*
hled|at *imp* (já -ám, oni -ají) (to) look for; seek
hlídání *n* guarding, watching over; **~ dětí** babysitting
hlíd|at *imp* (já -ám, oni -ají) (to) guard, watch over; **~ dítě** (to) babysit
hloupý -á, -é *adj* silly, stupid
hluk *mi* noise
hned *adv* immediately, at once, right now
hnědý -á, -é *adj* brown
hodina *f*, -y hour
hodinky *f*, *pl*; *gen pl* hodinek (wrist)watch
hodiny *f pl* clock
hod|it *perf* (já -ím, oni -í) (to) throw
hod|it se *imp* (já se -ím, oni se -í) (to) be suitable / appropriate / convenient / suited, suit

37

hodně + gen a lot of, lots of;
~ **místa** a lot of space
hodný -á, -é *adj* kind, good; well-behaved
hokej *mi* hockey; **lední** ~ ice hockey; **pozemní** ~ field hockey
hokejka *f*, -y hockey stick
holandský -á, -é *adj* Dutch; hollandaise
holčička *f*, -y little girl, baby girl
holicí strojek *mi*, -y razor; (electric) shaver
holič *ma*, -i / -ové barber; coll hairdresser, hairdresser's
hol|it se *imp* (já se -ím, oni se -í) (to) shave
holka *f*, -y; coll girl
holub *ma*, -i pigeon
hora *f*, -y mountain
horečka *f*, -y fever
horko *adv* hot, very warm ◆ *n*, -a a period / spell of hot weather, heatwave
horký -á, -é *adj* hot, very warm
horoskop *mi*, -y horoscope
horský -á, -é *adj* mountain
hoř|et *imp* (ono -í, ony -í) (to) burn *(be on fire / alight)*
hospoda *f*, -y pub
host *ma*, -é guest
hostina *f*, -y banquet, feast
hostinec *mi*, *pl* hostince pub
hostinský *ma*, *pl* hostinští; *adj decl* landlord
hostitel *ma*, -é host
hostitelka *f*, -y hostess
hotel *mi*, -y hotel
hotov -a, -o *adj pred* ready, finished
hotový -á, -é *adj* finished, ready
houba *f*, -y fungus, mushroom; sponge *(not of cake)*

houska *f*, -y (bread)roll *(roundish)*
hra *f*, -y game, play, playing
hráč *ma*, -i player; **hazardní** ~ gambler
hračka *f*, -y toy
hrad *mi*, -y (medieval) castle
hranice *f*, 0 border, frontier, limit
hranič|it s / se + instr; *imp* (ono -í, ony -í) (to) border on
hraniční přechod *mi*, -y border / frontier crossing point, checkpoint
hranolek *mi*, *pl* hranolky (potato) chip
hrášek *mi*, *pl* hrášky green pea
hr|át *imp* (já -aji, oni -ají) (to) play; ~ **na** + acc (to) play sth *(a musical instrument)*; ~ **si** (**s** + instr) (to) play (with) *(of children)*
hrnec *mi*, *pl* hrnce pot
hrneček *mi*, *pl* hrnečky (a small) mug
hrob *mi*, -y grave
hrobka *f*, -y tomb
hromada *f*, -y heap
hrozný -á, -é *adj* horrible, terrible
hrubý -á, -é *adj* rude, coarse
hřbitov *mi*, -y; *gen sg* -a; *loc sg* -ě cemetery; **na hřbitově** in the / a cemetery
hřeben *mi*, -y comb; crest *(top of a mountain)*, ridge
hřiště *n*, 0 playground; **golfové** ~ golf course; **fotbalové** ~ pitch
hudba *f* music
hůl *f*, *pl* hole stick; **golfová** ~ golf club; **turistická** ~ walking stick
humor *mi* humour
hůře, coll **hůř** *adv* worse
husa *f*, -y goose
hvězda *f*, -y; *gen pl* hvězd star
hvězdárna *f*, -y observatory
hvězdářský -á, -é *adj* astronomical

CH

charakteristický -á, -é *adj* characteristic
chemie *f* chemistry
chladno *adv* cold, chilly
chladný -á, -é *adj* cold, chilly, cool
chlapec *ma, pl* chlapci boy
chlapeček *ma, pl* chlapečci little boy, baby boy
chléb, coll **chleba** *mi, pl* chleby bread *(usually brown bread)*
chmel *mi* hops
chodba *f, -y* corridor, hallway
chod|it *imp* (já -ím, oni -í) (to) go, walk
chov|at *imp* (já -ám, oni -ají) (to) breed, keep *(animals)*; ~ **se** (to) behave
chrám *mi, -y* cathedral, temple
chrán|it (před + instr) *imp* (já -ím, oni -í) (to) protect (from)
chřest *mi, -y* asparagus
chřipka *f, -y* influenza
chtít *imp* (já chci, oni chtějí; *pp* chtěl) (to) want
chudák *ma, pl* chudáci poor man / woman / boy / girl
chutn|at *imp* (ono -á, ony -ají) (to) taste; **Ta polévka mi chutná.** I am enjoying / I like the soup.
chuť *f* taste, appetite; **Dobrou chuť!** Enjoy your meal!
chvályhodný -á, -é *adj* praiseworthy, laudable, commendable
chvíle *f, 0* moment, little while
chyba *f, -y* mistake, error
chyb|ět *imp* (já -ím, oni -ějí) (to) be missing, be absent, be lacking
chyst|at se *imp* (já se -ám, oni se -ají) (to) be preparing, be going *(to go / do)*

chyt|at *imp* (já -ám, oni -ají) / **chyt|it** *perf* (já -ím, oni -í) (to) catch
chyt|nout *perf* (já -nu, oni -nou; *pp* -l) (to) catch; catch fire
chytrý -á, -é *adj* clever, smart, bright, brainy

I

i and also
i když *conj* even if, even though
ideál *mi, -y* ideal
ideální *adj* ideal
Ind *ma, -ové* Indian *(person)*
Indie *f, 0* India
inflace *f, 0* inflation
informace *f, 0* information
inform|ovat *imp* (já -uji, oni -ují) (to) inform
injekce *f, 0* injection
inkaso *n, -a a sum of money paid monthly for rent, electricity etc.*
instituce *f, 0* institution
inteligentní *adj* intelligent
interview *n; indecl* interview
inzerát *mi, -y* advertisement, small ad
Irsko *n* Ireland
italsky *adv* Italian

J

jablko *n, -a* apple
jahodový -á, -é *adj* strawberry
jachta *f, -y* yacht
jak how
jakmile *conj* as soon as
jako as, like; ~ **obyčejně** as usual
jaký -á, -é *pron* what (kind / sort of), what ... like
jamka *f, -y* hole *(a small hollow in the ground)*

39

jarní *adj* spring, springlike
jaro *n*, -a spring; **na jaře** in spring
jasný -á, -é *adj* clear, bright
jazyk *mi*, -y tongue; language
jeden one; ~ **po druhém** one after another
jediný -á, -é *adj* the only; **ani** ~ not a single (one)
jednak – (a) **jednak** on the one hand – on the other hand
jednání *n*, 0 negotiation, discussion; action; behaviour; treatment
jednoduchý -á, -é *adj* simple; single *(ticket)*
jednolůžkový *adj* single *(room)*
jehla *f*, -y needle *(for sewing, or injection for drugs)*
jeho *pron ma* his; **jejich** *pl* their, theirs; **její** *f* her, hers
jemný -á, -é *adj* fine, delicate, of very small particles
jen, jenom only, just
jestliže *conj* if
ještě still, in addition; ~ **jeden** one more, another; ~ **jednou** once more, once again; ~ **ne** not yet; ~ **něco** something / anything else
jet *perf* (já jedu, oni jedou) **/ jezd|it** *imp* (já -ím, oni -í) (to) go *(by means of transport)*
Ježíšek *ma* baby Jesus
jídelní lístek *mi*, -y menu
jídlo *n*, -a food, meal, dish
jih *mi* south; **na jihu** in the south
jihovýchod *mi* south-east
jihozápad *mi* south-west
jinak *adv* otherwise, in a different way
jinam *adv* to another place, in a different direction

jinde *adv* in a different place, somewhere else
jiný -á, -é *adj* different, another, some other
jíst *imp* (já jím, oni jedí) (to) eat
jít *perf* (já jdu, oni jdou) (to) go; *(on foot)* walk; ~ **naproti** + dat (to) go to meet (sb); ~ **se projít** (to) go for a stroll; ~ **ven** (to) go outside the house / outdoors; ~ **za** + instr (to) go / come to see (sb); follow (sb / sth)
jízda *f*, -y journey; drive, ride; **rychlá** ~ speeding
jízdenka *f*, -y ticket *(for public transport)*
jízdní kolo *n*, -a bicycle
jízdní řád *mi*, -y timetable *(of trains, buses)*
jižní *adj* southern, south
jmelí *n*, 0 mistletoe
jméno *n*, -a name
jmen|ovat se *imp* (já se -uji, oni se -ují) (to) be called; **Jmenuji se ...** My name is ...
jóga *f* yoga
jogurt *mi*, -y yoghurt

K

k, ke *prep* + dat towards, to; **k pronajmutí** to let; **k dispozici** available; **k dostání** obtainable, available; **ke křižovatce** to / towards the crossroads
kabát *mi*, -y coat
kabelka *f*, -y handbag
kadeřnice *f*, 0 **/ kadeřník** *ma*, *pl* kadeřníci hairdresser
kadeřnictví *n*, 0 hairdresser's

kakao *n*, -a cocoa
kalhoty *f pl* trousers; **jedny ~** a pair of trousers
kam where (to)
kamarád *ma*, -i; *coll* / **kamarádka** *f*, -y friend, companion, mate
kámen *mi*, *pl* kameny; *gen sg* kamene stone
kancelář *f*, -e office; **cestovní ~** travel agency; **realitní ~** real estate agency
kapitán *ma*, -i captain
kaplička *f*, -y (small) chapel
kapr *ma*, *pl* kapři carp
karotka *f*, -y carrot
karta *f*, -y card, file card; **telefonní ~** (tele)phone card
kartáček *mi*, *pl* kartáčky (small) brush; **~ na zuby** toothbrush
kašel *mi*; *gen sg* kašle cough
katastrofa *f*, -y catastrophe, disaster
katolický -á, -é *adj* Roman Catholic
káva *f*, -y coffee
každý -á, -é *pron* every, each; **každých šest hodin** every six hours
kbelík *mi*, -y bucket, pail
kde where
kdo who
kdy when
když *conj* when, *coll* if
keř *mi*, -e shrub, bush
kilo *n*, -a kilo
kilometr *mi*, -y kilometre
kino *n*, -a cinema
kiwi *n*, 0 kiwi (fruit)
klášter *mi*, -y; *gen sg* -a monastery, convent; **v klášteře** in the / a monastery *or* convent
klenot *mi*, -y jewel; **klenoty** *pl* jewellery
klep|at *imp* (já -ám / -u, oni -ají / -ou) (to) knock, tap
klíč *mi*, -e key
klid *mi* quiet, peace and quiet
klidný -á, -é *adj* quiet, peaceful
klient *ma*, -i / **klientka** *f*, -y client
klobouk *mi*, -y hat *(with a brim)*
klub *mi*, -y club
kluk *ma*, *pl* kluci; *coll* boy
kluziště *n*, 0 slide *(usually a playground covered with ice)*
knedlík *mi*, -y dumpling
kněz *ma*, *pl* kněží priest
kněžna *f*, -y princess
kniha *f*, -y book
knihkupectví *n*, 0 bookshop
knihovna *f*, -y bookcase; library
kníže *ma*, *pl* knížata *n* prince
knoflík *mi*, -y button, knob
koberec *mi*, *pl* koberce carpet
kočárek *mi*, *pl* kočárky pram
kočka *f*, -y cat
koktejl *mi*, -y cocktail, shake
kola *f*, -y; *coll* Coca Cola, Coke
koláč *mi*, -e tart *(a circle of pastry with a sweet filling)*
koleda *f*, -y Christmas carol
kolega *ma*, -ové / **kolegyně** *f*, 0 colleague, co-worker
kolem *prep* + *gen* past; around; about *(approximately)*
kolik how many, how much
kolo *n*, -a wheel; **(jízdní) ~** bicycle, bike
kombinace *f*, 0 combination
komín *mi*, -y; *gen sg* -a chimney, funnel, chimney stack
komplikovaný -á, -é *adj* complicated, complex
kon|at se (ono se -á, ony se -ají) (to) be held

koncert *mi*, -y concert
konč|it *imp* (já -ím, oni -í) (to) finish, end
konec *mi*, *pl* konce end
konečně *adv* finally, at last
konferenční *adj* conference
konkurence *f*, 0 competition, coll competitors
kontrola *f*, -y control; check
kontrol|ovat *imp* (já -uji, oni -ují) (to) control; check
konvice *f*, 0 kettle, teapot, coffee pot
kopec *mi*, *pl* kopce hill
kopretina *f*, -y ox-eye daisy
koruna *f*, -y crown
kostel *mi*, -y; *gen sg* -a; *loc sg* -e church
kostým *mi*, -y suit *(for women)*, skirt suit
košík *mi*, -y basket
košile *f*, 0 shirt
kotel *mi*, *pl* kotle furnace, boiler, cauldron
koupaliště *n*, 0 open-air swimming pool
koup|at se *imp* (já se -ám, oni se -ají) (to) bathe
koupelna *f*, -y bathroom
koup|it *imp* (já -ím, oni -í; kup!) (to) buy, purchase; **~ si** (to) buy for oneself
kouř|it *imp* (já -ím, oni -í; kuř!) (to) smoke
kout *mi*, -y corner, recess, nook;
  kuchyňský ~ kitchenette;
  sprchový ~ shower cubicle
kov *mi*, -y metal
koza *f*, -y goat
kožich *mi*, -y fur coat
krabice *f*, 0 box *(of paper, cardboard, metal)*

krabička *f*, -y small box
kráj|et *imp* (já -ím, oni -ejí) (to) cut *(with a knife)*
krajina *f*, -y countryside, landscape, scenery
král *ma*, -ové; *acc sg* -e king
králík *ma*, *pl* králíci rabbit
královna *f*, -y queen
kraslice *f*, 0 Easter egg *(decorated in a special way)*
krásný -á, -é *adj* beautiful
krást *imp* (on krade, oni kradou; *pp* kradl) (to) steal
krátký -á, -é *adj* short *(not used of people)*; brief
kráva *f*, -y; *gen pl* krav cow
kravata *f*, -y tie
kriket *mi* cricket
kritický -á, -é *adj* critical
kritiz|ovat *imp* (já -uji, oni -ují) (to) criticise
krk *mi*, -y neck, throat
krm|it *imp* (já -ím, oni -í) (to) feed
kromě *prep* + gen except (for);
  ~ toho besides; **~ toho, že ...** apart from the fact that ...
křeslo *n*, -a armchair
křič|et *imp* (já -ím, oni -í) (to) shout, scream, cry out
křídlo *n*, -a wing
křižovatka *f*, -y crossroads
který -á, -é *pron* which
kufr *mi*, -y case
kuchyně *f*, 0 kitchen
kuchyňka *f*, -y kitchenette
kuchyňský kout *mi*, -y kitchenette
kulturní *adj* cultural
kůň *ma*, *pl / gen sg* koně horse
kupé *n*, 0; indecl compartment
kus *mi*, -y piece

kvalifikace *f*, 0 qualifications
kvalita *f*, -y quality
kvést *imp* (ono kvete, ony kvetou; *pp* kvetl) (to) flower, bloom, be in bloom / blossom
květák *mi*, -y cauliflower
květen *mi* May
květina *f*, -y flower
kvůli *prep* + dat because of, owing to, due to, for the sake of
kyselý -á, -é *adj* sour, acid, tart, pickled
kytara *f*, -y guitar
kytice *f*, 0 bunch of flowers, bouquet

L

labuť *f*, *pl* labutě swan
láhev *f*, *pl* láhve bottle
lanovka *f*, -y funicular
láska *f*, -y love
látka *f*, -y material, fabric; substance; subject matter
lavička *f*, -y bench
lávka *f*, -y footbridge
lázně *f pl* spa
léč|it *imp* (já -ím, oni -í) (to) cure, heal
led *mi*, -y ice
leden *mi* January
lednice *f*, 0 fridge
lehátko *n*, -a deckchair; berth *(in a couchette)*
lehký -á, -é *adj* light *(not heavy)*; easy
leh|nout si *perf* (já si -nu, oni si -nou; *pp* -l) (to) lie down, have a lie-down
lék *mi*, -y medicine, medicament, remedy
lékárna *f*, -y chemist's, pharmacy
lékárnice *f*, 0 / **lékárník** *ma*, *pl* lékárníci pharmacist

lékař *ma*, -i / **lékařka** *f*, -y doctor
lek|at se *imp* (já se -ám, oni se -ají) / **lek|nout se** *perf* (já se -nu, oni se -nou; *pp* -l) (to) be startled
len *mi*; *gen sg* lnu linen
lépe, coll **líp** *adv* better
lepidlo *n*, -a glue, paste, adhesive
les *mi*, -y; *gen sg* -a; *loc sg* -e forest, wood
let *mi*, -y flight
léta *n pl*; *gen pl* let years; **sedmdesátá** ~ the 70s; **devadesátá** ~ the 90s
letadlo *n*, -a plane, aircraft
leták *mi*, -y leaflet
lét|at *imp* (já -ám, oni -ají) (to) fly
letecký -á, -é *adj* by air *(of transport)*, aircraft
letenka *f*, -y air-ticket
let|ět *perf* (já -ím, oni -í) (to) fly
letiště *n*, 0 airport
letní *adj* summery, summer
léto *n*, -a summer; **v létě** in summer
letos *adv* this year
letošní *adj* this year's
levný -á, -é *adj* cheap, inexpensive
lež *f*, *pl* lži lie
lež|et *imp* (já -ím, oni -í) (to) lie, be lying, be situated
lhát *imp* (on lže, oni lžou; *pp* lhal) (to) lie, tell lies
líbit se *imp* (já se -ím, oni se -í): **Líbí se mi to.** I like it.; **Já se mu líbím.** He likes me.
lidé *ma pl*; *gen pl* lidí; *acc pl* lidi people
likér *mi*, -y liqueur
limonáda *f*, -y lemonade
linka *f*, -y line, extension; **kuchyňská** ~ kitchen units
líný -á, -é *adj* lazy
lípa *f*, -y lime-tree

lipový -á, -é *adj* lime, lime-blossom
list *mi*, -y leaf
lístek *mi*, *pl* lístky ticket *(any kind of)*, coll receipt; **jídelní ~** menu; **podací ~** form for sending a letter by registered mail
listonoš *ma*, -i / -ové postman, letter carrier
listonoška *f*, -y postwoman
listopad *mi* November
listovní přepážka *f*, -y letter counter
lít *imp* (já liji, oni lijí; *pp* lil) (to) pour
literatura *f* literature
lívanec *mi*, *pl* lívance (yeast-dough) fritter
loni *adv* last year
loňský -á, -é *adj* last year's
louka *f*, -y; *gen pl* luk meadow
ložní prádlo *n* bedlinen, bedclothes
ložnice *f*, 0 bedroom
lux|ovat *imp* (já -uji, oni -ují) (to) vacuum, hoover
lyžař *ma*, -i skier
lyž|ovat *imp* (já -uji, oni -ují) (to) ski
lžíce *f*, 0 tablespoon
lžička *f*, -y teaspoon

M

má *pron f* my, mine
mafie *f*, 0 mafia
majetek *mi* property
majitel *ma*, -é **/ majitelka** *f*, -y owner
majonéza *f*, -y mayonnaise
mák *mi*, -y poppy, poppy-seed
málem *adv* nearly
maličkost *f*, -i small thing, small matter, minor point, trifle
málo little, few
málokdy *adv* seldom, rarely

mal|ovat *perf* (já -uji, oni -ují) (to) paint *(a painting, picture)*; redecorate
malý -á, -é *adj* small; young *(of children)*
maminka *f*, 0 mummy
manažer *ma*, *pl* manažeři manager
manžel *ma*, -é husband
manželé *ma pl* married couple, husband and wife, Mr and Mrs
manželka *f*, -y wife
mapa *f*, -y map
marmeláda *f*, -y jam
máslo *n*, -a butter
maso *n*, -a meat
mast *f*, -i ointment
matematika *f* mathematics
matka *f*, -y mother
maturita *f*, -y (secondary) school-leaving examination
máv|at *imp* (já -ám, oni -ají) (to) wave
mé *pron n* my, mine
med *mi*, -y honey
medicína *f* medicine
medvěd *ma*, -i bear
mělčina *f*, -y shallow place, sandbank
méně, coll **míň** less, fewer
měn|it *imp* (já -ím, oni -í) (to) change, alter
měř|it *imp* (já -ím, oni -í) (to) measure
měsíc *mi*, -e moon; month
město *n*, -a; *gen pl* měst town, city
metr *mi*, -y metre
metro *n*, -a the underground *(railway)*
mezi *prep* + instr between, among *(position)*; + acc between, among *(direction)*
mezinárodní *adj* international
mezitím *adv* in the meantime

míček *mi, pl* míčky (little) ball; *(badminton)* shuttlecock

mích|at *imp* (já -ám, oni -ají) (to) mix, stir

mikina *f,* -y sweatshirt

Mikuláš *ma* St Nicholas; St Nicholas' Day

milion *mi,* -y million

milý -á, -é *adj* kind, dear, nice, sweet *(of people)*

miminko *n,* -a baby

mimochodem *adv* by the way

minerálka *f,* -y mineral water

minerální *adj* mineral

minigolf *mi* minigolf

ministerstvo *n,* -a ministry

minulý -á, -é *adj* past, previous; last *(e.g. week)*

minuta *f,* -y minute

mír *mi* peace

mírný -á, -é *adj* mild, moderate

mírový -á, -é *adj* peace, peace-keeping

místenka *f,* -y reserved-seat ticket, seat reservation

místní *adj* local; ~ **úřad** *mi,* -y local council / authority

místnost *f,* -i (a) room

místo *n,* -a place, seat; space *(room)* ◆ *prep* + gen instead of; ~ **toho** instead

mít *imp* (já mám, oni mají; *pp* měl) (to) have, possess; ~ **hlad** (to) be hungry; ~ **moc práce** (to) be very busy; ~ **na mysli** (to) mean, have in mind; ~ **na sobě** (to) be wearing, have on; ~ **na starost** (to) be in charge of; ~ **nejraději** (to) like best; ~ **rád** (to) like, love, be fond of; ~ **raději** (to) like better; ~ **radost** (to) be happy / pleased; ~ **se dobře** (to) be well off; ~ **starost** (to) be worried; ~ **štěstí** (to) be lucky; ~ **užitek z / ze** + gen (to) benefit from; ~ **zájem o** + acc (to) be interested in, have interest in; ~ **zpoždění** (to) be delayed; ~ **žízeň** (to) be thirsty

miz|et *imp* (já -ím, oni -í) (to) vanish

mladý -á, -é *adj* young *(not used of children)*

mlč|et *imp* (já -ím, oni -í) (to) say nothing, remain silent, keep silent

mléko *n,* -a milk

mlha *f,* -y fog, mist; **Je mlha.** It is foggy.

mluv|it *imp* (já -ím, oni -í) (to) speak, talk; ~ **anglicky / česky / německy** (to) speak English / Czech / German

mnich *ma, pl* mniši monk

Mnichov *mi; gen sg* -a; *loc sg* -ě Munich

mnohem much *(in comparison)*; ~ **lepší** much better

mnoho many, much, a lot of; ~ **peněz** a lot of money, much money

mobil *mi,* -y; coll **/ mobilní telefon** *mi,* -y mobile phone

moc many, much, a lot of; too much, too many

moci *imp* (já mohu, oni mohou) can, be able

mocný -á, -é *adj* powerful

moderátor *ma, pl* moderátoři presenter

moderní *adj* modern, fashionable; *opposite:* **nemoderní**

modrý -á, -é *adj* blue

mokro *adv* wet

mokrý -á, -é *adj* wet

moment *mi,* -y moment

moře *n*, 0 sea
most *mi*, -y bridge
motocykl *mi*, -y motorcycle
motor *mi*, -y engine
možná *adv* maybe, probably
možný -á, -é *adj* possible
mrač|it se *imp* (já se -ím, oni se -í) (to) frown
mrak *mi*, -y cloud
mráz *mi*, *pl* mrazy frost
mrazák *mi*, -y freezer
mrz|et *imp* (ono -í, ony -í): **Mrzí mě to.** I am sorry about it. / I regret it.
mrz|nout *imp* (já -nu, oni -nou; *pp* -l) (to) freeze, be freezing
mše *f*, 0 Mass
můj *pron m* my, mine
mus|et *imp* (já -ím, oni -í) must, have to
müsli *n; indecl* muesli
muzeum *n*, *pl* muzea museum
muž *ma*, -i man
myčka *f*, -y car-wash; dishwasher; ~ **nádobí** dishwasher
mýdlo *n*, -a soap; **jedno** ~ a bar of soap
mýl|it se *imp* (já se -ím, oni se -í) (to) be mistaken
mysl|et *imp* (já -ím, oni -í) (to) think
myšlenka *f*, -y thought
mýt *imp* (já myji, oni myjí; *pp* myl) (to) wash *(not of laundry)*

N

na *prep* + acc onto, to, for; **na jméno** in the name of *(e.g. booking)*; **na křižovatce** at the crossroads; **na prodej** for sale; **na rohu** at / on the corner
nabídka *f*, -y offer; supply

nabíd|nout *perf* (já -nu, oni -nou; *pp* -l) (to) offer; bid
nábřeží *n*, 0 embankment
nábytek *mi* furniture
nad, nade *prep* + instr over, above *(position)*; + acc over, above *(direction)*
nádobí *n* crockery, dishes
nádraží *n*, 0 railway station
nafilm|ovat *perf* (já -uji, oni -ují) (to) film, make a film of
nahlas *adv* aloud
náhoda *f*, -y coincidence, chance; **náhodou** by chance; **Nevíte náhodou ...** Do you happen to know ...
nahoru *adv* up *(direction)*
nahoře *adv* up (there / here)
nájem *mi*, *pl* nájmy rent
nájemnice *f*, 0 / **nájemník** *ma*, *pl* nájemníci tenant
na|jít *perf* (já -jdu, oni -jdou; *pp* -šel) (to) find
nakoup|it *perf* (já -ím, oni -í; nakup!) (to) shop, do the shopping
nakráj|et *perf* (já -ím, oni -ejí) (to) cut up *(with a knife)*
nákup *mi*, -y shopping
nakup|ovat *imp* (já -uji, oni -ují) (to) shop, do the shopping
nálada *f*, -y mood
nalep|it *perf* (já -ím, oni -í) (to) stick (on)
na|lít *perf* (já -liji, oni -lijí; *pp* -lil) (to) pour
náměstí *n*, 0 (town) square
nápad *mi*, -y idea
napad|at + acc; *imp* (já -ám, oni -ají) / **napad|nout** + acc; *perf* (já -nu, oni -nou) (to) occur (to sb); attack; **Nic**

mě nenapadá. I can't think of anything.
nápis *mi, -y* inscription, lettering; **tabule s nápisem ...** a board / sign saying ...
na|pít se (+ gen) *perf* (já se -piji, oni se -pijí; *pp* -pil) (to) have a drink (of)
naposled *adv* last
naproti *prep* + dat opposite
například *adv* for example, for instance; **jako ~** as for example
na|psat *perf* (já -píši, oni -píší) (to) write (down), type (sth)
naraz|it *perf* (já -ím, oni -í) (to) hit, crash
národ *mi, -y; gen sg* -a nation
narod|it se *perf* (já se -ím, oni se -í; *pp* narozen) (to) be born; **Narodil jsem se ...** I was born ...
národní *adj* national
narození *n* birth
narozeniny *f pl* birthday; **Mám dnes narozeniny.** It's my birthday today.
nářadí *n,* 0 tools
nastoup|it *perf* (já -ím, oni -í; nastup!) (to) to get on
nástroj *mi, -e* instrument, tool; **hudební ~** musical instrument
nastříh|at *perf* (já -ám, oni -ají) (to) cut up (with scissors)
nástupiště *n,* 0 platform
nastup|ovat *imp* (já -uji, oni -ují) (to) get on
nastyd|nout *perf* (já -nu, oni -nou) catch (a) cold
náš *pron m,* **naše** *f / n* our, ours
naštěstí fortunately
natír|at *imp* (já -ám, oni -ají) / **natř|ít** *perf* (já -u, oni -ou; *pp* -el) (to) paint; spread; **~ na bílo** (to) paint white

navíc moreover
návrh *mi, -y; loc pl* návrzích suggestion, proposal, draft
navrh|nout *perf* (já -nu, oni -nou; *pp* -l) / **navrh|ovat** *imp* (já -uji, oni -ují) (to) propose, suggest
návštěva (+ gen) *f, -y* (a) visit (to); **Máme návštěvu.** We have visitors.
navštěv|ovat *imp* (já -uji, oni -ují) (to) visit, frequent, attend
navštív|it *perf* (já -ím, oni -í) (to) visit
nebezpečný -á, -é *adj* dangerous
nebo or
něco something; **~ na čtení** something to read; **~ k jídlu** something to eat; **~ k pití** something to drink
nečitelný -á, -é *adj* illegible
nedávno *adv* recently
neděle *f,* 0 Sunday
nehoda *f, -y* accident
nech|at *perf* (já -ám, oni -ají) (to) leave *(sth somewhere)*; have *(sth done)*
nějaký -á, -é *pron* some, any *(in questions)*; **~ jiný** another *(different),* some other
nejen – ale (i) not only – but also
nejméně *adv* at least
nejpozději *adv* at the latest
nejprve first
někam somewhere *(direction);* **~ jinam** somewhere else *(direction)*
někde somewhere *(position);* **~ jinde** somewhere else *(position)*
někdy sometimes, some time
několik several, a few
některý (**z / ze** + gen) -á, -é *pron* one (of), some (of)
němčina *f, -y* German *(language, lesson)*

Němec *ma, pl* Němci German *(person)*
Německo *n* Germany
německý -á, -é *adj* German
Němka *f, -y* German *(woman)*
nemoc *f, -i* illness, disease
nemocnice *f, 0* hospital
nemocný -á, -é *adj* ill
nemovitost *f, -i* real estate, immovable property
neobyčejně *adv* unusually
nepořádek *mi* disorder, mess
nepřítel *ma, pl* nepřátelé; *gen pl* nepřátel enemy
nervózní *adj* nervous
nesmělý -á, -é *adj* shy
nesmysl *mi, -y* nonsense
nést (já nesu, oni nesou; *pp* nesl) (to) carry
neteř *f, -e* niece
netolerantní *adj* intolerant
nevěsta *f, -y* bride
nevkusný -á, -é *adj* in bad taste, tasteless *(not of food)*
nezaměstnaný -á *adj* ♦ *ma / f; adj decl* unemployed; *opposite:* **zaměstnaný** employed
nezbytný -á, -é *adj* necessary, indispensable
než than
nic nothing
nič|it *imp* (já -ím, oni -í) (to) destroy, ruin
nikam nowhere *(direction)*
nikde nowhere *(position)*
nikdo nobody, no one
nikdy never
nit *f, pl* nitě thread
nízký -á, -é *adj* low
nížina *f, -y* plain; **v nížině** on the plain
noc *f, -i* night; **v noci** at night

normální *adj* normal; average *(of people)*
nos|it *imp* (já -ím, oni -í) (to) carry; wear
novinář *ma, -i* **/ novinářka** *f, -y* journalist
noviny *f pl* newspaper; **v novinách** in the newspaper
novomanželé *ma pl* newly-weds
nový -á, -é *adj* new; **Nový rok** New Year's Day
nuda *f, -y* boredom; **To je nuda.** It is boring.
nud|it *imp* (já -ím, oni -í) (to) bore; **~ se** (to) be bored
nudný -á, -é *adj* boring
nula *f, -y* zero, nought, nil
nut|it *imp* (já -ím, oni -í; *ps* nucen) (to) force, compel
nutný -á, -é *adj* necessary
nůž *mi, pl* nože knife
nůžky *f pl* scissors; **jedny ~** a pair of scissors
nyní *adv* now

O

o *prep* + loc about, of; at, during; + acc by *(in comparison)*; **zajímat se o** + acc (to) be interested in (sb / sth); **starat se o** + acc (to) look after (sb / sth)
oba *m* both
obálka *f, -y* envelope
občan *ma, -é* citizen
občanský průkaz *mi, -y* identity card
občerstvení *n, 0* refreshments
obdiv|ovat *imp* (já -uji, oni -ují) (to) admire
obě *f / n* both

obecní úřad *mi*, -y local council / authority

oběd *mi*, -y lunch, midday meal

obe|jít se bez + gen; *perf* (já se -jdu, oni se -jdou; *pp* -šel) (to) do without

obchod *mi*, -y shop; trade, business; business deal, bargain

obchodní *adj* trade, trading, commercial, business; ~ **dům** *mi*, -y department store, shopping centre

obchodnice *f*, 0 businesswoman

obchodník *ma*, *pl* obchodníci businessman, trader, merchant

obchod|ovat s / se + instr; *imp* (já -uji, oni -ují) (to) trade in (sth), deal in (sth)

obilí *n* grain

objedn|at *perf* (já -ám, oni -ají) / **objednáv|at** *imp* (já -ám, oni -ají) (to) order *(e.g. goods)*; **objednat se k / ke** + dat (to) make an appointment with sb *(e.g. doctor, hairdresser)*

objednávka *f*, -y order

objev|it se *perf* (já se -ím, oni se -í) / **objev|ovat se** *imp* (já se -uji, oni se -ují) (to) appear, emerge; turn up

objížďka *f*, -y detour

oblast *f*, -i region

oblek *mi*, -y suit

oblék|nout *perf* (já -nu, oni -nou; *pp* -l): ~ **se** (to) get dressed; ~ **si** (to) put on *(clothes)*

oblíbený -á, -é *adj* favourite

obloha *f* (the) sky

obr *ma*, *pl* obři giant

obrac|et se *imp* (já se -ím, oni se -ejí) / **obrát|it se** *perf* (já se -ím, oni se -í) (to) turn, turn round

obraz *mi*, -y picture, painting

obrovský -á, -é *adj* huge, enormous

obsah *mi*, -y content, contents

obsah|ovat *imp* (já -uji, oni -ují) (to) contain

obsazeno *adv* occupied, taken *(of a seat)*

obsazený -á, -é *adj* occupied, taken *(of a seat)*

obsluha *f*, -y service *(in a restaurant)*

obuv *f* footwear

obyčejně *adv* usually

obyčejný -á, -é *adj* ordinary, normal, usual

obyvatel *ma*, -é; *gen pl* obyvatel inhabitant

obzor *mi*, -y horizon

očekáv|at *imp* (já -ám, oni -ají) (to) expect, await

od *prep* + gen from; since; *(of authorship)* by

odbavení *n*, 0 check-in *(at airport)*

odborný -á, -é *adj* specialist

ode|jít *perf* (já -jdu, oni -jdou; *pp* -šel) (to) leave, walk away; ~ **do důchodu** (to) retire

odemk|nout *perf* (já -nu, oni -nou; *pp* -l) (to) unlock

odepsaný -á, -é *adj*: **To auto je odepsané.** The car is a write-off.

odesílatel *ma*, -é sender; sender's address

odcház|et *imp* (já -ím, oni -ejí) (to) leave, walk away

odjezd *mi*, -y departure *(by / of a wheeled vehicle)*

odkud from where; **Odkud jste?** Where are you from?

odlet *mi*, -y departure *(by / of a plane)*

odlož|it *perf* (já -ím, oni -í) (to) postpone, put off; lay aside, put

49

away; **~ si** (to) take off *(coat, clothes)*
odmít|at *imp* (já -ám, oni -ají) / **odmít|nout** *perf* (já -nu, oni -nou; *pp* -l) (to) refuse, reject
odnáš|et *imp* (já -ím, oni -ejí) / **od|nést** *perf* (já -nesu, oni -nesou; *pp* -nesl) (to) take away *(on foot)*
odpočív|at *imp* (já -ám, oni -ají) (to) relax, have a rest, rest
odpoledne *n*, 0 afternoon ♦ *adv* in the afternoon
odpověď *f, pl* odpovědi answer, reply
odpo|vědět *perf* (já -vím, oni -vědí; -věz!) / **odpovíd|at** *imp* (já -ám, oni -ají) (to) answer, reply
odpust|it *perf* (já -ím, oni -í) (to) forgive
odsoud|it *perf* (já -ím, oni -í) (to) sentence; condemn
odstěh|ovat se *perf* (já se -uji, oni se -ují) (to) move out
odsud from here
odtáh|nout *perf* (já -nu, oni -nou; *pp* -l) / **odtah|ovat** *imp* (já -uji, oni -ují) (to) tow away
odváž|et *imp* (já -ím, oni -ejí) / **od|vézt** *perf* (já -vezu, oni -vezou; *pp* -vezl) (to) take away *(by car)*
ohol|it se *perf* (já se -ím, oni se -í) (to) have a shave
ochrana *f* protection
okno *n*, -a window
oko *n, pl* oči; *gen pl* očí eye
okurka *f*, -y cucumber, gherkin
olej *mi*, -e oil; **~ na opalování** suntan oil
oliva *f*, -y olive
omáčka *f*, -y sauce
omdl|ít *perf* (já -ím, oni -í; *pp* -el) (to) faint

omeleta *f*, -y omelette
omlouv|at se *imp* (já se -ám, oni se -ají) / **omluv|it se** *perf* (já se -ím, oni se -í) (to) apologise
omyl *mi*, -y error, mistake
opál|it se *perf* (já se -ím, oni se -í) (to) get a tan
opal|ovat se *imp* (já se -uji, oni se -ují) (to) sunbathe
opera *f*, -y opera
opereta *f*, -y operetta
opír|at se o + acc; *imp* (já se -ám, oni se -ají) (to) lean against, rest on
oprava *f*, -y repair; correction
opravdový -á, -é *adj* real
opravdu *adv* really
oprav|it *perf* (já -ím, oni -í) / **oprav|ovat** *imp* (já -uji, oni -ují) (to) repair
opravna *f*, -y repair-shop
ordinace *f*, 0 doctor's surgery, consulting room
organiz|ovat *imp* (já -uji, oni -ují) (to) organise
ořech *mi*, -y nut *(usually walnut)*
oslava *f*, -y celebration
oslav|it *perf* (já -ím, oni -í) (to) celebrate
osoba *f*, -y person
osobní vlak *mi*, -y slow train
osobnost *f*, -i personality
ospalý -á, -é *adj* sleepy
osprch|ovat se *perf* (já se -uji, oni se -ují) (to) take a shower
ostatní the other(s)
ostrov *mi*, -y; *gen sg* -a; *loc sg* -ě island
ostříh|at *perf* (já -ám, oni -ají) (to) cut *(hair)*, clip, trim; **~ a vyfoukat** (to have) a cut and blow-dry
otázka *f*, -y question
otec *ma, pl* otcové father

otevír|at *imp* (já -ám, oni -ají) **/ otevř|ít** *perf* (já -u, oni -ou; *pp* -el) (to) open
otevřeno open; **Pokladna má otevřeno.** The box-office is open.
ovce *f*, 0 sheep
ovládání *n*, 0 control; **dálkové ~** remote control
ovoce *n* fruit
ovocný -á, -é *adj* fruit
ovšem of course
ozdoba *f*, -y decoration
ozdob|it *perf* (já -ím, oni -í) (to) decorate
ožen|it se *perf* (já se -ím, oni se -í) (to) marry, get married (*of a man*)

P

pad|at *imp* (já -ám, oni -ají) (to) fall
pak then
palačinka *f*, -y pancake
pantofel *mi*, *pl* pantofle slipper
papír *mi*, -y paper
paprika *f*, -y pepper
pár *mi*, -y pair, couple; **~ dní** a couple of days
paragon *mi*, -y receipt
parfém *mi*, -y perfume
park *mi*, -y (green) park
parkování *n*, 0 parking
park|ovat *imp* (já -uji, oni -ují) (to) park, be parked
parkoviště *n*, 0 car park
party *f*, 0; *indecl* party
pas *mi*, -y passport
pasta *f*, -y paste; **~ na zuby** toothpaste
pátek *mi*, *pl* pátky Friday
patro *n*, -a floor
patron *ma*, -i patron saint
patř|it *imp* (já -ím, oni -í) (to) belong (to); **To auto mu / jí patří.** The car belongs to him / her.; **Kam patří ten hrneček?** Where does the mug go?
pečivo *n* cakes and pastries, bread and rolls; **vánoční ~** Christmas biscuits
pečlivě *adv* carefully; thoroughly
pečlivý -á, -é *adj* careful; thorough
pedagog *ma*, -ové educationalist; teacher
pedagogika *f* theory of education
pěkný -á, -é *adj* pretty, nice
peněženka *f*, -y purse, wallet
peníze *mi pl* money; **vybrat ~** (to) withdraw money
penze *f*, 0 pension; retirement; board (and lodging); **plná ~** full board; **polopenze** half board
perfektní *adj* perfect
pes *ma*, *pl* psi dog
pesimistický -á, -é *adj* pessimistic
pěst|ovat *imp* (já -uji, oni -ují) (to) grow, cultivate
pěšky on foot
pěvec *ma*, *pl* pěvci (opera) singer; songbird; **operní ~** opera singer
pěvkyně *f*, 0 (opera) singer; **operní ~** opera singer
pevně *adv* firmly
pevný -á, -é *adj* firm; sturdy, durable, strong; solid
pích|at *imp* (já -ám, oni -ají) **/ pích|nout** *perf* (já -nu, oni -nou; *pp* -l) (to) prick, puncture
pilot *ma*, -i pilot
písek *mi* sand
píseň *f*, *pl* písně song
piškot *mi*, -y sponge cake / biscuit
pít *imp* (já piji, oni pijí; *pp* pil) (to) drink
pivo *n*, -a beer

pivovar *mi*, -y brewery
pizza *f*, -y pizza
plak|at *imp* (já pláču, oni pláčou) (to) weep, cry
plán *mi*, -y plan; street map; **~ Prahy** (street) map of Prague
plat *mi*, -y salary
plat|it *imp* (já -ím, oni -í) (to) pay; be valid; be in force *(e.g. law)*, be legal tender
plav|at *imp* (já -u, oni -ou) (to) swim
plavky *f pl* swimming costume, swimming trunks
pláž *f*, -e beach
plést *imp* (já pletu, oni pletou; *pp* pletl) (to) knit
plešatý -é *adj* bald
plněný -é *adj* stuffed
plnovous *mi*, -y full beard
plný (+ gen); -é *adj* full (of); **plná penze** *f* full board
plot *mi*, -y fence
plyn *mi*, -y gas
po *prep* + loc after, past; along, on *(a road)*
pobyt *mi*, -y stay
pocit *mi*, -y feeling
počasí *n*, 0 (the) weather
počet (+ gen); *mi, pl* počty number (of)
počítač *mi*, -e computer
počít|at *imp* (já -ám, oni -ají) (to) count, calculate; reckon; take into account
počk|at *perf* (já -ám, oni -ají) (to) wait *(for a limited time or until a time limit)*
pod, pode *prep* + instr under, below *(position)*; + acc under, below *(direction)*
podací lístek *mi, pl* podací lístky form for sending a letter by registered mail

podař|it se *perf* (ono se -í, ony se -í) (to) turn out well; **Podařilo se mi to udělat.** I succeeded in doing it.
pod|at *perf* (já -ám, oni -ají) (to) hand, hand in, pass
podáv|at *imp* (já -ám, oni -ají) (to) hand, hand in, pass; serve
podšk|ovat *perf* (já -uji, oni -ují) (to) thank, say thank you
podél *prep* + gen along
podepis|ovat *imp* (já -uji, oni -ují) / **pode|psat** *perf* (já -píši, oni -píší) (to) sign; **podepsat se (plným jménem)** (to) sign one's (full) name
podchod *mi*, -y subway (passage)
podív|at se *perf* (já se -ám, oni se -ají) (to) have a look; **Smím se / Mohu se podívat?** May I have a look?
podkroví *n*, 0 attic
podlaha *f*, -y floor
podle *prep* + gen by, according; **~ mne** in my opinion
podmínka *f*, -y condition
podnájem *mi, pl* podnájmy subtenancy, sublease, lodgings
podnik *mi*, -y enterprise, firm; business; venture, undertaking
podob|at se + dat; *imp* (já se -ám, oni se -ají) (to) resemble, be similar to
podobný -á, -é *adj* similar; **být ~** + dat (to) be similar to, be like (sb / sth)
podpatek *mi, pl* podpatky heel
podpis *mi*, -y signature
podrážka *f*, -y sole
podrobnost *f*, -i detail
podrž|et *perf* (já -ím, oni -í) (to) hold
podvod *mi*, -y deception, cheating, fraud
podvodnice *f*, 0 / **podvodník** *ma*, *pl* podvodníci swindler, fraud

pořádat

podzim *mi*, -y autumn; **na ~** in autumn
podzimní *adj* autumnal, autumn
pohádka *f*, -y fairy tale
pohlednice *f*, 0 picture postcard
pohodlný -á, -é *adj* comfortable
pohřb|ít *perf* (já -ím, oni -í; *pp* -il; *ps* -en) (to) bury
pocház|et z / ze + gen; *imp* (já -ím, oni -ejí) (to) come from; date from
pojištění *n*, 0 insurance; **zdravotní ~** health insurance
pojištěný -á, -é *adj* insured
pojišťovna *f*, -y insurance company
pokladna *f*, -y till, cash desk; box office
pokladní *ma / f*, 0; *adj decl* cashier
pokoj *mi*, -e room *(e.g. a living / hotel room, not an office room)*; **obývací ~** living room
pokrač|ovat *imp* (já -uji, oni -ují) (to) continue
pokrok *mi*, -y progress
pokřt|ít *perf* (já -ím, oni -í; *pp* -il; *ps* -ěn) (to) baptize, christen
pokud *conj* as long as; as (far as); **~ možno** if possible; **~ nepřijdou** unless they come, if they don't come; **~ se nemýlím** as far as I am not mistaken
pokuta *f*, -y fine
pole *n*, 0 field; **na poli** in the field
poledne *n*, 0 noon, midday; **v poledne** at noon
polévka *f*, -y soup
police *f*, 0 shelf; **~ na knihy** bookshelves
policie *f* police
policista *ma*, -é policeman
policistka *f*, -y policewoman
politický -á, -é *adj* political

politik *ma*, *pl* politikové / politici politician
politika *f* politics, policy
polopenze *f* half board
poloprázdný -á, -é *adj* nearly empty
polož|it *perf* (já -ím, oni -í) (to) lay, put down (sth)
pomáh|at *imp* (já -ám, oni -ají) (to) help
pomalu slowly
pomeranč *mi*, -e orange
pomerančový -á, -é *adj* orange *(e.g. juice)*
pomluva *f*, -y slander
pomník *mi*, -y monument
po|moci *perf* (já -mohu, oni -mohou; pomoz!) (to) help
pondělí *n*, 0 Monday
ponožka *f*, -y sock
popelnice *f*, 0 dustbin
popelník *mi*, -y ashtray
poplatek *mi*, *pl* poplatky fee, charge, toll, commission, postage
popovíd|at si *perf* (já si -ám, oni si -ají) (to) have a talk / chat
popraviště *n*, 0 place of execution
poprav|it *perf* (on -í, oni -í) (to) execute *(kill)*
popros|it o + acc; *perf* (já -ím, oni -í) (to) ask for, request *(politely)*
poprvé for the first time
populární *adj* popular
porad|it *perf* (já -ím, oni -í) (to) advise
poraz|it *perf* (já -ím, oni -í; *ps* poražen) (to) defeat; knock down
portrét *mi*, -y portrait
pořád constantly, all the time
pořadač *mi*, -e file
pořád|at *imp* (já -ám, oni -ají) (to) organise, hold, give *(e.g. a conference, party)*

53

pořádek *mi* order; **v pořádku** all right, O.K.; in (working) order
posíl|at *imp* (já -ám, oni -ají) / **po|slat** *perf* (já -šlu, oni -šlou) (to) send; post; **poslat dopis doporučeně** (to) send a letter by registered mail
poskyt|nout *perf* (já -nu, oni -nou; *pp* -l) / **poskyt|ovat** *imp* (já -uji, oni -ují) (to) provide, grant, give, yield
poslech|nout *perf* (já -nu, oni -nou; *pp* -l) (to) obey; **~ si** + acc (to) listen to
poslouch|at *imp* (já -ám, oni -ají) (to) listen; obey
pospích|at *imp* (já -ám, oni -ají) (to) hurry, be in a hurry
postar|at se o + acc; *perf* (já se -ám, oni se -ají) (to) see to (sth), take care of, look after
postavení *n*, 0 position
postav|it *perf* (já -ím, oni -í) (to) put, place, stand; build; **~ se** (to) place oneself, go / come and stand; stand up
postel *f*, -e bed
pošta *f*, -y mail; post office
poštovní *adj* postal; **~ průvodka** *f*, -y parcel dispatch form; **~ schránka** *f*, -y postbox; **~ směrovací číslo** *n*, -a **(PSČ)** post code
potápěčská výstroj *f*, -e underwater swimming set *(incl. scuba)*, diving suit
potíž *f*, -e difficulty, trouble
potk|at *perf* (já -ám, oni -ají) / **potkáv|at** *imp* (já -ám, oni -ají) (to) meet
potok *mi*, -y stream, brook
potom then, afterwards
potomek *ma*, *pl* potomci descendant, offspring
potraviny *f pl* food; grocer's *(or a small local supermarket)*

potřeb|ovat *imp* (já -uji, oni -ují) (to) need, want
pou|žít *perf* (já -žiji, oni -žijí; *pp* -žil) / **použív|at** *imp* (já -ám, oni -ají) (to) use
povíd|at si *imp* (já si -ám, oni si -ají) (to) talk, have a talk / chat
povídka *f*, -y short story
povinný -á, -é *adj* obligatory, compulsory
povlak *mi*, -y cover; coating; **~ na deku / přikrývku** duvet cover; **~ na polštář** pillowcase
povzbud|it *perf* (já -ím, oni -í) / **povzbuz|ovat** *imp* (já -uji, oni -ují) (to) encourage
pozdě *adv* late; too late; **Omlouvám se, že jdu pozdě.** I am sorry to be late.; **později** later
pozdrav *mi*, -y greeting, regards
pozdrav|it *perf* (já -ím, oni -í) (to) greet, say hello
pozdrav|ovat *imp* (já -uji, oni -ují) (to) give / send one's regards; **Pozdravujte (ode mne) rodiče.** Give your parents my regards.
pozítří the day after tomorrow
pozlacený -á, -é *adj* gilt, plated with gold, gold-plate
pozn|at *perf* (já -ám, oni -ají) (to) recognize; get to know
pozor|ovat *imp* (já -uji, oni -ují) (to) observe, watch
pozvánka *f*, -y invitation card
pozv|at *perf* (já -u, oni -ou) (to) invite
požád|at o + acc; *perf* (já -ám, oni -ají) (to) ask for, request
práce *f*, 0 work, job
prac|ovat *imp* (já -uji, oni -ují) (to) work
pračka *f*, -y washing machine
prádelna *f*, -y laundry

prádelník *mi*, -y chest of drawers
prádlo *n* linen; underwear; washing, laundry; **ložní ~** bedlinen, bedclothes
prach *mi*: **utírat** *imp* / **utřít** *perf* **~** (to) dust, do the dusting
praktický -á, -é *adj* practical
pramen *mi*, -y source, spring
pramen|it *imp* (ono -í, ony -í) (to) have one's source
prase *ma, pl* prasata pig
prášek *mi, pl* prášky powder; coll pill; **~ proti bolení hlavy** pain reliever *(for a headache)*; **~ na spaní** sleeping pill
prát *imp* (já peru, oni perou; *pp* pral) (to) wash *(clothes)*
pravda *f*, -y truth; **Máte pravdu.** You are right.; **Nemáte pravdu.** You are wrong.
pravděpodobně probably
pravidlo *n*, -a rule
prázdniny *f pl* the school holidays; **na prázdninách** on holidays; **o prázdninách** during the holidays
prázdný -á, -é *adj* empty
prezident *ma*, -i president
privilegium *n, pl* privilegia privilege
pro *prep* + acc for
problém *mi*, -y problem
probouz|et *imp* (já -ím, oni -ejí) (to) wake, waken; **~ se** (to) wake, awake
probud|it *perf* (já -ím, oni -í) (to) wake up, waken; **~ se** (to) wake up, awake
proč why
prod|at *perf* (já -ám, oni -ají) (to) sell
prodavač *ma*, -i shop assistant, salesman
prodavačka *f*, -y shop assistant, saleswoman
prodáv|at *imp* (já -ám, oni -ají) (to) sell

profesor *ma, pl* profesoři professor; **univerzitní ~** university professor
program *mi*, -y programme, program
prohlás|it *perf* (já -ím, oni -í) (to) state
prohléd|nout *perf* (já -nu, oni -nou; *pp* -l) / **prohlíž|et** *imp* (já -ím, oni -ejí) (to) examine; **~ si** + acc (to) look at *(carefully)*; look through, view, see
prohr|át *perf* (já -aji, oni -ají) (to) lose *(a game, a match)*, be defeated
procházka *f*, -y walk, stroll
promi|nout *perf* (já -nu, oni -nou; *pp* -nul) (to) excuse; **Promiňte.** Excuse me. / Sorry.
pronájem *mi, pl* pronájmy lease
pronajmutí *n*, 0 renting (out), letting (out)
prosba *f*, -y request
prosinec *mi* December
prosit o + acc; *imp* (já -ím, oni -í) (to) beg for, request, ask for
prospěch *mi* benefit, profit
prospekt *mi*, -y (travel) brochure, folder *(with advertisements)*
prostor *mi* room, space
prostředí *n* environment, milieu; **životní ~** the environment
proti *prep* + dat against
proto *conj* for that reason, that is why, therefore
protože *conj* because
provoz *mi*, -y traffic, operation(s); **mimo ~** out of operation / service
prskavka *f*, -y sparkler
prstýnek *mi, pl* prstýnky ring
prš|et *imp* (ono -í) (to) rain
průkaz *mi*, -y (identity / membership) card; **občanský ~** identity card; **řidičský ~** driving licence; **technický ~** registration document

55

průvodce *ma*, -i / **průvodkyně** *f*, 0 guide
průvodce *mi*, 0 guide, guidebook
průvodčí *ma / f*, 0; *adj decl* guard, conductor
průvodka *f*, -y parcel dispatch form
první first
prý reportedly, it's said, they say
pryč away, gone
přání *n*, 0 wish
př|át + dat + acc; *imp* (já -eji, oni -ejí) (to) wish (sb sth); **~ si** + acc (to) want, wish for sth
přece but, still; all the same; **a ~** and yet
pře|číst *perf* (já -čtu, oni -čtou; *pp* -četl) (to) read through *(from beginning to end)*
před, přede *prep* + instr in front of, outside *(position)*; before *(position, time)*; **~ rokem** a year ago; + acc in front of, outside *(direction)*
předek *ma, pl* předci / předkové ancestor
předem beforehand, in advance
předepis|ovat *imp* (já -uji, oni -ují) / **přede|psat** *perf* (já -píši, oni -píší) (to) prescribe
předevčírem *adv* the day before yesterday
předchozí *adj* previous
předkrm *mi*, -y hors d'oeuvre, starter, appetizer
přednáška *f*, -y lecture
přední *adj* front; **~ sklo** windscreen
předpis *mi*, -y prescription
předpoklád|at *imp* (já -ám, oni -ají) (to) suppose, assume
předpověď *f, pl* předpovědi prediction, forecast; **~ počasí** weather forecast
předsíň *f, pl* předsíně (entrance) hall

představení *n*, 0 performance *(performing of play etc.)*
představ|it *perf* (já -ím, oni -í) (to) introduce, present; **~ se** (to) introduce oneself; **~ si** (to) imagine, fancy
představ|ovat *imp* (já -uji, oni -ují) (to) introduce, present; represent, stand for
předtím before
přecház|et *imp* (já -ím, oni -ejí) (to) cross, pass
přechod *mi*, -y crossing; passage; **hraniční ~** border / frontier crossing point, checkpoint
pře|jít *perf* (já -jdu, oni -jdou; *pp* -šel) (to) cross, pass; clear up *(of trouble)*
překlad *mi*, -y translation
překlád|at *imp* (já -ám, oni -ají) (to) translate
překrásný -á, -é *adj* wonderful
překvapení *n*, 0 surprise
překvap|it *perf* (já -ím, oni -í) (to) surprise
přelož|it *perf* (já -ím, oni -í) (to) translate
přemlouv|at *imp* (já -ám, oni -ají) (to) try to persuade
přemluv|it *perf* (já -ím, oni -í) persuade
přemýšl|et (**o** + loc) *imp* (já -ím, oni -ejí) (to) think (about), reflect (on), ponder
přepážka *f*, -y (post-office / bank) counter; **listovní ~** letter counter; **peněžní ~** money counter
přepín|at (**na** + acc) *imp* (já -ám, oni -ají) / **přep|nout** (**na** + acc) *perf* (já -nu, oni -nou; *pp* -nul) (to) switch over (to)
přepracovaný -á, -é *adj* ill from overwork, exhausted; revised *(edition)*

přes *prep* + acc across, over
přesně *adv* exactly, punctually
pře|stat *perf* (já -stanu, oni -stanou) /
  přestáv|at *imp* (já -ám, oni -ají) (to)
  stop *(doing sth)*, cease
přestávka *f,* -y break, interval,
  intermission
přestoup|it (**na** + acc) *perf* (já -ím,
  oni -í; přestup!) (to) change (to / for)
  (means of transport)
přestože *conj* in spite of, despite
přestup *mi,* -y change *(of trains /
  buses etc.)*
přestup|ovat *imp* (já -uji, oni -ují) (to)
  change *(means of transport)*
převlék|at se *imp* (já se -ám, oni se -ají)
  / **převlék|nout** se *perf* (já se -nu, oni
  se -nou; *pp* -l) (to) get changed
při *prep* + loc at, on, over, in, with
  (sth happening), during, in case of
přiblíž|it se *perf* (já se -ím, oni se -í)
  (to) draw near, approach
přibližně *adv* approximately
příbor *mi,* -y set of cutlery, cutlery
  setting
příbuzný -á, -é *adj* related ◆ *ma,
  pl* příbuzní; *adj decl* relative, relation
přid|at *perf* (já -ám, oni -ají) / **přidáv|at**
  imp (já -ám, oni -ají) (to) add
přiděl|at *perf* (já -ám, oni -ají) (to) put
  up, fix
přijatelný -á, -é *adj* acceptable,
  passable
příjemný -á, -é *adj* pleasant, agreeable
příjezd *mi,* -y arrival *(by / of
  a wheeled vehicle)*
přijím|at *imp* (já -ám, oni -ají) (to) accept
při|jít *perf* (já -jdu, oni -jdou; *pp* -šel;
  přijď!) (to) come, arrive *(on foot;
  of mail)*

příjmení *n,* 0 surname
přij|mout *perf* (já -mu, oni -mou; *pp* -al)
  (to) accept, admit
při|krýt *perf* (já -kryji, oni -kryjí; *pp* -kryl)
  / **přikrýv|at** *imp* (já -ám, oni -ají) (to)
  cover
přílet *mi,* -y arrival *(by / of plane)*
příliš too (much)
přímo *adv* direct, directly
přináš|et *imp* (já -ím, oni -ejí) / **při|nést**
  perf (já -nesu, oni -nesou; *pp* -nesl) (to)
  bring
přinut|it *perf* (já -ím, oni -í; *ps* přinucen)
  (to) force, compel
případ *mi,* -y case, instance
příplatek *mi,* -y surcharge
připom|enout *perf* (já -enu, oni -enou;
  pp -něl) / **připomín|at** *imp* (já -ám,
  oni -ají) (to) remind
připrav|it *perf* (já -ím, oni -í) / **při-
  prav|ovat** *imp* (já -uji, oni -ují) (to)
  prepare; ~ **se** (**na** + acc) (to) get
  ready (for), prepare oneself (for)
přírodní rezervace *f,* 0 nature reserve
přísný -á, -é *adj* strict
při|šít *perf* (já -šiji, oni -šijí; *pp* -šil) / **při-
  šív|at** *imp* (já -ám, oni -ají) (to) sew on
příště next time
příští *adj* next, coming
přitah|ovat *imp* (já -uji, oni -ují) (to)
  attract
přítel *ma, pl* přátelé friend *(male)*,
  boyfriend
přítelkyně *f,* 0 friend *(female)*,
  girlfriend
přitom at the same time, on that
  occasion, then
přiváž|et *imp* (já -ím, oni -ejí) / **při|vézt**
  perf (já -vezu, oni -vezou; *pp* -vezl) (to)
  bring *(by means of transport)*

přízemí *n*, 0 ground floor; (theatre) stalls
psát *imp* (já píši, oni píší; *pp* psal) (to) write; ~ **na stroji / na počítači** (to) type
pták *ma, pl* ptáci bird
pt|át se *imp* (já se -ám, oni se -ají) (to) ask (questions)
půda *f*, -y loft; soil
půjč|it *perf* (já -ím, oni -í) **/ půjč|ovat** *imp* (já -uji, oni -ují) (to) lend; rent *(bicycle, skis, skates etc.)*; ~ **si** (to) borrow; rent *(bicycle, skis, skates etc.)*
puk *mi*, -y puck
půl *f* half
půlnoc *f*, -i midnight; **o půlnoci** at midnight
pumpa *f*, -y pump; **benzinová ~** petrol station, filling station
působ|it *imp* (já -ím, oni -í) (to) cause
pust|it *perf* (já -ím, oni -í) (to) let (in / out); release, let go, let fall; play *(of recorded music, video films, radio etc.)*
pyžamo *n*, -a pyjamas

R

racek *ma, pl* racci / rackové seagull
rád -a, -o; *adj pred* glad, pleased, happy; **být ~** (to) be glad / happy; **mít ~** (to) like, be fond of
rada *f*, -y council; counsel; advice
rádio *n*, -a radio
rad|it *imp* (já -ím, oni -í) (to) advise
radnice *f*, 0 town hall
rajče *n, pl* rajčata tomato
raketa *f*, -y racket; rocket; missile
Rakousko *n* Austria

ráno *n*, -a morning ◆ *adv* in the morning
razítko *n*, -a stamp *(mark)*, postmark; (rubber) stamp
recepce *f*, 0 reception; reception desk
recepční *ma / f*, 0; *adj decl* receptionist
recept *mi*, -y recipe; coll prescription
referent *ma*, -i **/ referentka** *f*, -y clerk *(in business companies, travel agencies)*
reflektor *mi*, -y headlight
registrační značka *f*, -y (state) registration number; number plate
reklama *f*, -y advertising, advertisement, commercial; coll prospectus
reklamace *f*, 0 complaint *(about goods or services)*
reklamní *adj* advertising
reklam|ovat *imp* (já -uji, oni -ují) (to) make a complaint *(about goods or services)*
rekonstrukce *f*, 0 reconstruction
republika *f*, -y republic
restaurace *f*, 0 restaurant; **zahradní ~** open-air café, beer garden
réva *f*, -y vine; **vinná ~** grapevine
rezerva *f*, -y reserve; spare tyre / wheel
rezervace *f*, 0 reservation, booking; reserve; **přírodní ~** nature reserve
rezervní *adj* spare
rezervovaný -á, -é *adj* reserved *(also of people)*; booked
rezerv|ovat *imp* (já -uji, oni -ují) (to) reserve
risk|ovat *imp* (já -uji, oni -ují) (to) risk, put at risk
rodič *mi*, -e parent
rodina *f*, -y family
rodné číslo *n*, -a birth index, birth certificate number

roh *mi*, -y corner; horn
rohlík *mi*, -y *(crescent-shaped or longish)* bread roll, croissant
rok *mi*, -y year; **před rokem** a year ago
román *mi*, -y novel
rostlina *f*, -y plant
rovně *adv* straight, straight on; **Stále ~.** Keep straight on.
rozbal|it *perf* (já -ím, oni -í) / **rozbal|ovat** *imp* (já -uji, oni -ují) (to) unwrap
roz|bít *perf* (já -biji, oni -bijí; *pp* -bil) (to) break, smash, shatter
rozbitý -á, -é *adj* broken, smashed; out of order
rozděl|it *perf* (já -ím, oni -í) / **rozděl|ovat** *imp* (já -uji, oni -ují) (to) divide
rozhledna *f*, -y viewpoint tower, lookout (tower)
rozhléd|nout se *perf* (já se -nu, oni se -nou; *pp* -l) / **rozhlíž|et se** *imp* (já se -ím, oni se -ejí) (to) look round
rozhod|nout (se) *perf* (já -nu, oni -nou; *pp* -l) / **rozhod|ovat (se)** *imp* (já -uji, oni -ují) (to) decide
rozinka *f*, -y raisin
rozlouč|it se (**s** / **se** + instr) *perf* (já se -ím, oni se -í) (to) say goodbye (to sb / sth), take one's leave (of sb / sth)
rozměn|it *perf* (já -ím, oni -í) (to) give change *(money)*
rozmysl|et si *perf* (já si -ím, oni si -í) (to) consider, think over / about; **~ to** (to) change one's mind
rozsvěc|ovat *imp* (já -uji, oni -ují) / **rozsvít|it** *perf* (já -ím, oni -í) (to) switch the light on
roztržitý -á, -é *adj* absent-minded

rozum|ět *imp* (já -ím, oni -ějí) (to) understand
rozumný -á, -é *adj* sensible, reasonable
rozvedený -á *adj* divorced
rozvoj *mi* development
ručník *mi*, -y towel
ruka *f*, *pl* ruce hand, coll arm
Rusko *n* Russia
ruš|it *imp* (já -ím, oni -í) (to) disturb, interfere; cancel
rušný -á, -é *adj* busy *(e.g. street)*, bustling
různý -á, -é *adj* various, different, miscellaneous
růže *f*, 0 rose
ryba *f*, -y fish
rybíz *mi*, -y currant(s); **černý ~** blackcurrants; **červený ~** redcurrants
rybník *mi*, -y; *gen sg* -a pond
rychle *adv*: **jet rychle** (to) drive fast
rychlík *mi*, -y express train
rychlý -á, -é *adj* fast; **rychlá jízda** *f*, -y speeding
rýma *f*, -y (common) cold
rýže *f*, (0) rice

Ř

řád *mi*, -y regulations, code; order; **jízdní ~** timetable *(of trains or buses)*
řada *f*, -y row, line
Řecko *n* Greece
řecky *adv* Greek
ředitel *ma*, -é (managing) director; headmaster
řeka *f*, -y river
řemeslník *ma*, *pl* řemeslníci craftsman, skilled worker, workman

řepa *f*, -y beet; **cukrová** ~ sugar beet
řešení *n*, 0 solution
říci, říct *perf* (já řeknu, oni řeknou; *pp* řekl; řekni!) (to) say, tell
řidič *ma*, -i / řidička *f*, -y driver
řidičský průkaz *mi*, -y / coll řidičák *mi*, -y driving licence
říd|it *imp* (já -ím, oni -í) (to) drive; control
říjen *mi* October
řík|at *imp* (já -ám, oni -ají) (to) say

S

s, se *prep* + instr with
sáček *mi*, *pl* sáčky paper bag, plastic bag
sako *n*, -a jacket *(of a suit)*
salát *mi*, -y salad; **hlávkový** ~ lettuce
sám *pron m*, **sama** *f*, **samo** *n* alone, on one's own, by oneself
samozřejmě of course, certainly
sbal|it *perf* (já -ím, oni -í) (to) pack *(e.g. a suitcase)*
sbír|at *imp* (já -ám, oni -ají) (to) collect
sbírka *f*, -y collection
sdíl|et *imp* (já -ím, oni -ejí) (to) share
sed|ět *imp* (já -ím, oni -í) (to) sit, be sitting
sed|nout si *perf* (já si -nu, oni si -nou; *pp* -l; -ni!) (to) sit (down)
se|hnat *perf* (já -ženu, oni -ženou) (to) obtain *(goods)*, get hold of (sth)
se|jít se *perf* (já se -jdu, oni se -jdou; *pp* -šel) (to) meet *(in a given place, at a given time)*
sekretářka *f*, -y secretary
sem *adv* here *(direction)*
sen *mi*, *pl* sny dream
sendvič *mi*, -e sandwich

servis *mi*, -y garage, car repair shop; *(maintenance; set of dishes)* service
seříd|it *perf* (já -ím, oni -í) (to) adjust, set; ~ **motor** (to) tune the engine
sestav|it *perf* (já -ím, oni -í) / sestav|ovat *imp* (já -uji, oni -ují) (to) put together, draw up, compile
sestra *f*, -y sister; **zdravotní** ~ nurse
sestřenice *f*, 0 cousin
setkání *n*, 0 meeting
setk|at se *perf* (já se -ám, oni se -ají) / setkáv|at se *imp* (já se -ám, oni se -ají) (to) meet
sever *mi* north; **na severu** in the north
severní *adj* northern, north
seznam *mi*, -y list; **telefonní** ~ telephone directory / book
sezona *f*, -y season; **hlavní** ~ high season
shán|ět *imp* (já -ím, oni -ějí) (to) look for / try to find *(goods that are hard to obtain)*
shoř|et *perf* (ono -í, ony -í) (to) burn down
schod *mi*, -y stair, step; **jít po schodech nahoru** (to) climb / go up the stairs
schov|at *perf* (já -ám, oni -ají) / schováv|at *imp* (já -ám, oni -ají) (to) hide
schránka *f*, -y box, case; ~ **na dopisy** letter box; **poštovní** ~ postbox
schůze *f*, 0 (business) meeting
schůzka *f*, -y meeting, date, appointment
silnice *f*, 0 road
silný -á, -é *adj* strong
Silvestr *m* New Year's Eve
situace *f*, 0 position, situation, conditions

60

skládat *imp* (já -ám, oni -ají) (to) fold; compose
sklenice *f*, 0 glass, jar
sklenička *f*, -y small glass, wine glass, tumbler
sklenka *f*, -y (wine) glass
sklep *mi*, -y; *gen sg* -a; *loc sg* -ě cellar
sklo *n*, -a glass; **přední** ~ windscreen
skončit *perf* (já -ím, oni -í) (to) finish
skoro almost, nearly
skořice *f* cinnamon
Skotsko *n* Scotland
skříň *f*, *pl* skříně wardrobe, cupboard; **vestavěná** ~ built-in cupboard
skříňka *f*, -y cabinet, small cupboard
skupina *f*, -y group
skvrna *f*, -y; *gen pl* skvrn stain
slabý -á, -é *adj* weak
sladkokyselý -á, -é *adj* sweet-and-sour; pickled
sladký -á, -é *adj* sweet *(taste)*
slavit *imp* (já -ím, oni -í) (to) celebrate
slavnost *f*, -i celebration, festivity
slavný -á, -é *adj* famous
sledovat *imp* (já -uji, oni -ují) (to) follow; watch; pursue
slepice *f*, 0 hen
sleva *f*, -y discount, price reduction
slíbit *perf* (já -ím, oni -í) / **slibovat** *imp* (já -uji, oni -ují) (to) promise
sloužit *imp* (já -ím, oni -í; služ!) (to) serve
slovník *mi*, -y dictionary; vocabulary
slovo *n*, -a word
složenka *f*, -y postal remittance form
složit *perf* (já -ím, oni -í) (to) fold; compose
sluchátko *n*, -a (telephone) receiver
slunce *n*, 0 (the) sun
slunečno *adv* sunny

sluneční -á, -é *adj* sunny
slušet *imp* (ono -í, ony -í) (to) suit *(of articles of dress, hairstyle)*; look well
slušně *adv* decently
slušný -á, -é *adj* decent
služebná *f*; *adj decl* maid, servant
slyšet *imp* (já -ím, oni -í) (to) hear
smát se *imp* (já se -ěji, oni se -ějí) (to) laugh
směr *mi*, -y direction; **směrem k / ke** + *dat* in the direction of
směs *f*, -i blend, mixture
smět *imp* (já -ím, oni -ějí) (to) be allowed, may
smetana *f*, -y cream
smíchat *perf* (já -ám, oni -ají) (to) mix up, blend
smířit se *perf* (já se -ím, oni se -í) (to) become reconciled; ~ **s / se** + *instr* (to) put up with, reconcile oneself to
smlouva *f*, -y contract; treaty
smog *mi* smog
smutný -á, -é *adj* sad
smyk *mi*, -y skid; **dostat** ~ (to) go into a skid
snad perhaps, hopefully
snažit se *imp* (já se -ím, oni se -í) (to) try hard, make an effort
snídaně *f*, 0 breakfast
snídat *imp* (já -ám, oni -ají) (to) breakfast, have breakfast
sníh *mi*, *pl* sněhy; *gen sg* sněhu snow
sníst *perf* (já sním, oni snědí; *pp* snědl; sněz!) (to) eat (up)
snižovat *imp* (já -uji, oni -ují) (to) lower; ~ **se** *(become less high)* (to) lower, fall, decrease, drop
sobecký -á, -é *adj* selfish
sobota *f*, -y Saturday

61

socha *f*, -y; *dat / loc sg* soše statue
sonáta *f*, -y sonata
současně *adv* at the same time, simultaneously
soud *mi*, -y court; judgement
soud|it *imp* (já -ím, oni -í) (to) judge
souhlas|it (**s / se** + instr) *imp* (já -ím, oni -í) (to) agree (with / to)
soukromí *n* privacy
soukromý -á, -é *adj* private
sourozenec *ma*, *pl* sourozenci sibling
soused *ma*, -é **/ sousedka** *f*, -y neighbour
soustřed|it *perf* (já -ím, oni -í) (to) concentrate; **~ se na** + acc (to) concentrate on
souvislost *f*, -i connection, relation; **v souvislosti s / se** + instr in connection with
spánek *mi* sleep; **zimní ~** hibernation
sp|át *imp* (já -ím, oni -í; *pp* -al) (to) sleep
spěch|at *imp* (já -ám, oni -ají) (to) hurry
spisovatel *ma*, -é **/ spisovatelka** *f*, -y writer
spíše, spíš *adv* rather
spojení *n*, 0 connection *(e.g. of train, telephone)*; union, joining
spojka *f*, -y clutch; conjunction
spokojený -á, -é *adj* satisfied, contented
společný -á, -é *adj* common
spoleh|nout se na + acc; *perf* (já se -nu, oni se -nou; *pp* -l) (to) rely on
spolu *adv* together
spolužák *ma*, *pl* spolužáci **/ spolužačka** *f*, -y schoolfellow
sport *mi*, -y sport
spotřeba *f* consumption
spotřební zboží *n* consumer goods
spotřeb|ovat *perf* (já -uji, oni -ují) (to) use up

spousta + gen plenty of
správce *ma*, -i / -ové manager; administrator; trustee
sprav|it *perf* (já -ím, oni -í) **/ sprav|ovat** *imp* (já -uji, oni -ují) (to) mend, repair
sprcha *f*, -y shower
sprch|ovat se *imp* (já se -uji, oni se -ují) (to) have a shower
sprchový kout *mi*, -y shower cubicle
srdce *n*, 0 heart
srovnání *n*, 0 comparison; **ve ~ s / se** + instr in comparison with
srovn|at *perf* (já -ám, oni -ají) **/ srovnáv|at** *imp* (já -ám, oni -ají) (to) compare
srpen *mi* August
stač|it *perf* (já -ím, oni -í) (to) make, be in time
stač|it *imp* (ono -í, ony -í) (to) be enough, be sufficient
stále *adv* all the time, constantly
stánek *mi*, *pl* stánky stall, stand
stanice *f*, 0 stop, station; **konečná ~** terminus
stánkař *ma*, -i stall-keeper, stallholder
star|at se o + acc; *imp* (já -ám, oni -ají) (to) look after, care for, take care of
stár|nout *imp* (já -nu, oni -nou; *pp* -l) (to) grow old
starožitnost *f*, -i antique; **starožitnosti** *pl* antique shop
start|ovat *imp* (já -uji, oni -ují) (to) start *(e.g. a car)*
starý -á, -é *adj* old
stát *mi*, -y state
stát *imp* (já stojím, oni stojí) (to) stand; cost; **~ za vidění** (to) be worth seeing
stát se *perf* (já se stanu, oni se stanou; *pp* stal se) (to) happen; become

státní *adj* state; **~ poznávací značka** *f, -y* (state) registration number; number plate
státník *ma, pl* státníci statesman
stav *mi, -y* status, marital status; condition
stáv|at se *imp* (já se -ám, oni se -ají) (to) happen; become
stavba *f, -y* construction
stav|ět *imp* (já -ím, oni -ějí) (to) stop; build
stejně *adv* in the same way; **~ velký jako** as big as
stejný -á, -é *adj* the same
stěh|ovat *imp* (já -uji, oni -ují) (to) move *(e.g. furniture)*; **~ se** (to) move house *(change place or residence)*
stěna *f, -y* wall; **obývací ~** wall unit, shelf unit
stevardka *f, -y* stewardess
stěž|ovat si (na + acc) *imp* (já si -uji, oni si -ují) (to) complain (of / about)
stih|nout *perf* (já -nu, oni -nou; *pp* -l) (to) make (it) (in good time); catch *(bus, train)*
stín *mi, -y* shade; shadow
stížnost *f, -i* complaint
stolek *mi, pl* stolky (conference) table, small table
století *n*, 0 century
storno *n, -a* cancellation *(e.g. of order)*
stoup|at *imp* (já -ám, oni -ají) (to) rise, go up, climb
strana *f, -y* side; page; (political) party
straš|it *imp* (já -ím, oni -í) (to) frighten
stráv|it *perf* (já -ím, oni -í) (to) spend *(time)*; digest

stroj *mi, -e* machine
strojek *mi, pl* strojky small machine; **elektrický holicí ~** electric shaver; **holicí ~** razor
strom *mi, -y* tree; **na stromě** in the tree
stromek *mi, pl* stromky small tree
strop *mi, -y* ceiling
strýc *ma, pl* strýci / strýcové uncle
středa *f, -y* Wednesday
středisko *n, -a* centre *(serving an area)*; **zdravotní ~** ambulance centre
střední *adj* middle, central; **~ Evropa** Central Europe; **~ škola** secondary school
střecha *f, -y* roof; **na střeše** on the roof
stříbrný -á, -é *adj* silver
stříh|at *imp* (já -ám, oni -ají) (to) cut *(with scissors)*
student *ma, -i* **/ studentka** *f, -y* student
studený -á, -é *adj* cold
stud|ovat *imp* (já -uji, oni -ují) (to) study
stůl *mi, pl* stoly table, desk; **psací ~** desk
stupeň *mi, pl* stupně degree
stužka *f, -y* ribbon
sucho *adv* dry, dry weather ♦ *n, -a* drought
suchý -á, -é *adj* dry
sukně *f*, 0 skirt
sůl *f, pl* soli; *gen sg* soli salt
sund|at si *perf* (já si -ám, oni si -ají) **/ sundav|at si** *imp* (já si -ám, oni si -ají) (to) take off *(clothing, shoes)*
surovina *f, -y* raw material
sušenka *f, -y* biscuit
sušička *f, -y* tumble-dryer
svačina *f, -y* snack, (afternoon) tea

svatba *f, -y* wedding, wedding ceremony, wedding celebration
svatební *adj* wedding
svátek *mi, pl* svátky name-day; bank holiday
svatý *-á, -é adj* holy; ~ **Jiří** Saint George ♦ *ma, pl* svatí; *adj decl* saint
svět *mi, -y; gen sg* -a world; **na světě** in the world
světlo *n, -a* light; lamp
světlý *-á, -é adj* light *(colour)*, fair
svetr *mi, -y* jumper, sweater, pullover
svíčka *f, -y* candle
svít|it *imp* (já -ím, oni -í) (to) shine
svlék|nout *perf* (já -nu, oni -nou; *pp* -l): ~ **se** (to) get undressed; ~ **si** (to) take off *(clothes)*
svoboda *f, -y* freedom
svobodný *-á, -é adj* single; free
sympatický *-á, -é adj* nice, likeable
syn *ma, pl* synové son
synovec *ma, pl* synovci nephew
sýr *mi, -y* cheese
systematicky *adv* systematically

Š

šachy *mi pl* chess
šála *f, -y* scarf *(long)*
šálek *mi, pl* šálky (tea) cup
šampon *mi, -y* shampoo
šanon *mi, -y;* coll file
šatna *f, -y* cloakroom
šaty *mi pl; gen pl* šatů dress; **večerní** ~ evening dress / gown
šedesátiny *f pl* the sixtieth birthday
šediv|ět *imp* (já -ím, oni -ějí) (to) go grey
šedý *-á, -é adj* grey
šek *mi, -y* cheque
šero *n* twilight

šetř|it *imp* (já -ím, oni -í) (to) save, economize
široko daleko far and wide
široký *-á, -é adj* broad, wide
šít *imp* (já šiji, oni šijí; *pp* šil) (to) sew
škoda *f, -y* pity, shame; damage; **To je škoda.** It's a pity.
škola *f, -y* school; **střední** ~ secondary school; **vysoká** ~ college, university; **základní** ~ elementary school *(for children aged 6 to 15)*
šlehačka *f, -y* cream *(for whipping)*; whipped cream
šlechtic *ma, -i* nobleman
šlechtična *f, -y* noblewoman
Španěl *ma, -é* Spaniard
španělsky *adv* Spanish
špatně *adv* badly; incorrectly
špatný *-á, -é adj* bad; incorrect, wrong
špinavý *-á, -é adj* dirty
šťastný *-á, -é adj* happy
štětka *f, -y* paintbrush
štíhlý *-á, -é adj* slim, slender
šuplík *mi, -y;* coll drawer *(in furniture)*
švagr *ma, pl* švagři brother-in-law
švagrová *f; adj decl* sister-in-law
Švýcarsko *n* Switzerland
švýcarský *-á, -é adj* Swiss

T

tabule *f,* 0 board *(e.g. blackboard, noticeboard)*
tabulka *f, -y* table; slab
tady *adv* here
tah|at *imp* (já -ám, oni -ají) / **táh|nout** *imp* (já -nu, oni -nou; *pp* -l) (to) pull, draw, tow

tajný -á, -é *adj* secret
tak so; **Tak!** There!
také also
takhle *adv* this way, like this / that
takový -á, -é *pron* such
taky coll also
takže *conj* and so
talent (**na** + acc) *mi*, -y talent (for)
talířek *mi*, *pl* talířky saucer, small plate
tam there
tamhle over there
tamhleto that one (there)
tanc|ovat *imp* (já -uji, oni -ují) (to) dance
tapeta *f*, -y wallpaper
tapet|ovat *imp* (já -uji, oni -ují) (to) wallpaper
taška *f*, -y bag, shopping bag
tatínek *ma*, *pl* tatínci / tatínkové daddy
taxi *n*, 0 taxi
teď now
technický -á, -é *adj* technical; technological; ~ **průkaz** *mi*, -y registration document
telefon *mi*, -y telephone; **mobilní** ~ mobile telephone
telefonní *adj* telephone; ~ **budka** telephone booth, phone box; ~ **číslo** telephone number; ~ **karta** (tele)phone card; ~ **seznam** telephone directory / book
telefon|ovat *imp* (já -uji, oni -ují) (to) telephone
televize *f*, 0 television
televizor *mi*, -y television (set)
téměř *adv* almost, nearly
tenis *mi* tennis; **stolní** ~ table tennis
tentokrát this time
teolog *ma*, -ové theologian
teplo *adv* warm ♦ *n*, -a warmth, heat

teploměr *mi*, -y thermometer
teplota *f*, -y temperature
teplý -á, -é *adj* warm
teprve *adv* only (just), not until, not before
termín *mi*, -y fixed limit of time, fixed date, deadline; term *(word)*
terorista *ma*, -é terrorist
těsto *n*, -a dough
těš|it se na + acc; *imp* (já se -ím, oni se -í) (to) look forward to
teta *f*, -y aunt
těž|it *imp* (já -ím, oni -í) (to) mine *(coal, ores)*, extract *(crude oil)*
těžký -á, -é *adj* heavy; difficult
tisícikoruna *f*, -y thousand-crown note
tkanička *f*, -y (shoe)lace; ~ **do bot** shoelace
tlač|it *imp* (já -ím, oni -í) (to) push
tloust|nout *imp* (já -nu, oni -nou; *pp* -l) (to) grow fat
tlustý -á, -é *adj* fat; thick *(e.g. book, material)*
tma *f* the dark
tmavý -á, -é *adj* dark
to this, that, it
toaleta *f*, -y toilet, lavatory; (evening) dress; **večerní** ~ evening dress / gown
toč|it se *imp* (já se -ím, oni se -í) (to) turn, rotate, go round and round
tohleto this one (here)
toho dne on this / that day
tolerantní *adj* tolerant
toler|ovat *imp* (já -uji, oni -ují) (to) tolerate
tolik so much, so many
topení *n*, 0 heating; heater
top|it *imp* (já -ím, oni -í) (to) heat
tradiční *adj* traditional

tramvaj *f*, -e tram
tráp|it *imp* (já -ím, oni -í) (to) trouble, torment
trasa *f*, -y route, line
tráva *f*, -y grass
tráv|it *imp* (já -ím, oni -í) (to) spend *(time)*; digest
trenér *ma*, *pl* trenéři coach, sport instructor
trezor *mi*, -y safe
trh *mi*, -y; *loc pl* trzích market
tričko *n*, -a T-shirt
trochu *adv* a little, a bit
trošku *adv* a little bit
truhlář *ma*, -i joiner, cabinetmaker
trvalá *f* perm, permanent wave
trv|at *imp* (já -ám, oni -ají) (to) last, take *(time)*; ~ **na** + loc (to) insist on; **trvám na tom, že ...** I insist that ...; **jestli na tom trváte / trváš** if you insist; **Trvám na tom, aby tu zůstal.** I insist that he should stay here.
třást se *imp* (já se třesu, oni se třesou) (to) tremble, shiver; ~ **zimou** (to) shiver with cold
třeba *adv* perhaps; need(ed), necessary; **Není ~.** There is no need.
třetina *f*, -y a third
třída *f*, -y class; classroom; avenue
tu here
tučný -á, -é *adj* fatty, fat *(of food)*
tudy this way, along here
túra *f*, -y hike, walking tour, trek; **jít na túru** (to) go on a hike / tour
turista *ma*, -é / **turistka** *f*, -y tourist; hiker
turistika *f* hiking, walking, rambling; tourism
tuš|it *imp* (já -ím, oni -í) (to) suspect

tužka *f*, -y pencil
tvá *pron f sg*, **tvé** *n sg*, **tvůj** *m sg* your, yours
tvaroh *mi*, -y curd, curd cheese
tvoř|it *imp* (já -ím, oni -í) (to) create
týden *mi*, *pl* týdny; *gen sg* týdne week
týk|at se + gen; *imp* (ono se -á, ony se -ají) (to) concern *(have relation to)*
typický (**pro** + acc) -á, -é *adj* typical (of)

U

u *prep* + gen at, near, by
ubrousek *mi*, *pl* ubrousky napkin
ubrus *mi*, -y tablecloth
ubytování *n*, 0 accommodation
ubyt|ovat se *perf* (já se -uji, oni se -ují) (to) put up *(obtain lodging)*; check in *(at a hotel)*
učebnice *f*, 0 textbook
učení *n*, 0 teaching; learning; teachings; training of apprentices
účes *mi*, -y hairstyle
učesat *perf* (já učešu, oni učešou) (to) comb; **umýt a ~** (to have) a shampoo and set
účet *mi*, *pl* účty bill; account
uč|it *imp* (já -ím, oni -í) (to) teach; ~ **se** (to) learn, study; ~ **se dobře / špatně** (to) do well / badly at school
učitel *ma*, -é / **učitelka** *f*, -y teacher
účtenka *f*, -y receipt
uděl|at *perf* (já -ám, oni -ají) (to) do, make; ~ **zkoušku** (to) pass an examination; **neudělat zkoušku** (to) fail an examination
uhlí *n* coal
u|kázat *perf* (já -kážu, oni -kážou) / **ukaz|ovat** *imp* (já -uji, oni -ují) (to) show

uklid|it *perf* (já -ím, oni -í) (to) tidy up, clear up, do the cleaning
uklidn|it *perf* (já -ím, oni -í) / **uklidň|ovat** *imp* (já -uji, oni -ují) (to) calm (down), pacify, soothe
uklíz|et *imp* (já -ím, oni -í) (to) tidy up, clear up, do the cleaning
úkol *mi*, -y task; homework
u|krást *perf* (on -kradne, oni -kradnou; *pp* -kradl) (to) steal
ukroj|it *perf* (já -ím, oni -í) (to) cut off; ~ **si chléb** (to) cut oneself a slice of bread
ulice *f*, 0 street
ulička *f*, -y corridor, aisle, gangway; lane
umělý -á, -é *adj* man-made; synthetic *(fibre)*
um|ět *imp* (já -ím, oni -ějí) (to) know how, can
umír|at *imp* (já -ám, oni -ají) (to) be dying
umř|ít *perf* (já -u, oni -ou; *pp* -el) (to) die
u|mýt *perf* (já -myji, oni -myjí; *pp* -myl) (to) wash *(not of laundry)*
unavený -á, -é *adj* tired, weary
únor *mi* February
u|péci *perf* (já -peču, oni -pečou; *pp* -pekl) (to) bake, roast
upevn|it *perf* (já -ím, oni -í; *ps* -ěn) (to) strengthen; consolidate
úplatek *mi*, *pl* úplatky bribe; **braní úplatků** taking bribes
u|plést *perf* (já -pletu, oni -pletou; *pp* -pletl) (to) knit
úplně *adv* completely
úplněk *mi*, *pl* úplňky full moon
uprostřed *adv* in the middle ◆ *prep* (+ gen) in the middle of
upust|it *perf* (já -ím, oni -í) (to) drop

uraz|it *perf* (já -ím, oni -í) / **uráž|et** *imp* (já -ím, oni -ejí) (to) offend; knock off; ~ **se** (to) take offence
určitě certainly; **Určitě se vrátí.** He / She is sure to come back.
úroveň *f*, *pl* úrovně level *(position, stage, height)*; **životní** ~ standard of living
úřad *mi*, -y office, bureau; **místní / obecní úřad** local council, local authority
úřednice *f*, 0 / **úředník** *ma*, *pl* úředníci clerk, official, white-collar worker
uslyš|et *perf* (já -ím, oni -í) (to) hear
usm|át se *perf* (já se -ěji, oni se -ějí) / **usmív|at se** *imp* (já se -ám, oni se -ají) (to) smile
us|nout *perf* (já -nu, oni -nou; *pp* -nul) (to) fall asleep, go to sleep
úspěšný -á, -é *adj* successful
uspořád|at *perf* (já -ám, oni -ají) (to) organise, hold, give *(e.g. a conference, party)*
ústa *n pl* mouth
ušetř|it *perf* (já -ím, oni -í) (to) save up
úterý *n*, 0 Tuesday
utír|at *imp* (já -ám, oni -ají) (to) wipe (off), dry; ~ **prach** (to) dust, do the dusting
utrác|et *imp* (já -ím, oni -ejí) / **utrat|it** *perf* (já -ím, oni -í) (to) spend *(money)*
utrh|nout *perf* (já -nu, oni -nou; *pp* -l) (to) tear off; pick *(e.g. apples)*; ~ **se** (to) come off
utř|ít *perf* (já -u, oni -ou; *pp* -el) (to) wipe (off), dry; ~ **prach** (to) dust, do the dusting
uvař|it *perf* (já -ím, oni -í) (to) cook
uvědom|it si *perf* (já si -ím, oni si -í) / **uvědom|ovat si** *imp* (já si -uji, oni si -ují) (to) realise

úvěr *mi*, -y credit, loan
uvid|ět *perf* (já -ím, oni -í) (to) see, catch sight of
uvnitř *adv* inside, in *(position)*; indoors
uzavřený -á, -é *adj* closed *(e.g. street)*
uzdrav|it se *perf* (já se -ím, oni se -í) (to) recover
úzký -á, -é *adj* narrow
už already; ~ **ne** no longer, no more
užitečný -á, -é *adj* useful
užitek *mi* benefit, good use; **mít ~ z / ze** + gen (to) benefit from

V

v, ve *prep* + loc in, at; + acc on *(days)*, at *(hours)*
váh|at *imp* (já -ám, oni -ají) (to) hesitate
válka *f*, -y war
vanilkový -á, -é *adj* vanilla
Vánoce *f pl* Christmas
vánočka *f*, -y (plaited) Christmas cake
vánoční *adj* Christmassy, Christmas; **~ pečivo** *n* Christmas biscuits
Varšava *f* Warsaw
vaření *n*, 0 cooking
vařený -á, -é *adj* boiled, cooked; **~ na tvrdo** hard-boiled
vař|it *imp* (já -ím, oni -í) (to) cook, boil, prepare
vás *pron acc/gen/loc pl* you
váš *pron m pl*, **vaše** *f/n pl* your, yours
váza *f*, -y vase
váž|it *imp* (já -ím, oni -í) (to) weigh
vážný -á, -é *adj* serious
včas *adv* in (good) time
včela *f*, -y (honey) bee
včera *adv* yesterday
včerejšek *mi* yesterday

včerejší *adj* yesterday's
včetně including
vdaná *adj* married *(of a woman)*
vd|át se *perf* (já se -ám, ony se -ají; *pp* -ala) **/ vdáv|at se** *imp* (já se -ám, ony se -ají) (to) marry, get married *(of a woman)*
vděčný -á, -é *adj* grateful
věc *f*, -i thing; matter, issue
večer *mi*, -y evening; **Štědrý ~** Christmas Eve ◆ *adv* in the evening
večeře *f*, 0 dinner, supper, evening meal
vědecký -á, -é *adj* scholarly, scientific
vědět *imp* (já vím, oni vědí) (to) know
vedle *adv* next, next-door ◆ *prep* + gen next to, beside; **~ sebe** next to each other
vedlejší *adj* next, adjoining; secondary, side *(effect)*
vedoucí *ma / f*, 0; *adj decl* manager, head, leader
vejce *n*, 0; *gen pl* vajec; *instr pl* vejci egg
ve|jít *perf* (já -jdu, oni -jdou; *pp* -šel) (to) enter, go into
Velikonoce *f pl* Easter
velikonoční *adj* Easter
velikost *f*, -i size
velkoměsto *n*, -a; *gen pl* velkoměst big city
velký -á, -é *adj* big, large
velmi very
velšsky *adv* Welsh
velvyslanectví *n*, 0 embassy
ven out, outdoors *(direction)*; **jít ~** (to) go outside the house / outdoors
venkov *mi; gen sg* -a (the) country *(rural districts)*; **na venkově** in the country
venkovan *ma*, -é countryman, villager
venkovanka *f*, -y countrywoman, villager

venku out, outside, outdoors *(position)*
Venuše *f* Venus
vernisáž *f*, -e opening ceremony and a private view of an exhibition
věř|it *imp* (já -ím, oni -í) (to) believe; **Věřím tomu.** I believe it.
vesele *adv* merrily, happily
veselo: **Bylo tam ~.** It was a lot of fun there.; **Není mi ~.** I don't feel happy. / I am not in a merry mood.
veselý -á, -é *adj* merry, jolly, happy
vesnice *f*, 0 village
vést *imp* (já vedu, oni vedou; *pp* vedl) (to) lead
věšák *mi*, -y rack *(for coats, hats etc.)*
větr|at *imp* (já -ám, oni -ají) (to) air *(a room)*
většinou mostly
vězení *n*, 0 prison
vcház|et *imp* (já -ím, oni -ejí) (to) enter, go into
vchod *mi*, -y entrance; **zvláštní ~** separate entrance
více, coll **víc** more
Vídeň *f* Vienna; **do Vídně** to Vienna
videokamera *f*, -y video camera
vid|ět *imp* (já -ím, oni -í) (to) see; **Vidíte ho?** Can you see him?
víkend *mi*, -y weekend; **o víkendu** at the weekend
vila *f*, -y (large) detached house, villa
víno *n*, -a wine
vít|at *imp* (já -ám, oni -ají) (to) greet, welcome; **Vítám / Vítáme vás.** Welcome!
vítr *mi*, *pl* větry wind
vize *f*, 0 vision
vizitka *f*, -y visiting / business card
vkus *mi* taste *(not of food)*
vláda *f*, -y government

vlád|nout *imp* (já -nu, oni -nou; *pp* -l) (to) govern, rule
vlak *mi*, -y train; **osobní ~** slow train
vlákno *n*, -a fibre; **umělé ~** man-made fibre, synthetic fibre
vlastně actually
vlastní *adj* (one's) own
vlastnost *f*, -i quality, characteristic
vlasy *mi pl* hair *(on the head)*; **jeden vlas** a hair
vlevo *adv* on the left
vliv *mi*, -y influence
vlna *f*, -y wave; wool
vlněný -á, -é *adj* woollen
vnučka *f*, -y granddaughter
vnuk *ma*, *pl* vnuci grandson
voda *f*, -y water; **kolínská ~** eau-de-Cologne; **~ po holení** aftershave (lotion)
vodovod *mi*, -y water pipe, water main
vojenský -á, -é *adj* military
vol|at *imp* (já -ám, oni -ají) (to) call
vol|it *imp* (já -ím, oni -í) (to) elect, vote
volný -á, -é *adj* vacant, free
von|ět *imp* (já -ím, oni -í) (to) smell sweet
voz|it *imp* (já -ím, oni -í) (to) carry, take, transport
vpravo *adv* on the right
vpředu *adv* at the front
vrac|et *imp* (já -ím, oni -ejí) **/ vrát|it** *perf* (já -ím, oni -í) (to) return, give back; **~ se** (to) return, come back
vražd|it *imp* (on -í, oni -í) (to) murder
vrchní *ma*, 0; *adj decl* head waiter
vrtačka *f*, -y drill; **elektrická ~** electric drill
vstát *perf* (já vstanu, oni vstanou; *pp* vstal) **/ vstáv|at** *imp* (já -ám, oni -ají) (to) get up, stand up

vstoup|it *perf* (já -ím, oni -í) / **vstup|ovat** *imp* (já -uji, oni -ují) (to) enter
vstupenka *f*, -y (admission) ticket
však however, but
všechno everything, all *(not referring to people)*; ~ **nejlepší** all the best
všichni *ma pl* everybody, all *(people)*
vším|at si + *gen*; *imp* (já si -ám, oni si -ají) / **všim|nout si** + *gen*; *perf* (já si -nu, oni si -nou; *pp* -l) (to) notice
všude *adv* everywhere
vůbec ne not at all; **vůbec nic** nothing at all
vůz *mi, pl* vozy car; wagon
vybal|it *perf* (já -ím, oni -í) / **vybal|ovat** *imp* (já -uji, oni -ují) (to) unpack, unwrap
výběr *mi* choice, selection
vybír|at si *imp* (já si -ám, oni si -ají) (to) choose; take one's choice
vybíravý -á, -é *adj* choosy, particular
výborně *adv* excellently; **výborně!** great!
výborný -á, -é *adj* excellent
vy|brat *perf* (já -beru, oni -berou) (to) choose, select; ~ **peníze** (to) withdraw money; ~ **si** (to) choose, take one's choice; **Vyberte si!** Take your choice!
vyčerpaný -á, -é *adj* exhausted
vyčist|it *perf* (já -ím, oni -í) (to) clean
vyděl|at *perf* (já -ám, oni -ají) / **vydělav|at** *imp* (já -ám, oni -ají) (to) earn *(money)*
vyfén|ovat *perf* (já -uji, oni -ují) (to) blow dry *(hair)*
vyfotograf|ovat *perf* (já -uji, oni -ují) (to) photograph, take a photograph of
vyfouk|at *perf* (já -ám, oni -ají) (to) blow dry *(hair)*

vyhaz|ovat *imp* (já -uji, oni -ují) (to) throw out; throw away; throw upwards, toss
výhled *mi*, -y outlook, prospect; view; ~ **na** + *acc* view of
výhoda *f*, -y advantage
vyhod|it *perf* (já -ím, oni -í) (to) throw out; throw away; throw upwards, toss; *coll* fire *(dismiss an employee)*
vyhr|át *perf* (já -aji, oni -ají) (to) win
vycház|et *imp* (já -ím, oni -ejí) (to) go out; appear, be published
východ *mi*, -y way out, exit; east; **na východě** in the east
východní *adj* eastern
výchova *f* upbringing
vychov|at *perf* (já -ám, oni -ají) / **vychováv|at** *imp* (já -ám, oni -ají) (to) bring up
výjimka *f*, -y exception
vy|jít *perf* (já -jdu, oni -jdou; -šel) (to) go out; appear, be published
výlet *mi*, -y trip, outing, excursion
výloha *f*, -y shopwindow; **ve výloze** in the window
vylux|ovat *perf* (já -uji, oni -ují) (to) vacuum, hoover
vymal|ovat *perf* (já -uji, oni -ují) (to) redecorate
vyměn|it *perf* (já -ím, oni -í) / **vyměň|ovat** *imp* (já -uji, oni -ují) (to) exchange; replace
vy|nalézt *perf* (já -naleznu, oni -naleznou; *pp* -nalezl; *ps* -nalezen) (to) invent
vynd|at *perf* (já -ám, oni -ají) / **vyndav|at** *imp* (já -ám, oni -ají) (to) take out
vypad|at *imp* (já -ám, oni -ají) look; ~ **hezky** (to) look nice; ~ **jako** (to) look like
vypín|at *imp* (já -ám, oni -ají) (to) switch off

výpis *mi*, -y extract, excerpt; ~ z **(bankovního) účtu** (bank account) statement
vy|pít *perf* (já -piji, oni -pijí; *pp* -pil) (to) drink up
vyplác|et se *imp* (ono se -í, ony se -ejí) / **vyplat|it se** *perf* (ono se -í, ony se -í) (to) pay *(be profitable)*
vypln|it *perf* (já -ím, oni -í) / **vyplň|ovat** *imp* (já -uji, oni -ují) (to) fill in; fulfil *(a wish)*
vyp|nout *perf* (já -nu, oni -nou; *pp* -nul) (to) switch off
vypnutý -á, -é *adj* switched off
vypočít|at *perf* (já -ám, oni -ají) (to) calculate, work out
vyprání *n*, 0 washing *(clothes)*; **na** ~ to be laundered
vy|prat *perf* (já -peru, oni -perou) (to) wash *(clothes)*
vyprodáno sold out
vypůjč|it si *perf* (já si -ím, oni si -í) (to) borrow; rent *(e.g. skis)*
vyráb|ět *imp* (já -ím, oni -ějí) / **vyrob|it** *perf* (já -ím, oni -í) (to) produce, manufacture
vyruš|it *perf* (já -ím, oni -í) / **vyruš|ovat** *imp* (já -uji, oni -ují) (to) interrupt, disturb
vyříd|it *perf* (já -ím, oni -í) / **vyřiz|ovat** *imp* (já -uji, oni -ují) pass (a message) on, give a message, tell
vysoký -á, -é *adj* tall, high
výstava *f*, -y exhibition
vystoup|it *perf* (já -ím, oni -í; vystup!) (to) get off; ~ **z** + gen (to) get out of *(means of transport)*
výstroj *f*, -e equipment, outfit; **potápěčská** ~ underwater swimming set *(incl. scuba)*, diving suit
vystup|ovat *imp* (já -uji, oni -ují) (to) get off; ~ **z** + gen (to) get out of *(means of transport)*
vysvětl|it *perf* (já -ím, oni -í) / **vysvětl|ovat** *imp* (já -uji, oni -ují) (to) explain
výtah *mi*, -y lift
vytapet|ovat *perf* (já se -uji, oni se -ují) (to) wallpaper
vytvoř|it *perf* (já -ím, oni -í) (to) create
vyuč|it se *perf* (já se -ím, oni se -í) (to) learn a trade
vyváž|et *imp* (já -ím, oni -ejí) (to) export
vyvětr|at *perf* (já -ám, oni -ají) (to) air *(a room)*
vy|vézt *perf* (já -vezu, oni -vezou) (to) export; take out / up
vyzkouš|et si *perf* (já si -ím, oni si -ejí) (to) try; try on
významný -á, -é *adj* significant
vyzvedáv|at *imp* (já -ám, oni -ají) / **vyzved|nout** *perf* (já -nu, oni -nou; *pp* -l) (to) collect, fetch; lift
vyžehl|it *perf* (já -ím, oni -í) (to) iron
vzadu *adv* at the back
vzbud|it *perf* (já -ím, oni -í) (to) wake up *(sb deliberately)*
vzdělání *n*, 0 education
vzduch *mi* air
vzít si *perf* (já si vezmu, oni si vezmou; *pp* vzal si) (to) take, have; marry (+ acc sb)
vzkaz *mi*, -y message
vz|kázat *perf* (já -kážu, oni -kážou) / **vzkaz|ovat** *imp* (já -uji, oni -ují) (to) send a message / word, let (sb) know

vzpom|enout (si) (**na** + acc) *perf* (já -enu, oni -enou; *pp* -něl) / **vzpomín|at (si)** (**na** + acc) *imp* (já -ám, oni -ají) (to) remember (sb / sth)

vždycky *adv* always

W

walkman *m*, -i / -y; coll Walkman

Z

z, ze from, out of, of

za prep + acc in *(with expressions of time)*; behind, beyond *(direction)*; + instr behind, beyond, at the back of; ~ **rohem** (a)round the corner; + gen during *(e.g. a war)*; under *(a king)*

zabal|it *perf* (já -ím, oni -í) (to) wrap up

zábava *f*, -y entertainment

zábavný -á, -é *adj* amusing

zabíj|et *imp* (on -í, oni -ejí) / **za|bít** *perf* (on -bije, oni -bijí; *pp* -bil; *ps* -bit) (to) kill

zabrzd|it *perf* (já -ím, oni -í) (to) brake

zabýv|at se + instr; *imp* (já se -ám, oni se -ají) (to) busy / occupy oneself with; deal with *(a topic)*

zácpa *f*, -y congestion; constipation; **dopravní** ~ traffic jam

začátek *mi*, *pl* začátky beginning, start

začín|at *imp* (já -ám, oni -ají) / **zač|ít** *perf* (já -nu, oni -nou; *pp* -al) (to) begin, start

zadní *adj* back, rear

zah|nout *perf* (já -nu, oni -nou; *pp* -nul) (to) turn off; bend

zahrada *f*, -y garden

zahradní restaurace *f*, 0 open-air café; beer garden

zahraničí *n*, 0 foreign countries; **v** ~ / **do** ~ abroad

zájem *mi*, *pl* zájmy interest; **mít** ~ **o** + acc (to) be interested in, have interest in

zajím|at *imp* (já -ám, oni -ají) (to) interest; **Nezajímá mě to.** It does not interest me.; ~ **se o** + acc (to) be interested in

zajímavý -á, -é *adj* interesting

zajist|it *perf* (já -ím, oni -í) / **zajišť|ovat** *imp* (já -uji, oni -ují) (to) secure, safeguard

zákaznice *f*, 0 / **zákazník** *ma*, *pl* zákazníci customer

zaklád|at *imp* (já -ám, oni -ají) (to) found, establish

základní *adj* fundamental, essential, basic

zaklep|at *perf* (já -ám / -u, oni -ají / -ou) (to) knock, tap

zákon *mi*, -y; *gen sg* -a law; **Starý / Nový** ~ Old / New Testament

zalep|it *perf* (já -ím, oni -í) / **zalep|ovat** *imp* (já -uji, oni -ují) (to) seal *(an envelope)*; glue up, paste up

zalév|at *imp* (já -ám, oni -ají) / **za|lít** *perf* (já -liji, oni -lijí; *pp* -lil) (to) water

záloha *f*, -y deposit *(on payment)*

založ|it *perf* (já -ím, oni -í) (to) found, establish

zamáv|at *perf* (já -ám, oni -ají) (to) wave; **Zamával nám.** (dat) He waved goodbye to us.; **Zamával na nás.** (acc) He waved at us.

zámek *mi*, *pl* zámky lock; castle *(not medieval)*, stately home, mansion

za|mést *perf* (já -metu, oni -metou; *pp* -metl) / **zamet|at** *imp* (já -ám, oni -ají) (to) sweep

zaměstnanec *ma*, *pl* zaměstnanci / **zaměstnankyně** *f*, 0 employee

zaměstn|at *perf* (já -ám, oni -ají) **/ zaměstnáv|at** *imp* (já -ám, oni -ají) (to) employ
zaměstnavatel *ma*, -é employer
zamil|ovat se (**do** + gen) *perf* (já se -uji, oni se -ují) (to) fall in love (with)
zamk|nout *perf* (já -nu, oni -nou; *pp* -l) (to) lock (up)
zánět *mi*, -y inflammation; **~ průdušek** bronchitis
západ *mi* west; **na západě** in the west; **~ slunce** sunset
západní *adj* western, west
zápalka *f*, -y match *(for lighting)*
zapalovač *mi*, -e lighter
zápas *mi*, -y match *(e.g. football match)*
zapín|at *imp* (já -ám, oni -ají) (to) switch on
zaplat|it *perf* (já -ím, oni -í) (to) pay
zaplav|at si *perf* (já si -u, oni si -ou) (to) have a swim
zap|nout *perf* (já -nu, oni -nou; *pp* -nul) (to) switch on
zapom|enout *perf* (já -enu, oni -enou; *pp* -něl) **/ zapomín|at** *imp* (já -ám, oni -ají) (to) forget
září *n* September
zaříd|it *perf* (já -ím, oni -í) (to) arrange; furnish, fit out, equip
zařízený -á, -é *adj* arranged; furnished, equipped
zase *adv* again
zaslouž|it si *perf* (já si -ím, oni si -í) (to) deserve
zásluha *f*, -y merit; **zásluhou** + gen thanks to *(one's services, help etc.)*
zasp|at *perf* (já -ím, oni -í) (to) oversleep
zastav|it *perf* (já -ím, oni -í) (to) stop, bring to a standstill; **~ se** (to) stop, come to a halt / standstill;
~ se pro + acc (to) collect, pick up, call for; **~ se u** + gen (to) drop in on *(a person)*
zastávka *f*, -y *(bus / tram etc.)* stop
zastav|ovat *imp* (já -uji, oni -ují) (to) stop; **~ se** (to) stop, come to a standstill
zástupce *ma*, -i **/ zástupkyně** *f*, 0 deputy, stand-in; representative
zásuvka *f*, -y drawer *(in furniture)*; socket
za|šít *perf* (já -šiji, oni -šijí; *pp* -šil) (to) mend *(by sewing)*
zatáčka *f*, -y curve, bend *(in a road)*
zataženo *adv* overcast
zatím *adv* meanwhile, in the meantime, for the time being
zatk|nout *perf* (já -nu, oni -nou; *pp* -l) **/ zatýk|at** *imp* (já -ám, oni -ají) (to) arrest
závid|ět *imp* (já -ím, oni -í) (to) envy; **Nezávidím mu jeho úspěch.** I don't envy him his success.
zavír|at *imp* (já -ám, oni -ají) (to) close, shut
závrať *f, pl* závratě vertigo
zavražd|it *perf* (on -í, oni -í; *ps* -ěn) (to) murder
zavřeno *adj pred* closed
zavřený -á, -é *adj* closed, shut
zavř|ít *perf* (já -u, oni -ou; *pp* -el) (to) close, shut
záznamník *mi*, -y answering machine
zblízka *adv* at close range, from close up, near *(at a short distance)*
zbohat|nout *perf* (já -nu, oni -nou; *pp* -l) (to) get rich
zboží *n* goods; **spotřební ~** consumer goods
zbýt *perf* (já zbudu / zbydu, oni zbudou / zbydou; *pp* zbyl) **/ zbýv|at** *imp* (já -ám, oni -ají) (to) remain, be left over

zbytek *mi, pl* zbytky rest, remnant, remainder; **zbytky** *pl* leftovers
zčerven|at *perf* (já -ám, oni -ají) (to) blush, turn red
zda whether
zdálky *adv* from far (away)
zd|át se *imp* (já -ám, oni -ají) (to) seem, appear
zděd|it *perf* (já -ím, oni -í) (to) inherit
zdob|it *imp* (já -ím, oni -í) (to) decorate
zdrav|it *imp* (já -ím, oni -í) (to) greet, say hello
zdravotní pojištění *n,* 0 health insurance; ~ **středisko** *n,* -a ambulance centre
zdravý -á, -é *adj* healthy, good for you, sound
zdroj *mi,* -e source
zdvih|nout *perf* (já -nu, oni -nou; *pp* -l) (to) lift
zdvořilý -á, -é *adj* polite
zejména *adv* particularly
zelenina *f* vegetable(s)
zelený -á, -é *adj* green
země *f,* 0, **zem** *f,* -ě ground; floor; soil; land; country; **Země** (the) Earth
zemř|ít *perf* (já -u, oni -ou; *pp* -el) (to) die
zept|at se *perf* (já se -ám, oni se -ají) (to) ask (a question); **Zeptám se jich** (gen) **na to** (acc). I'll ask them about it.
zestár|nout *perf* (já -nu, oni -nou; *pp* -l) (to) get old
zešediv|ět *perf* (já -ím, oni -ějí) (to) go / become grey
zhasín|at *imp* (já -ám, oni -ají) / **zhas|nout** *perf* (já -nu, oni -nou; *pp* -l) (to) switch the light off

zhloup|nout *perf* (já -nu, oni -nou; *pp* -l) (to) become silly / stupid
zhorš|it *perf* (já -ím, oni -í) (to) worsen, make worse; ~ **se** (to) worsen, become worse
zhruba *adv* roughly, approximately
zima *f,* -y winter; cold; **v zimě** in winter
zimní *adj* wintry, winter
zisk *mi,* -y profit
získ|at *perf* (já -ám, oni -ají) (to) gain, obtain
zítra *adv* tomorrow
zítřek *mi* tomorrow
zjist|it *perf* (já -ím, oni -í) (to) find out, ascertain; discover, detect; ~ **spojení** (to) ascertain how to get to a place
zjišť|ovat *imp* (já -uji, oni -ují) (to) find out, ascertain
zkažený -á, -é *adj* spoiled, ruined
zkontrol|ovat *perf* (já -uji, oni -ují) (to) check
zkouš|et *imp* (já -ím, oni -ejí) (to) try; examine; ~ **si** (to) try on
zkouška *f,* -y exam(ination); test; **přijímací** ~ entrance examination • **udělat zkoušku** (to) pass an exam; **neudělat zkoušku** (to) fail an exam
zkratka *f,* -y shortcut; abbreviation
zkus|it *perf* (já -ím, oni -í) (to) try, have a try
zkušenost *f,* -i experience; **hodně zkušeností** much experience
zlatý -á, -é *adj* golden, (of) gold
zlepš|it *perf* (já -ím, oni -í) (to) improve, make better; ~ **se** (to) improve, become better
zlevněný -á, -é *adj* reduced in price

zlob|it *imp* (já -ím, oni -í) (to) be naughty; **~ se (na** + acc) (to) be annoyed, be angry (with sb)
zloděj *ma*, -i thief
zlý -á, -é *adj* bad, evil
zmatek *mi*, *pl* zmatky confusion
změn|it (se) *perf* (já -ím, oni -í) (to) change, alter (oneself)
zmenš|it + acc; *perf* (já -ím, oni -í) (to) decrease, make smaller / less; **~ se** (to) decrease, become smaller / less
změř|it *perf* (já -ím, oni -í) (to) measure
zmiz|et *perf* (já -ím, oni -í) (to) disappear, vanish
zmok|nout *perf* (já -nu, oni -nou; *pp* -l) (to) get wet *(in the rain)*
zmrzlina *f*, -y ice cream
zmrz|nout *perf* (já -nu, oni -nou; *pp* -l) (to) freeze *(become ice)*; freeze to death
značka *f*, -y mark; make; **státní poznávací / registrační ~** (state) registration number; number plate
znamen|at *imp* (já -ám, oni -ají) (to) mean; **Co to znamená?** What does it mean?
znamení *n*, 0 sign; omen
známka *f*, -y (postage) stamp
známý -á, -é *adj* well-known; + instr known for ◆ *ma*, *pl* známí; *adj decl* acquaintance
zn|át *imp* (já -ám, oni -ají; *pp* -al) (to) know
znečištěný -á, -é *adj* polluted
znič|it *perf* (já -ím, oni -í) (to) destroy, ruin
zn|ít *imp* (ono -í, ony -ějí; *pp* -ěl) (to) sound
znovu *adv* again
zorganiz|ovat *perf* (já -uji, oni -ují) (to) organise

zout *perf* (já zuji, oni zují; *pp* zul) (to) take off *(shoes)*; **~ se** (to) take off one's shoes
zpáteční *adj* return *(ticket)*
zpátky *adv* back, backwards
zpěvačka *f*, -y **/ zpěvák** *ma*, *pl* zpěváci singer
zpív|at *imp* (já -ám, oni -ají) (to) sing
zpoždění *n*, 0 delay; **mít ~** (to) be delayed
zpráva *f*, -y news; report
způsob *mi*, -y way *(of doing sth)*, manner
způsob|it *perf* (já -ím, oni -í) (to) cause
zralý -á, -é *adj* ripe; mature
zrcadlo *n*, -a mirror
zrovna *adv* just; just now
zruš|it *perf* (já -ím, oni -í) (to) cancel; abolish
ztloust|nout *perf* (já -nu, oni -nou; *pp* -l) (to) grow / become fat
ztrác|et *imp* (já -ím, oni -í) **/ ztrat|it** *perf* (já -ím, oni -í) (to) lose; **~ se** (to) get lost
zů|stat *perf* (já -stanu, oni -stanou) **/ zůstáv|at** *imp* (já -ám, oni -ají) (to) stay; remain
zv|át *imp* (já -u, oni -ou; *pp* -al) (to) invite
zváž|it *perf* (já -ím, oni -í) (to) weigh
zvědavý (na + acc) -á, -é *adj* curious about, inquisitive
zved|nout *perf* (já -nu, oni -nou; *pp* -l) (to) lift; **~ se ze židle** (to) get up from one's chair
zvenku *adv* from the outside
zvětš|it *perf* (já -ím, oni -í) (to) increase; enlarge, magnify; **~ se** (to) increase, expand
zvíře *n*, *pl* zvířata; *gen pl* zvířat animal, beast

zvláštní *adj* special; peculiar
zvlášť *adv* separately
zvol|it *perf* (já -ím, oni -í) (to) elect; choose
zvon|it *imp* (já -ím, oni -í) (to) ring; ring the bell
zvyk *mi*, -y habit, custom
zvyklý (**na** + acc) -á, -é *adj* accustomed (to)
zvyk|nout si na + acc; *perf* (já -nu, oni -nou; *pp* -l) (to) become accustomed to, get used to
zvýš|it *perf* (já -ím, oni -í) (to) increase, raise; **~ se** (to) increase, rise

Ž

žád|at o + acc; *imp* (já -ám, oni -ají) (to) request, ask for
žádný -á, -é *pron* no *(before nouns)*
žampion *mi*, -y button mushroom
žárovka *f*, -y light bulb
že *conj* that *(not interchangeable with „který")*

žehlička *f*, -y iron *(for ironing)*
žehl|it *imp* (já -ím, oni -í) (to) iron
žena *f*, -y woman; **~ v domácnosti** housewife
ženatý *adj* married *(of a man)*
ženich *ma*, *pl* ženichové / ženiši bridegroom
žen|it se *imp* (já se -ím, oni se -í) (to) marry, get married *(of a man)*
ženský -á, -é *adj* women's; female
žert *mi*, -y joke
žert|ovat *imp* (já -uji, oni -ují) (to) joke
židle *f*, 0 chair
žít *imp* (já žiji, oni žijí; *pp* žil) (to) live; be alive
život *mi*, -y life
životní *adj* (of) life; **~ prostředí** the environment; **~ úroveň** standard of living
žízeň *f* thirst
žlutý -á, -é *adj* yellow

English-Czech Wordlist

A

abbreviation *f* zkratka *pl* -y
abolish *perf* zruš|it (já -ím, oni -í)
about *prep* o + loc *(concerning)*
absent-minded *adj* roztržitý -á, -é
academic *adj* akademický -á, -é
academy *f* akademie *pl* 0
accept *perf* přij|mout (já -mu, oni -mou; *pp* -al)
acceptable *adj* přijatelný -á, -é
accident *f* nehoda *pl* -y
accommodation *n* ubytování *pl* 0
accompany *perf* doprovod|it (já -ím, oni -í)
account *mi* účet *pl* účty
accustomed *adj* zvyklý -á, -é
acquaintance *ma; adj decl* známý *pl* známí, *f* známá *pl* známé
across *prep* přes + acc
actually vlastně
ad *mi* inzerát *pl* -y
add *1. (say further) perf* dod|at (já -ám, oni -ají) *2. (put, join) perf* přid|at
address *f* adresa *pl* -y
addressee *ma* adresát *pl* -i
adjoining *adj* vedlejší
administrator *ma* správce *pl* správci / správcové
admire *imp* obdiv|ovat (já -uji, oni -ují)
adult *adj* dospělý -á, -é ♦ *ma; adj decl* dospělý *pl* dospělí
advance: **in ~** předem
advantage *f* výhoda *pl* -y
Advent *mi* advent

advertisement *mi* inzerát *pl* -y; *f* reklama *pl* -y
advertising *f* reklama *pl* -y ♦ *adj* reklamní; **~ agency** reklamní agentura *f, pl* reklamní agentury
advice *f* rada *pl* -y
advise *perf* porad|it (já -ím, oni -í)
afraid: **be ~** *imp* bát se + gen (já se bojím, oni se bojí); **I'm ~ so / not.** Bohužel ano / ne.
after *prep* po + loc
afternoon *n* odpoledne *pl* 0; **in the ~** *adv* odpoledne
aftershave (lotion) *f* voda po holení *pl* vody po holení
afterwards potom
again *adv* zase, znovu
against *prep* proti + dat
agency *f* agentura *pl* -y; **travel ~** cestovní kancelář *f, -e*
aggressive *adj* agresivní
ago *prep* před + instr
agree *imp* souhlas|it (já -ím, oni -í)
air *perf* vyvětr|at (já -ám, oni -ají) ♦ *mi* vzduch
air-ticket *f* letenka *pl* -y
airport *n* letiště *pl* 0
aisle *f* ulička *pl* -y
alarm clock *mi* budík *pl* -y
album *n* album *pl* alba
all *pron* všechen ♦ *adj* celý -á, -é • **~ the best** všechno nejlepší; **~ right** v pořádku
allow *perf* dovol|it (já -ím, oni -í)

77

almost *adv* skoro, téměř
alone *pron* sám *m*, sama *f*, samo *n*
along *prep* po + loc; podél + gen
aloud *adv* nahlas
Alps *f pl* Alpy
already už
also také
alter *perf* změn|it (se), *imp* měn|it (se) (já -ím, oni -í)
altogether *adv* celkem
always *adv* vždycky
ambitious *adj* ambiciózní
ambulance sanitní vůz *mi, pl* sanitní vozy, *coll* sanitka *f,* -y
ambulance centre zdravotní středisko *n, pl* zdravotní střediska
among *prep (position)* mezi + instr; *(direction)* mezi + acc
amusing *adj* zábavný -á, -é
ancestor *ma* předek *pl* předci / předkové
and *conj* a; ~ **also** i; ~ **so** takže
angel *ma* anděl *pl* -é
angry: be ~ **with** *imp* zlob|it se na + acc (já -ím, oni -í)
animal *n* zvíře *pl* zvířata
anorak *f* bunda *pl* -y
another nějaký jiný *m*, nějaká jiná *f*, nějaké jiné *n*; *(one more)* ještě jeden *m*, ještě jedna *f*, ještě jedno *n*
answer *perf* odpo|vědět (já -vím, oni -vědí) ♦ *f* odpověď *pl* odpovědi
answering machine *mi* záznamník *pl* -y
antibiotic *n* antibiotikum *pl* antibiotika
antique *f* starožitnost *pl* -i
antique shop *f pl* starožitnosti
anything else ještě něco
aperitif *mi* aperitiv *pl* -y
apologise *imp* omlouv|at se (já -ám, oni -ají), *perf* omluv|it se (já -ím, oni -í)
appear *perf* objev|it se (já -ím, oni -í)

apple *n* jablko *pl* -a
approximately přibližně, asi
April *mi* duben
Arabic *adv* arabsky
architecture *f* architektura
armchair *n* křeslo *pl* -a
arrange *perf* zaříd|it (já -ím, oni -í)
arranged *adj* zařízený -á, -é
arrest *perf* zatk|nout (já -nu, oni -nou)
arrival *(on foot) mi* příchod *pl* -y; *(of / by a wheeled vehicle) mi* příjezd *pl* -y; *(of / by plane) mi* přílet *pl* -y
arrive *(on foot) perf* při|jít (já -jdu, oni -jdou); *pp* -šel); *(of / by a wheeled vehicle) perf* při|jet (já -jedu, oni -jedou); *(of / by plane) perf* přilet|ět (já -ím, oni -í)
art gallery *f* galerie *pl* 0
article *(piece of writing) mi* článek *pl* články
as jako; ~ **big as** stejně velký jako; ~ **fast as possible** co nejrychleji; ~ **soon as possible** co nejdříve; ~ **usual** jako obyčejně
as soon as *conj* jakmile
ascertain *perf* zjist|it (já -ím, oni -í)
ashtray *mi* popelník *pl* -y
ask *(a question) perf* zept|at se, *imp* pt|át se (já -ám, oni -ají); ~ **about** zeptat se na + acc; ~ **for** *(request) perf* požád|at o + acc (já -ám, oni -ají)
asparagus *mi* chřest *pl* -y
aspirin *mi* aspirin *pl* -y
assistant *ma* asistent *pl* -i, *f* asistentka *pl* -y
astrology *f* astrologie
at *prep* u + gen; v + loc / acc; na + loc
atmosphere *f* atmosféra
attic *n* podkroví *pl* 0
attract *imp* přitah|ovat (já -uji, oni -ují)

August *mi* srpen
aunt *f* teta *pl* -y
Austria *n* Rakousko
autumn *mi* podzim *pl* -y ♦ *adj* podzimní
avenue *(wide street)* f třída *pl* -y;
(road with trees) f alej *pl* -e
away *(gone)* pryč

B

baby *n* miminko *pl* -a
babysit *imp* hlídat dítě (**hlíd|at** + acc;
 já -ám, oni -ají)
babysitting *n* hlídání dětí (**hlídání** +
 gen; *pl* 0)
back *adv (backwards)* zpátky ♦ *adj*
(rear) zadní ● **at the ~** *adv* vzadu;
to the ~ *adv* dozadu
bad *adj* špatný -á, -é, zlý -á, -é
badly *adv* špatně
bag *1. (paper, plastic)* mi sáček
pl sáčky *2. (shopping / carrier bag)*
f taška *pl* -y
bake *imp* péci, *perf* u|péci (já -peču,
 oni -pečou; *pp* -pekl)
balcony *mi* balkon *pl* -y
bald *adj* plešatý -á, -é
ball *(for playing)* mi míč *pl* -e; **foot~**
fotbalový míč; **small ~** *mi* míček
pl míčky
banana *mi* banán *pl* -y
bank *f* banka *pl* -y
bank holiday *mi* svátek *pl* svátky
banker *ma* bankéř *pl* -i
banknote *f* bankovka *pl* -y
banquet *f* hostina *pl* -y
baptise *perf* pokřt|ít (já -ím, oni -í)
barber *ma* holič *pl* -i / -ové
barefoot *adj pred* bos *m*, bosa *f*, boso *n*
barefooted *adj* bosý -á, -é

basket *mi* košík *pl* -y
basketball *mi* basketbal
bathe *imp* koup|at se (já -ám, oni -ají)
bathroom *f* koupelna *pl* -y
battle *f* bitva *pl* -y
be být (já jsem, oni jsou; *pp* byl);
 ~ missing / absent / lacking
 imp chyb|ět (já -ím, oni -ějí); **~ going
 / preparing to** + inf *imp* chyst|at
 se + inf (já -ám, oni -ají)
beach *f* pláž *pl* -e
bear *ma* medvěd *pl* -i
beautiful *adj* krásný -á, -é
because *conj* protože ♦ **~ of** *prep*
 kvůli + dat
become *perf* stát se + instr (já se stanu,
 oni se stanou; *pp* stal se)
bed *f* postel *pl* -e
bedclothes, bedlinen ložní prádlo *n*
bedroom *f* ložnice *pl* 0
bed-sitter *f* garsonka *pl* -y
bee *f* včela *pl* -y
beer *n* pivo *pl* -a
beer garden zahradní restaurace *f*, 0
before *prep* před + instr ♦ *conj* dříve
 než ♦ *adv* předtím
beforehand předem
begin *perf* zač|ít (já -nu, oni -nou; *pp* -al),
 imp začín|at (já -ám, oni -ají)
beginning *mi* začátek *pl* začátky
behave *imp* chov|at se (já -ám, oni -ají)
behind *(at the back of)* *prep* za + instr
Belgian *adj* belgický -á, -é
believe *imp* věř|it + dat (já -ím, oni -í)
belong to *imp* patř|it + dat (já -ím, oni -í)
bench *(in a park)* f lavička *pl* -y
bend *(in a road)* f zatáčka *pl* -y
benefit *mi* prospěch, *mi* užitek
 ♦ **~ from** *imp* mít užitek z / ze +
 gen (já mám, oni mají)

besides kromě toho
best *adj* nejlepší ♦ *adv* nejlépe
better *adj* lepší ♦ *adv* lépe
between *prep (position)* mezi + instr;
  (direction) mezi + acc
bicycle (jízdní) kolo *n, pl* (jízdní) kola
big *adj* velký -á, -é
bilberry *f* borůvka *pl* -y
bill *mi* účet *pl* účty
binoculars *mi* dalekohled *pl* -y
bird *ma* pták *pl* ptáci
birth *n* narození *pl* 0
birth index / certificate number
  rodné číslo *n, pl* rodná čísla
birthday *f pl* narozeniny
biscuit *f* sušenka *pl* -y
bishop *ma* biskup *pl* -ové
black *adj* černý -á, -é
black-and-white *adj* černobílý -á, -é
blend *f* směs *pl* -i
block *mi* blok *pl* -y
bloom *imp* kvést (ono kvete, ony kvetou; *pp* kvetl)
blouse *f* halenka *pl* -y
blow *imp* fouk|at (já -ám, oni -ají);
  ~ **dry** *(hair) perf* vyfén|ovat (já -uji, oni -ují), vyfouk|at *perf* (já -ám, oni -ají)
blue *adj* modrý -á, -é
blush *perf* zčerven|at (já -ám, oni -ají)
board *f* tabule *pl* 0 *(e.g. blackboard)*
boiled *adj* vařený -á, -é; **a hard-~ egg** vejce vařené na tvrdo
book *f* kniha *pl* -y
bookcase *f* knihovna *pl* -y
bookshelves *f* police na knihy
  pl police na knihy
bookshop *n* knihkupectví *pl* 0
border *f* hranice *pl* 0 ♦ *imp* hranič|it
  (já -ím, oni -í)

border crossing-point hraniční
  přechod *mi, pl* hraniční přechody
bored: be ~ *imp* nud|it se (já -ím, oni -í)
boredom *f* nuda *pl* -y
boring *adj* nudný -á, -é
born: be ~ *perf* narod|it se (já -ím, oni -í; *ps* narozen); **I was born**
  narodil(a) jsem se
borrow *perf* (vy)půjč|it si (já -ím, oni -í)
both *num* oba *m*, obě *f / n*
bottle *f* láhev *pl* láhve
box *f* krabice *pl* 0; ~ **of chocolates**
  f bonboniéra *pl* -y; **small** ~
  f krabička *pl* -y
box-office *f* pokladna *pl* -y
boy *ma* chlapec *pl* chlapci, coll *ma*
  kluk *pl* kluci; **little / baby** ~
  ma chlapeček *pl* chlapečci
brake *f* brzda *pl* -y ♦ *imp* (za)brzd|it
  (já -ím, oni -í)
bread *(brown) mi* chléb *pl* chleby;
  ~ **and rolls** *n* pečivo
bread roll *f* houska *pl* -y, *mi* rohlík
  pl -y
break *f* přestávka *pl* -y ♦ *perf* roz|bít
  (já -biji, oni -bijí; *pp* -bil)
breakfast *f* snídaně *pl* 0 ♦ *imp*
  sníd|at (já -ám, oni -ají)
breathe *imp* dých|at (já -ám, oni -ají)
breed *(animals) imp* chov|at + acc (já -ám, oni -ají)
brewery *mi* pivovar *pl* -y
bribe *mi* úplatek *pl* úplatky; **taking**
  ~**s** *n* braní úplatků (braní + gen, *pl* 0)
bride *f* nevěsta *pl* -y
bridegroom *ma* ženich *pl* ženichové / ženiši
bridge *mi* most *pl* -y
bring *(carry, on foot) perf* při|nést (já -nesu, oni -nesou; *pp* -nesl); *(by car)*

perf při|vézt (já -vezu, oni -vezou; vezl);
~ **up** *perf* vychov|at + acc (já -ám, oni -ají)
broad *adj* široký -á, -é
brochure *mi* prospekt *pl* -y
broken *adj* rozbitý -á, -é
bronchitis *mi* zánět průdušek (**zánět** + gen), *f* bronchitida *pl* -y
brother *ma* bratr *pl* bratři
brother-in-law *ma* švagr *pl* švagři
brown *adj* hnědý -á, -é
brush *(for painting things)* *f* štětka *pl* -y
bucket *mi* kbelík *pl* -y
Budapest *f* Budapešť
build *imp* stav|ět (já -ím, oni -ějí), *perf* postav|it (já -ím, oni -í)
building *f* budova *pl* -y
built-in cupboard vestavěná skříň *f*, *pl* vestavěné skříně
bunch (of flowers) *f* kytice *pl* 0
burn *(be on fire)* *imp* hoř|et (ono -í, ony -í); ~ **down** *perf* shoř|et
bury *(dead body)* *perf* pohřb|ít (já -ím, oni -í; *pp* -il)
bus *mi* autobus *pl* -y
business *1. (deal)* *mi* obchod *pl* -y *2. (firm)* *mi* podnik *pl* -y
business card (firemní) vizitka *f*, -y
business trip služební cesta *f*, *pl* služební cesty
businessman *ma* obchodník *pl* obchodníci
businesswoman *f* obchodnice *pl* 0
busy *adj* *1. (bustling)* rušný -á, -é *2. (having much to do)* velmi zaměstnaný -á, -é • **be very** ~ *imp* mít moc práce (**mít** + acc; já mám, oni mají)
but ale

butter *n* máslo *pl* -a
button *mi* knoflík *pl* -y
buy *perf* koup|it (si) (já -ím, oni -í)
by *prep (place)* u + gen; *(authorship)* od + gen; *(manners, means)* adv or instr: ~ **air** *adv* letecky; ~ **bus / car / train** autobusem / autem / vlakem • ~ **the way** *adv* mimochodem

C

cabinet *(container, furniture)* *f* skříňka *pl* -y
cake *(plain)* *f* buchta *pl* -y; *(rich)* *mi* dort *pl* -y; **~s and pastries** *n* pečivo
cake shop *f* cukrárna *pl* -y
calculate *imp* počít|at (já -ám, oni -ají)
call *imp* vol|at (já -ám, oni -ají); **be called** *imp* jmen|ovat se (já -uji, oni -ují)
calm (down) *imp* uklidň|ovat (já -uji, oni -ují), *perf* uklidn|it (se) (já -ím, oni -í)
camera *mi* fotoaparát *pl* -y
can *1. (be able / possible)* moci (já mohu, ty můžeš, oni mohou; *pp* mohl) *2. (know how)* *imp* um|ět (já -ím, oni -ějí)
cancel *imp* ruš|it, *perf* zruš|it (já -ím, oni -í)
cancellation *(of order)* *n* storno *pl* -a
candle *f* svíčka *pl* -y
cap *f* čepice *pl* 0
captain *ma* kapitán *pl* -i
car *n* auto *pl* -a, *mi* vůz *pl* vozy
car park *n* parkoviště *pl* 0
card *f* karta *pl* -y
carefully *adv* pečlivě
carp *ma* kapr *pl* kapři

carrot *f* karotka *pl* -y
carry *perf* nést (já nesu, oni nesou; *pp* nesl), *imp* nos|it (já -ím, oni -í); *(in / of a wheeled vehicle) perf* vézt (já vezu, oni vezou), *imp* voz|it (já -ím, oni -í)
case 1. *(suitcase)* *mi* kufr *pl* -y
2. *(instance)* *mi* případ *pl* -y
cash desk *f* pokladna *pl* -y
cashier *ma / f; adj decl* pokladní *pl* 0
castle *(not medieval)* *mi* zámek *pl* zámky; *(medieval)* *mi* hrad *pl* -y
cat *f* kočka *pl* -y
catastrophe *f* katastrofa *pl* -y
catch *perf* chyt|it (já -ím, oni -í); **~ (a) cold** *perf* nastyd|nout (já -nu, oni -nou); **~ fire** *perf* chyt|nout (on -ne, oni -nou)
cathedral *mi* chrám *pl* -y
cauliflower *mi* květák *pl* -y
cause *perf* způsob|it (já -ím, oni -í)
CD kompaktní disk *mi, pl* kompaktní disky, kompakt *mi,* -y, *coll* cédéčko *n,* -a
CD player CD přehrávač *mi, pl* CD přehrávače
ceiling *mi* strop *pl* -y
celebrate *imp* slav|it, *perf* oslav|it (já -ím, oni -í)
celebration 1. *f* oslava *pl* -y
2. *f* slavnost *pl* -i
cellar *mi* sklep *pl* -y
cement *mi* cement
cemetery *mi* hřbitov *pl* -y
central *adj* střední, centrální
centre 1. *(town, shopping)* *n* centrum *pl* centra; *(shopping, ambulance) n* středisko *pl* -a **2.** *(point)* *mi* střed *pl* -y
century *n* století *pl* 0
certainly určitě
chair *f* židle *pl* 0
change *(alter) perf* změn|it (se), *imp* měn|it (se) (já -ím, oni -í); *(change transport)* **~ to / for** *perf* přestoup|it na + acc (já -ím, oni -í; přestup!) ● **get changed** *perf* převlék|nout se (já -nu, oni -nou)
◆ **1.** *(changing transport)* *mi* přestup *pl* -y **2.** *(small money) mi pl; adj decl* drobné ● **give ~** *perf* rozměn|it (já -ím, oni -í)
chapel *f* kaple *pl* 0; **small ~** *f* kaplička *pl* -y
characteristic *f* vlastnost *pl* -i ◆ *adj* charakteristický -á, -é
charge *mi* poplatek *pl* poplatky ● **be in ~ of** *imp* mít na starost + acc (já mám, oni mají)
cheap *adj* levný -á, -é
check *f* kontrola *pl* -y ◆ *imp* kontrol|ovat, *perf* zkontrol|ovat (já -uji, oni -ují)
check-in *(at airport) n* odbavení *pl* 0
◆ **check in** *(at a hotel) perf* ubyt|ovat se (já -uji, oni -ují)
cheese *mi* sýr *pl* -y
chemist's *f* lékárna *pl* -y
chemistry *f* chemie
cheque *mi* šek *pl* -y
chess *mi pl* šachy
chest of drawers *mi* prádelník *pl* -y
child *n* dítě *pl f* děti
childhood *n* dětství *pl* 0
chilly *adj* (velmi) chladný -á, -é
◆ *adv* (velmi) chladno
chimney *mi* komín *pl* -y
chips *mi pl* hranolky; **fish and ~** *f* ryba s hranolky *pl* ryby s hranolky
chocolate *f* čokoláda *pl* -y
choice *mi* výběr
choose *imp* vybír|at si (já -ám, oni -ají), *perf* vy|brat si (já -beru, oni -berou)
choosy *adj* vybíravý -á, -é

Christmas *f pl* Vánoce ◆ *adj* vánoční; ~ **biscuits** vánoční pečivo *n*; ~ **carol** (vánoční) koleda *f, pl* (vánoční) koledy; ~ **Eve** Štědrý večer *mi*
church *1. (body) f* církev *pl* církve *2. (building) mi* kostel *pl* -y
cigar *mi* doutník *pl* -y
cigarette *f* cigareta *pl* -y
cinema *n* kino *pl* -a
cinnamon *f* skořice
citizen *ma* občan *pl* -é
city *n* město *pl* -a; **big** ~ *n* velkoměsto
class *f* třída *pl* -y
clean *1. perf* vyčist|it (já -ím, oni -í) *2. (do the cleaning) imp* uklíz|et (já -ím, oni -í)
clear *adj 1. (clean)* čistý -á, -é *2. (bright)* jasný -á, -é ◆ ~ **up** *(do the cleaning) perf* uklid|it (já -ím, oni -í)
clerk *ma* úředník *pl* úředníci, *f* úřednice *pl* 0; *ma* referent *pl* -i, *f* referentka *pl* -y
clever *adj* chytrý -á, -é
client *ma* klient *pl* -i, *f* klientka *pl* -y
climb *imp* stoup|at (já -ám, oni -ají)
cloakroom *f* šatna *pl* -y
clock *f pl* hodiny
close *perf* zavř|ít (já -u, oni -ou; *pp* -el; -i / -ete!) ◆ *adj* blízký -á, -é ● **at** ~ **range, from** ~ **up** *adv* zblízka
closed *ps* zavřeno ◆ *adj (shut)* zavřený -á, -é; *(sealed)* uzavřený -á, -é
cloud *mi* mrak *pl* -y
club *(society, bar) mi* klub *pl* -y
clutch *f* spojka *pl* -y
coach *(sport instructor) ma* trenér *pl* trenéři
coal *n* uhlí
coat *(overcoat) mi* kabát *pl* -y
cocktail *mi* koktejl *pl* -y

cocoa *n* kakao *pl* -a
coffee *f* káva *pl* -y
coffee pot *f* konvice (na kávu) *pl* konvice na kávu
coincidence *(chance) f* náhoda *pl* -y
cold *adj* chladný -á, -é, studený -á, -é ◆ *adv* chladno ◆ **(common)** ~ *f* rýma *pl* -y
colleague *ma* kolega *pl* -ové, *f* kolegyně *pl* 0
collect *1. (fetch) perf* vyzved|nout (já -nu, oni -nou; *pp* -l); *(pick up) perf* zastav|it se pro + acc (já -ím, oni -í) *2. (e.g. stamps) imp* sbír|at; *(money)* vybír|at *imp* (já -ám, oni -ají)
collection *f* sbírka *pl* -y
college vysoká škola *f, pl* vysoké školy
colour *f* barva *pl* -y
comb *imp* česat, *perf* u|česat (já -češu, oni -češou) ◆ *mi* hřeben *pl* -y
combination *f* kombinace *pl* 0
come *(on foot) perf* při|jít (já -jdu, oni -jdou; *pp* -šel); *(by car) perf* při|jet (já -jedu, oni -jedou); ~ **from** *imp* pocház|et z / ze + gen (já -ím, oni -ejí); ~ **off** *(of a button) perf* utrh|nout se (ono se -ne, oni se -nou; *pp* -l se)
comfortable *adj* pohodlný -á, -é
commercial *(on TV)* televizní reklama *f, pl* televizní reklamy
common *(shared) adj* společný -á, -é
compact disk kompaktní disk *mi, pl* kompaktní disky
company *f* firma *pl* -y, *mi* podnik *pl* -y, *f* společnost *pl* -i
company car služební auto *n, pl* služební auta
compare *perf* srovn|at, *imp* srovnáv|at (já -ám, oni -ají)

83

comparison *n* srovnání *pl* 0
compartment *n; indecl* kupé *pl* 0
competition *(market)* *f* konkurence *pl* 0
compile *imp* sestav|ovat (já -uji, oni -ují), *perf* sestav|it (já -ím, oni -í)
complain *imp* stěž|ovat si (já -uji, oni -ují)
complaint *f* stížnost *pl* -i ● **make a ~** *(about goods)* *imp* reklam|ovat + acc (já -uji, oni -ují)
completely *adv* úplně
complicated *adj* komplikovaný -á, -é
compose *perf* slož|it (já -ím, oni -í)
computer *mi* počítač *pl* -e
concentrate (on) *perf* soustřed|it se (na + acc) (já -ím, oni -í)
concern *(have relation to)* *imp* týk|at se + gen (ono -á, ony -ají)
concert *mi* koncert *pl* -y
condition *1.* *(prerequisite)* *f* podmínka *pl* -y *2.* *(state)* *mi* stav *pl* -y
conference *f* konference *pl* 0 ● *adj* konferenční
confusion *mi* zmatek *pl* zmatky
congestion *(traffic)* *(dopravní)* zácpa *f, pl* dopravní zácpy
congratulate (on) *imp* blahopř|át (k / ke + dat) (já -eji, oni -ejí)
congratulation *n* blahopřání *pl* 0
conjunction *f* spojka *pl* -y
connection *1.* *(train, telephone)* *n* spojení *pl* 0 *2.* *(relation)* *f* souvislost *pl* -i
consider *perf* uváž|it, zváž|it (já -ím, oni -í)
constantly stále, pořád
construction *1.* *(building)* *f* stavba *pl* -y *2.* *(structure)* *f* konstrukce *pl* 0
consumer goods spotřební zboží *n*

consumption *f* spotřeba
contain *imp* obsah|ovat (já -uji, oni -ují)
content, contents *mi* obsah *pl* -y
continue *imp* pokrač|ovat (já -uji, oni -ují)
contract *f* smlouva *pl* -y
control *imp* říd|it (já -ím, oni -í); *imp* kontrol|ovat (já -uji, oni -ují) ● *f* kontrola *pl* -y
cook *imp* vař|it (já -ím, oni -í)
cooked *adj* vařený -á, -é
cooking *n* vaření *pl* 0
cool *adj* chladný -á, -é
corner *mi* roh *pl* -y; **(a)round the ~** za rohem; **at / on the ~** na rohu
corridor *(train)* *f* ulička *pl* -y; *(house)* *f* chodba *pl* -y
cost *imp* stát (ono stojí, ony stojí)
cotton *f* bavlna ● *adj* bavlněný -á, -é
cough *mi* kašel
council *f* rada *pl* -y
count *imp* počít|at (já -ám, oni -ají)
counter *(post-office, bank)* *f* přepážka *pl* -y
country *f* země *pl* 0; **the ~** *mi* venkov
countryman *(villager)* *ma* venkovan *pl* -é
countryside *f* krajina *pl* -y
countrywoman *f* venkovanka *pl* -y
couple *mi* pár *pl* -y
court *(lawcourt)* *mi* soud *pl* -y
cousin *ma* bratranec *pl* bratranci, *f* sestřenice *pl* 0
cover *(to protect, hide)* *perf* při|krýt (já -kryji, oni -kryjí; *pp* -kryl)
cow *f* kráva *pl* -y
craftsman *ma* řemeslník *pl* řemeslníci
cream *f* smetana *pl* -y; *(for whipping, whipped)* *f* šlehačka *pl* -y
create *imp* tvoř|it, *perf* vytvoř|it (já -ím, oni -í)

credit *(loan)* *mi* úvěr *pl* -y
crib *(the Nativity)* *mi* betlém *pl* -y,
  f pl jesličky
cricket *mi* kriket
critical *adj* kritický -á, -é
criticise *imp* kritiz|ovat (já -uji, oni -ují)
crockery *n* nádobí
croissant *mi* rohlík *pl* -y
cross *(on foot)* *perf* pře|jít (já -jdu, oni -jdou; *pp* -šel)
crossroads *f* křižovatka *pl* -y; **at the ~** na křižovatce
crown *f* koruna *pl* -y
cucumber *f* okurka *pl* -y
cultural *adj* kulturní
cup *(for tea, coffee)* *mi* šálek *pl* šálky
cupboard *f* skříň *pl* skříně
curd (cheese) *mi* tvaroh *pl* -y
cure *imp* léč|it (já -ím, oni -í)
curious *adj* zvědavý -á, -é
currant(s) *mi* rybíz *pl* -y
custom *mi* zvyk *pl* -y
customer *ma* zákazník *pl* zákazníci, *f* zákaznice *pl* 0
cut *(with a knife)* *imp* kráj|et (já -ím, oni -ejí); **~ off** *perf* ukroj|it (já -ím, oni -í); *(with scissors)* *imp* stříh|at (já -ám, oni -ají), *perf* ustříh|nout (já -nu, oni -nou; *pp* -l); *(hair)* *perf* ostříh|at (já -ám, oni -ají); **~ up** *perf* nakráj|et (já -ím, oni -ejí); *perf* nastříh|at (já -ám, oni -ají) ◆ **(to have) a ~ and blow-dry** ostříhat a vyfoukat
cutlery *(spoon, knife, fork)* *mi* příbor *pl* -y
Czech 1. *ma* Čech *pl* Češi, *f* Češka *pl* -y **2.** *(language)* *f* čeština
  ◆ *adj* český -á, -é

D

damage *f* škoda *pl* -y
dance *imp* tanc|ovat (já -uji, oni -ují)
dangerous *adj* nebezpečný -á, -é
Danish *adj* dánský -á, -é
dark *f* tma ◆ *adj* tmavý -á, -é
date *n* datum *pl* data
daughter *f* dcera *pl* -y
day *mi* den *pl* dny / dni; **on this / that ~** toho dne; **the ~ after tomorrow** *adv* pozítří; **the ~ before yesterday** *adv* předevčírem
deal *(business deal)* *mi* obchod *pl* -y
dear *adj* drahý -á, -é; *(formal address)* vážený -á; *(informal address)* milý -á
debt *mi* dluh *pl* -y
December *mi* prosinec
decent *adj* slušný -á, -é
decently *adv* slušně
deception *mi* podvod *pl* -y
decide *perf* rozhod|nout (se) (já -nu, oni -nou; *pp* -l)
deckchair *n* lehátko *pl* -a
decorate *imp* zdob|it, *perf* ozdob|it (já -ím, oni -í)
decoration *f* ozdoba *pl* -y
decrease *(become smaller)* *perf* zmenš|it se (já -ím, oni -í)
defeat *perf* porazit (já -ím, oni -í)
degree *mi* stupeň *pl* stupně
delay *n* zpoždění *pl* 0; **be delayed** *imp* mít zpoždění (já mám, oni mají)
deliver *(goods)* *perf* dod|at, *imp* dodáv|at (já -ám, oni -ají)
department store obchodní dům *mi*, *pl* obchodní domy
departure *(on foot)* *mi* odchod *pl* -y; *(by a wheeled vehicle)* *mi* odjezd *pl* -y; *(by plane)* *mi* odlet *pl* -y

deposit *(on payment)* *f* záloha *pl* -y
depression *f* deprese *pl* 0
deputy *(stand-in)* *ma* zástupce *pl* -i,
 f zástupkyně *pl* 0
descendant *ma* potomek *pl* potomci
deserve *perf* zaslouž|it si (já -ím, oni -í)
desk psací stůl *mi, pl* psací stoly
despite *conj* přestože ◆ *prep* přes +
 acc, navzdory + dat
dessert *mi* dezert *pl* -y
destroy *imp* nič|it, *perf* znič|it (já -ím,
 oni -í)
detached house *(large)* *f* vila *pl* -y
detail *f* podrobnost *pl* -i
detour *f* objížďka *pl* -y
development *mi* rozvoj
devil *ma* čert *pl* -i
diary *mi* diář *pl* -e
dictionary *mi* slovník *pl* -y
die *perf* umř|ít, zemř|ít (já -u, oni -ou;
 pp -el)
diet *(special)* *f* dieta *pl* -y
dietary *adj* dietní
different *adj* **1.** *(another)* jiný -á, -é;
 ~ **from** jiný než **2.** *(various)* různý
 -á, -é
difficult *adj* těžký -á, -é, obtížný -á, -é
difficulty *f* potíž *pl* -e
dinner *(evening meal)* *f* večeře *pl* 0
diplomat *ma* diplomat *pl* -é / -i
direct *adj* přímý -á, -é ◆ *adv* přímo
direction *mi* směr *pl* -y; **in the ~ of**
 směrem k / ke + dat
directly *adv* přímo
dirty *adj* špinavý -á, -é
disadvantage *f* nevýhoda *pl* -y
disappear *perf* zmiz|et (já -ím, oni -í)
disco *f* diskotéka *pl* -y
discount *f* sleva *pl* -y, *mi* rabat *pl* -y
disease *f* nemoc *pl* -i

dishes *n* nádobí
dishwasher *f* myčka nádobí *pl* myčky
 nádobí
diskette *f* disketa *pl* -y
disorder *mi* nepořádek
disturb *imp* ruš|it (já -ím, oni -í)
divide *imp* děl|it, *perf* rozděl|it (já -ím,
 oni -í); **~d by** děleno + instr
diving suit potápěčský oblek *mi,*
 pl potápěčské obleky; *(incl. full*
 equipment) potápěčská výstroj *f,*
 pl potápěčské výstroje
divorced *adj* rozvedený -á
do *imp* děl|at, *perf* uděl|at (já -ám, oni
 -ají); **~ the dusting** *perf* utřít / *imp*
 utírat prach (utř|ít: já -u, oni -ou; *pp*
 -el; utír|at: já -ám, oni -ají); **~ well /**
 badly at school učit se dobře /
 špatně; **~ without** *perf* obe|jít se
 bez + gen (já -jdu, oni -jdou; *pp* -šel)
doctor *ma* lékař *pl* -i, *f* lékařka *pl* -y
doctor's surgery *f* ordinace *pl* 0
document *mi* dokument *pl* -y
documentary dokumentární film *mi,*
 pl dokumentární filmy
documentary evidence *mi* doklad *pl* -y
dog *ma* pes *pl* psi
door *f pl* dveře
double room dvoulůžkový pokoj *mi,*
 pl dvoulůžkové pokoje
dough *n* těsto *pl* -a
down (here / there) *adv* dole
draft *(proposal)* *mi* návrh *pl* -y
dramatic *adj* dramatický -á, -é
draw *(by pulling)* *perf* táh|nout (já
 -nu, oni -nou; *pp* -l), *imp* tah|at (já -ám,
 oni -ají); **~ near** *imp* blíž|it se (já
 -ím, oni -í); **~ up** *(compile)* *imp*
 sestav|ovat (já -uji, oni -ují)
drawer *(in furniture)* *f* zásuvka *pl* -y

dream *mi* sen *pl* sny
dress *mi pl* šaty
drink *imp* pít (já piji, oni pijí; *pp* pil); ~ **up** *perf* vy|pít; **something / nothing to** ~ něco k pití / nic k pití ◆ **have a** ~ **(of)** *perf* na|pít se (+ gen)
drive *imp* říd|it (já -ím, oni -í), *perf* jet autem (já jedu, oni jedou)
driver *ma* řidič *pl* -i, *f* řidička *pl* -y
driving licence řidičský průkaz *mi*, *pl* řidičské průkazy
drop *(allow to fall) perf* upust|it (já -ím, oni -í)
dry *adj* suchý -á, -é ◆ *adv* sucho
dry-cleaner's *f* čistírna *pl* -y
dumpling *mi* knedlík *pl* -y
during *prep* za, během + gen
dust *(furniture) perf* utřít / *imp* utírat prach (**utř|ít:** já -u, oni -ou; *pp* -el; **utír|at:** já -ám, oni -ají)
dustbin *f* popelnice *pl* 0
Dutch *adj* holandský -á, -é
duvet cover *mi* povlak *pl* -y
dye *(for hair) f* barva na vlasy *pl* barvy na vlasy

E

each *pron* každý -á, -é; ~ **of** každý z / ze + gen
earlier *adv* dříve
east *mi* východ; **in the** ~ na východě
Easter Velikonoce *f pl* ◆ *adj* velikonoční; ~ **cake** bochánek *mi*, *pl* bochánky; ~ **egg** *(traditional) f* kraslice *pl* 0
easy *adj* snadný -á, -é, lehký -á, -é
eat *imp* jíst (já jím, oni jedí; *pp* jedl); **something / nothing to** ~ něco / nic k jídlu

eau-de-Cologne kolínská voda *f*, *pl* kolínské vody
economic *adj* ekonomický -á, -é
eczema *mi* ekzém *pl* -y
education *n* vzdělání *pl* 0; **theory of** ~ *f* pedagogika
educationalist *ma* pedagog *pl* -ové
either − or *conj* buď − (a)nebo
elastic (band) kalhotová guma *f*, *pl* kalhotové gumy
electric *adj* elektrický -á, -é; ~ **drill** elektrická vrtačka *f, pl* elektrické vrtačky; ~ **shaver** (elektrický) holicí strojek *mi, pl* elektrické holicí strojky; ~ **torch** kapesní svítilna *f*, -y, coll baterka *f*, -y
electricity *f* elektřina
elegant *adj* elegantní
embankment *n* nábřeží *pl* 0
embassy *n* velvyslanectví *pl* 0
emerge *perf* objev|it se (já -ím, oni -í)
emigrate *imp* emigr|ovat (já -uji, oni -ují)
emigration *f* emigrace
emperor *ma* císař *pl* -i / -ové
empty *adj* prázdný -á, -é; **nearly** ~ poloprázdný -á, -é
encourage *perf* povzbud|it (já -ím, oni -í)
end *mi* konec *pl* konce ◆ *imp* konč|it, *perf* skonč|it (já -ím, oni -í)
enemy *ma* nepřítel *pl* nepřátelé
energy *f* energie *pl* 0
engine *mi* motor *pl* -y
English *(language, lesson) f* angličtina
enjoy oneself *imp* bav|it se (já -ím, oni -í)
enormous *adj* obrovský -á, -é
enough dost; **be** ~ *imp* stač|it (ono -í, ony -í)
enterprise *mi* podnik *pl* -y

entrance *mi* vchod *pl* -y
entrance examination přijímací zkouška *f, pl* přijímací zkoušky
envelope *f* obálka *pl* -y
environment *n* prostředí
equip *perf* zaříd|it, vybav|it + *instr* (já -ím, oni -í)
error *mi* omyl *pl* -y
Europe *f* Evropa
European *adj* evropský -á, -é; ~ **Union** Evropská unie *f*
even *adv* dokonce (i)
even if, even though *conj* i když
every *pron* každý -á, -é; ~ **six hours** každých šest hodin
exactly *adv* přesně
examination *f* zkouška *pl* -y ● **take an** ~ *imp* dělat zkoušku (děl|at + *acc*; já -ám, oni -ají)
except (for) *prep* kromě + *gen*
execute *(kill) perf* poprav|it (on -í, oni -í)
exist *imp* exist|ovat (já -uji, oni -ují)
expect *imp* očekáv|at (já -ám, oni -ají)
expensive *adj* drahý -á, -é
experiment *imp* experiment|ovat (já -uji, oni -ují)
express *adv* expres
extension *f* linka *pl* -y
eye *n* oko *pl* oči

F

facsimile *mi* fax *pl* -y
faint *(lose consciousness) perf* omdl|ít (já -ím, oni -í; *pp* -el)
fairy tale *f* pohádka *pl* -y
fall *imp* pad|at (já -ám, oni -ají), *perf* spad|nout (já -nu, oni -nou; *pp* -l); ~ **asleep** *perf* us|nout (já -nu, oni -nou; *pp* -nul)

family *f* rodina *pl* -y
famous *adj* slavný -á, -é
far, far away *adv* daleko; **from** ~ *adv* zdálky; ~ **and wide** široko daleko
farm *f* farma *pl* -y
farther on, further *adv* dál, dále
fashionable *adj* moderní
fast *adj* rychlý -á, -é ◆ *adv* rychle
fat *adj* tlustý -á, -é ● **grow** ~ *perf* ztloust|nout (já -nu, oni -nou; *pp* -l)
father *ma* otec *pl* otcové
fatty *adj* tučný -á, -é
favourite *adj* oblíbený -á, -é
fax *mi* fax *pl* -y
fear *imp* bát se (já se bojím, oni se bojí)
February *mi* únor
fee *mi* poplatek *pl* poplatky
feed *imp* krm|it (já -ím, oni -í)
feel *imp* cít|it (se) (já -ím, oni -í)
feeling *mi* pocit *pl* -y
female *adj* ženský -á, -é
fence *(for marking a boundary) mi* plot *pl* -y
festivity *f* slavnost *pl* -i
fetch *perf* do|jít pro + *acc* (já -jdu, oni -jdou; *pp* -šel)
fever *f* horečka *pl* -y
few málo; **fewer** méně
field *n* pole *pl* 0
field hockey pozemní hokej *mi*
fight *mi* boj *pl* -e
figure *(number) n* číslo *pl* -a
file *mi* pořadač *pl* -e, *mi* šanon *pl* -y
file card *f* karta *pl* -y
fill in *perf* vypln|it (já -ím, oni -í)
film *mi* film *pl* -y; **action** ~ akční film ◆ *imp* film|ovat, *perf* nafilm|ovat (já -uji, oni -ují)
finally *adv* konečně

finance *f pl* finance ◆ *adj* finanční
financial *adj* finanční
find *perf* na|jít (já -jdu, oni -jdou; *pp* -šel); **~ out** *imp* zjišť|ovat (já -uji, oni -ují), *perf* zjist|it (já -ím, oni -í); **~ out about** *imp* inform|ovat se o + loc (já -uji, oni -ují); *perf* do(z)|vědět se o + loc (já -vím, oni -vědí); **~ out about trains / buses** zjistit vlakové / autobusové spojení
fine *(penalty)* *f* pokuta *pl* -y ◆ *adj (delicate)* jemný -á, -é
finish *imp* skonč|it, *perf* konč|it (já -ím, oni -í); **~ writing** *perf* do|psat (já -píši, oni -píší); **~ playing** *perf* dohr|át (já -aji, oni -ají)
finished *adj* hotový -á, -é
fire *(dismiss an employee)* *perf* vyhod|it (já -ím, oni -í)
firm *mi* podnik *pl* -y, *f* firma *pl* -y
firmly *adv* pevně
first *num (1st)* první ◆ *adv (for the first time)* poprvé ◆ *adj (at first)* nejprve
fish *f* ryba *pl* -y
fit out *(equip)* *perf* zaříd|it (já -ím, oni -í)
fix *(attach)* *perf* přiděl|at (já -ám, oni -ají)
flambé *adj* flambovaný -á, -é
flan *mi* dort *pl* -y
flat *(apartment)* *mi* byt *pl* -y
flight *mi* let *pl* -y
floor *1. (storey)* *n* patro *pl* -a, *n* poschodí *pl* 0 *2. (surface)* *f* podlaha *pl* -y
flower *f* květina *pl* -y
flute *f* flétna *pl* -y
fly let|ět (já -ím, oni -í), lét|at (já -ám, oni -ají)
fog *f* mlha *pl* -y
fold *perf* slož|it (já -ím, oni -í)

folder *(brochure)* *mi* prospekt *pl* -y
follow *imp* sled|ovat (já -uji, oni -ují)
food *f pl* potraviny; *(meal, dish)* *n* jídlo *pl* -a
foot *f* noha *pl* -y; **on ~** *adv* pěšky
football *1. (game)* *mi* fotbal *2. (ball)* fotbalový míč *mi, pl* fotbalové míče
footbridge *f* lávka *pl* -y
footwear *f* obuv
for *prep* pro + acc *(as in "sth for you")*; **~ example** *adv* například
force *(compel)* *imp* nut|it (já -ím, oni -í); **be ~d** být nucen
foreign *adj* cizí; **~ countries** *n* zahraničí *pl* 0, *f* cizina
foreigner *ma* cizinec *pl* cizinci, *f* cizinka *pl* -y
forest *mi* les *pl* -y
forget *perf* zapom|enout (já -enu, oni -enou; *pp* -něl)
forgive *perf* odpust|it (já -ím, oni -í)
form *(printed)* *mi* formulář *pl* -e
former *adj* bývalý -á, -é
fortunately naštěstí
found *perf* založ|it (já -ím, oni -í), *imp* zaklád|at (já -ám, oni -ají)
fraud *(deception)* *mi* podvod *pl* -y
free *adj* volný -á, -é
freedom *f* svoboda *pl* -y
freeze *imp* mrz|nout (já -nu, oni -nou; *pp* -l)
freezer *mi* mrazák *pl* -y
French *adj* francouzský -á, -é ◆ *adv* francouzsky
fresh *adj* čerstvý -á, -é
Friday *mi* pátek *pl* pátky
fridge *f* lednice *pl* 0
friend *ma* přítel *pl* přátelé, *f* přítelkyně *pl* 0; coll *ma* kamarád *pl* -i, *f* kamarádka *pl* -y

frighten *imp* straš|it (já -ím, oni -í)
from *prep* z, ze + gen; **~ here** odsud;
~ where odkud; *(beginning of a period of time)* od + gen
front *adj* přední ● **at / in the ~** *adv* vpředu, vepředu; **to the ~** *adv* dopředu
frost *mi* mráz *pl* mrazy
frown *imp* mrač|it se (já -ím, oni -í)
fruit *n* ovoce ◆ *adj* ovocný -á, -é
full *adj* plný -á, -é
full-beard *mi* plnovous *pl* -y
full board plná penze *f*
full-moon *mi* úplněk *pl* úplňky
fundamental *adj* základní
fungus *f* houba *pl* -y
funicular *f* lanovka *pl* -y
fur coat *mi* kožich *pl* -y
furnace *mi* kotel *pl* kotle
furnish *perf* zaříd|it (já -ím, oni -í)
furnished *adj* zařízený -á, -é
furniture *mi* nábytek
further *adj* další

G

gain *perf* získ|at (já -ám, oni -ají)
gambler hazardní hráč *ma, pl* hazardní hráči
game *f* hra *pl* -y
gang *mi* gang *pl* -y
gangway *f* ulička *pl* -y
garage *1. (car repair shop) mi* servis *pl* -y *2. (for parking) f* garáž *pl* -e
garden *f* zahrada *pl* -y
garnet *mi* granát *pl* -y
gas *mi* plyn *pl* -y
gate *(small) f* branka *pl* -y
gateau *mi* dort *pl* -y
gentleman *ma* pán *pl* pánové
    ◆ **gentlemen's** *adj* pánský

German *1. (person) ma* Němec *pl* Němci, *f* Němka *pl* -y *2. (language, lesson) f* němčina ◆ *adj* německý -á, -é ◆ *adv* německy
Germany *n* Německo
get *perf* do|stat (já -stanu, oni -stanou); **~ off** *perf* vystoup|it (já -ím, oni -í), *imp* vystup|ovat (já -uji, oni -ují); **~ on** *(means of transport) perf* nastoup|it, *imp* nastup|ovat; **~ out of** *perf* vystoupit z + gen; **~ up** *perf* vstát (já vstanu, oni vstanou; *pp* vstal); *perf* zved|nout se (já -nu, oni -nou; *pp* -l); **~ to know** *perf* pozn|at (já -ám, oni -ají)
gherkin (kyselá) okurka *f, pl* kyselé okurky
gift *mi* dar *pl* -y
gilt *adj* pozlacený -á, -é
girl *f* dívka *pl* -y, *coll f* holka *pl* -y; **little / baby ~** *f* holčička *pl* -y
give *perf* d|át, *imp* dáv|at (já -ám, oni -ají); **be given** *perf* do|stat (já -stanu, oni -stanou)
glad: be ~ být rád (já jsem, oni jsou; rád *m*, ráda *f*, rádi *pl*)
glass *1. (material) n* sklo *pl* -a *2. (small, tumbler) f* sklenička *pl* -y; *(larger, jar) f* sklenice *pl* 0
glasses *f pl* brýle
glue *n* lepidlo *pl* -a
go *(on foot, walk)* jít (já jdu, oni jdou; *pp* -šel), chod|it (já -ím, oni -í); *(by means of transport)* jet (já jedu, oni jedou), jezd|it (já -ím, oni -í); **~ for a stroll / walk** jít se projít, jít na procházku; **~ grey** *imp* šediv|ět (já -ím, oni -ějí); **~ out** *perf* vy|jít; **~ to meet (sb)** jít naproti + dat; **~ to see (sb)** jít za + instr; **~ up** *imp* stoup|at (já -ám, oni -ají)

90

happy

goat *f* koza *pl* -y
gold, golden *adj* zlatý -á, -é
golf *mi* golf
golf club golfová hůl *f, pl* golfové hole
golf course golfové hřiště *n,*
  pl golfová hřiště
gone *(away)* pryč
good *adj 1.* dobrý -á, -é *2. (well-behaved)* hodný -á, -é
goods *n* zboží
goose *f* husa *pl* -y
gooseberry *mi* angrešt *pl* -y
Gothic *adj* gotický -á, -é
govern *imp* vlád|nout (já -nu, oni -nou; *pp* -l)
government *f* vláda *pl* -y
grain *n* obilí
grammar *f* gramatika *pl* -y
grammar school *n* gymnázium
  pl gymnázia
granddaughter *f* vnučka *pl* -y
grandfather *ma* dědeček *pl* dědečkové
grandmother *f* babička *pl* -y
grandson *ma* vnuk *pl* vnuci
grant *perf* poskyt|nout (já -nu, oni -nou; *pp* -l)
grapevine vinná réva *f*
grapefruit *mi* grapefruit *pl* -y
grapes *mi pl* hrozny, hroznové víno *n*
grass *f* tráva
grateful *adj* vděčný -á, -é
grave *mi* hrob *pl* -y
Greece *n* Řecko
Greek *adj* řecký -á, -é ♦ *adv* řecky
green *adj* zelený -á, -é
green pea *mi* hrášek *pl* hrášky
greet *imp* vít|at, *perf* přivít|at (já -ám, oni -ají); *(say hello) imp* zdrav|it, *perf* pozdrav|it (já -ím, oni -í)
greeting *mi* pozdrav *pl* -y

grenade *mi* granát *pl* -y
grey *adj* šedý -á, -é
grocer's *f pl* potraviny
ground *f* země, *f* zem
ground floor *n* přízemí *pl* 0
group *f* skupina *pl* -y
grow *(e.g. vegetables) imp* pěst|ovat (já -uji, oni -ují)
guard *(conductor) ma / f; adj decl* průvodčí *pl* 0
guess *imp* hád|at (já -ám, oni -ají)
guest *ma* host *pl* -é
guide *ma* průvodce *pl* -i, *f* průvodkyně *pl* 0
guidebook *mi* průvodce *pl* 0
guitar *f* kytara *pl* -y
gymnastics *f* gymnastika

H

haberdashery *f* galanterie *pl* 0
habit *mi* zvyk *pl* -y
hair *(on the head) mi pl* vlasy
hairdresser *f* kadeřnice *pl* 0, *ma* kadeřník *pl* kadeřníci
hairdresser's *n* kadeřnictví *pl* 0
hairstyle *mi* účes *pl* -y
half *f* půl *pl* -e, *f* polovina *pl* -y
half board *f* polopenze
hall *(small entrance ~) f* předsíň *pl* předsíně; *(large entrance ~, concourse) f* hala *pl* -y
hand *f* ruka *pl* ruce ♦ ~ **(in)** *perf* pod|at (já -ám, oni -ají)
handbag *f* kabelka *pl* -y
handbrake ruční brzda *f, pl* ruční brzdy
happen *perf* stát se (ono se stane, ony se stanou); *(be going on) imp* dít se (ono se děje, ony se dějí; *pp* děl se)
happy *adj* šťastný -á, -é

hard-boiled (vařený) na tvrdo;
~ **egg** vejce (vařené) na tvrdo
hat *(with a brim) mi* klobouk *pl* -y
have *1. (possess) imp* m|ít (já -ám, oni -ají; *pp* -ěl) *2. (sth to eat / drink) perf* d|át si (já -ám, oni -ají; *pp* -al); *(take) perf* vzít si (já si vezmu, oni si vezmou; *pp* vzal si); ~ **to** *imp* mus|et (já -ím, oni -í)
head *1. f* hlava *pl* -y *2. (chief) ma / f; adj decl* vedoucí *pl* 0
head waiter *ma / f; adj decl* vrchní *pl* 0
headlight *mi* reflektor *pl* -y
headmaster *ma* ředitel *pl* -é
heal *imp* léč|it (já -ím, oni -í)
health *n* zdraví ◆ *adj* zdravotní;
~ **centre** zdravotní středisko *n, pl* zdravotní střediska; ~ **insurance** zdravotní pojištění *n,* 0
healthy *adj* zdravý -á, -é
heap *f* hromada *pl* -y
hear *imp* slyš|et, *perf* uslyš|et (já -ím, oni -í)
heart *n* srdce *pl* 0
heat *imp* top|it (já -ím, oni -í)
heater, heating *n* topení *pl* 0
heavy *adj* těžký -á, -é
heel *(shoe) mi* podpatek *pl* podpatky
help *perf* po|moci (já -mohu, ty -můžeš, oni -mohou; *pp* -mohl)
hen *f* slepice *pl* 0
her, hers *pron f* její
here *(position)* tady, tu; *(direction)* sem
hesitate *imp* váh|at (já -ám, oni -ají)
hibernation zimní spánek *mi*
hide *perf* schov|at, *imp* schováv|at (já -ám, oni -ají)
high *adj* vysoký -á, -é; ~ **season** hlavní sezona *f, pl* hlavní sezony

hike *(walking tour) f* túra *pl* -y
hiking (pěší) turistika *f*
hill *mi* kopec *pl* kopce
his *pron ma* jeho
historian *ma* historik *pl* historici / historikové
history *f pl* dějiny
hit *perf* naraz|it (já -ím, oni -í)
hockey *mi* hokej
hockey stick *f* hokejka *pl* -y
hold *imp* drž|et (já -ím, oni -í); **be held** *imp* kon|at se (ono -á, ony -ají)
hole *f* díra *pl* -y; *(small hollow in the ground) f* jamka *pl* -y
holiday *f* dovolená *pl* -é; **school** ~**s** prázdniny *f pl*
hollow *adj* dutý -á, -é
home *mi* domov *pl* -y ◆ **at** ~ *adv* doma; **(to)** ~ *adv* domů
home-made *adj* domácí
homework (domácí) úkol *mi, pl* domácí úkoly
honey *mi* med
honeymoon (trip) svatební cesta *f, pl* svatební cesty
hope *imp* doufat (já -ám, oni -ají)
◆ *f* naděje
hops *mi* chmel
horizon *mi* obzor *pl* -y
horoscope *mi* horoskop *pl* -y
horrible *adj* hrozný -á, -é
horse *ma* kůň *pl* koně
hospital *f* nemocnice *pl* 0
hot *adj 1. (very warm)* horký -á, -é
2. (pungent) pálivý -á, -é ◆ *adv* horko
hotel *mi* hotel *pl* -y
hour *f* hodina *pl* -y
house *mi* dům *pl* domy; *(small) mi* domek *pl* domky
household *f* domácnost *pl* -i

92

housewife *f* žena v domácnosti
  pl ženy v domácnosti
housing *n* bydlení *pl* 0
how jak; ~ **many / much** kolik
however však, avšak
huge *adj* obrovský -á, -é
humour *mi* humor
hunger *mi* hlad
hungry *adj* hladový -á, -é ● **be** ~ *imp* mít hlad (já mám, oni mají)
hurry *perf* pospích|at, *imp* spěch|at (já -ám, oni -ají)
hurt *(ache)* *imp* bol|et (ono -í, ony -í)
husband *ma* manžel *pl* -é

I

ice *mi* led *pl* -y
ice cream *f* zmrzlina *pl* -y
ice hockey lední hokej *mi*
idea *(suggestion)* *mi* nápad *pl* -y
ideal *mi* ideál *pl* -y ◆ *adj* ideální
identity card občanský průkaz *mi*, *pl* občanské průkazy
if *(whether)* zda, jestli; *(condition)* jestliže; ~ **possible** pokud možno
ill *adj* nemocný -á, -é
illegible *adj* nečitelný -á, -é
illness *f* nemoc *pl* -i
imagine *perf* představ|it si (já -ím, oni -í)
immediately *adv* hned
import *imp* dováž|et (já -ím, oni -ejí)
important *adj* důležitý -á, -é
impression *mi* dojem *pl* dojmy
improve *perf* zlepš|it (se) (já -ím, oni -í)
in *prep (location)* v, ve + loc;
  (a period of time) za + acc; ~ **front of** *(position)* před + instr
  ● ~ **a different place** *adv* jinde
including včetně

inconsiderate *adj* bezohledný -á, -é
incorrectly *adv* špatně
increase *(make greater)* *perf* zvětš|it, zvýš|it (já -ím, oni -í); *(become greater)* *perf* zvětš|it se, zvýš|it se
India *f* Indie
indispensable *adj* nezbytný -á, -é; nepostradatelný -á, -é
indoors *adv* uvnitř
inexpensive *adj* levný -á, -é
inflammation *mi* zánět *pl* -y
inflatable dinghy nafukovací člun *mi*, *pl* nafukovací čluny
inflation *f* inflace
influence *mi* vliv *pl* -y
influenza *f* chřipka *pl* -y
inform *imp* inform|ovat (já -uji, oni -ují)
information *f* informace *pl* 0
inhabitant *ma* obyvatel *pl* -é
inherit *perf* zděd|it (já -ím, oni -í)
injection *f* injekce *pl* 0
inquisitive *adj* zvědavý -á, -é
inscription *mi* nápis *pl* -y
inside *adv* uvnitř; **to** ~ dovnitř
insist: ~ **on** *imp* trv|at na + loc (já -ám, oni -ají); ~ **that** trvat na tom, že / aby
instead místo toho ◆ *prep* ~ **of** místo + gen
institution *f* instituce *pl* 0
instructor *ma* instruktor *pl* instruktoři, *ma* učitel *pl* -é; **sport** ~ *ma* trenér *pl* trenéři
instrument *mi* nástroj *pl* -e
insurance *n* pojištění *pl* 0
insurance company *f* pojišťovna *pl* -y
insured *adj* pojištěný -á, -é
intelligent *adj* inteligentní
interest *(concern)* *mi* zájem *pl* zájmy
  ◆ *imp* zajím|at (já -ám, oni -ají) ● **be** ~**ed in** zajímat se o + acc

interesting *adj* zajímavý -á, -é
international *adj* mezinárodní
interrupt *perf* vyruš|it, přeruš|it (já -ím, oni -í)
interval *f* přestávka *pl* -y, *mi* interval *pl* -y
interview *n; indecl* interview
into *prep* do + gen
intolerant *adj* netolerantní
introduce *perf* představ|it (já -ím, oni -í); ~ **oneself** představ|it se
invent *perf* vyna|lézt (já -leznu, oni -leznou; *pp* -lezl)
investment *f* investice *pl* 0
investment fund investiční fond *mi*, *pl* investiční fondy
invitation *n* pozvání *pl* 0
invitation card *f* pozvánka *pl* -y
invite *imp* zv|át, *perf* pozv|at (já -u, oni -ou)
invoice *f* faktura *pl* -y
Ireland *n* Irsko
iron *(implement)* *f* žehlička *pl* -y ◆ *imp* žehl|it, *perf* vyžehl|it (já -ím, oni -í)
island *mi* ostrov *pl* -y
it *pron* *n* ono, to
Italian *adj* italský -á, -é ◆ *adv* italsky

J

jacket *(of suit)* *n* sako *pl* -a
jam *mi* džem *pl* -y, *f* marmeláda *pl* -y
January *mi* leden
jar *f* sklenice *pl* 0
jeans *f pl* džíny
Jesus *ma* Ježíš; ~ **Christ** Ježíš Kristus; **baby** ~ *ma* Ježíšek
jewel *mi* klenot *pl* -y
jewellery *mi pl* klenoty
joiner *(cabinet-maker)* *ma* truhlář *pl* -i

joke *mi* žert *pl* -y ◆ *imp* žert|ovat (já -uji, oni -ují)
journalist *ma* novinář *pl* -i, *f* novinářka *pl* -y
juice *mi* džus *pl* -y
July *mi* červenec
jumper *(sweater)* *mi* svetr *pl* -y
June *mi* červen
just, just now *adv* zrovna (teď)

K

keep *1.* *imp* drž|et (já -ím, oni -í); **It keeps raining.** Stále / Pořád prší. *2.* *(animals)* *imp* chov|at (já -ám, oni -ají)
kettle *f* konvice *pl* 0
key *mi* klíč *pl* -e
kill *perf* za|bít (on -bije, oni -bijí; *pp* -bil)
kilo *n* kilo *pl* -a
kilometre *mi* kilometr *pl* -y
kind *adj* *1.* milý -á, -é *2.* *(good)* hodný -á, -é
king *ma* král *pl* -ové
kitchen *f* kuchyně *pl* 0
kitchen units kuchyňská linka *f*, *pl* kuchyňské linky
kitchenette kuchyňský kout *mi*, *pl* kuchyňské kouty; *(small kitchen)* *f* kuchyňka *pl* -y
kiwi (fruit) *n* kiwi *pl* 0
knife *mi* nůž *pl* nože
knit *imp* plést (já pletu, oni pletou; *pp* pletl)
knob *mi* knoflík *pl* -y
knock *imp* klep|at, *perf* zaklep|at (já -ám / -u, oni -ají / -ou)
know *imp* vědět (já vím, oni vědí); ~ **about** vědět o + loc; ~ **how** *(can)* *imp* um|ět (já -ím, oni -ějí); ~ + **object** *imp* zn|át (já -ám, oni -ají; *pp* -al)

L

ladies' *adj* dámský -á, -é
lady *f* dáma *pl* -y
lamb *n* jehně *pl* jehňata; *ma* beránek *pl* beránci
lamp *f* lampa *pl* -y, *n* světlo *pl* -a
landlady *f; adj decl* (paní) domácí *pl* 0
landlord *1. ma; adj decl* (pan) domácí *pl* 0 *2. (in a pub) ma; adj decl* hostinský *pl* hostinští
landscape *f* krajina *pl* -y
lane *f* ulička *pl* -y
large *adj* velký -á, -é
last *(take time) imp* trv|at (ono -á, ony -ají) ◆ *adj (week etc.)* minulý -á, -é; **the ~** poslední ● **for the ~ time** *adv* naposled
late, too late *adv* pozdě; **later** později; **later in the morning** dopoledne; **at the latest** nejpozději
laugh *imp* sm|át se (já -ěji, oni -ějí)
laundry *(place) f* prádelna *pl* -y
law *mi* zákon *pl* -y
lay *perf* polož|it (já -ím, oni -í)
lazy *adj* líný -á, -é
lead *imp* vést (já vedu, oni vedou; *pp* vedl)
leaf *mi* list *pl* -y
leaflet *mi* leták *pl* -y
lean against *imp* opír|at se o + acc (já -ám, oni -ají)
learn *(study) imp* uč|it se (já -ím, oni -í); **~ a trade** *perf* vyuč|it se
learning *n* učení *pl* 0
lease *mi* pronájem *pl* pronájmy
least *adv* nejméně; **at least** aspoň, nejméně
leave *1. (sth / sb somewhere) perf* nech|at + acc (já -ám, oni -ají) *2. (on foot) perf* ode|jít (já -jdu, oni -jdou; *pp* -šel); *(by car etc.) perf* od|jet (já -jedu, oni -jedou)
lecture *f* přednáška *pl* -y
left *adj* levý -á, -é ◆ **on the ~** *adv* vlevo, nalevo; **to the ~** *adv* doleva
leftovers *mi pl* zbytky
lemon *mi* citron *pl* -y
lemonade *f* limonáda *pl* -y
lend *perf* půjč|it (já -ím, oni -í)
less méně
let *perf* nech|at (já -ám, oni -ají); **~ in / out** *perf* pust|it dovnitř / ven (já -ím, oni -í); **~ know** *perf* dát vědět (já dám, oni dají) ● **to ~** k pronajmutí
letter *(written communication) mi* dopis *pl* -y
letter-box *f* schránka (na dopisy) *pl* schránky na dopisy
letter counter listovní přepážka *f, pl* listovní přepážky
lettering *mi* nápis *pl* -y
lettuce (hlávkový) salát *mi, pl* (hlávkové) saláty
level *(position)* úroveň *f, pl* úrovně
lie *1. (tell a lie) imp* lhát (já lžu, oni lžou; *pp* lhal) *2. (be lying) imp* lež|et (já -ím, oni -í); **~ down** *perf* leh|nout si (já -nu, oni -nou; *pp* -l)
life *mi* život *pl* -y ◆ *adj* životní
lift *mi* výtah *pl* -y ◆ *perf* zdvih|nout, zved|nout (já -nu, oni -nou; *pp* -l)
light *n* světlo ◆ *adj 1. (colour)* světlý -á, -é *2. (not heavy)* lehký -á, -é
light-bulb *f* žárovka *pl* -y
lighter *mi* zapalovač *pl* -e
like *(as)* jako ◆ **~ this / that** *adv* takhle ◆ *1. (be fond of) imp* mít rád (já mám, oni mají; rád *m* / ráda *f* / rádi *pl*); **~ better** mít raději; **~ best**

95

mít nejraději 2. *(find nice)* imp líb|it se (já -ím, oni -í); object > subject: **I like the book.** Ta kniha se mi líbí. 3. *(find delicious)* imp chutn|at (ono -á, ony -ají); object > subject: **I don't like this cake.** Tenhle koláč mi nechutná.
lime, lime-blossom adj lipový -á, -é
lime tree f lípa pl -y
limit f hranice pl 0, mi limit pl -y
line 1. *(the underground)* f trasa pl -y 2. *(extension)* f linka pl -y
linen *(fibre)* mi len
liqueur mi likér pl -y
list mi seznam pl -y
listen to imp poslouch|at + acc (já -ám, oni -ají)
literature f literatura
litter bin koš na odpadky (koš mi, -e)
little adj malý -á, -é ◆ adv málo; **a ~** trochu; **a ~ bit** trošku
live 1. *(be alive, in a country)* imp žít (já žiji, oni žijí; pp žil); **~ to be / see** perf do|žít se + gen 2. *(dwell)* imp bydl|et (já -ím, oni -í)
living room obývací pokoj mi, pl obývací pokoje
loan f půjčka pl -y
local adj místní; **~ council** místní / obecní úřad mi, pl místní / obecní úřady
lock mi zámek pl zámky ◆ **~ (up)** perf zamk|nout (já -nu, oni -nou; pp -l)
lodgings *(subtenancy)* mi podnájem pl podnájmy
loft f půda pl -y
long adj dlouhý -á, -é ◆ adv dlouho *(for a long time)*
look: **~ at** imp dív|at se na + acc, perf podív|at se na + acc (já -ám, oni -ají); *(carefully)* perf prohléd|nout si + acc (já -nu, oni -nou; pp -l); **~ after** *(take care of)* imp star|at se o + acc (já -ám, oni -ají); *(be in charge of)* imp mít na starost + acc (já mám, oni mají); **~ for** *(seek)* imp hled|at + acc (já -ám, oni -ají); *(goods)* imp shán|ět + acc (já -ím, oni -ějí); **~ forward to** imp těš|it se na + acc (já -ím, oni -í); **~ like** imp vypad|at jako + nom (já -ám, oni -ají); **~ nice** vypad|at hezky (adv) (já -ám, oni -ají); **~ round** perf rozhléd|nout se (kolem) (já -nu, oni -nou; pp -l)
lookout (tower) f rozhledna pl -y
lose 1. perf ztrat|it (já -ím, oni -í); **get lost** ztrat|it se perf (já -ím, oni -í) 2. *(be defeated)* perf prohr|át (já -aji, oni -ají)
lot: a lot of, lots of mnoho, hodně, coll moc
loud adj hlasitý -á, -é
love f láska pl -y ● **fall in ~** perf zamil|ovat se (já -uji, oni -ují)
low adj nízký -á, -é
lower 1. *(fall)* imp sniž|ovat se (já -uji, oni -ují) 2. *(make ~)* imp sniž|ovat
lucky: be ~ imp mít štěstí (já mám, oni mají)
ludo Človeče, nezlob se
lunch mi oběd pl -y

M

machine mi stroj pl -e
mafia f mafie pl 0
magazine mi časopis pl -y
maid f; adj decl služebná pl -é, f pomocnice v domácnosti (**pomocnice** f, 0)
mail f pošta

milk

main *adj* hlavní
mainly *adv* hlavně
make *imp* děl|at, *perf* udělat (já -ám, oni -ají); **~ an appointment with sb** *perf* objedn|at se k / ke + dat (já -ám, oni -ají); **~ it** *(in good time) perf* stih|nout to (já -nu, oni -nou; *pp* -l); **~ oneself understood** *perf* domluv|it se (já -ím, oni -í) ♦ *f* značka *pl* -y
man *1. (male person) ma* muž *pl* -i *2. (human) ma* člověk *pl* lidé
manager *ma* manažer *pl* manažeři, *ma / f; adj decl* vedoucí *pl* 0; *ma* správce *pl* -i / -ové
managing director *ma* ředitel *pl* -é
manner *mi* způsob *pl* -y
mansion *mi* zámek *pl* zámky
manufacture *perf* vyrob|it (já -ím, oni -í)
many mnoho, hodně, *coll* moc; **too ~** příliš mnoho, *coll* moc; **so ~** tolik
map *f* mapa *pl* -y; **~ of Prague** plán Prahy
March *mi* březen
marital status *mi* stav
mark *1. f* značka *pl* -y *2. (school) f* známka *pl* -y
market *mi* trh *pl* -y
married *adj (of a woman)* vdaná, *(of a man)* ženatý ● **get ~** *(of a woman) perf* vd|át se (já -ám, ony -ají), *(of a man) perf* ožen|it se (já -ím, oni -í)
Mass *f* mše *pl* 0
match *1. (for lighting) f* zápalka *pl* -y *2. (e.g. football match) mi* zápas *pl* -y
mate *coll ma* kamarád *pl* -i, *f* kamarádka *pl* 0
material *1. mi* materiál *pl* -y *2. (fabric) f* látka *pl* -y
mathematics *f* matematika
May *mi* květen

may *(be allowed) imp* sm|ět (já -ím, oni -ějí)
maybe *adv* možná
mayonnaise *f* majonéza *pl* -y
meadow *f* louka *pl* -y
meal *n* jídlo *pl* -a
mean *1. (have meaning) imp* znamen|at (já -ám, oni -ají) *2. (have in mind) imp* mít na mysli (já mám, oni mají)
meanwhile *adv* mezitím, zatím
measure *imp* měř|it, *perf* změř|it (já -ím, oni -í)
meat *n* maso *pl* -a
medicine *1. (remedy) mi* lék *pl* -y *2. (science) f* medicína
meet *1. perf* setk|at se (s + instr) (já -ám, oni -ají); *(by chance) perf* potk|at (+ acc) *2. (as planned) perf* se|jít se (s + instr) (já -jdu, oni -jdou; *pp* -šel)
meeting *1. (sb) n* setkání *pl* 0 *2. (business ~) f* schůze *pl* 0; *(date, appointment) f* schůzka *pl* -y
mend *perf* sprav|it (já -ím, oni -í); *(by sewing) perf* za|šít (já -šiji, oni -šijí; *pp* -šil)
menu jídelní lístek *mi, pl* jídelní lístky
merit *f* zásluha *pl* -y
merry *adj* veselý -á, -é
mess *mi* nepořádek
message *mi* vzkaz *pl* -y
metal *mi* kov *pl* -y; **precious ~** drahý kov *pl* drahé kovy
metre *mi* metr *pl* -y
middle *adj* střední ♦ **in the ~** *adv* uprostřed ♦ **in the ~ of** *prep* uprostřed + gen
midnight *f* půlnoc *pl* -i
mild *adj* mírný -á, -é
military *adj* vojenský -á, -é
milk *n* mléko *pl* -a

97

million *mi* milion *pl* -y
mind *f* mysl *pl* -i ● **change one's ~**
 perf rozmysl|et si to (já -ím, oni -í)
mine *imp* těž|it (já -ím, oni -í) ◆ *mi* důl
 pl doly ◆ *pron* můj *m*, má *f*, mé *n*
mineral *adj* minerální; **~ water**
 f minerálka *pl* -y
minigolf *mi* minigolf
ministry *n* ministerstvo *pl* -a
minute *f* minuta *pl* -y
mirror *n* zrcadlo *pl* -a
miscellaneous *adj* různý -á, -é
mistake *f* chyba *pl* -y
mistaken: **be ~** *imp* mýl|it se (já -ím, oni -í)
mistletoe *n* jmelí
mix *imp* mích|at (já -ám, oni -ají); **~ up**
 perf smích|at
mixture *f* směs *pl* -i
mobile telephone mobilní telefon
 mi, pl mobilní telefony
moderate *adj* mírný -á, -é
modern *adj* moderní
moment *mi* moment *pl* -y, *mi* okamžik
 pl -y; *(little while)* *f* chvíle *pl* 0
monastery *mi* klášter *pl* -y
Monday *n* pondělí *pl* 0
money *mi pl* peníze; **a lot of ~**
 mnoho peněz
money counter peněžní přepážka *f*,
 pl peněžní přepážky
monk *ma* mnich *pl* mniši
month *mi* měsíc *pl* -e
monument *mi* pomník *pl* -y
mood *f* nálada *pl* -y
moon *mi* měsíc *pl* -e
more více, coll víc
moreover navíc
morning *n* ráno *pl* -a ◆ **in the ~** *adv* ráno
mostly většinou

mother *f* matka *pl* -y
motorcycle *mi* motocykl *pl* -y
motorway *f* dálnice *pl* 0
mountain *f* hora *pl* -y
mouth *n pl* ústa, coll *f* pusa *pl* -y
move *(~ house)* *imp* stěh|ovat se (já -uji, oni -ují); **~ out** *perf* odstěh|ovat se
much mnoho, hodně, coll moc; *(in comparison)* mnohem; **so ~** tolik;
 too ~ příliš mnoho, coll moc
muesli *n* müsli
mug *(small)* *mi* hrneček *pl* hrnečky
Munich *mi* Mnichov
murder *f* vražda *pl* -y ◆ *perf*
 zavražd|it (on -í, oni -í)
museum *n* muzeum *pl* muzea
mushroom *(fungus)* *f* houba *pl* -y;
 (button ~) *mi* žampion *pl* -y
music *f* hudba
must *imp* mus|et (já -ím, oni -í)
my *pron* můj *m*, má *f*, mé *n*

N

name *n* jméno *pl* -a; **in the ~ of**
 (booking) na jméno
name-day *mi* svátek *pl* svátky
napkin *mi* ubrousek *pl* ubrousky
narrow *adj* úzký -á, -é
nation *mi* národ *pl* -y
national *adj* národní
nature *(wild life)* *f* příroda
nature reserve přírodní rezervace *f*, 0
naughty: **be ~** *imp* zlob|it (já -ím, oni -í)
near, nearby *adv* blízko ◆ *adj*
 (close) blízký -á, -é
nearly *adv* skoro, málem
necessary *adj* nutný -á, -é
neck *mi* krk *pl* -y
need *imp* potřeb|ovat (já -uji, oni -ují)

needle *(for sewing, an injection)* *f* jehla *pl* -y
negotiation *n* jednání *pl* 0
neighbour *ma* soused *pl* -é, *f* sousedka *pl* -y
neither – nor ani – ani
nephew *ma* synovec *pl* synovci
nervous *adj* nervózní
new *adj* nový -á, -é; **New Year's Day** Nový rok *mi*; **New Year's Eve** *m* Silvestr
newly-weds *ma pl* novomanželé
news *f* zpráva *pl* -y, *f pl* zprávy
newspaper *f pl* noviny
next *adj* **1.** *(situated next to)* vedlejší **2.** *(following)* další **3.** *(coming)* příští ◆ *adv* **~ time** příště; **~-door** vedle ◆ *prep* **~ to** vedle; **~ to each other** vedle sebe
nice *adj* **1.** *(lovely)* hezký -á, -é, pěkný -á, -é **2.** *(likeable)* sympatický -á, -é
nicely *adv* hezky
niece *f* neteř *pl* -e
night *f* noc *pl* -i; **at ~** v noci
no ne; **~ longer / more** už ne
 ◆ *pron* *(before nouns)* žádný -á, -é
nobleman *ma* šlechtic *pl* -i
noblewoman *f* šlechtična *pl* -y
nobody nikdo
noise *mi* hluk
nonsense *mi* nesmysl *pl* -y
noon *n* poledne *pl* 0; **at ~** v poledne
normal *adj* normální
north *mi* sever; **in the ~** na severu
northern *adj* severní
not ne + verb; **~ at all** vůbec ne; **~ only – but also** nejen – ale (i); **~ yet** ještě ne
note: a thousand-crown ~ *f* tisícikoruna *pl* -y

nothing nic; **~ at all** vůbec nic
notice *perf* všim|nout si + gen (já -nu, oni -nou; *pp* -l)
novel *mi* román *pl* -y
November *mi* listopad
now *adv* teď, nyní
nowhere *(position)* nikde; *(direction)* nikam
number *n* číslo *pl* -a; **a large ~ of** velký počet + gen; **the ~ of books** počet knih
number plate (státní) poznávací značka *f, pl* (státní) poznávací značky, registrační značka
nurse zdravotní sestra *f, pl* zdravotní sestry
nut *mi* ořech *pl* -y; *(hazel ~, cashew)* *mi* oříšek *pl* oříšky

O

obey *perf* poslech|nout (já -nu, oni -nou; *pp* -l), *imp* poslouch|at (já -ám, oni -ají)
obligatory *adj* povinný -á, -é
observatory *f* hvězdárna *pl* -y
observe *(watch)* *imp* pozor|ovat (já -uji, oni -ují)
obtain *(goods)* *perf* se|hnat (já -ženu, oni -ženou)
obtainable k dostání
occupied *(taken)* *adv* obsazeno ◆ *adj* obsazený -á, -é
occupy oneself *imp* zabýv|at se + instr (já -ám, oni -ají)
occur *(to sb)* *perf* napad|nout + acc (ono -ne, oni -nou; *pp* -l)
October *mi* říjen
of *prep* **1.** z / ze + gen **2.** genitive: **time of delay / his arrival** doba zpoždění / jeho příchodu

of course *(naturally)* ovšem; *(certainly)* samozřejmě
offend *perf* uraz|it (já -ím, oni -í)
offer *f* nabídka *pl* -y ♦ *perf* nabíd|nout (já -nu, oni -nou; *pp* -l)
office *f* kancelář *pl* -e
official *ma* úředník *pl* úředníci, *f* úřednice *pl* 0
offspring *ma* potomek *pl* potomci
often *adv* často
ointment *f* mast *pl* -i
O.K. dobře, v pořádku
old *adj* starý -á, -é ● **grow** ~ *imp* stár|nout, *perf* zestár|nout (já -nu, oni -nou; *pp* -l)
olive *f* oliva *pl* -y
omelette *f* omeleta *pl* -y
on *prep* *(position)* na + loc; *(direction)* na + acc; *(with days)* v / ve + acc ● ~ **the one hand** – ~ **the other hand** jednak – (a) jednak
once jednou; ~ **more / again** ještě jednou
one *num* jeden *m*, jedna *f*, jedno *n*; ~ **after another** jeden po druhém; ~ **more** ještě jeden ♦ **one (of)** *pron* některý -á, -é (z)
only *adv* **1.** jen, jenom **2.** *(no more then)* teprve ♦ *adj* **the** ~ jediný -á, -é
onto *prep* na + acc
open *perf* otevř|ít (já -u, oni -ou; *pp* -el) ● *ps* otevřeno
open-air café zahradní restaurace *f*, 0
open-air swimming pool *n* koupaliště *pl* 0
opera *f* opera *pl* -y ♦ *adj* operní; ~ **singer** operní pěvec *mi, pl* operní pěvci, operní pěvkyně *f*, 0
operetta *f* opereta *pl* -y

opinion *mi* názor *pl* -y; **in my** ~ podle mého názoru, podle mne
opposite *prep* naproti + dat
or nebo
orange *mi* pomeranč *pl* -e ♦ *adj* pomerančový -á, -é; *(colour)* oranžový -á, -é
order *(of goods, services)* *f* objednávka *pl* -y ♦ *perf* objedn|at (já -ám, oni -ají)
ordinary *adj* obyčejný -á, -é
organise *imp* organiz|ovat (já -uji, oni -ují), *(party, concert)* *imp* pořád|at (já -ám, oni -ají)
other *(some other)* (nějaký) jiný -á, -é; ~**s** *ma pl* jiní, *mi / f pl* jiné, *n pl* jiná; **the** ~ *sg* (ten) druhý; *pl* ostatní
otherwise *adv* jinak
our, ours *pron* náš *m*, naše *f / n*
out *adv* *(direction)* ven; *(position)* venku
out of *prep* z / ze + gen; ~ **the door / window** ze dveří / z okna; ~ **operation** mimo provoz
outdoors *adv* *(direction)* ven; *(position)* venku
outside *adv* **1.** *(direction)* ven; **Put it** ~. Dej to ven. **2.** *(position)* venku; **from (the)** ~ zvenku ♦ *prep* **1.** *(direction)* před + acc; **He went** ~ **the house.** Šel před dům. **2.** *(position)* před + instr; **He was waiting** ~ **the house.** Čekal před domem.
over *prep* **1.** přes + acc *(a bridge)* **2.** *(above, direction)* nad + acc; *(above, position)* nad + instr ● ~ **there** tamhle
overcast *adv* zataženo
oversleep *perf* zasp|at (já -ím, oni -í)

overwork: **ill from ~**
   adj přepracovaný -á, -é
own *adj* vlastní
owner *ma* majitel *pl* -é, *f* majitelka *pl* -y
ox-eye daisy *f* kopretina *pl* -y

P

pack *n* balení *pl* 0 ◆ *(a suitcase)* *imp* bal|it, *perf* sbal|it (já -ím, oni -í)
page *f* strana *pl* -y
pain *f* bolest *pl* -i
pain reliever *(for a headache)* *mi* prášek proti bolení hlavy *pl* prášky proti bolení hlavy
paint *1.* *(e.g. a door)* *perf* natř|ít (já -u, oni -ou; *pp* -el); **~ white** natřít na bílo *2.* *(a painting)* *imp* mal|ovat (já -uji, oni -ují) ◆ *f* barva *pl* -y
pair *mi* pár *pl* -y
pale *adj* bledý -á, -é
pancake *f* palačinka *pl* -y
paper *mi* papír *pl* -y
parcel *mi* balík *pl* -y; *(small)* *mi* balíček *pl* balíčky
parcel dispatch form poštovní průvodka *f*, *pl* poštovní průvodky
parent *mi* rodič *pl* -e
parish office *f* fara *pl* -y
park *(green ~)* *mi* park *pl* -y ◆ *(be parked)* *imp* park|ovat (já -uji, oni -ují)
parking *n* parkování *pl* 0
part *f* část *pl* -i
particularly *adv* zejména
party *1.* *(festivity)* *f; indecl* party *pl* 0 *2.* *(political ~)* *f* strana *pl* -y
pass *(hand)* *perf* pod|at (já -ám, oni -ají); **~ (a message) on** *perf* vyříd|it (vzkaz) (já -ím, oni -í); **~ an exam** *perf* uděl|at zkoušku (já -ám, oni -ají)

passport *mi* pas *pl* -y
past *adj* *(previous)* minulý -á, -é
   ◆ *prep* *1.* kolem + *gen*; **Go past the house** ... Jděte kolem toho domu ... *2.* *(after)* po + *loc*
patron saint *ma* patron *pl* -i
pay *1.* *imp* plat|it, *perf* zaplat|it (já -ím, oni -í); **~ extra / an additional sum (of CZ 500)** *perf* doplat|it (500 korun) (já -ím, oni -í) *2.* *(be profitable)* *perf* vyplat|it se (ono -í, ony -í)
peace *mi* mír ◆ *adj* mírový -á, -é
peach *f* broskev *pl* broskve
peculiar *adj* zvláštní
pencil *f* tužka *pl* -y
people *ma pl* lidé
pepper *1.* *(spice)* *mi* pepř *2.* *(vegetable)* *f* paprika *pl* -y
perfect *adj* perfektní, dokonalý -á, -é
performance *(of a play)* *n* představení *pl* 0
perfume *mi* parfém *pl* -y
perhaps třeba, možná; *(hopefully)* snad
perm, permanent wave *f; adj decl* trvalá *pl* -é
person *1.* *(formal)* *f* osoba *pl* -y *2.* *(man)* *ma* člověk *pl* lidé
personality *f* osobnost *pl* -i
persuade *perf* přemluv|it + *acc* (já -ím, oni -í)
pessimistic *adj* pesimistický -á, -é
petrol *mi* benzin ◆ *adj* benzinový -á, -é; **~ station** benzinová pumpa *f*, *pl* benzinové pumpy
pharmacist *ma* lékárník *pl* lékárníci, *f* lékárnice *pl* 0
pharmacy *f* lékárna *pl* -y
photograph *f* fotografie *pl* 0; **in the ~** na fotografii ◆ *imp* fotograf|ovat, *perf* vyfotograf|ovat (já -uji, oni -ují)

physics *f* fyzika
pick *(e.g. an apple)* *perf* utrh|nout (já -nu, oni -nou; *pp* -l), *imp* trh|at (já -ám, oni -ají)
picture *mi* obraz *pl* -y; *(small)* *mi* obrázek *pl* obrázky
picture postcard *f* pohlednice *pl* 0
piece *mi* kus *pl* -y; *(small)* *mi* kousek *pl* kousky
pig *ma* prase *pl* prasata
pigeon *ma* holub *pl* -i
pillowcase *mi* povlak na polštář (**povlak** *mi*, -y)
pilot *ma* pilot *pl* -i
pity *(shame)* *f* škoda *pl* -y
pizza *f* pizza *pl* -y
place *n* místo *pl* -a; ~ **of execution** popraviště *n*, 0 ● **to another** ~ *adv* jinam ◆ ~ **oneself** *perf* postav|it se (já -ím, oni -í)
plain *(land)* *f* nížina *pl* -y
plane *n* letadlo *pl* -a
plant *(vegetable)* rostlina *f*, -y
plate *(tableware)* *mi* talíř *pl* -e
plated with gold *adj* pozlacený -á, -é
platform *n* nástupiště *pl* 0
play *1.* *f* hra *pl* -y *2.* *(drama)* *f* činohra *pl* -y ◆ *1.* *imp* hr|át (já -aji, oni -ají) *2.* *(recorded music)* *perf* pust|it (já -ím, oni -í)
playground *n* hřiště *pl* 0
pleasant *adj* příjemný -á, -é
pleased: be ~ *imp* mít radost (já mám, oni mají)
plenty of spousta + gen
police *f* policie
policeman *ma* policista *pl* -é
policewoman *f* policistka *pl* -y
policy *f* politika
polite *adj* zdvořilý -á, -é

political *adj* politický -á, -é; ~ **party** politická strana *f*, *pl* politické strany
politician *ma* politik *pl* politikové / politici
politics *f* politika
polluted *adj* znečištěný -á, -é
pond *mi* rybník *pl* -y
ponder přemýšlet o + loc
poor (person) *ma* chudák *pl* chudáci
poppy, poppy seed *mi* mák *pl* -y
popular *adj* populární
portrait *mi* portrét *pl* -y
position *1.* *n* postavení *pl* 0 *2.* *(situation)* *f* situace *pl* 0
possible *adj* možný -á, -é ● **be** ~ *(to do)* *perf* dát se (ono dá, ony dají; *pp* dal)
post *perf* poslat (já pošlu, oni pošlou) ◆ *f* pošta
post code poštovní směrovací číslo *n*, *pl* poštovní směrovací čísla
post office *f* pošta *pl* -y
postage stamp (poštovní) známka *f*, *pl* (poštovní) známky
postal remittance form *f* složenka *pl* -y
postbox poštovní schránka *f*, *pl* poštovní schránky
postman *ma* listonoš *pl* -i / -ové
postmark *n* razítko *pl* -a
postpone *perf* odlož|it (já -ím, oni -í)
postwoman *f* listonoška *pl* -y
pot *mi* hrnec *pl* hrnce
potato *mi* brambor *pl* -y
pour *imp* lít, *perf* na|lít (já -liji, oni -lijí; *pp* -lil)
powerful *adj* mocný -á, -é
practical *adj* praktický -á, -é
practise *(to become skilful)* *imp* cvič|it (já -ím, oni -í)
praiseworthy *adj* chvályhodný -á, -é
pram *mi* kočárek *pl* kočárky

prefer sb/sth to sb/sth *imp* d|át/ *perf* dáv|at přednost + dat před + instr (já -ám, oni -ají)
prepare *perf* připrav|it (já -ím, oni -í), *imp* připrav|ovat (já -uji, oni -ují)
prescribe *perf* přede|psat (já -píši, oni -píší)
prescription *mi* předpis *pl* -y
present *mi* dárek *pl* dárky
presenter *(TV)* *ma* moderátor *pl* moderátoři
president *ma* prezident *pl* -i
pretty *adj (nice)* pěkný -á, -é; *(lovely)* hezký -á, -é
previous *adj* předchozí
price *f* cena *pl* -y
prick *perf* pích|nout (já -nu, oni -nou; *pp* -l)
priest *ma* kněz *pl* kněží
prince *ma* kníže *pl* knížata; *ma* princ *pl* -ové
princess *f* kněžna *pl* -y; *f* princezna *pl* -y
prison *n* vězení *pl* 0
privacy *n* soukromí
private *adj* soukromý -á, -é
privilege *n* privilegium *pl* privilegia
probably *adv* možná, pravděpodobně
problem *mi* problém *pl* -y
produce *perf* vyrob|it (já -ím, oni -í), *imp* vyráb|ět (já -ím, oni -ějí)
profit *mi* zisk *pl* -y
program, programme *mi* program *pl* -y
progress *mi* pokrok *pl* -y
promise *perf* slíb|it (já -ím, oni -í)
property *mi* majetek
propose *perf* navrh|nout (já -nu, oni -nou; *pp* -l)
protect (from) *imp* chrán|it (před + instr) (já -ím, oni -í)
protection *f* ochrana

provide *perf* poskyt|nout (já -nu, oni -nou; *pp* -l); **They ~d him with food.** Poskytli mu (dat) jídlo (acc).
pub *mi* hostinec *pl* hostince, coll *f* hospoda *pl* -y
publish: **be ~ed** *perf* vy|jít (ono -jde, ony -jdou; *pp* -šel)
puck *mi* puk *pl* -y
pull *perf* táh|nout (já -nu, oni -nou; *pp* -l)
pullover *mi* svetr *pl* -y
puncture *(have a ~)* *perf* pích|nout (já -nu, oni -nou; *pp* -l)
pupil *ma* žák *pl* žáci, *f* žačka *pl* -y
purse *f* peněženka *pl* -y
push *imp* tlač|it (já -ím, oni -í)
pushchair golfové hole *f pl*
put *1. (place)* *perf* d|át, *imp* dáv|at (já -ám, oni -ají; *pp* -al) *2. (stand)* *perf* postav|it (já -ím, oni -í); *(lay)* *perf* polož|it (já -ím, oni -í) ● **~ in order** dát / dávat do pořádku; **~ on** *(clothing)* *perf* oblék|nout si (já -nu, oni -nou; *pp* -l); **~ together** *imp* sestav|ovat (já -uji, oni -ují), *perf* sestav|it (já -ím, oni -í); **~ up with** *perf* smíř|it se s / se + instr (já -ím, oni -í)
pyjamas *n* pyžamo *pl* -a

Q

qualifications *f* kvalifikace *pl* 0
quality *1. (of goods / services)* *f* kvalita *pl* -y *2. (characteristic)* *f* vlastnost *pl* -i
quarter *f* čtvrt *pl* -i / -ě
question *f* otázka *pl* -y
queue *f* fronta *pl* -y
quiet *(peace)* *mi* klid
 ◆ *adj (peaceful)* klidný -á, -é
quite *adv* docela

103

R

rabbit *ma* králík *pl* králíci
rack *(for coats, hats etc.)* *mi* věšák *pl* -y
racket *f* raketa *pl* -y
radio *n* rádio *pl* -a
railway station *n* nádraží *pl* 0
rain *mi* déšť *pl* deště ◆ *imp* prš|et (ono -í)
raisin *f* rozinka *pl* -y
rather *adv* spíše, spíš
raw *adj* syrový -á, -é; ~ **material** *f* surovina *pl* -y
reach *(a place)* *perf* do|jít na + acc / do + gen (já -jdu, oni -jdou; *pp* -šel)
read *imp* číst (já čtu, oni čtou; *pp* četl); ~ **through** *perf* pře|číst; **something to** ~ něco na / ke čtení
reader *ma* čtenář *pl* -i, *f* čtenářka *pl* -y
reading *f* četba
ready *adj 1. (prepared)* připravený -á, -é *2. (cooked)* hotový -á, -é ◆ **get ~ (for)** *perf* připrav|it se (na + acc) (já -ím, oni -í)
real *adj* opravdový -á, -é
real-estate *f* nemovitost *pl* -i
real-estate agency realitní kancelář *f, pl* realitní kanceláře
realise *perf* uvědom|it si (já -ím, oni -í)
really *adv* opravdu
reasonable *adj* rozumný -á, - é
receipt *f* účtenka *pl* -y, *mi* paragon *pl* -y, *mi* doklad *pl* -y
receiver *(telephone)* *n* sluchátko *pl* -a
recently *adv* nedávno
reception *f* recepce *pl* 0
receptionist *ma / f; adj decl* recepční *pl* 0
recipe *mi* recept *pl* -y
recognize *perf* pozn|at (já -ám, oni -ají)

recommend *perf* doporuč|it (já -ím, oni -í)
reconstruction *f* rekonstrukce *pl* 0
recover *perf* uzdrav|it se (já -ím, oni -í)
red *adj* červený -á, -é ◆ **turn ~** *perf* zčerven|at (já -ám, oni -ají)
redecorate *perf* vymal|ovat (já -uji, oni -ují)
reduced in price *adj* zlevněný -á, -é
reduction in price *f* sleva *pl* -y
refreshments *n* občerstvení *pl* 0
refuse *perf* odmít|nout (já -nu, oni -nou; *pp* -l)
regards: give one's ~ (to sb) *imp* pozdrav|ovat + acc (já -uji, oni -ují)
region *f* oblast *pl* -i
registered: by ~ mail *adv* doporučeně
registration *f* registrace *pl* 0
registration document technický průkaz *mi, pl* technické průkazy
registration number státní poznávací značka, registrační značka (**značka** *f*, -y)
regret: I ~ it. Mrzí mě to.
relative *(family connection)* *ma; adj decl* příbuzný *pl* příbuzní ◆ *adj (related to)* příbuzný -á, -é
rely upon *perf* spoleh|nout se na + acc (já -nu, oni -nou; *pp* -l)
remain *1. perf* zů|stat (já -stanu, oni -stanou) *2. (be left over)* *perf* z|být (já -budu / -bydu, oni -budou / -bydou; *pp* -byl)
remember *(bring to mind)* *perf* vzpom|enout si (já -enu, oni -enou; *pp* -něl)
remind *perf* připom|enout (já -enu, oni -enou; *pp* -něl)
remote control dálkové ovládání *n, pl* dálková ovládání

rent *(in a house / flat)* *mi* nájem *pl* nájmy
♦ *(a flat, car)* *perf* naj|mout (já -mu, oni -mou; *pp* -al); *(e.g. skis, bicycle)* *perf* (vy)půjč|it si (já -ím, oni -í)
renting (out) *n* pronajmutí *pl* 0
repair *f* oprava *pl* -y ♦ *perf* oprav|it (já -ím, oni -í), *imp* oprav|ovat (já -uji, oni -ují)
repair shop *f* opravna *pl* -y
report *f* zpráva *pl* -y
reportedly prý
representative *ma* zástupce *pl* -i, *f* zástupkyně *pl* 0
republic *f* republika *pl* -y
request *1.* *f* prosba *pl* -y *2. (formal)* *f* žádost *pl* -i ♦ *1. (beg)* *imp* pros|it, *perf* popros|it (já -ím, oni -í) *2. (ask)* *imp* žád|at, *perf* požád|at (já -ám, oni -ají)
resemble *imp* podob|at se + dat (já -ám, oni -ají)
reservation *(booking)* *f* rezervace *pl* 0
reserve *f* rezerva *pl* -y ♦ *imp* rezerv|ovat (já -uji, oni -ují)
reserved *adj* rezervovaný -á, -é
reserved-seat ticket *f* místenka *pl* -y
residence *n* bydliště *pl* 0
rest *(relax)* *imp* odpočív|at (já -ám, oni -ají) ♦ *(remnant, remainder)* *mi* zbytek *pl* zbytky
restaurant *f* restaurace *pl* 0
retire *perf* ode|jít do důchodu (já -jdu, oni -jdou; *pp* -šel)
retirement *mi* důchod *pl* -y
return *1. (come back)* *perf* vrát|it se (já -ím, oni -í) *2. (give back)* *perf* vrát|it ♦ *adj* zpáteční *(e.g. ticket)*
ribbon *f* stužka *pl* -y
rice *f* rýže *pl* 0
rich *adj* bohatý -á, -é ● **get ~** *perf* zbohat|nout (já -nu, oni -nou; *pp* -l)

right *adj* *1. (good, correct, true)* správný -á, -é *2. (side)* pravý -á, -é
♦ *adv* **on the ~** vpravo, napravo; **to the ~** doprava
ring *(jewel)* *mi* prsten *pl* -y; *(smaller or cheap)* prstýnek *mi, pl* prstýnky
ring (the bell) *imp* zvon|it (já -ím, oni -í)
ripe *adj* zralý -á, -é
rise *(go up)* *imp* stoup|at (já -ám, oni -ají); *(become higher)* *perf* zvýš|it se (já -ím, oni -í)
risk, take a risk, run risks *imp* risk|ovat (já -uji, oni -ují)
river *f* řeka *pl* -y
river bank *mi* břeh (řeky) (břeh *pl* -y)
road *f* silnice *pl* 0
roast *imp* péci, *perf* u|péci (já -peču, oni -pečou; *pp* -pekl)
rocket *f* raketa *pl* -y
Roman Catholic *adj* (římsko)katolický -á, -é
roof *f* střecha *pl* -y; **on the ~** na střeše
room *1. (a ~)* *f* místnost *pl* -i; *(living / hotel ~)* *mi* pokoj *pl* -e *2. (space)* *mi* prostor
rose *f* růže *pl* 0
roughly *adv (approximately)* zhruba
route *f* trasa *pl* -y
row *(line)* *f* řada *pl* -y
rude *adj* hrubý -á, -é
rule *(law, regulation)* *n* pravidlo *pl* -a
♦ *(govern)* *imp* vlád|nout (já -nu, oni -nou; *pp* -l)
run *(on foot)* běž|et (já -ím, oni -í), běh|at (já -ám, oni -ají); **~ out** *imp* docház|et (ono -í, ony -ejí), *perf* do|jít (ono -jde, ony -jdou; *pp* -šel)
Russia *n* Rusko

S

sad *adj* smutný -á, -é
safe *(box)* *mi* trezor *pl* -y
saint *ma; adj decl* svatý *pl* svatí
salad *mi* salát *pl* -y
salary *mi* plat *pl* -y
sale *mi* prodej; **for** ~ na prodej
salt *f* sůl *pl* soli
same: **the** ~ *adj* stejný -á, -é
sand *mi* písek
sandbank *f* mělčina *pl* -y
sandwich *mi* sendvič *pl* -e
satisfied *adj* spokojený -á, -é
Saturday *f* sobota *pl* -y
sauce *f* omáčka *pl* -y
saucer *mi* talířek *pl* talířky, *mi* podšálek *pl* podšálky
save *imp* šetř|it, *perf* ušetř|it (já -ím, oni -í)
say *perf* říci (já řeknu, oni řeknou; *pp* řekl; *ps* řečen); ~ **goodbye to** *perf* rozlouč|it se s / se + instr (já -ím, oni -í); ~ **nothing** *imp* mlč|et (já -ím, oni -í)
scarf *(long)* *f* šála *pl* -y
scholarly *adj* vědecký -á, -é
school *f* škola *pl* -y; **elementary** ~ základní škola; **secondary** ~ střední škola
schoolfellow *ma* spolužák *pl* spolužáci, *f* spolužačka *pl* -y
scientific *adj* vědecký -á, -é
scissors *f pl* nůžky; **a pair of** ~ jedny nůžky
Scotland *n* Skotsko
sea *n* moře *pl* 0
seagull *ma* racek *pl* racci / rackové
seal *(an envelope)* *perf* zalep|it (já -ím, oni -í)
seat *n* místo *pl* -a

second druhý -á, -é
secret *adj* tajný -á, -é
secretary *f* sekretářka *pl* -y
secure *perf* zajist|it (já -ím, oni -í)
see *imp* vid|ět, *perf* uvid|ět (já -ím, oni -í); ~ **to** *perf* postar|at se o + acc (já -ám, oni -ají)
seem *imp* zd|át se (já -ám, oni -ají)
seldom *adv* málokdy
selection *mi* výběr
selfish *adj* sobecký -á, -é
sell *imp* prodáv|at, *perf* prod|at (já -ám, oni -ají)
send *perf* poslat (já pošlu, oni pošlou)
sender, sender's address *ma* odesílatel *pl* -é
sensible *adj* rozumný -á, -é
sentence *perf* odsoud|it (já -ím, oni -í)
separate entrance zvláštní vchod *mi, pl* zváštní vchody
separately *adv* zvlášť
September *n* září
serious *adj* vážný -á, -é
serve *imp* slouž|it (já -ím, oni -í)
service *(in a restaurant)* *f* obsluha *pl* -y
several několik
sew *imp* šít (já šiji, oni šijí; *pp* šil); ~ **on** *perf* při|šít
shade, shadow *mi* stín *pl* -y
shallow *adj* mělký -á, -é; ~ **place** *f* mělčina *pl* -y
shampoo *mi* šampon *pl* -y; **a** ~ **and set** umýt a učesat
share *imp* sdíl|et (já -ím, oni -ejí)
♦ *(stocks)* *f* akcie *pl* 0
shave *imp* hol|it se, *perf* ohol|it se (já -ím, oni -í)
sheep *f* ovce *pl* 0
shelf *f* police *pl* 0
shine *imp* svít|it (já -ím, oni -í)

shirt *f* košile *pl* 0
shiver *imp* třást se (já se třesu, oni se třesou; *pp* třásl se)
shoe *f* bota *pl* -y
shoelace *f* tkanička do bot *pl* tkaničky do bot
shop *mi* obchod *pl* -y ◆ *perf* nakoup|it (já -ím, oni -í; nakup!), *imp* nakup|ovat (já -uji, oni -ují)
shop assistant *ma* prodavač *pl* -i, *f* prodavačka *pl* -y
shopping *mi* nákup *pl* -y
shopping centre obchodní dům *mi, pl* obchodní domy; *(smaller)* nákupní středisko *n, pl* nákupní střediska
shopwindow *f* výloha *pl* -y; **in the ~** ve výloze
shore *mi* břeh *pl* -y; *(sea ~)* *n* pobřeží *pl* 0
short *adj* krátký -á, -é *(not of people)*
shortcut *f* zkratka *pl* -y
shout *imp* křič|et (já -ím, oni -í)
show *perf* u|kázat (já -kážu, oni -kážou)
shower *1. (rain)* *f* přeháňka *pl* -y *2. (bath)* *f* sprcha *pl* -y ● **take a ~** *imp* sprch|ovat se, *perf* osprch|ovat se (já -uji, oni -ují)
shower cubicle sprchový kout *mi, pl* sprchové kouty
shrub *mi* keř *pl* -e
shut *perf* zavř|ít (já -u, oni -ou; *pp* -el; zavři!)
shy *adj* nesmělý -á, -é
sibling *ma* sourozenec *pl* sourozenci
side *f* strana *pl* -y
sign *perf* pode|psat (já -píši, oni -píší) ◆ *n* znamení *pl* 0
signature *mi* podpis *pl* -y
significant *adj* významný -á, -é
silly *adj* hloupý -á, -é ● **become ~** *perf* zhloup|nout (já -nu, oni -nou; *pp* -l)

silver *n* stříbro ◆ *adj* stříbrný -á, -é
similar (to) *adj* podobný -á, -é (+ dat)
simple *adj* jednoduchý -á, -é
simultaneously *adv* současně
since *prep* od + gen ◆ *(~ that time)* od té doby
sing *imp* zpív|at (já -ám, oni -ají)
singer *ma* zpěvák *pl* zpěváci
single *adj 1. (unmarried)* svobodný -á, -é *2. (ticket)* jednoduchý -á, -é
single room jednolůžkový pokoj *mi, pl* jednolůžkové pokoje
sister *f* sestra *pl* -y
sit *imp* sed|ět (já -ím, oni -í); **~ down** *perf* sed|nout si (já -nu, oni -nou; *pp* -l)
size *f* velikost *pl* -i
skate *(ice-skate)* *f* brusle *pl* 0 ◆ *imp* brusl|it (já -ím, oni -í)
ski *f* lyže *pl* 0 ◆ *imp* lyž|ovat (já -uji, oni -ují)
skid *mi* smyk *pl* -y
skier *ma* lyžař *pl* -i
skirt *f* sukně *pl* 0
sky *f* obloha
slander *f* pomluva *pl* -y
sleep *mi* spánek ◆ *imp* sp|át (já -ím, oni -í; *pp* -al)
sleeping pill *coll* prášek na spaní (**prášek** *mi, pl* prášky)
sleepy *adj* ospalý -á, -é
slide *f* klouzačka *pl* -y; *(big)* *n* kluziště *pl* 0
slim *adj* štíhlý -á, -é
slipper *mi* pantofel *pl* pantofle
slow *adj* pomalý -á, -é; **~ train** osobní vlak *mi, pl* osobní vlaky
slowly pomalu
small *adj* malý -á, -é
smaller *adj* menší ● **make ~** *perf* zmenš|it (já -ím, oni -í)

107

smell (sweet) *imp* von|ět (já -ím, oni -í)
smile *perf* usm|át se (já -ěji, oni -ějí), *imp* usmív|at se (já -ám, oni -ají)
smog *mi* smog
smoke *imp* kouř|it (já -ím, oni -í)
snack *f* svačina *pl* -y
snow *mi* sníh *pl* sněhy
so tak
soap *n* mýdlo *pl* -a
sock *f* ponožka *pl* -y
socket *f* zásuvka *pl* -y
sofa *mi* gauč *pl* -e
sold out vyprodáno
sole *(shoe)* *f* podrážka *pl* -y
solution *(of a problem)* *n* řešení *pl* 0
some *pron* nějaký -á, -é
sometimes, some time někdy
somewhere *1. (position)* někde; ~ **else** někde jinde *2. (direction)* někam; ~ **else** někam jinam
son *ma* syn *pl* synové
sonata *f* sonáta *pl* -y
song *f* píseň *pl* písně
soon *adv* brzy; **sooner** dříve
sorry *(apology)* *pl* promiňte pol, *sg* promiň fam
sound *imp* zn|ít (ono -í, ony -ějí; *pp* -ěl)
soup *f* polévka *pl* -y
sour *adj* kyselý -á, -é
source *1. mi* zdroj *pl* -e *2. (of a river)* *mi* pramen *pl* -y • **have one's** ~ *imp* pramen|it (ono -í, ony -í)
south *mi* jih; **in the** ~ na jihu
south-east *mi* jihovýchod
southern *adj* jižní
spa *f pl* lázně
space: **a lot of** ~ hodně místa
Spaniard *ma* Španěl *pl* -é
Spanish *adv* španělsky

spare *adj* rezervní; ~ **tyre / wheel** *f* rezerva *pl* -y
sparkler *f* prskavka *pl* -y
speak *imp* mluv|it (já -ím, oni -í); ~ **English / Czech** mluvit anglicky / česky
special *adj* zvláštní
specialist *adj* odborný -á, -é • *ma* odborník *pl* odborníci
speeding rychlá jízda *f*
spend *(time)* *perf* stráv|it (já -ím, oni -í); *(money)* *perf* utrat|it (já -ím, oni -í)
spoiled *adj* 1. zkažený -á, -é 2. *(child)* rozmazlený -á, -é
sponge *(for washing)* *f* houba *pl* -y
sponge biscuit *mi* piškot *pl* -y
sport *mi* sport *pl* -y
spring *n* jaro *pl* -a; **in** ~ na jaře • *adj* jarní
square *(in a town)* *n* náměstí *pl* 0
stain *f* skvrna *pl* -y
stair *mi* schod *pl* -y
stall *(with goods)* *mi* stánek *pl* stánky
stallholder *ma* stánkař *pl* -i
stamp *(instrument, mark)* *n* razítko *pl* -a
stand *imp* stát (já stojím, oni stojí) • *(with goods)* *mi* stánek *pl* stánky
standard of living životní úroveň *f*
star *f* hvězda *pl* -y
start *mi* začátek *pl* začátky • *perf* zač|ít (já -nu, oni -nou; *pp* -al), *imp* začín|at (já -ám, oni -ají); ~ **a car** *imp* start|ovat / *perf* nastart|ovat auto (já -uji, oni -ují)
starter *(hors d'oeuvre)* *mi* předkrm *pl* -y
startle: **be startled** *perf* lek|nout se (já -nu, oni -nou; *pp* -l)
state *1. (condition)* *mi* stav *pl* -y 2. *(political community)* *mi* stát *pl* -y

◆ *adj* státní ◆ *perf* prohlás|it (já -ím, oni -í)
stately home *mi* zámek *pl* zámky
statement *(bank account)* *mi* výpis z bankovního účtu *pl* výpisy z bankovního účtu
statesman *ma* státník *pl* státníci
station *f* stanice *pl* 0; **railway ~** *n* nádraží *pl* 0; **bus / coach ~** autobusové nádraží *pl* autobusová nádraží
statue *f* socha *pl* -y
status *mi* stav *pl* -y
stay *mi* pobyt *pl* -y ◆ *(remain) perf* zů|stat (já -stanu, oni -stanou)
steal *perf* u|krást (on -krade, oni -kradnou; *pp* -kradl), *imp* krást (on krade, oni kradou; *pp* kradl)
stewardess *f* stevardka *pl* -y
stick *f* hůl *pl* hole ◆ *perf* nalep|it (já -ím, oni -í) *(e.g. a stamp)*
still *1. (all the same)* přece *2. (in addition)* ještě
stir *imp* mích|at, *perf* zamích|at (já -ám, oni -ají)
stone *mi* kámen *pl* kameny; **precious ~** drahý kámen *pl* drahé kameny
stop *(bus, tram)* *f* zastávka *pl* -y; *(railway)* *f* stanice *pl* 0 ◆ *1. (doing sth) perf* pře|stat (já -stanu, oni -stanou) *2. (halt) imp* stav|ět (já -ím, oni -ějí), *perf* zastav|it (já -ím, oni -í); *(come to a standstill)* zastav|it se
storm *(thunderstorm)* *f* bouřka *pl* -y
story *(short ~)* *f* povídka *pl* -y
straight (on) *adv* rovně
strawberry *f* jahoda *pl* -y ◆ *adj* jahodový -á, -é
stream *(brook)* *mi* potok *pl* -y
street *f* ulice *pl* 0

strengthen *(consolidate) perf* upevn|it (já -ím, oni -í)
strict *adj* přísný -á, -é
strong *adj* silný -á, -é
student *ma* student *pl* -i, *f* studentka *pl* -y
study *imp* stud|ovat (já -uji, oni -ují)
stuffed *adj* plněný -á, -é *(of food)*
subway (passage) *mi* podchod *pl* -y
succeed *1. imp* být úspěšný (já jsem, oni jsou) *2. perf* podař|it se (ono -í, ony -í); subject > indirect object: **I will succeed / succeeded in doing it.** Podaří se / Podařilo se mi to udělat.
successful *adj* úspěšný -á, -é
such *pron* takový -á, -é
sugar *mi* cukr *pl* -y
sugar beet cukrová řepa *f*
sugar bowl *f* cukřenka *pl* -y
suggestion *mi* návrh *pl* -y
suit *1. (for men)* *mi* oblek *pl* -y *2. (skirt ~)* *mi* kostým *pl* -y; *(trouser ~)* kalhotový kostým *pl* kalhotové kostýmy ◆ *1. (make look nice) imp* sluš|et (ono -í, ony -í) *2. (be suited / suitable) imp* hod|it se (já -ím, oni -í)
suitcase *mi* kufr *pl* -y
suite *(in a hotel)* *n; indecl* apartmá *pl* 0
summer *n* léto *pl* -a; **in ~** v létě
summery *adj* letní
sun *n* slunce *pl* 0
sunbathe *(to get a tan) imp* opal|ovat se (já -uji, oni -ují)
Sunday *f* neděle *pl* 0
sunglasses *f pl* brýle proti slunci
sunny *adv* slunečno ◆ *adj* slunečný -á, -é
sunset *mi* západ slunce *pl* západy slunce
suntan oil *mi* olej na opalování *pl* oleje na opalování

109

suppose *imp* předpokládat (já -ám, oni -ají)
surcharge *mi* příplatek *pl* -y
surname *n* příjmení *pl* 0
surprise *n* překvapení *pl* 0 ♦ *perf* překvap|it (já -ím, oni -í)
suspect *(think to be likely) imp* tuš|it (já -ím, oni -í)
swan *f* labuť *pl* labutě
sweatshirt *f* mikina *pl* -y
sweep *imp* mést, *perf* za|mést (já -metu, oni -metou; *pp* -metl)
sweet *mi* bonbon *pl* -y ♦ *adj* sladký -á, -é *(taste)*
sweet-and-sour *adj* sladkokyselý -á, -é
swim *imp* plav|at (já -u, oni -ou) • **have a ~** *perf* zaplav|at si
swimming costume / trunks *f pl* plavky
swimming pool *(in a house / garden) mi* bazén *pl* -y; **open-air ~** *n* koupaliště *pl* 0
swindler *ma* podvodník *pl* podvodníci, *f* podvodnice *pl* 0
Swiss *adj* švýcarský -á, -é
switch *(for electric current) mi* vypínač *pl* -e ♦ **~ off** *perf* vyp|nout (já -nu, oni -nou; *pp* -nul); **~ on** *perf* zap|nout (já -nu, oni -nou; *pp* -nul); **~ to sth** *perf* přep|nout na + acc (já -nu, oni -nou; *pp* -nul); **~ the light off** *perf* zhas|nout (já -nu, oni -nou; *pp* -l); **~ the light on** *perf* rozsvít|it (já -ím, oni -í)
switched off *adj* vypnutý -á, -é
Switzerland *n* Švýcarsko
synthetic *adj* syntetický -á, -é; **~ fibre** umělé vlákno *n, pl* umělá vlákna
systematically *adv* systematicky

T

T-shirt *n* tričko *pl* -a
table 1. *mi* stůl *pl* stoly; *(small) mi* stolek *pl* stolky **2.** *(slab) f* tabulka *pl* -y
tablecloth *mi* ubrus *pl* -y
table tennis stolní tenis *mi*
tailcoat *mi* frak *pl* -y
take 1. *imp* brát (já beru, oni berou; *pp* bral), *perf* vzít (já vezmu, oni vezmou; *pp* vzal); *(for oneself) imp* brát si, *perf* vzít si **2.** *(have)* vzít si; *(at a restaurant) perf* d|át si (já -ám, oni -ají; *pp* -al); **~ away** *(on foot) perf* od|nést (já -nesu, oni -nesou; *pp* -nesl); *(by car) perf* od|vézt (já -vezu, oni -vezou; *pp* -vezl); **It's to take away.** (Vezmu si to) s sebou. / Prosím zabalit.; **~ off 1.** *(coat, clothes) perf* odlož|it si (já -ím, oni -í), *perf* svlék|nout si (já -nu, oni -nou; *pp* -l), *(clothes, shoes) perf* sund|at si (já -ám, oni -ají), *(shoes) perf* zout si (já zuji, oni zují; *pp* zul) **2.** *(of aircraft) imp* start|ovat (já -uji, oni -ují); **~ out (of)** *perf* vynd|at (z / ze + gen) (já -ám, oni -ají)
talent (for) *mi* talent (na + acc) *pl* -y
talk *imp* mluv|it (já -ím, oni -í) • **have a ~** *imp* povíd|at si, *perf* popovíd|at si (já -ám, oni -ají)
tall *adj* vysoký -á, -é
tan: get a ~ *perf* opál|it se (já -ím, oni -í)
tart *mi* koláč *pl* -e ♦ *adj* kyselý -á, -é
task *mi* úkol *pl* -y
taste 1. *mi* vkus; **in bad ~** *adj* nevkusný -á, -é **2.** *(of food)* chuť ♦ *imp* chutn|at (ono -á, ony -ají)
tax *f* daň *pl* daně
taxi *n; indecl* taxi *pl* 0

tea *mi* čaj *pl* -e; **afternoon** ~ *f* svačina *pl* -y
teach *imp* uč|it (já -ím, oni -í)
teacher *ma* učitel *pl* -é, *f* učitelka *pl* -y
teaching *n* učení *pl* 0
teapot *f* konvice (na čaj) *pl* konvice na čaj
tear off *perf* utrh|nout (já -nu, oni -nou; *pp* -l)
teaspoon *f* lžička *pl* -y
technical *adj* technický -á, -é
technological *adj* technický -á, -é
teenager *ma / f; adj decl* dospívající *pl* 0
telephone *mi* telefon *pl* -y ◆ *imp* telefon|ovat (já -uji, oni -ují)
telephone booth / box telefonní budka *f, pl* telefonní budky
telephone card telefonní karta *f, pl* -y
telephone directory / book telefonní seznam *mi, pl* -y
telephone number *n* číslo telefonu *pl* čísla telefonu, telefonní číslo *pl* telefonní čísla
telescope *mi* dalekohled *pl* -y
television *f* televize *pl* 0, *(set) mi* televizor *pl* -y
temperature *f* teplota *pl* -y
temple *mi* chrám *pl* -y
tenant *ma* nájemník *pl* nájemníci, *f* nájemnice *pl* 0
tennis *mi* tenis
term *(word) mi* termín *pl* -y
terminus konečná stanice *f, pl* konečné stanice
terrorist *ma* terorista *pl* -é
textbook *f* učebnice *pl* 0
than než
thank *imp* děk|ovat, *perf* poděk|ovat (já -uji, oni -ují)

thanks to *prep* díky + dat
that *pron 1. m* ten, tento, tenhle, *f* ta, tato, tahle, *n* to, toto, tohle; ~ **one (there)** *m* tamhleten, *f* tamhleta, *n* tamhleto **2.** *(relative)* který -á, -é ◆ *conj* že
theatre *n* divadlo *pl* -a
their, theirs *pron* jejich
then pak, potom
theologian *ma* teolog *pl* -ové
theory *f* teorie *pl* 0; ~ **of education** *f* pedagogika
there tam
therefore *conj* proto, a proto
thermometer *mi* teploměr *pl* -y
thick *adj* tlustý -á, -é *(book, material)*
thief *ma* zloděj *pl* -i
thing *f* věc *pl* -i
think *imp* mysl|et (já -ím, oni -í)
third *(fraction) f* třetina *pl* -y
thirst *f* žízeň
thirsty: be ~ *imp* mít žízeň (já mám, oni mají)
this *pron m* ten, tento, tenhle, *f* ta, tato, tahle, *n* to, toto, tohle; ~ **one (here)** *m* tenhleten, *f* tahleta, *n* tohleto
thought *f* myšlenka *pl* -y
thousand *mi* tisíc *pl* -e; **a ~-crown note** *f* tisícikoruna *pl* -y
thread *f* nit *pl* nitě
throat *mi* krk *pl* -y
through *prep* skrz + acc; *(across)* přes + acc
throw *perf* hod|it (já -ím, oni -í); ~ **away** *perf* vyhod|it, zahod|it (já -ím, oni -í)
Thursday *mi* čtvrtek *pl* čtvrtky
ticket *(admission* ~) *f* vstupenka *pl* -y; *(for transport) f* jízdenka *pl* -y; *(any kind of) mi* lístek *pl* lístky

tidy up *perf* uklid|it (já -ím, oni -í), *imp* uklíz|et (já -ím, oni -ejí)
tie *(necktie)* *f* kravata *pl* -y, *f* vázanka *pl* -y
till *(cash-desk)* *f* pokladna *pl* -y
time *1.* *mi* čas *pl* -y *2.* *(period)* *f* doba *pl* -y ● **at the same** ~ *adv* současně, přitom; **for the** ~ **being** *adv* zatím, prozatím; **in** ~ *adv* včas; **on** ~ *adv* přesně; **this** ~ *adv* tentokrát
timetable *(of train / bus)* jízdní řád *mi, pl* jízdní řády
tired *adj* unavený -á, -é
to *prep (e.g. a building / city)* do + *gen*; *(events, authorities)* na + *acc*; *(towards)* k, ke + *dat*
today *mi* dnešek ◆ *adv* dnes, coll dneska
together *adv 1. (be / do sth)* spolu *2. (altogether)* dohromady
toilet *f* toaleta *pl* -y
tolerant *adj* tolerantní
tolerate *imp* toler|ovat (já -uji, oni -ují)
toll *(charge)* *mi* poplatek *pl* poplatky
tomato *n* rajče *pl* rajčata
tomb *f* hrobka *pl* -y
tomorrow *mi* zítřek ◆ *adv* zítra
tongue *mi* jazyk *pl* -y
tonight dnes večer
tonsilitis *f* angína *pl* -y
too (much) příliš
tool *mi* nástroj *pl* -e; **~s** *n* nářadí *pl* 0
tooth *mi* zub *pl* -y
toothbrush *mi* kartáček na zuby *pl* kartáčky na zuby
toothpaste *f* pasta na zuby *pl* pasty na zuby
tourism *f* turistika
tourist *ma* turista *pl* -é, *f* turistka *pl* -y
tow *imp* táh|nout (já -nu, oni -nou; *pp* -l); **~ away** *perf* odtáh|nout

towards *prep* k, ke + *dat*
towel *mi* ručník *pl* -y
town *n* město *pl* -a
town hall *f* radnice *pl* 0
towncentre *n* centrum *pl* centra
toy *f* hračka *pl* -y
trade *(trading)* *mi* obchod *pl* -y
  ◆ *(deal)* *imp* obchod|ovat (já -uji, oni -ují)
trading *(commercial)* *adj* obchodní
traditional *adj* tradiční
traffic *mi* provoz *pl* -y
traffic jam (dopravní) zácpa *f, pl* -y
train *mi* vlak *pl* -y
tram *f* tramvaj *pl* -e
translate *perf* přelož|it (já -ím, oni -í), *imp* překlád|at (já -ám, oni -ají)
translation *mi* překlad *pl* -y
travel *imp* cest|ovat (já -uji, oni -ují)
travel agency cestovní kancelář *f, pl* -e
tree *mi* strom *pl* -y; *(small)* *mi* stromek *pl* stromky
trifle *(small thing)* *f* maličkost *pl* -i
trip *(outing)* *mi* výlet *pl* -y
trouble *1. (difficulty)* *f* potíž *pl* -e *2. (illness)* *f* potíž, obtíž *pl* potíže, obtíže; **children's** **~s** dětské nemoci *f pl* ◆ *1. (bother)* *imp* obtěž|ovat (já -uji, oni -ují) *2. (torment)* *imp* tráp|it (já -ím, oni -í)
trousers *f pl* kalhoty
truth *f* pravda *pl* -y
try *perf* zkus|it (já -ím, oni -í), *imp* zkouš|et (já -ím, oni -ejí); ~ **hard** *imp* snaž|it se (já -ím, oni -í); ~ **on** *perf* vyzkouš|et si (já -ím, oni -ejí)
Tuesday *n* úterý *pl* 0
tumble-dryer *f* sušička *pl* -y
tune the engine *perf* seříd|it motor (já -ím, oni -í)

turn *1.* *(turn round)* *perf* obrát|it se (já -ím, oni -í) *2.* *(rotate)* *imp* toč|it se (já -ím, oni -í); **~ off** *(left, right)* *perf* zah|nout (já -nu, oni -nou; *pp* -nul)
◆ **be one's ~** být na řadě
twice dvakrát
twilight *n* šero
twin-bedded room dvoulůžkový pokoj *mi, pl* dvoulůžkové pokoje *(s oddělenými postelemi)*
two *m* dva, *f / n* dvě; **~ pairs of** dvoje
type *(on a keyboard)* *imp* psát na stroji (já píši, oni píší)
typical *adj* typický -á, -é

U

umbrella *mi* deštník *pl* -y
uncle *ma* strýc *pl* -i / -ové
under *prep* *(position)* pod + instr; *(direction)* pod + acc
underground (railway) *n* metro *pl* -a
understand *imp* rozum|ět (já -ím, oni -ějí)
unemployed *ma; adj decl* nezaměstnaný *pl* nezaměstnaní
◆ *adj* nezaměstnaný -á
unfortunately bohužel
university *f* univerzita *pl* -y; **at ~** na univerzitě
university professor univerzitní profesor *ma, pl* univerzitní profesoři
unlock *perf* odemk|nout (já -nu, oni -nou; *pp* -l)
unpack *perf* vybal|it (já -ím, oni -í)
unusually *adv* neobyčejně
unwrap *perf* vybal|it, rozbal|it (já -ím, oni -í)
up (there / here) *adv* *(position)* nahoře; *(direction)* nahoru

upbringing *f* výchova
use *imp* použív|at (já -ám, oni -ají); **~ up** *perf* spotřeb|ovat (já -uji, oni -ují); **be ~d to** *(doing / having sth)* být zvyklý -á + inf; **get ~d to** *perf* zvyk|nout si na + acc (já -nu, oni -nou; *pp* -l)
useful *adj* užitečný -á, -é
usual *adj* běžný -á, -é; **as ~** jako obyčejně
usually *adv* obyčejně

V

vacant *adj* volný -á, -é
vacuum *(hoover)* *imp* lux|ovat (já -uji, oni -ují)
valid *adj* platný -á, -é ● **be ~** být platný (ono je, ony jsou; *pp* byl), *imp* plat|it (ono -í, ony -í)
vanilla *f* vanilka *pl* -y ◆ *adj* vanilkový -á, -é
vanish *imp* miz|et (já -ím, oni -í)
various *adj* různý -á, -é
vase *f* váza *pl* -y
vegetable(s) *f* zelenina
Venus *f* Venuše
vertigo *f* závrať *pl* závratě
very velmi
videocamera *f* videokamera *pl* -y
Vienna *f* Vídeň
view *perf* prohléd|nout si (já -nu, oni -nou; *pp* -l), *imp* prohlíž|et si (já -ím, oni -ejí) ◆ *1. (picture)* *mi* pohled *pl* -y *2. ~ of (what can be seen)* *mi* výhled na + acc *3. (opinion)* *mi* názor *pl* -y
viewpoint tower *f* rozhledna *pl* -y
village *f* vesnice *pl* 0
vision *f* vize *pl* 0

visit *f* návštěva *pl* -y ◆ *perf* navštív|it (já -ím, oni -í), *imp* navštěv|ovat (já -uji, oni -ují)
visiting card *f* vizitka *pl* -y
voice *mi* hlas *pl* -y
vote *imp* vol|it (já -ím, oni -í)

W

waggon *mi* vůz *pl* vozy
wait *imp*ček|at, *perf* poček|at (já -ám, oni -ají)
waiter *ma* číšník *pl* číšníci
waiting room *f* čekárna *pl* -y
waitress *f* servírka *pl* -y
wake up *(oneself)* *perf* probud|it se (já -ím, oni -í); *(sb)* *perf* vzbud|it + acc
walk *f* procházka *pl* -y
walking stick turistická hůl *f*, *pl* turistické hole
Walkman coll *mi* walkman *pl* -i / -y
wall *f* stěna *pl* -y; *(external)* *f* zeď *pl* zdi
wall unit obývací stěna *f*, *pl* obývací stěny
wallpaper *f* tapeta *pl* -y ◆ *imp* tapet|ovat, *perf* vytapet|ovat (já -uji, oni -ují)
want *imp* chtít (já chci, oni chtějí; *pp* chtěl)
war *f* válka *pl* -y
wardrobe *f* skříň *pl* skříně
warm *adj* teplý -á, -é ◆ *adv* teplo
Warsaw *f* Varšava
wash *imp* mýt, *perf* u|mýt (já -myji, oni -myjí; *pp* -myl); *(the laundry)* *imp* prát, *perf* vy|prat (já -peru, oni -perou; *pp* -pral)
washing *(the laundry)* *n* vyprání *pl* 0
washing machine *f* pračka *pl* -y
watch *1.* *imp* dív|at se na + acc (já -ám, oni -ají), *imp* sled|ovat (já -uji, oni -ují); ~ **TV** dívat se na / sledovat televizi *2. (observe)* *imp* pozor|ovat (já -uji, oni -ují); ~ **out** *perf* d|át / *imp* dáv|at pozor (já -ám, oni -ají)
water *f* voda *pl* -y ◆ *(e.g. flowers)* *imp* zalév|at (já -ám, oni -ají), *perf* za|lít (já -liji, oni -lijí; *pp* -lil)
water pipe / main *mi* vodovod *pl* -y
wave *f* vlna *pl* -y ◆ *imp* máv|at (já -ám, oni -ají); ~ **sb goodbye** *imp* máv|at / *perf* zamáv|at + dat
way *1.* *f* cesta *pl* -y; **this** ~ *adv* tudy *2. (manner)* *mi* způsob *pl* -y; **this** ~ *adv* takhle
way out *mi* východ *pl* -y
weak *adj* slabý -á, -é
wear *imp* nos|it (já -ím, oni -í); **be wearing** *imp* mít na sobě (já mám, oni mají)
weather *n* počasí
weather forecast *f* předpověď počasí *pl* předpovědi počasí
wedding *f* svatba *pl* -y ◆ *adj* svatební
Wednesday *f* středa *pl* -y
week *mi* týden *pl* týdny
weekend *mi* víkend *pl* -y; **at the** ~ o víkendu
weep *imp* plakat (já pláču, oni pláčou)
weigh *imp* váž|it, *perf* zváž|it (já -ím, oni -í)
welcome *imp* vít|at, *perf* přivít|at (já -ám, oni -ají); **Welcome!** Vítáme vás. / Vítám tě.
well *adv* dobře ● **be** ~ **off** *imp* mít se dobře (já mám, oni mají)
well-known *adj* známý -á, -é
Welsh *adj* velšský -á, -é ◆ *adv* velšsky
west *mi* západ; **in the** ~ na západě

wrong

wet *adj* mokrý -á, -é ● **get ~** *perf* zmok|nout (já -nu, oni -nou; *pp* -l) ♦ *adv* mokro
what *pron* *1.* co *2. (~ sort / kind of)* jaký -á, -é
wheel *n* kolo *pl* -a
when *adv (question-word)* kdy ♦ *conj* když; *(in the future)* až
where *(position)* kde; *(direction)* kam
which *pron* *1.* který -á, -é *2. (connective relative)* což
whipped cream *f* šlehačka *pl* -y
white *adj* bílý -á, -é
who *pron* *1. (question-word)* kdo *2. (relative)* který -á, -é
whole *adj* celý -á, -é
whose *pron* *1. (question-word)* čí *2. (relative)* *m / n* jehož, *f* jejíž, *pl* jejichž
why proč
wide *adj* široký -á, -é
wife *f* manželka *pl* -y
win *perf* vyhr|át (já -aji, oni -ají)
wind *mi* vítr *pl* větry
window *n* okno *pl* -a
windscreen přední sklo *n, pl* přední skla
wine *n* víno *pl* -a
wine glass *f* sklenka (na víno) *pl* sklenky na víno
wing *n* křídlo *pl* -a
winter *f* zima *pl* -y; **in ~** v zimě
wintery *adj* zimní
wipe (off) *perf* utř|ít (já -u, oni -ou; *pp* -el)
wish *n* přání *pl* 0 ♦ *(sb sth)* *imp* př|át + dat + acc (já -eji, oni -ejí); **I wish you good luck.** Přeji ti hodně štěstí.; *(want)* přát si + acc
with *prep* s, se + instr
withdraw money *perf* vy|brat peníze (já -beru, oni -berou; *pp* -bral)

without *prep* bez + gen
woman *f* žena *pl* -y ♦ **women's** *adj* ženský -á, -é
wonderful *adj* překrásný -á, -é
wood *1. (forest)* *mi* les *pl* -y *2. (timber)* *n* dřevo *pl* -a
woollen *adj* vlněný -á, -é
word *n* slovo *pl* -a
work *1.* *f* práce *pl* 0 *2. (a ~)* *n* dílo *pl* -a ♦ *(of people)* *imp* prac|ovat (já -uji, oni -ují); *(of machines)* *imp* fung|ovat (ono -uje, ony -ují); **~ out** *(calculate)* *perf* vypočít|at (já -ám, oni -ají)
workman *1.* *ma* dělník *pl* dělníci *2. (craftsman)* *ma* řemeslník *pl* řemeslníci
workshop *f* dílna *pl* -y
world *mi* svět *pl* -y; **in the ~** na světě
worry: **be worried** *imp* mít starosti (já mám, oni mají)
worse *adj* horší; **become ~** *perf* zhorš|it se (já -ím, oni -í); **make ~** *perf* zhorš|it ♦ *adv* hůře
worth: **be ~ seeing** *imp* stát za vidění (**stát za** + acc; ono stojí, ony stojí)
wrap up *perf* zabal|it (já -ím, oni -í)
wristwatch (náramkové) hodinky *f pl*
write *imp* psát (já píši / píšu, oni píší / píšou; *pp* psal); **~ (down)** *perf* na|psat; **~ (sth) off** *(as a loss)* *perf* ode|psat ● **The car is a write-off.** To auto je odepsané.
writer *ma* spisovatel *pl* -é, *f* spisovatelka *pl* -y
wrong *adj* špatný -á, -é

115

Y

yacht *f* jachta *pl* -y
year *mi* rok *pl* -y; **five ~s** pět roků / let ● **last ~** *adv* loni; **last year's** *adj* loňský -á, -é; **this ~** *adv* letos; **this year's** *adj* letošní
yellow *adj* žlutý -á, -é
yesterday *mi* včerejšek ◆ *adv* včera ◆ **yesterday's** *adj* včerejší
yoga *f* jóga
yoghurt *mi* jogurt *pl* -y
young *adj* mladý -á, -é *(not of children)*
your, yours *pron* **1.** *sg (thy, thine)* tvůj *m*, tvá *f*, tvé *n* **2.** *pl* polite váš *m*, vaše *f / n*

Z

zero *f* nula *pl* -y

KEY

The key to each unit comprises a translation of the Text (reading passages and dialogues), the tapescripts of the recordings whose wording is not given in the texbook (e.g. listening exercises, in some units also grammatical items) and answers to exercises.

The translations are deliberately almost literal so that you can follow the Czech wording. To minimise the disadvantages literal translation usually involves, necessary English equivalents or explanations and unnecessary original expressions are offered in brackets. (The English equivalents or explanations appear in italics.)

Unit 1

T1/1 **This is ...**

This is Mr Mrázek. This is Mrs Mrázková. This is Miss Alice Kendall.

T1/2 **Where is ...**

Where is the Underground?	Here is the Underground. This is the A line. Here is the Můstek station.
Is this a hotel?	Yes, this is a hotel. This is the Evropa Hotel.
Is here a doctor?	Yes, there is a doctor here. This is a hospital.
Is this Dlouhá Street?	Yes, this is Dlouhá Street.

T1/3 **I am ...**

A: Good morning / afternoon. I am Mr Mrázek.
B: Good morning / afternoon. I am Mr Novák. Nice to meet you.

A: Hello! I am Alice.
B: Hello! I am Vojta. Nice to meet you.

T1/4 **Taxi!**

A: Taxi!
B: Where to?
A: The airport, please. / The town centre, please. / Václavské square. / The Diplomat Hotel, please. / Here is the address.

T1/5 **Thank you**

A: Thank you.
B: You are welcome. / Not at all.

T1/6 **I am sorry**

A: I am sorry.
B: That's all right.

E1/10ří, ka, jí, dě, ti, čí, je, ta, čo, ko, lá, da, cho, vá, me, ha, da, ši, ša, tá, ží, ža, la, ne, má, pi, vo, do, ma, ra, ci, se, to, mu, di, ví

119

E1/18 jeden, tři, dva, čtyři, sedm, deset, osm, nula, devět, šest, pět

E1/19 Dobrý den. – Dobrý den. // Na shledanou. – Na shledanou. // Ahoj. – Ahoj. // Promiňte. – Prosím. // Děkuji. – Prosím. / Není zač. // Těší mě. – Těší mě. // Dobrou noc. – Dobrou noc. // Nazdar – Nazdar.

E1/21 Thomas: Letiště, prosím. // Maria: Hotel Atrium, prosím. // Jane: Tady je adresa. // Robert: Nádraží, prosím.

Unit 2

G2/4 být: já jsem, ty jsi, on je, ona je, ono je, to je, my jsme, vy jste, oni jsou, ony jsou, ona jsou
Jsem tady? Kde jsem? Jsi tady? Kde jsi? Je tady? Kde je? Jsme tady? Kde jsme? Jste tady? Kde jste? Jsou tady? Kde jsou?
Já nejsem, ty nejsi, on není, ona není, to není, my nejsme, vy nejste, oni nejsou

W2/1 Prosím chléb a mléko. On není turista, ale diplomat. Tady je Američan, Angličan a Australan. To je banka. On je v bance. Bohužel není doma. Kdo je Brit? Být či nebýt? On je Čech. Ona je Češka. Oni jsou Češi. Je den. On je diplomat. Kde je to dítě? Dnes je neděle. Dnes večer jsem doma. Dopoledne jsem v kanceláři. Prosím jeden chléb. Govind je Ind, Govind není Kanaďan. To je kancelář. Oni jsou v kanceláři. Kdo je to? Kdy jste doma? Tady je klub. My jsme v klubu. To je linka 22 23. On je manažer. Prosím jedno mléko. Moment. Kdo je ten muž? Je to klub nebo restaurace? Je noc. V noci jsou v klubu. Odkud jste? Odpoledne jsem tady. To je omyl. Jedno pivo, prosím. Teď není poledne. V poledne jsem v restauraci. Ráno jsem doma. Kde je restaurace? Kde je ten student? Kde je ta studentka? Není tady. On je tady a ona je také tady. Kdo je tam? Co je tamhleto? Kde jsou teď? Prosím tohleto. On je turista. Ona je turistka. Je večer. To je všechno. Ta žena je Češka.

T2/1 **Where is Alice from?**

Good morning / afternoon. I am Alice. Where am I from? I am from Melbourne and Melbourne is in Australia. I am not Czech, I am Australian. I am not at home now. I am in Prague but I am not a tourist.

T2/2 **Who is it?**

Who is the man? He / This is Mr Jiří Mrázek. – Who is the woman? She / This is Mrs Anna Mrázková. – Mr Mrázek and Mrs Mrázková are Czech. They are from Prague.

T2/3 **Who is who**

Who else is here? – Oskar and Vojta are here. // Is Oskar a diplomat? – No, he is not. He is a manager. // When is Oskar at home? – In the morning. // Where is he later in the morning and in the afternoon? – He is at the office or in the bank. // Is Oskar at home in the evening? – No, he is at a club. // And where is Oskar now? – He is in a restaurant. // Is Vojta Czech? – Yes, he is. // Is he a manager? – No, he is not. Vojta is a student. // Is Miss Vilma Malá also here? – No, Vilma is not here today. She is in America.

KEY

T2/4 **Hello, is ... there?** *(Can I speak to ... ?)*

Mr M: Hello, here is *(this is)* Mrázek. Is Mr Kohout there, please?
X: Yes. Just a moment, please.
Mr M: Thank you.

❋ ❋ ❋

Mrs M: Hello, here is *(this is)* Mrázková. Is Mrs Benešová there, please?
X: No, I am afraid she is not here. Mrs Benešová is here on Monday(s), on Wednesday(s) and on Friday(s).
Mrs M: Thank you. Goodbye.

T2/5 **Extension 1324, please**

X: Commercial bank, good morning / afternoon.
Oskar: Good morning / afternoon, extension 1324, please.
X: Yes, just a moment.
Oskar: Thank you.

T2/6 **You've got the wrong number**

Vilma: Hello, is that Mrs Žáková?
X: No, you've got the wrong number.
Vilma: I am sorry. Goodbye.

Oskar: Hello, is that the bank?
X: No, this is 26 29 48.
Oskar: I am sorry, I've got the wrong number. Goodbye.

T2/7 **How much is it?**

Alice: A loaf of bread and a bottle / carton of milk.
X: There you are.
Alice: How much is it?
X: 40 crowns.

T2/8 **One of these, please. / This one here, please.**

Alice: One of these / This one here, please.
X: How many?
Alice: Two *(of them)*. And some of that one *(that one there)*.
X: How much?
Alice: 20 decagrams *(200 grams)*.
X: Is that all?
Alice: Yes, thank you.

E2/1 banka, diplomat, chléb, kancelář, linka, manažer, mléko, muž, omyl, pivo, student, žena

E2/2 ta žena, ten diplomat, ten chléb, ta kancelář, ten muž, ten manažer, to mléko, ta restaurace, ten student, ta studentka, ten turista, ta turistka, ten Američan, ta Angličanka, ten Australan, ta Kanaďanka, ten Čech, ta Češka

E2/3 ten doktor, ten ekonom, ta disketa, ten hotel, ten inženýr, ten gin, ten problém, ten grapefruit, ten film, ta matematika, to metro, ta doktorka, to judo, ten telefon, ta inženýrka, to auto, ta fyzika, ta asistentka, ten autobus, ten banán

E2/4 jedna libra, jeden dolar, jeden frank, jedna koruna, jedna lira, jeden litr, jeden metr, jeden kilometr, jeden gram, jeden kilogram, jedna tuna

121

E2/5 To je chléb. To je mléko. To je restaurace. To je všechno. To je omyl.

E2/6 1. Oni jsou doma. 2. Vy jste Američan? 3. Já jsem v Praze. 4. My jsme turisté. 5. Ty jsi student? 6. Tady je klub. 7. To je omyl.

E2/7 1. My nejsme doma. 2. Vy nejste Čech? 3. To není banka. 4. Dnes není pondělí. 5. Oni tady nejsou ráno. 6. Sarah není Američanka. 7. Já tady nejsem odpoledne. 8. Ty nejsi Petr? 9. Pan Král není manažer.

E2/8 1. Vy jste manažer? 2. Vy jste turista? 3. Vy jste Angličanka? 4. Vy jste dnes doma? 5. Vy jste student?

E2/9 1. Ty jsi Angličan? 2. Ty jsi studentka? 3. Ty jsi z Londýna? 4. Ty jsi z Prahy?

E2/10 1. Ne, Petr tady není. 2. Ne, Helena a Klára tady nejsou. 3. Ne, Alice tam není. 4. Ne, pan Hájek tam není. 5. Ne, Petr a Vojta nejsou z Ameriky. 6. Ne, nejsem / nejsme v klubu.

E2/11 1. ona je 2. ty jsi 3. vy jste 4. oni jsou 5. my jsme 6. já jsem 7. my nejsme 8. vy nejste 9. oni nejsou 10. já nejsem 11. ty nejsi 12. on není 13. ona není 14. to není

E2/12 1. Who is there? 2. Where is Peter? 3. Petr is here. 4. Where are you from? 5. Where are you from? 6. We are not from London. 7. They are at home. 8. Is it Saturday today? 9. This is Mr Novák. 10. You are a student. 11. The tourist is not American.

E2/13 1. Není sobota, je neděle. 2. Není čtvrtek, je pátek. 3. Není středa, je čtvrtek. 4. Není pátek, je sobota. 5. Není pondělí, je úterý.

E2/14 1. Heleno, jsi tady? 2. Viktore, jsi tam? 3. Martine, kde jsi? 4. Veroniko, kde je Martin? 5. Tomáši, je Martin v kanceláři? 6. Jindřichu, je Martin doma?

E2/15 On je doktor. Ona je doktorka. // On je manažer. Ona je manažerka. // On je Angličan. Ona je Angličanka. // On je Australan. Ona je Australanka. // On je Kanaďan. Ona je Kanaďanka.

E2/16 1. Jane je Angličanka. 2. George je Američan. 3. Sarah je Američanka. 4. Peter je Australan. 5. Susan je Australanka. 6. Pan Singh je Ind. 7. Slečna Anita je Indka. 8. Matthew je Kanaďan. 9. Ann je Kanaďanka. 10. Pan Mrázek je Čech. 11. Šárka je Češka.

E2/17 a) třináct, osmnáct, šestnáct, devatenáct, čtrnáct, sedmnáct, dvacet tři, padesát sedm, osmdesát devět, devadesát dva, třicet čtyři b) třináct, šestnáct, devatenáct, patnáct, dvacet dva, třicet sedm, čtyřicet, šedesát jedna, sedmdesát šest, osmdesát devět, devadesát tři c) čtyři sta, tři sta, šest set, pět set, sedm set, devět set, osm set, tisíc

E2/18 11, 14, 17, 12, 18, 16, 19, 15, 13, 23, 27, 34, 47, 55, 61, 94, 83, 76, 100, 300, 200, 500, 400, 700, 600, 900, 800, 1000

E2/19 1) tisíc devět set šedesát šest / devatenáct set šedesát šest 2) tisíc sedm set sedmdesát sedm / sedmnáct set sedmdesát sedm 3) tisíc osm set osmdesát osm / osmnáct set osmdesát osm 4) tisíc devět set devadesát devět / devatenáct set devadesát devět 5) dva tisíce jedna

E2/21 1. Who is it? 2. It / This is Mr Novák. 3. Where is Mr Novák from? 4. From Prague. 5. What is it / that / this? 6. This is a bank. 7. Where is the bank?

KEY

8. The bank is in Prague. 9. When is Mr Novák in the bank? 10. Mr Novák is in the bank on Monday, on Tuesday, on Wednesday, on Thursday and on Friday. 11. Mr Novák is not in the bank on Saturday and (or) on Sunday.

E2/22 1. Není tady. / On tady není. 2. Je doma. / On je doma. 3. Kdo je tam? 4. Jsme tady odpoledne. / My jsme tady odpoledne. 5. Nejsou v restauraci. / Oni nejsou v restauraci. 6. Jste / Jsi z Ameriky? 7. Dnes jsem tady. / Já jsem dnes tady. 8. Kdo je tady v pondělí?

E2/23 1. ta 2. ta 3. jedno 4. je 5. není 6. jste 7. Australanka 8. turista 9. kdo 10. kdy

E2/24 Je dnes neděle? Je teď ráno? Je teď večer? Jste doma? Jste v kanceláři? Jste z Anglie? Jste z Ameriky? Jste student? Jste studentka?

E2/25 1. Je Alice Australanka? (Ano, je.) 2. Je Alice turistka? (Ne, není.) 3. Je pan Mrázek Čech? (Ano, je.) 4. Je paní Mrázková z Prahy? (Ano, je.) 5. Je Oskar diplomat? (Ne, není.) 6. Je Vojta student? (Ano, je.) 7. Je Vilma v Americe? (Ano, je.)

Unit 3

G3/2 jeden dolar – dva dolary, jeden papír – dva papíry, jeden telefon – dva telefony, jeden byt – dva byty, jeden deštník – dva deštníky, jeden hotel – dva hotely, jeden pas – dva pasy, jedna koruna – dvě koruny, jedna libra – dvě libry, jedna káva – dvě kávy, jedna tužka – dvě tužky, jedna taška – dvě tašky, jedna mapa – dvě mapy, jedna kniha – dvě knihy, jedna pizza – dvě pizzy

G3/3 mít: já mám – já nemám; ty máš – ty nemáš; on má, ona má – on nemá; ono má – ono nemá; to má – to nemá; my máme – my nemáme; vy máte – vy nemáte; oni mají – oni nemají
Já mám telefon. Ty máš auto. Alice má kufr. Pan Mrázek má dům. My máme mnoho práce. Vy máte fax. Oni mají hlad.
Mám deštník? Máš tužku? Máme peníze? Máte kufr? Mají tady pivo?
Já nemám auto. Ty nemáš rodinu. Vojta nemá peníze. My nemáme hlad. Vy nemáte problémy. Tady nemají pizzu.

G3/4 Ta známka – Mám tu známku. Jedna známka – Mám jednu známku. Jedna káva – Prosím jednu kávu. Jedna židle – Mám jednu židli. Ta pohlednice – Mám tu pohlednici. Snídaně – Prosím snídani. Jedna skříň – Mám jednu skříň. Jedno pivo – Mám jedno pivo. Jeden fax – Mám jeden fax. Ty banány – Mám ty banány.

G3/5 já budu – já nebudu, ty budeš – ty nebudeš, on bude – on nebude, my budeme – my nebudeme, vy budete – vy nebudete, oni budou – oni nebudou
Budu tady. Nebudu tady. Kdy tady budeš? Kdy tady nebudeš? Kdy tady bude? Kdy tady nebude? Zítra budeme doma. Kde budete zítra? Budou tady ráno. Nebudou tady ráno. Budou tady zítra?

W3/1 Máte auto? Máte byt? Nemám to číslo telefonu. Kde je číšník? To je dcera. Nemám deštník. Máte děti? Máš dort? Nemáme dům. Máte fax? Kdo má fotoaparát? Máte garáž? Auto je v garáži. Tady je káva. Prosím kávu. To je kniha. Mám jednu

123

knihu. Mám dvě knihy. Máte kufr? Máte dva kufry? Nemáme mapu. Oni mají dvě mapy. Máte nábytek? Nemáte papír? Máte pas? Nemají peníze. Máte mnoho peněz? Tady je pizza. Máte pizzu? Máte plán Prahy? V kanceláři je jeden počítač. Tady je jedna pohlednice. Tady jsou dvě pohlednice. Prosím jednu pohlednici. Pomalu, prosím. Kde je tady pošta? Kdo je na poště? Tady není postel. Děti jsou v posteli. Mám práci. To není problém. Oni nemají problémy. Pan Novák je v sobotu v kanceláři, protože má mnoho práce. Máte rodinu? V pokoji je jedna skříň. Tady je stůl. Co je na stole? To je syn. Mají syna. Tady je ten šek. Nemám práci, a tak jsem doma. Tady je taška. Prosím jednu tašku. Je tady televizor? Kdo je tu? Tady je tužka. Nemáte tužku? Já nemám videokameru. Máte zahradu? Máte dvě zahrady? Kdo je na zahradě? Budu tady zítra. Tady je zmrzlina. Máte zmrzlinu? Mám jednu známku. Tady jsou dvě známky. Tady je židle. Máte židli?

W3/2 Co ještě máte? Ještě jednou, prosím. Mám vám zavolat? Nemáte hlad? Mám hlad. Máme moc práce. Nemáte žízeň? Máme žízeň. Moje jméno je Alice. Nevím. Nevím, kde jsou. Pan a paní Mrázkovi tady nejsou. To nevadí. Kdy budete v hotelu? Zavolám.

T3/1 **What does Alice have in Prague?**

Alice has a suitcase, a bag, a camera and an umbrella. She also has (her) passport, money, two cheques, a map and a street map of Prague.

T3/2 **What do the Mrázeks have?**

What do Mr and Mrs Mrázek have? They have a house and a garden. The house does not have a garage but it does not matter because the Mrázeks do not have a car.
Do they have any children? Yes, they have two daughters, Kristýna and Hana. Kristýna is in Australia. She has two children, a daughter, (*whose name is*) Alice, and a son, (*whose name is*) Mark. Alice is not at home. She is in Prague. She is at the post office now and has a picture postcard and two (postage) stamps.

T3/3 **What does Oskar have?**

Oskar has a flat, a car and an office. There is furniture in his office and there are also two telephones, a fax machine, a computer, paper and pencils. Oskar is very busy in the office.
What does Oskar have at home? He has a table, a chair, a bed, a wardrobe and a TV set.
What else does Oskar have? Books and a videocamera.

T3/4 **Does Vilma have problems?**

Does Vilma have a family? No, she does not.
What else does Vilma not have? Problems. Vilma has a lot of money.
Where is she now? She is in a restaurant. She is having (*a*) coffee, (*a piece of*) cake and (*an*) ice cream.

T3/5 **Oskar is hungry and thirsty**

Oskar : Do you have pizza?
Waiter: Yes, we do.
Oskar: And beer?
Waiter: We also have it.
Oskar: So (*I'll have*) a pizza and a beer, please.

KEY

T3/6 **He is not here** *(He is out)*

Oskar: Hello. This is Kubišta. Is Mr Novák there (*Can I speak to Mr Novák*), please?
X: I am afraid not. He is not here. (*He is out.*) He will be here in the afternoon.
Oskar: Thank you. I will call in the afternoon. Goodbye.

T3/7 **I don't know when she will be here**

A: Hello. This is (*Mrs*) Horová. Is Mrs Mrázková there (*Can I speak to Mrs Mrázková*), please?
B: No, she is not here. I am afraid I do not know when she will be here. Would you like her to call you back? (Shall she call you / Is she to call you back?)
A: Yes, thank you. My name is (*Mrs*) Horová, (*my*) phone number (*is*) 23 27 38.
B: Slowly, please.
A: Once again – Horová, 23 27 38.
B: Yes, thank you.
A: I will be at the office this afternoon and tomorrow morning. Thank you. Goodbye.
B: Goodbye.

E3/1 auto, byt, fax, garáž, kniha, kufr, papír, pas, počítač, pohlednice, rodina, skříň, taška, zahrada, známka

E3/2 **Tady je:** kniha, deštník, známka, tužka, zmrzlina. **Tady není:** židle, pohlednice, taška, postel, kufr.

E3/3 ty šeky, ty známky, ty dorty, ty dolary, ty koruny, ty kufry, ty libry

E3/4 ten byt, ten telefon, ta mapa, ten fax, ten šek, ta tužka, ten hotel, ta káva, ten dort

E3/5 dva šeky, dvě knihy, dvě tašky, dva pasy, dva telefony, dvě zahrady, dva faxy, dva dorty, dvě pizzy, dvě Američanky

E3/6 1. má 2. má 3. má 4. máme 5. mám 6. mají 7. máte 8. máš

E3/7 1. Oskar nemá fax tady. 2. Vilma nemá počítač tady. 3. My nemáme kufr tady. 4. Vy nemáte mapu tady. 5. Oni nemají peníze tady.

E3/8 1. Ne, Vilma nemá děti. 2. Ne, pan Mrázek nemá garáž. 3. Ne, Vilma nemá problémy. 4. Ne, Mrázkovi nemají dva syny.

E3/10 1. Martine, máš ty tužky? 2. Moniko, máš ty papíry? 3. Aleši, máš ty kufry? 4. Patriku, máš ty známky?

E3/11 1. máme 2. nemá 3. máte 4. mají 5. nemám

E3/12 1. já mám 2. my máme 3. ty máš 4. vy máte 5. on má 6. ona má 7. oni mají

E3/13 1. kávu, zmrzlinu 2. hlad 3. práci 4. pohlednici, známky

E3/14 Máte telefon, plán Prahy, známku, pohlednici, tužku, pivo, zmrzlinu, kávu?

E3/15 1. budu 2. budeme 3. budeš 4. bude 5. budete 6. bude 7. bude 8. budou

E3/16 1. nebudu 2. nebudeš 3. nebude 4. nebude 5. nebudou 6. nebudeme 7. nebudete

E3/17 1. budu 2. budeš 3. bude 4. nebudeme 5. budete 6. nebudou

E3/20 1. I will / I am going to have (*get*) an office room on Monday. 2. I will / I am going to have (*get*) a telephone and a fax machine on Tuesday. 3. I will / I am going to have (*get*) a computer on Wednesday. 4. I will be very busy on Thursday and on Friday.

E3/21 1. V hotelu je restaurace. 2. V kanceláři je počítač. 3. Ve skříni je deštník. 4. Na stole jsou knihy a tužky.

E3/22 Máš jednu mapu nebo dvě mapy, jeden telefon nebo dva telefony, jednu linku nebo dvě linky, jednu knihu nebo dvě knihy, jeden fotoaparát nebo dva fotoaparáty?

E3/25 1. dvě 2. jeden 3. pohlednici 4. káva 5. budeme 6. budete 7. kde 8. bude 9. odpoledne 10. budu mít

E3/26 1. Mám šek. 2. Máte / Máš teď moc práce? 3. Nemám hlad. 4. Není tady. / On tady není. 5. Bude tady zítra. 6. Paní Horová, máte rodinu?

E3/27 Máte pas? Máte telefon? Máte fax? Máte mnoho práce? Máte hlad? Máte žízeň? Bude zítra neděle?

E3/28 2, 19, 12, 19, 20, 90, 14, 30, 34, 43, 29, 67, 76, 5, 106, 200, 400, 800

E3/29 1. Má Alice šeky? (Ano, má.) 2. Má Alice dva kufry? (Ne, nemá.) 3. Mají Mrázkovi garáž? (Ne, nemají.) 4. Má pan Mrázek auto? (Ne, nemá.) 5. Mají Mrázkovi děti? (Ano, mají.) 6. Má Oskar auto? (Ano, má.) 7. Má Oskar fax? (Ano, má.) 8. Má Vilma rodinu? (Ne, nemá.) 9. Má Vilma problémy? (Ne, nemá.)

Unit 4

G4/1 ten počítač – ty počítače, jeden pokoj – dva pokoje, jedno číslo – dvě čísla, to auto – ta auta, ta židle – ty židle, to moře – ta moře, jedno náměstí – dvě náměstí

G4/2 Je jedna hodina. Jsou dvě hodiny. Jsou tři hodiny jedna minuta. Jsou čtyři hodiny čtyři minuty. Je pět hodin. Je šest hodin šest minut. Je sedm hodin patnáct minut. Je osm hodin třicet minut. Je devět hodin čtyřicet pět minut. Je deset hodin padesát pět minut. Je jedenáct hodin dvacet minut. Je dvanáct hodin čtyřicet minut. Kolik je hodin? V kolik hodin budete doma? Budu doma v sedm hodin.
Je třináct hodin pět minut. Je devatenáct hodin dvacet minut. Je dvacet dva hodin. Budu doma v sedm hodin ráno. Kde budete v devět hodin dopoledne? Ve tři hodiny odpoledne budu v kanceláři. V sedm hodin večer budou v restauraci. V jednu hodinu v noci budou v klubu.

G4/8 vzít: vezmu – nevezmu, vezmeš – nevezmeš, vezme – nevezme, vezmeme – nevezmeme, vezmete – nevezmete, vezmou – nevezmou
Já si vezmu kávu, ty si vezmeš pivo, on si vezme taxi, my si vezmeme ty pohlednice, vy si vezmete tu knihu, oni si vezmou mapu. Nevezmu si to, nevezmeme si to. Alice, vezmi si banán! Alice, vezmi si! Paní Mrázková, vezměte si sušenky! Paní Mrázková, vezměte si! Děti, vezměte si bonbony! Děti, vezměte si!

KEY

W4/1 Kde je babička? Prosím jeden banán. Máte rádi kávu bez cukru? Vezměte si bonbon. Tady nemají brambory. Budou tady brzy. Kdo má rád buchty? V lednici je citron. Tady je cukr. Cukřenka je na stole. Vezmete si kávu nebo čaj? Máte ráda čokoládu? Dědeček dnes není doma. Máte dost peněz? Kde je ten džem? Vezmeš si džus? Tady jsou grapefruity. Tady mají jen guláš. Číšník tu bude hned. Je jedna hodina. Máte housky? Nemám chuť. Mám jen jedno jablko. Máte jídelní lístek? Kdo si vezme kakao? Prosím čtyři karotky, kilo pomerančů a dvě kila jablek. Vezmu si jedno kiwi. Jednu kolu, prosím. Tamten koláč, prosím. Vezmete si jeden květák nebo dva květáky? Led je v lednici. Máte chuť na limonádu? Je tohle mák? Máme málo ovoce. On nemá rád marmeládu. Má rád chléb s máslem. Tady nemají maso. Tady je minerálka. Budu tady jen pět minut. Oni nemají mnoho problémů. To je moc. Něco mám. Mám tady několik papírů. Co budete mít k obědu? Tady je jeden obchod se zeleninou. Prosím jednu okurku. Vezmu si ovoce. Máte chuť na palačinky? Vezmeme čtyři papriky nebo pět paprik? Pečivo je tamhle. Má ten byt jeden pokoj nebo dva pokoje? My si nevezmeme polévku. Máš chuť na pomeranč? Je tady prodavač? Ne, mám chuť na rajče. Máš rád rajčata? Kolik rohlíků si vezmete? Prosím jeden sáček. Tady je snídaně – sendvič se salátem. Vezměte si sušenky. Kdy budeme mít svačinu? Tamhle je sýr a v lednici je tvaroh. Co budeme mít k večeři? Vezmete si tenhle sýr nebo ten vedle? Prosím vodu. Nevím, co vzít s sebou. Kdo nemá rád zeleninu?

W4/2 Ještě něco? K snídani budou mít ovoce. K svačině máme chléb a sýr, k obědu a k večeři máme brambory. Nemám chuť na brambory. Máš chuť na zmrzlinu? Vezmu si to s sebou. Děti budou v neděli u babičky. Ten dort prosím zabalit. Aha. Dejte mi jeden salát. Dobrou chuť! – Děkuji. Alice, vezmi si! Pane Mrázku, vezměte si!

T4/1 **What does Alice like?**
T4/1.1 **Alice is hungry**

Alice is at her grandmother's. It is Sunday, it is 3 p.m. (*three o'clock in the afternoon*) and Alice is hungry and thirsty. There are several bananas and oranges on the table in the living room and there is (*some*) mineral water in the fridge. Alice likes fruit, but now she fancies (*some*) Coke and biscuits. Mrs Mrázková does not have (*any*) Coke at home but she has (*some*) lemonade. Alice does not like lemonade. She will have two oranges and (*some*) water. At four o'clock, Grandfather will also be at home and they will have tea. What will they have for tea? A fruit flan (*topped*) with whipped cream and tea.

T4/1.2 **Afternoon tea**

Alice: Granny, the tea is without sugar (*there is no sugar in the tea*). I like (*my*) tea with sugar.
Mrs M.: Help yourself to the sugar, here is the sugar-box. Will you take (*would you like some*) milk or lemon as well?
Alice: No, thank you.
Mrs M.: Alice, what do you like for breakfast, for lunch and for the evening meal (*dinner / supper*)?
Alice: I like fruit for breakfast. I will have (*some*) juice and a banana or an apple for breakfast tomorrow.
Mr M.: Only (*some*) juice and a banana? You will be hungry soon. I like bread and butter and jam, (*a piece of*) cake and jam or poppy-seed tarts and cocoa.

127

Alice: I like a cheese sandwich and salad for lunch, or sweets and Coke with ice, and I like vegetables and rice or potatoes for dinner. I do not like meat.
Mr M.: I see. We are having vegetable soup and pancakes with (*sweet*) curd tomorrow because I do not like sweets and Coke for lunch.

T4/2 A kilo of oranges, please

Mrs M.: A kilo of oranges, four bananas, a grapefruit and five kiwi fruits, please.
Shop assistant: There you are. Anything else?
Mrs M.: Yes. Six lemons. I'll have (take) also three carrots, four tomatoes and a cucumber, two kilos of potatoes and that cauliflower there.
Shop assistant: This one?
Mrs M.: No, the next one. And a carrier bag or a (*paper / plastic*) bag.
Shop assistant: There you are. It's 216 crowns and 40 haléřs. Thank you. Goodbye.

T4/3 Give me ten croissants, please

Mrs M.: Alice, do we have bread rolls at home? How many (*round*) bread rolls do we have?
Alice: There are only two (*round*) bread rolls there.
Mrs M.: Do we have apples?
Alice: Yes, we have enough apples, but we have only a few (*we do not have enough*) biscuits.
Mrs M.: There is a shop over there and here is some money. Get (take) eight (*round*) bread rolls, (*a piece of*) butter, some milk and a tart, please.

❀ ❀ ❀

Alice: Good morning / afternoon. Eight (*round*) bread rolls, please.
Shop assistant: I am afraid, we do not have (*round*) bread rolls, we only have croissants.
Alice: It does not matter. Give me ten croissants, please.
Shop assistant: Anything else?
Alice: Yes. (*A piece of*) butter, two cartons of milk, this cheese and that tart.
Shop assistant: The one with poppy-seeds or the one with (*sweet*) curd?
Alice: The one with poppy-seeds. Thank you, that is all.

T4/4 That (piece of) cake, please

Alice: This fruit flan and that chocolate cake, please.
Shop assistant: Here or is it to take-away? *(Do you want to eat it here or do you want to take it away?)*
Alice: I'll have (*eat*) the fruit flan here and I'll take the chocolate cake away. No, I am sorry, wrap up the fruit flan (*for me*) as well, please. Thank you.

E4/1

banán, bonbon, citron, cukr, čaj, čokoláda, džem, džus, hodina, houska, jablko, lednice, máslo, minerálka, minuta, obchod, polévka, sušenka, zelenina, sáček

E4/2

Tady je: koláč, houska, jablko, banán, chléb, džem, karotka, salát. **Tady není**: rohlík, pomeranč, okurka, džus, rajče. **Tady nejsou** brambory.

E4/3

Ovoce: grapefruit, kiwi, pomeranč, jablko, banán, citron. **Zelenina**: květák, okurka, karotka, salát. **Pečivo**: koláč, rohlík, houska, chléb.

KEY

E4/4 dva banány, dva bonbony, dvě housky, dva rohlíky, dvě okurky, dvě papriky, dva brambory, dvě sušenky, dva obědy, dva obchody, dvě čokolády, dvě buchty, dva saláty, dvě palačinky, dva květáky, dvě minuty

E4/5 1. Máte čokoládu? 2. Mají polévku. 3. Má lednici. 4. Nemám minerálku. 5. Máš housku? 6. Máme snídani. 7. Mám okurku a papriku. 8. Má jednu sušenku. 9. Nemají limonádu. 10. Nemáme šlehačku.

E4/6 židle, koláče, pohlednice, jablka, pokoje, lednice, piva, pomeranče

E4/7 banka, šek, koláč, citron, jablko, pomeranč, sušenka, máslo, lednice, obchod, čaj

E4/8 jedna minuta, jedno mléko, jedna paprika, jeden rohlík, jedna palačinka, jeden sendvič, jeden sáček

E4/9 1. hodina 2. hodiny 3. hodiny 4. hodin 5. hodin 6. hodin 7. hodiny 8. hodin

E4/10 a) v osm hodin ráno, v deset hodin dopoledne, ve tři hodiny odpoledne, v jednu hodinu v noci, v osm hodin večer b) ve třináct hodin, v patnáct hodin, ve dvacet hodin, v devatenáct hodin, ve dvacet tři hodin

E4/11 1. studentů 2. manažerů 3. deštníků 4. telefonů 5. rohlíků 6. bonbonů

E4/12 1. map 2. rodin 3. knih 4. lednic 5. paprik

E4/13 1. tužek 2. známek 3. linek 4. housek 5. jablek 6. sušenek 7. čísel

E4/14 1. pokojů 2. palačinky 3. papírů 4. kufrů 5. pasy 6. jablek 7. židlí 8. tužky 9. telefonů 10. restaurací 11. piv 12. Čechů 13. hodiny 14. minut

E4/15 1. tahle 2. tenhle 3. tyhle 4. tenhle 5. tahle 6. tohle 7. tyhle 8. tohle 9. tahle / tyhle 10. tahle

E4/16 1. tamten 2. tamten 3. tamto 4. tamta 5. tamty 6. tamta 7. tamta 8. tamty

E4/17 1. toto 2. toto 3. tato 4. tento 5. tento 6. tato 7. toto 8. tento

E4/18 1. tuhle známku 2. tuto tužku 3. tenhle pomeranč 4. tamtu okurku 5. tuto středu 6. tento pátek 7. tuhle židli 8. tyhle banány 9. tuto neděli 10. tuhle marmeládu 11. tamtu čokoládu 12. tamten džus

E4/19 1. dort s čokoládou 2. polévka se zeleninou 3. palačinka se zmrzlinou 4. čaj s cukrem 5. káva s mlékem 6. chléb s máslem 7. houska se sýrem 8. koláč s tvarohem

E4/20 1. kufru, a tourist without a suitcase 2. cukru, coffee without sugar 3. citronu, tea without lemon 4. televizoru, a room without a TV set

E4/21 1. známky 2. mapy 3. polévky 4. čokolády 5. restaurace 6. židle 7. kanceláře 8. garáže 9. auta 10. mléka 11. másla

E4/22 1. ledu 2. cukru 3. šlehačky 4. marmelády 5. čokolády 6. másla

E4/23 1. ráda (*2x*) 2. rád (*2x*) 3. rád (*3x*) 4. ráda (*2x*) 5. ráda 6. rád 7. rád 8. ráda 9. rádi 10. rádi

E4/25 1. vezmu 2. vezme 3. nevezmeme 4. vezmete 5. vezme 6. vezmou 7. vezmeš

E4/26 1. Nevezmu si 2. si vezme 3. si vezmeme 4. Vezmete si 5. si nevezmu 6. si vezme 7. Vezmeš si 8. si vezmeš 9. Vezmou si

E4/27 1. Kolik je hodin? 2. Jsou dvě hodiny. 3. Budu tady v sedm hodin. 4. Mají dvě auta. 5. Tento pátek budu v Praze. 6. Vezmu si pět grapefruitů a šest paprik. 7. Vezmeme si taxi. 8. Mám rád / ráda banány. 9. Vezměte si sušenky.

E4/28 1. Máte rád kávu? Máte ráda kávu? 2. Máte rád čaj? Máte ráda čaj? 3. Máte rád sendvič se sýrem? Máte ráda sendvič se sýrem? 4. Vezmete si salát? 5. Vezmete si polévku? 6. Vezmete si zmrzlinu se šlehačkou? 7. Vezmete si dnes večer taxi?

E4/29 1. Je Alice u babičky? (Ano, je.) 2. Jsou čtyři hodiny odpoledne? (Ne, nejsou.) 3. Je na stole ovoce? (Ano, je.) 4. Je v lednici kola? (Ne, není.) 5. Má Alice ráda limonádu? (Ne, nemá.) 6. Vezme si Alice pomeranče? (Ano, vezme.) 7. Budou mít k svačině dort? (Ano, budou.)

Revision Test One

RT1/1 centrum, ulice, nádraží, policie, letiště, náměstí, nemocnice, taxi

RT1/2 two, nine, twelve, nineteen, twenty-nine, ninety

RT1/3 ten papír, ten šek, ta kniha, ten pas, ta taška, to divadlo

RT1/4 dva pomeranče, dvě papriky, dva citrony, dvě jablka

RT1/5 deset hodin dopoledne, devět hodin večer, sedm hodin ráno, osm hodin večer, čtyři hodiny odpoledne

RT1/6 13 hodin, 15 hodin, 17 hodin, 19 hodin, 23 hodin

RT1/7 my jsme, on / ona je, vy jste, ty jsi, oni jsou, já jsem

RT1/8 mám, máme, máš, mají, máte, má

RT1/9 Vezmu si kávu a zmrzlinu. Vezmu si tuhle pohlednici.

RT1/10 1. Máte rád kávu? 2. Máš ráda zmrzlinu?

RT1/11 káva bez cukru; čaj s cukrem

RT1/12 pět pomerančů, osm paprik, šest okurek, deset jablek

RT1/13 Tady je mnoho papírů a několik tužek.

RT1/14 Vezmeme si tuhle čokoládu. Mám tři mapy.

RT1/15 1. Já si to vezmu. Vezmu si to. 2. Oni si to vezmou. Vezmou si to. 3. Ty si to vezmeš. Vezmeš si to. 4. Vy si to vezmete. Vezmete si to.

KEY

RT1/16 Kolik je (teď) hodin? V kolik hodin tady bude?

RT1/17 (b+1) Kdo to je? – Petr. (a+2) Kde je? – Doma. (e+3) Odkud je? – Z Prahy. (d+4) Co to je? – Marmeláda. (c+5) Kdy tady bude? – Večer.

RT1/18 Tady je: pět pohlednic, několik banánů, mapa, kilo brambor. **Tady jsou**: peníze, známky, papíry, dvě piva.

RT1/19 Alice má hlad a žízeň. Máte pivo?

RT1/20 dort s čokoládou, polévka se zeleninou, sendvič se sýrem, koláč s mákem, káva s mlékem, chléb s máslem, zmrzlina se šlehačkou

Unit 5

G5/7 chtít: já chci – já nechci, ty chceš – ty nechceš, on chce – on nechce, my chceme – my nechceme, vy chcete – vy nechcete, oni chtějí – oni nechtějí
Já to chci. Chci to. Já to nechci. Nechci to. Nic nechci. Tady je ta kniha. Chcete tu knihu? Paní Mrázková, nechcete minerálku? Alice, nechceš džus? Co chcete? Co chceš? Chci být tady. Nechci být tady. Chci domů. Chci si vzít taxi.

W5/1 To je má asistentka. Máme aspoň deset korun? Jakou barvu má ten nábytek? Ten nábytek je bílý. Kdo je bohatý? Budeme tu celý den. Nemám čas. Vilma má černý kabát a červený klobouk. Čí je to? Ta šála je příliš dlouhá. Je to dobré? To není drahé. Nevezmu si tenhle, vezmu si ten druhý. To není důležité. Máte na sobě džíny? Čí je ta fotografie? Máte bílou halenku? Chci nějakou hezkou pohlednici. To je hloupé. Má na sobě hnědou sukni, hnědý svetr a hnědý kabát. Je dobré nic nechtít? To dítě je velmi chytré. Jaký je jeho nový klient? Ten dům je jejich, ale to auto je jen její. Chcete jinou tužku? Čí je tenhle kabát? To není katastrofa. Je bohatý klient dobrý klient? Máte na sobě kostým a klobouk? Jakou velikost má ta košile? Ta kravata je velmi hezká. Příští schůze bude krátká. Která mikina je levná? Ta malá. Jeho sekretářka je moderní mladá žena. Ta modrá taška není moje. Je to možné? Která káva je má? To není náš problém. Kde je nějaký obchod? Nikdo nic nemá. Je to normální? Mají nové číslo telefonu. Ten oblek není drahý. Která židle je pohodlná? Ta první. To je příliš nepohodlné. Kde budete příští středu? Je svobodný nebo rozvedený? To je rychlé auto. Kde je mé sako? Má sekretářka schůzi nebo schůzku? Nejsem slepý. Ta stará sukně není hezká, ale ten starý svetr je hezký. Stále něco chce. On je svobodný, ale ona není svobodná. Ta šedá šála je velmi široká. Je pondělí špatný den? Které číslo je šťastné? Máte tlustý svetr? Tvoje tričko je hezké. Tvůj kabát není úzký. Je vaše dcera vdaná? Jakou velikost máte? Ten byt je velký. Ten nábytek je velmi starý. Tady je má vizitka. Máte mou vizitku? Ten dům není vysoký. Teď tady není, ale bude tady za moment. Je ovoce zdravé? Salát je zelený a okurka je také zelená. Tady není žádný ženatý muž. Citron je žlutý a banán je také žlutý.

W5/2 Není ani velký ani malý. Kdy máte čas? Má na sobě jen džíny a tričko. Mají štěstí. Ten dům je možná na prodej. Máme něco k pití? Máme, ale nemáme nic k jídlu. Máte nějaký jiný džus? Je tahle realitní kancelář dobrá?

T5/1 Oskar is at the office
T5/1.1 Why is Oskar wearing a suit?
Oskar is at the office today. His office is very nice. There is new furniture there. Today, Oskar is not wearing jeans and a T-shirt or a sweatshirt, but (*he is wearing*) a grey suit, a white shirt and an expensive tie. Is Oskar a tall good-looking young man? – No, he is not tall but he is not short either. He is neither handsome nor unhandsome. Oskar is (*an*) average (*man*). Is he married? – No, he is single. Today at 10 a.m. he has a meeting with Mr Tyl. Mr Tyl is his client. He is rich, important and very fat.

T5/1.2 Who else is at the office?
Oskar has an assistant. She (*it*) is Miss Šárka Procházková. Šárka is single, pretty and young. Today she is wearing a green skirt suit and a yellow blouse.
Mrs Benešová, the secretary, is also here now. She is in the office only on Mondays, on Wednesdays and on Friday mornings because she has a young daughter. Mrs Benešová is not married, she is divorced. What is she wearing today? – A skirt and a blue sweater. What colour is the skirt? – (*It is*) also blue. Mrs Benešová likes (*the*) blue (*colour*).

T5/1.3 Whose car is it?
Oskar: Šárka, do we have anything to drink? Coffee, mineral water or juice?
Šárka: Yes, we have coffee but we do not have any sugar. Sugar is not good for you.
Oskar: We do not have any sugar? That's bad. Mr Tyl likes white coffee with sugar.
Šárka: White coffee? We do not have any milk. Mrs Benešová may have some sugar.
Oskar: Do we have (*here*) anything to eat? At least some fruit?
Šárka: No, we do not have anything to eat but it does not matter. Mr Tyl does not like fruit.
Oskar: Šárka, this is a catastrophe. Mr Tyl is a good client of mine, and he will be here in a moment.
Šárka: Whose car is that?
Oskar: Which one?
Šárka: The red BMW.
Oskar: It is his.

T5/2 Vilma is lucky but she is not happy
T5/2.1 What does Vilma want?
Vilma is not very busy. She has (*enough*) time because she does not have a family. Vilma is single and rich. Is she happy? – No, she is not happy because she wants something all the time. Now she wants a fashionable skirt suit, a new coat and a new hat. The suit is not inexpensive but this is not a problem. Vilma also wants a big and comfortable car, a big house and a large garden. This is a problem because Vilma wants a house which is very expensive, and the garden is not for sale. But Vilma is lucky. Oskar possesses a real estate agency and Vilma has his address and (*his*) phone number.

T5/2.2 Nothing is impossible
Šárka: Real estate agency, good morning / afternoon.
Vilma: Good morning / afternoon. Is there (*Can I speak to*) Mr Oskar Kubišta, please?

KEY

Šárka: Yes. Just a moment.
Oskar: Kubišta (*speaking*).
Vilma: Hi, Oskar, here (this) is Vilma. Are you free now?
Oskar: Hi, Vilma, I am free now but I have an important meeting in an hour.
Vilma: Just ten minutes, Oskar. I am in the restaurant "U Nováků" now.
Oskar: O.K. I'll be there in no time. I'll only put on my jacket.

❀ ❀ ❀

Oskar: Hi, Vilma. You have a lovely scarf. *(What a lovely scarf!)*
Vilma: Thank you. Oskar, I want that garden.
Oskar: It is not possible, Vilma. The garden is not mine. Why don't you want a different garden?
Vilma: This one is large and old. It is wide, long and nice.
Oskar: It is not for sale.
Vilma: Is it not? Nothing is impossible, Oskar. Here is my new visiting card. I have a new phone number. I will be at home next Saturday. Bye.

T5/3 Oskar wants a white T-shirt

Oskar: Good morning / afternoon. (*I would like*) a white shirt, size L, please.
Shop assistant: I am afraid I only have this one. This is size S.
Oskar: It is too short and narrow (*would be too tight*). Do you have (*it in*) a different colour?
Shop assistant: Size L? Yes, I have a black one and a green one.
Oskar: All right. I'll take the green one.
Shop assistant: Is that all?
Oskar: Yes, thank you.

T5/4 Vilma wants a new hat

Vilma: (*I would like*) a red hat, please.
Shop assistant: Here you are. I have two of them here – a small one and a wide-brimmed one.
Vilma: The first one is too small. The other is all right. It's my size. I'll take this one.
Shop assistant: Anything else?
Vilma: No, thank you.

E5/1
barva, čas, džíny, kabát, klient, klobouk, kostým, košile, kravata, oblek, schůze, schůzka, vizitka

E5/2
drahý, důležitý, levný, malý, mladý, normální, pohodlný, starý, velký

E5/3
kabát, klobouk, oblek; kravatu, halenku, mikinu, schůzku, vizitku; košili, schůzi

E5/4
a) svetrů, obleků, kabátů b) kravat, šál, sak c) vizitek, schůzek, triček d) sukní, schůzí

E5/5
a) **dva**: kabáty, klobouky, kostýmy, svetry; **bez**: kabátu, klobouku, kostýmu, svetru b) **dvě / bez**: kravaty, mikiny, halenky; košile, sukně; trička, saka

E5/6
a) s oblekem, s klientem, s tričkem b) s asistentkou, se sekretářkou, s kravatou

E5/7
1. staré 2. ženatý 3. hezká 4. velký 5. černé

E5/8 1. svobodná 2. stará 3. dobré 4. moderní 5. hezké

E5/9 Ne, to je 1. nepohodlné 2. nenormální 3. nemoderní 4. nezdravé.

E5/10 1. To je dobré. 2. To je velmi špatné. 3. Je to pohodlné? 4. To je příliš levné. 5. To není zdravé. 6. Je to důležité? 7. Je to možné?

E5/11 1. bílou kávu 2. velkou tašku 3. tu červenou šálu 4. tu modrou kravatu 5. novou adresu 6. tu hezkou pohlednici 7. bílou lednici 8. zelenou sukni 9. důležitou schůzi 10. pohodlnou židli

E5/12 1. hezkou 2. hezká 3. hezkou 4. hezké 5. hezký 6. hezké 7. hezký, hezkou

E5/13 1. tou malou dcerou 2. tou šedou taškou 3. tou hezkou kravatou 4. tou velkou mapou 5. tou dobrou zmrzlinou 6. tou dlouhou šálou 7. paní Hájkovou

E5/14 1. Ne, tady není žádná banka. 2. Ne, tady není žádné taxi. 3. Ne, nemáme žádný džus. 4. Ne, nemáme žádné pivo. 5. Ne, nemáme žádnou zmrzlinu.

E5/15 Ano, tady je: 1. jeden 2. jedna 3. jedna 4. jedno

E5/16 1. Jaký 2. Jaký 3. Jaká 4. Jaké 5. Jakou 6. Jakou 7. Jaké

E5/17 Ten svetr má zelenou barvu. / Ten svetr je zelený. // Ta šála má červenou barvu. / Ta šála je červená. // Ta sukně má černou barvu. / Ta sukně je černá. // Ten oblek má šedou barvu. / Ten oblek je šedý. // Ta košile má bílou barvu. / Ta košile je bílá. // Ta halenka má žlutou barvu. / Ta halenka je žlutá. // To sako má modrou barvu. / To sako je modré.

E5/18 1. Který 2. Kterou 3. Které 4. Kterou 5. Který 6. Které

E5/19 1. má/moje 2. mé/moje 3. má/moje 4. můj 5. má/moje 6. můj 7. mé/moje

E5/20 1. tvé/tvoje 2. tvůj 3. tvůj 4. tvá/tvoje 5. tvá/tvoje 6. tvé/tvoje

E5/21 1. váš 2. vaše 3. váš 4. vaše 5. vaše 6. váš 7. vaše

E5/22 1. naše 2. náš, naše 3. náš 4. náš 5. naše

E5/23 1. jeho 2. její 3. jejich 4. její 5. jeho 6. její 7. jeho 8. jeho 9. její 10. její

E5/24 1. mé/moje 2. můj 3. má/moje 4. můj 5. mé/moje 6. má/moje 7. můj

E5/25 1. mou tužku 2. tvou mapu 3. moji knihu 4. tvoji pohlednici 5. naši tašku 6. vaši židli

E5/26 1. není 2. není 3. nemám 4. nemáme 5. není

E5/27 1. nechci 2. chce 3. chceš 4. chcete 5. chce 6. chceme 7. chtějí

E5/28 1. drahé 2. nové 3. krátká 4. nepohodlná 5. široký 6. malá

E5/31 1. příští úterý 2. příští pátek 3. příští neděli 4. příští sobotu 5. příští středu 6. příští pondělí

E5/32 1. Ten svetr je velmi levný. 2. (On) je ženatý. 3. (Ona) není vdaná, je svobodná. 4. Je ta schůze / schůzka důležitá? 5. Ten oblek je příliš drahý. 6. Ten / Tenhle

KEY

deštník není můj. Můj deštník je černý. 7. Který kabát je váš / tvůj? 8. Je tady nějaká restaurace? 9. Nemají žádné pivo. 10. (On) nemá nic. 11. Chcete to? / Chceš to? 12. Nechci tuhle košili.

E5/33 Máte na sobě oblek? Máte na sobě košili? Máte na sobě kostým? Máte na sobě tričko? Máte na sobě svetr? Máte na sobě kabát? Máte na sobě sako? Máte zelenou kravatu? Chcete bílou kávu? Chcete zelený čaj? Chcete nové auto? Chcete velký dům?

E5/34 1. Má Oskar hezkou kancelář? (ano) 2. Má dnes Oskar na sobě džíny? (ne) 3. Má Oskar na sobě šedý oblek? (ano) 4. Je Oskar ženatý? (ne) 5. Je pan Tyl bohatý? (ano) 6. Je Šárka vdaná? (ne) 7. Má Šárka na sobě žlutý kostým (ne)? 8. Je paní Benešová v kanceláři v úterý? (ne) 9. Má pan Tyl rád černou kávu bez cukru? (ne) 10. Je pan Tyl špatný klient? (ne) 11. Má pan Tyl červené auto? (ano) 12. Chce Vilma dům a zahradu? (ano) 13. Je ta zahrada na prodej? (ne) 14. Chce Vilma jinou zahradu? (ne) 15. Chce Oskar tričko? (ano) 16. Chce velikost S? (ne) 17. Vezme si Oskar černé tričko? (ne) 18. Chce Vilma červený klobouk? (ano)

Unit 6

W6/1 To je velmi blízko. Vezmu si celý sýr. Tady není cesta. Cesta trvá dvě hodiny. Budu čekat. Čekám na taxi. Čeština není těžká. Je letiště daleko? Co děláte? Trvá to dlouho? Tady doleva a potom doprava. Mají finanční problémy. Ta firma je důležitá. Kolik firem je tady? Tady je galerie. V galerii je výstava. Koho hledáte? To je levná hospoda. Nevím, jestli tu bude zítra. Tady je jedna jízdenka. Kolik jízdenek chceš? Je krásný den. Každý den je jiný. Tamhle je křižovatka. Kuchyně je vedle. Lednice je v kuchyni. Kdo jsou ti lidé? Tady je mnoho lidí. Znáte ty lidi? Mám jeden lístek. Oni nemají žádné lístky. Naštěstí máme nějaké peníze. Kde je Národní muzeum? Chcete to tu nechat? Je tady někde toaleta? Někdo tady je. Je to nuda? Ten obraz je velmi krásný. Odsud je to dvanáct kilometrů. Kde je nějaké parkoviště? Já počkám. Posloucháte rádio? Co budete dělat potom? Kdy budou prodávat vstupenky? Proč tady neprodávají něco k pití? To je můj přítel. Kdo jsou vaši přátelé? To je její přítelkyně. Má jednu dobrou přítelkyni. Nevíte, kde je recepční? Jejich kancelář je hned za rohem. Stále rovně. Nevím, kde je ředitel. Čekáte na našeho ředitele? Co říkáte? Je tady sám. Proč je smutná? Budeme snídat. Snídáte v posteli? Tady je jedna telefonní budka. Tady je telefonní karta. Máte telefonní kartu? Ten kufr je těžký. Máte těžkou tašku? Bude to trvat dlouho? To trvá příliš dlouho. Budou to vědět? Je to vlevo nebo vpravo? Kdo volá? Tady je vstupenka. Máte vstupenku? Příští neděli tady bude nová výstava. Máte na stole vzkaz. Nevím, zda budu mít čas. Znáte toho muže? Říkají, že nemají žádné problémy.

W6/2 Jaká je adresa galerie? Budu tady celý den. Tudy ke křižovatce a na křižovatce doleva. Ten obchod není na rohu, ale za rohem. Kudy? Tudy. Jsou rádi, že jsou doma. Mám radost. Nemějte starost. To je v pořádku. Čekám dvacet minut. Čekáte dlouho? Hodně štěstí! Počkejte moment. Počkej moment. Doleva a potom stále rovně. To je daleko. To je nuda.

135

W6/3 intelligent, kilometre, metre, mobile phone, radio
Je velmi inteligentní. Pošta je dva kilometry odsud. Je vysoký jeden metr a osmdesát centimetrů. Máte mobilní telefon? Neposlouchám rádio.

T6/1 Alice is looking for the National Gallery

T6/1.1 Alice is alone at home

It is Tuesday morning and Alice is alone at home. In the kitchen on the table, there are two bananas, two buttered (bread) rolls, (some) juice and a message:
"I have a meeting with (my) friend, I'll be back soon. Grandad."
Alice is sad because she does not want to be alone at home. Grandmother is also away. She is in the art gallery all day today. What is she doing there? – She is selling tickets. Alice knows only Vojta in Prague but Vojta is not on the phone. He does not know that Alice is alone at home.
Alice is having breakfast and listening to the radio. Then she will leave a message on the table:
"I am in the art gallery. I'll be back soon. Alice."
Alice knows the address of the art gallery but she does not know where it is because she does not know Prague. She says, "It is not going to be a problem. I know where the Underground is. I will take a map, a telephone card and some tickets (*with me*). Fortunately, there are people everywhere."

T6/1.2 Where is the National Gallery?

Alice: Excuse me. Where is the National Gallery, please?
Man: I am afraid I don't know, I am not from this area. *(I am a stranger here myself.)*
Alice: Good morning. Excuse me, how far from here is the National Gallery?
Woman: That's difficult. I don't know what you are looking for – old paintings, modern paintings or an exhibition?
Alice: Here is the address.
Woman: Oh, I see, it is not far from here. Straight on, then the second street to the right and you will be in (*get to*) a square. The National Gallery is there.
Alice: Thank you. Goodbye. ... Straight on and then to the right. Where is to the right and where is to the left? „Doleva" is to the left, there is **l** there, „doprava" is to the right, there is **r** there. I don't have any problems with Czech. There are some old buildings here but there is no art gallery. There is a taxi over there. I am lucky. Hello, taxi!
Taxi-driver: Where do you want (to go), "Miss"?
Alice: The National Gallery. Here is the address.
Taxi-driver: It is over there, round the corner, "Miss". Twenty metres from here.

T6/1.3 Everything's O.K.

Alice: A ticket, please.
Mrs M.: Alice, what are you doing here? Why aren't you at home?
Alice: I don't want to be alone at home. It's boring.
Mrs M.: I am happy that you are here but Grandfather may be worried.
Alice: Where is the phone (here), please? I will call (*him and say*) that everything is O.K.

Mrs M.: O.K.?
Alice: ... that everything is all right.

⬜ T6/2 Oskar is looking for *(his)* client
⬜ T6/2.1 The meeting is *(held)* in Ostrava

Oskar has a new client. He is Mr Charvát. They have a meeting in Ostrava because his office is there. It's a long way from Prague to Ostrava (Ostrava is far away from Prague) and it takes a long time to get there (the journey from Prague to Ostrava takes a long time). The meeting is at 3 p.m. in a restaurant in "the" square. Oskar is worried. He does not know Ostrava and he does not know where the square is.

⬜ T6/2.2 Oskar is looking for the square

Oskar: Good afternoon, where is the square (here), please?
Man: The square? Which one? There isn't (*just*) one square here.
Oskar: I don't know. The "Stará Ostrava" restaurant is there.
Man: I don't know that restaurant. There is a square nearby. To the right and then just to the left. Good luck.
Oskar: Excuse me, is here the "Stará Ostrava" restaurant (please)?
Woman: I don't know. I don't know it here (*this place*).
Man: I know every pub here. "Stará Ostrava" is not here.
Oskar: Is there a car park around here?
Man: Over there.
Oskar: There is a phone booth here. I don't have a mobile phone but I have a telephone card.

⬜ T6/2.3 Message

Mr Mrázek: To the left or to the right?
Receptionist: To the left. This way ...

T6/4 Oskar is looking for Mr Charvát

Oskar: Good afternoon, I am looking for Mr Charvát. Do you know where he is?
Man: I don't know. I don't know who he is. What does he do?
Oskar: Mr Charvát is the finance director.
Man: I know the finance director. (*He is*) short, fat, (*he*) has a green Škoda. He isn't (*in*) here.
Oskar: It isn't him. Mr Charvát is not short. I don't know what sort of car he has but I know that he doesn't have a Škoda.
Man: I don't know. There is Mrs Ježková. She is a secretary. She may know something (*about him*).
Oskar: Good afternoon. I have a meeting with Mr Charvát. Do you know where his office is?
Secretary: Yes, I do. This way – to the right, the second room on the left. Are you Mr Kubišta?
Oskar: Yes, I am.
Secretary: Mr Charvát is waiting in (*his*) office.

E6/1 cesta, čeština, firma, galerie, hospoda, jízdenka, parkoviště, přítelkyně, ředitel, telefonní budka, vstupenka, výstava

E6/2 celý, finanční, národní, těžký

E6/3 dělat, hledat, nechat, počkat, prodávat, říkat, snídat, poslouchat, trvat, znát

E6/4 A1 Vodičkova ulice A2 Na příkopě B1 Muzeum B2 Jungmannovo náměstí / Jungmannova ulice C1 Staroměstské náměstí C2 Vodičkova ulice D1 Jungmannovo náměstí / Jungmannova ulice D2 Národní třída E1 Jindřišská ulice E2 Muzeum

E6/5 Mám / Nemám: vzkaz, obraz; jízdenku, vstupenku, kartu; přítelkyni; starý obraz, telefonní kartu, hezkou přítelkyni; váš vzkaz, vaši vstupenku.

E6/6 obrazů, vzkazů, ředitelů; výstav, hospod, cest; jízdenek, vstupenek, karet, křižovatek

E6/7 a) **dva**: obrazy, vzkazy; **bez**: obrazu, vzkazu b) **dvě / bez**: jízdenky, vstupenky; galerie, kuchyně; parkoviště

E6/8 a) s přítelem, s ředitelem b) s firmou, s kartou

E6/9 celý den, celé odpoledne, dlouhá cesta, velká firma, malá galerie, špatná hospoda, velká křižovatka, hezký obraz, starý přítel, dobrá přítelkyně, první vzkaz, nová výstava, smutný ředitel

E6/10 já dělám, hledám, říkám, snídám, poslouchám, znám

E6/11 Co hledáte, prodáváte, říkáte, znáte? Co hledáš, prodáváš, říkáš, znáš?

E6/12 1. we do not wait / are not waiting / have not been waiting 2. they do / are doing / have been doing 3. we look for / are looking for / have been looking for
4. you will not leave (e.g. something here) *or* let 5. wait(!) 6. they sell / are selling /

KEY

have been selling 7. he / she does not say / is not saying 8. you have breakfast / are having breakfast / have been having breakfast 9. listen(!) 10. it does not take (long) / last 11. we know / have known

E6/13 1. čeká 2. nedělá 3. hledáme 4. nechám 5. prodává 6. snídáš 7. čekáte 8. trvá 9. znají 10. trvá 11. poslouchá

E6/14 1. nebudeme 2. nebudu (*says Alice*) 3. nebude 4. nebudou 5. nebude 6. nebude 7. nebudeme

E6/15 1. nenechají 2. nepočká 3. nezavolám / nezavoláme 4. nevezme

E6/16 1. nechtějí 2. nechci / nechceme 3. nechci / nechceme 4. nechci 5. nechce

E6/17 1. Co budete dělat večer? 2. Na koho budeš čekat ve dvě hodiny? 3. V kolik hodin budete snídat v neděli? 4. Co tady budou prodávat zítra? 5. Co bude poslouchat potom?

E6/18 ti doktoři, ti manažeři; ti číšníci; ti diplomati, ti klienti, ti studenti; ti muži, ti prodavači, ti taxikáři

E6/19 1. toho manažera 2. toho diplomata 3. nového klienta 4. našeho ředitele 5. nějakého prodavače 6. vašeho syna 7. kterého studenta 8. mého přítele

E6/20 1. pana Procházku a paní Procházkovou 2. pana inženýra Ježka 3. pana doktora Kubce 4. pana Hanuše 5. paní inženýrku Zemánkovou 6. paní doktorku Markovou

E6/21 1. Nevím, zda / jestli je tady nějaký obchod. 2. Vím, že New York je v Americe. 3. Nevím, zda / jestli je za rohem telefonní budka. 4. Nevím, zda / jestli je vstupenka do Národní galerie drahá. 5. Vím, že Sydney je v Austrálii.

E6/22 1. nevím 2. víte 3. nevíme 4. neví 5. nevědí 6. nevíš 7. ví

E6/23 1. Alice, prosím tě, nemáš tužku? 2. Paní Mrázková, prosím vás, nemáte cukr? 3. Alice, nechceš sušenky? 4. Paní Mrázková, nechcete něco k pití? 5. Alice, prosím tě, nevíš, kde je má kniha? 6. Paní Mrázková, prosím vás, nevíte, čí je ten deštník?

E6/24 1. Co děláte? 2. Co hledáš? 3. Koho hledáte? 4. Počkám tady. 5. Hledám telefonní budku. 6. To trvá dlouho. 7. (Ona) je sama doma. 8. Nechám ty vstupenky tady. 9. (Já) nevím. 10. Znají našeho klienta?

E6/25 Je čeština těžká? Nevíte, kde je nějaká dobrá restaurace? Máte v pokoji obraz? Je blízko nějaké parkoviště? Jste sám doma? Jste sama doma? Víte, kde je telefonní budka? Máte mobilní telefon? Je dnes čtvrtek? Bude zítra sobota?

E6/26 1. Je Alice sama doma? (ano) 2. Má Alice k snídani koláče? (ne) 3. Má její dědeček schůzku s přítelkyní? (ne) 4. Je Alice ráda, že je sama doma? (ne) 5. Zná Alice v Praze mnoho lidí? (ne) 6. Zná Alice Prahu? (ne) 7. Ví Alice, kde je metro? (ano) 8. Vezme si Alice jízdenky? (ano) 9. Vezme si Alice taxi? (ne) 10. Má Oskar schůzku ve dvě hodiny? (ne) 11. Má Oskar mobilní telefon? (ne) 12. Je Oskar na letišti ve čtyři hodiny? (ne)

139

Unit 7

G7/3 první, druhý, třetí, čtvrtý, pátý, šestý, sedmý, osmý, devátý, desátý, jedenáctý, dvanáctý, třináctý, čtrnáctý, patnáctý, šestnáctý, sedmnáctý, osmnáctý, devatenáctý, dvacátý, dvacátý první, dvacátý druhý, dvacátý třetí, třicátý, čtyřicátý, padesátý, šedesátý, sedmdesátý, osmdesátý, devadesátý, stý, stý první, stý dvacátý třetí

G7/4 telefon – telefonu, čtvrtek – čtvrtka, doktor – doktora, pokoj – pokoje, muž – muže, turista – turisty, žena – ženy, garáž – garáže, skříň – skříně, místnost – místnosti, auto – auta, kuře – kuřete, dítě – dítěte

G7/6.4 Jedeme autem. Jedeme autobusem a potom tramvají. Počkám před obchodem. Zahrada je za domem. Jdu za panem Hájkem. Za kým jdete?
s pohlednicí, s židlí, s kanceláří, s náměstím, s tím džemem, s tím máslem, s tou marmeládou, s kým, s čím, před obchodem, za domem

G7/9 muset: musím – nemusím, musíš – nemusíš, musí – nemusí, musíme – nemusíme, musíte – nemusíte, musí – nemusí; budete muset – nebudete muset
Musím jít. Musíte jet vlakem. Budete muset jet autem. Nebudu muset pospíchat.

W7/3 Ireland, motorcycle, nervous, perfect, orange, programme / program, reservation / nature reserve, Scotland

T7/1 Alice is going to the theatre

T7/1.1 Mr Mrázek has (admission) tickets for an opera

"Guess where we are going on Saturday," says Mr Mrázek. It is evening and everybody is at home.
"I don't know," answers Mrs Mrázková, who is preparing (*making*) dinner.
"To the cinema," tries to guess Alice, who is lying on the sofa having a rest.
"We are not going to the cinema but to the theatre. I have three (admission) tickets for an opera."
"That's impossible," says Mrs Mrázek. "Alice doesn't have an evening dress here."
"I'll put on the blue dress," shouts Alice. "It is pretty enough." Alice is glad about going (*that she will go*) to the theatre.

T7/1.2 Alice does not want to wait

It takes about an hour to get to the theatre. (*The journey to the theatre takes about an hour.*) Alice wants to go by taxi but it is too expensive. She has to go by bus, by the Underground and then by tram. Alice is very pretty – she has long fair hair, blue eyes, a blue dress and a small handbag. Mrs Mrázková is wearing a black dress and black shoes and Mr Mrázek is wearing a dark suit, a white shirt and a new tie.
The opera begins in half an hour. Alice is nervous. "Why do we have to wait all the time? First we wait for the bus, then we wait twice for the Underground train, and now we have been waiting for a tram for fifteen minutes (*a quarter of an hour*) and there is none (coming) ..."
"We needn't wait here if you don't want to," says Mr Mrázek. "The theatre is not far away from here. Let's walk. We needn't hurry, we have time (enough)."
"Do you have the tickets?" asks Mrs Mrázková.

"Yes, they are here," answers Mr Mrázek. "We have good seats. The stalls, the eighth row, 12, 13 and 14."

T7/1.3 Interval

Alice: How long does an interval last? *(How long is an interval?)*
Mr M.: For about ten minutes. Would you like something to drink? Some (*a little*) orange juice? There is a refreshment stall over there.
Alice: No, thank you. Do you know if they are still selling the programmes? I want to take one home.
Mrs M.: Take mine.
Alice: All right, thank you. Is it Mr Hájek over there? He has white hair and (*is wearing*) glasses and a grey suit.
Mrs M.: Yes, it is him, and he is coming here. The lady who is wearing the green dress is his wife. They are good friends of ours.

T7/1.4 Alice will not have to wait for the tram

Mr H.: Good evening.
Mr M.: Have you met Alice? This is my granddaughter Alice Kendall. Alice, this is my friend Mr Hájek and this is Mrs Hájková.
Mrs H.: It's nice to meet you, Alice. Do you like operas?
Alice: Yes, I do. I like operas by Bedřich Smetana and I know some (*operas*) by Antonín Dvořák. I like operas that have a happy ending.
Mr H.: How are you going home?
Mr M.: As usual. By tram, by the Underground, by bus.
Mr H.: It takes long. We have our car here. (*We are here by car.*) We will take you home. The end (*of the opera*) is at about ten thirty, isn't it? We will wait (*for you*) by the cloakroom.
Mrs H.: There will be crowds of (*enormous number of*) people there, Oldřich. We will be waiting outside the theatre.
Mr M.: That's kind of you.

T7/2 Oskar is expecting a visitor

T7/2.1 Oskar has to go to a hotel and to the theatre

Oskar: Good morning, Mrs Benešová. I hope we will have a nice day today.
Secretary: I hope so. Mr Kubišta, here is a fax from Mr Renard. Mr Renard will be in Prague in two days. As usual, he wants some cheap accommodation and two theatre (admission) tickets for Saturday or Sunday afternoon, for a nice operetta.
Oskar: Mr Renard will be here the day after tomorrow. That's no good news. Does he have (*has he made*) a plan for Monday?
Secretary: Yes, he does. He wants to cycle to Karlštejn.
Oskar: I have to go to the hotel and to the theatre. I don't know when I will be back.
Secretary: Shall I go there myself? Or shall I at least call there (*and ask*) if they have any (admission) tickets?
Oskar: No, thank you, I will go there myself. It is nine o'clock now, isn't it? The theatre box office (the box office in the theatre) is still closed. I will go to the hotel first. Then I will go to the theatre. It will (already) be open at ten o'clock.

141

T7/2.2 Hotel

Oskar: Good morning. Do you have a free room, please?
Receptionist: For today? And what room do you want – a single or a double room? We have a suite as well.
Oskar: No, not for today; for the day after tomorrow. For three nights. From Saturday to Tuesday. A single room with a private bathroom or a shower. The first or the second floor if possible because Mr Renard does not like lifts.
Receptionist: I am afraid we do not have single rooms with private bathrooms. There is a free single room but it is without (*it does not have*) a shower or a toilet.
Oskar: Is there a TV set and a telephone there?
Receptionist: No, it isn't but the price is not high and it includes breakfast. And it is (*on*) the second floor.
Oskar: All right. The reservation is for (in the name of) Mr Renard. Mr Renard is from France and he will be here on Saturday afternoon.

T7/2.3 Theatre

Oskar has a theatre programme and he is looking for an operetta but there is none (there). On Saturday, there is a play by Dürrenmatt, "The Old Lady's Visit", and on Sunday, too. The beginning is at 8 p.m. Oskar is unhappy. He says "What shall I do? Mr Renard may not be pleased. He wants tickets for the afternoon and for an operetta but he will have tickets for the evening and for a play."

Oskar: Good morning. Two (admission) tickets for this Saturday, (*the seats*) next to each other if possible, and to the stalls, the sixth or the seventh row.
Cashier: The stalls are sold out. I have two seats next to each other on the second balcony (here).
Oskar: The second balcony? Do you at least have the first balcony?
Cashier: Yes, I do, but the seats are not next to each other.
Oskar: All right, I'll take the tickets for the second balcony.

T7/2.4 Mrs Benšová does not want to go to the theatre

Oskar: Nothing is perfect. The room is not very expensive but it does not have a shower bath. The (admission) tickets (*seats*) are next to each other but they are for the second balcony and they are not for an operetta. They are for a play which begins in the evening.
Secretary: Mr Kubišta, here is another fax. Mr Renard apologises. He has to go to Scotland the day after tomorrow and then he will leave Scotland for Ireland (*he will go from Scotland to Ireland*). Shall I call the hotel (*and tell them*) that we do not want the room?
Oskar: Yes, please. Mrs Benešová, would you like to take your daughter to the theatre on Saturday?
Secretary: No, thank you. I am afraid my daughter is too young (*to go to the theatre*). Here is one more message – Mrs Vilma has a problem with a garden. She will call you again later in the afternoon.
Oskar: I am afraid I am not (going to be) here in the afternoon. I am going to Plzeň to see a client (*of mine*).

KEY

Secretary: By car?
Oskar: No, I am going by train today. Eurocity at 5 o'clock.

T7/3 **Vilma wants a suite**

Vilma: Good morning / afternoon. Do you have a free suite?
Receptionist: I am afraid we have no suite. We only have single and double rooms.
Vilma: Then (*I would like*) a single room with a private bathroom, a TV set, a refrigerator and a telephone, please.
Receptionist: The single rooms have just shower baths but the double rooms have private bathrooms.
Vilma: All right. I'll take a double room. How much is it?
Receptionist: 1200 crowns per night.
Vilma: Is it (the price) including breakfast? (*Does the price include breakfast?*)
Receptionist: No, it is without breakfast.
Vilma: Is the restaurant open in the morning?
Receptionist: Yes, it is.
Vilma: All right. I will stay (be) here (*for*) about three days.
Receptionist: Here is your key. The lift is over there.

T7/4 **Šárka is going to the cinema**

Šárka: Do you have (admission) tickets for Titanik for tonight?
Cashier: Yes, I have, but it is (*the seats are in*) the fifth or the twelfth row.
Šárka: How much are they?
Cashier: 70 crowns.
Šárka: (*I would like*) one ticket, please.
Cashier: Do you want the fifth or the twelfth row?
Šárka: The twelfth row.
Cashier: Here you are.

E7/1 balkon, bota, cena, jméno, kino, klíč, kolo, konec, koupelna, návštěva, patro, pokladna, přestávka, šatna, ubytování, začátek, zpráva

E7/2 jednolůžkový, milý, světlý, tmavý, volný, perfektní

E7/3 doufat, hádat, odpovídat, odpočívat, omlouvat se, pospíchat, ptát se, začínat

E7/4 1. kolo 2. motocykl 3. vlak 4. autobus 5. auto 6. tramvaj

E7/5 **Mám / Nemám**: balkon, gauč, kolo, ubytování, boty, brýle, šaty, manželku, kabelku, návštěvu, přestávku, manžela, pohodlný gauč, krátké jméno, nové brýle, večerní šaty, hnědou kabelku, dobrou zprávu, inteligentního manžela.

E7/6 a) gaučů, klíčů, vlaků b) bot, cen, oper, řad, zpráv, kol, kin c) manželek, kabelek, přestávek, pokladen d) rezervací, tramvají

E7/7 a) **dva**: výtahy, balkony; **bez**: výtahu, balkonu b) **dva / bez**: gauče, klíče; **dvě / bez**: kabelky, koupelny, sprchy, přestávky, rezervace, tramvaje, kina, kola, jména c) **bez**: občerstvení, ubytování

E7/8 a) s manželem, s balkonem, s výtahem, s kinem, s kolem, s místem
b) s koupelnou, se sprchou, s toaletou, s přestávkou

143

E7/9 pohodlný gauč, malý balkon, velká bota, vysoká cena, bílá kabelka, drahé kolo, můj manžel, má / moje manželka, jeho jméno, volné místo, naše návštěva, které patro, vaše *or* tvá / tvoje rezervace, levné ubytování, který vlak

E7/10 a) já hádám, ty neháš; já odpočívám, ty neodpočíváš; já odpovídám, ty neodpovídáš; já pospíchám, ty nepospícháš; já začínám, ty nezačínáš b) my hádáme, vy neháte; my odpočíváme, vy neodpočíváte; my odpovídáme, vy neodpovídáte; my pospícháme, vy nepospícháte; my začínáme, vy nezačínáte c) on / ona há, oni nehádají; on / ona odpočívá, oni neodpočívají; on / ona odpovídá, oni neodpovídají; on / ona pospíchá, oni nepospíchají; on / ona začíná, oni nezačínají

E7/11 1. Já se omlouvám. 2. Omlouváme se. 3. Kdo se omlouvá? 4. Neomlouvejte se. 5. Proč se omlouváš? 6. Kdo se ptá? 7. Já se neptám. 8. Proč se ptáte? 9. Nechtějí se ptát. 10. Teď se neptej.

E7/12 1. Ty džíny jsou staré. 2. Máš nějaké moderní džíny? 3. Která místa jsou volná? 4. Tady nejsou žádné jednolůžkové pokoje. 5. Malá auta nejsou pohodlná. 6. Ty bílé halenky jsou moc drahé. 7. Jeho klienti nejsou bohatí.

E7/13 dobří manažeři, nějací diplomati, kteří muži, jací prodavači, normální taxikáři, žádní číšníci, důležití ředitelé, mí / moji a tví / tvoji přátelé, vaši klienti, naši studenti

E7/14 tvoje vstupenky, vaše jízdenky, jeho / její přátelé, tvoje knihy, vaše šeky, jeho / její obchody

E7/15 1. telefonních 2. nových 3. drahých 4. dobrých 5. mladých 6. inteligentních 7. dobrých

E7/16 první dům, první ulice, druhý výtah, druhá pokladna, třetí křižovatka, čtvrtý vzkaz, pátý ředitel, šestá jízdenka, sedmý lístek, osmé patro, deváté pivo, desátá řada, dvacátý den

E7/17 1. velikost obleku 2. barva deštníku 3. cena klobouku 4. velikost kostýmu 5. číslo telefonu 6. adresa hotelu

E7/18 1. číslo pokoje 2. barva čaje 3. cena počítače 4. barva šály 5. velikost halenky 6. cena jízdenky 7. číslo vstupenky 8. adresa firmy 9. barva saka 10. velikost trička 11. cena kola 12. adresa kina 13. program divadla 14. adresa kanceláře 15. velikost sukně 16. barva košile 17. cena pohlednice 18. adresa restaurace 19. jméno letiště 20. cena ubytování

E7/19 trochu vody, cukru, zmrzliny, džemu, koly, ledu, másla, minerálky, polévky, salátu

E7/20 1. pana Mrázka 2. pana Svobody 3. pana Němce 4. pana Čecha 5. paní Němcové 6. slečny Mladé

E7/21 1. Ne, to nejsou brýle mé asistentky. 2. Ne, to není kolo mého syna. 3. Ne, to není pokoj mé dcery. 4. Ne, to není adresa mého doktora.

E7/22 1. Ne, to není adresa naší kanceláře. 2. Ne, to není číslo našeho pokoje. 3. Ne, to nejsou přátelé naší asistentky. 4. Ne, to není auto naší ředitelky. 5. Ne, to není číslo telefonu našeho hotelu.

KEY

E7/23 To je: 1. kabát toho nového manažera 2. kniha toho inteligentního studenta 3. šála té hezké sekretářky 4. auto jejich finančního ředitele 5. adresa jeho nové doktorky

E7/24 1. u pokladny 2. vedle hotelu 3. nedaleko křižovatky 4. z auta 5. do kina 6. od pana Nováka 7. ze Skotska 8. do Irska 9. od Dvořáka 10. od středy 11. u Anny 12. vedle banky 13. do neděle 14. do pátku

E7/25 1. jdeme 2. nejdu 3. jdeš 4. jdete 5. nejdou 6. jde 7. jde

E7/26 1. jedete 2. nejedu 3. jede 4. jedeš 5. nejedeme 6. nejedou 7. jede

E7/27 1. před restaurací 2. za galerií 3. za skříní 4. před garáží 5. před kanceláří 6. za postelí 7. před snídaní 8. před večeří 9. před přestávkou 10. před obědem 11. s ubytováním 12. s občerstvením

E7/28 1. Za kým jdete / jdeš? 2. S čím máte / máš tu pizzu? 3. S kým máte / máš schůzku? 4. Za kým jdete / jdeš? 5. Čím jedete / jedeš? 6. Před čím budete / budeš čekat? 7. Před čím máte / máš schůzku?

E7/29 1. Mám počkat do úterý? 2. Máme si vzít taxi? 3. Mám jet výtahem? 4. Máme jet autem? 5. Mám tam jet metrem? 6. Máme jít pěšky? 7. Mám tam jít? 8. Máme to tady nechat?

E7/30 1. To je jablko a to jsou banány. 2. Co je to? To jsou červené papriky. 3. To jsem já.

E7/31 1. musím 2. musí 3. nemusíš 4. musíme 5. nemusíte 6. nemusí

E7/32 1. jednolůžkový 2. jak 3. soboty 4. chcete 5. výtahy 6. jedna 7. set 8. se

E7/33 1. vstupenky 2. vyprodáno 3. pokud 4. vedle 5. lístky 6. sta 7. sta 8. set 9. v pořádku

E7/34 1. Pospíchám. 2. Kde jsou mé / moje brýle? 3. Jedete / Jedeš autobusem? – Ne, jdu pěšky. 4. Kam jdete / jdeš? 5. Teď odpočívám. 6. Mí / Moji staří přátelé jsou velmi milí. 7. Ty hnědé boty jsou velmi pohodlné. 8. Mají mnoho dobrých knih. 9. (On) má tři sekretářky. První sekretářka je svobodná, druhá (sekretářka) je vdaná a třetí (sekretářka) je rozvedená. 10. Čekám (už) půl hodiny. 11. Vedle banky je obchod. 12. (Ona) chce trochu vody. 13. Mám si vzít deštník? 14. Nemusíme tady čekat.

E7/35 Máte teď na sobě černé boty? Máte rád / ráda opery? Jdete v sobotu do divadla? Jdete dnes do kina? Máte kolo? Jedete zítra do kanceláře na kole? Jedete zítra autobusem? Máte tmavé vlasy? Máte modré oči? Musíte jet večer taxíkem? Musíte odpoledne odpočívat? Musíte teď pospíchat? Musíte jít za klientem? Musíte dnes dělat večeři?

E7/36 1. Čekáme už čtvrt hodiny. 2. Jeho manželka je také tady. 3. Musíme doufat, že bude doma. 4. Jdete také domů? 5. Pojďme pryč. 6. Omlouvám se. 7. Nepospíchejte. 8. Jeďte rovně a potom doprava. 9. Jděte zpátky.

E7/37 1. Jede Alice do divadla taxíkem? (ne) 2. Má Alice světlé vlasy? (ano) 3. Čeká Alice na tramvaj už půl hodiny? (ne) 4. Má pan Hájek brýle? (ano) 5. Je pan

145

Hájek přítel pana Mrázka? (ano) 6. Jede Alice domů z divadla autem? (ano) 7. Budou Hájkovi čekat za divadlem? (ne) 8. Chce pan Renard od Oskara ubytování a vstupenky do divadla? (ano) 9. Chce pan Renard jet na Karlštejn autobusem? (ne) 10. Bude mít pan Renard lístky na operetu? (ne) 11. Jede Oskar za klientem vlakem? (ano)

Unit 8

W8/3 American, (to speak) Arabic, astrology, badminton, banker, baseball, basketball, cigarette, dramatic, finance / finances, football, (to speak) French, golf, Gothic, gymnastics, hobby, horoscope, (to speak) Italian, yoga, complicated, cricket, guitar, literature, politics / policy, rugby, sport, squash, table tennis *or* ping-pong, (to speak) Spanish, talent, to have a talent for music, television, tennis, vanilla, (to speak) Welsh, weekend, at the weekend, Walkman

T8/1 **Alice is going on an outing**
T8/1.1 **Who is calling?**

The phone is ringing. Alice can't hear it. She has (*her*) Walkman (*on*) and is listening to some music.
"Alice, can you hear me? It is for you," shouts Mrs Mrázková. "From Melbourne?" asks Alice, now without (*her*) Walkman. "No, it is Vojta," answers (*her*) grandmother.
Alice: Hello? This is Alice.
Vojta: Hi, Alice, this is Vojta. Alice, are you free this afternoon?
Alice: It depends. Why?
Vojta: We are going for an outing to Kutná Hora. Helena, Klára, Petr, his dog Boss and me. Petr has a big car and he drives well (*is a good driver*). We'll come back at about 8 p.m. Would you like to join us (*to come as well*)?
Alice: I'd like to (gladly) but I have to ask Granny (*for permission*). I'll call you back in about five minutes.

T8/1.2 **Alice wants to go to Kutná Hora**

Alice: Granny, may I join Vojta for an outing to Kutná Hora?
Mrs M.: Who else is going?
Alice: His friend Petr and two girls. Vojta says that Petr is a good driver. They want to be back at about eight o'clock.
Mrs M.: All right, go then. Take your camera with you. Kutná Hora is an old town; there is an interesting Gothic cathedral there.

T8/1.3 **Vojta and his friends**

Vojta and Petr are students. Petr is leaving (will finish) school soon but he does not know yet what he will do afterwards. Klára works as a secretary in the morning and is at school in the afternoon. Helena is a shop assistant. She sells clocks, watches and alarm clocks. She knows German but her English is very poor (*she speaks English very little*). Petr and Vojta speak English quite well, Klára (*speaks English*) only a little. Fortunately, Alice speaks good Czech. All four of them like sport and games.
Vojta likes watching football and he sometimes plays table tennis. Helena does gymnastics and Klára plays badminton. Petr plays volleyball and basketball. He can also play tennis.

KEY

T8/1.4 **Vojta does not want to hurry**

Helena: Kutná Hora is a nice town but I am already tired. Boss is tired, too. Look, he does not want to go any farther.
Petr: There is a cake shop here. Shall we buy some ice cream?
Helena: That's a good idea but where shall we sit?
Klára: Here are some benches. I am already sitting. Petr, go to the cake shop and buy five ice creams and some biscuits for Boss.
Vojta: I'll go, too. What sort of ice cream shall we buy? Vanilla, chocolate or strawberry?
Klára: Strawberry for me.
Petr: Here you are. It's vanilla. They don't have any other. I think it's quite all right. And where shall we go now?
Vojta: Home. I must be (at) home at eight o'clock. I am going to play ping-pong and I don't want to hurry. I don't want to lose again. I have an idea. What are you doing tomorrow? Come to a football match. It will be a dramatic match.
Alice: What kind of football do you mean by (*saying*) football? American (*football*)?
Vojta: No. I think that our "football" is your "soccer". I am not sure. (*I don't know it for certain.*)
Petr: I am playing tennis tomorrow. It will also be dramatic. I think I won't win this time. Alice, you can play tennis, can't you?
Alice: Only a little. I have no one to play with. My friends are doing yoga these days and they are not interested in tennis. My father and (*my*) brother like (*playing*) field hockey and cricket. I don't know why. I think cricket is a little boring. My brother is probably right when he says that it is not a game for girls but (*it's a game*) for boys. My mother, who plays tennis well, is at work all day. My Australian grandfather plays golf. He also plays computer games but only when no one can see him. Sometimes he plays cards with (*my*) grandmother. My grandmother usually watches TV or relaxes. When my grandfather plays golf, she watches him.
Klára: I don't know anyone in Prague who can play cricket. It is probably a very complicated game.
Alice: I think so. Do you play field hockey, Petr?
Petr: No, (*I don't*). I can play neither field hockey nor ice hockey. A friend of mine plays it but I have no talent for hockey. Neither have I a talent for chess or music. Vojta can play the guitar but it is too difficult for me. Can you play a musical instrument?
Alice: I play the flute a little. At home, I practise for about half an hour every day but I can play only a little. My brother dislikes having to listen to me (*does not like listening to me*).
Helena: Playing the flute may not be easy. I can't play a musical instrument but I want to learn (*it*).
Klára: Alice, what do your parents do?
Alice: My mummy is a nurse and my father ...
Vojta: I am going to catch a bus.
Petr: We are off now, Vojta. I only have to buy some petrol. Can you see Boss anywhere around here? Boss, come here!

147

Vojta: I'll pay for the petrol.
Petr: Nonsense. I have enough money. Don't be nervous. You'll be playing ping-pong in an hour. And if you don't win today, you are sure to (*you will certainly*) win next time.

T8/2 Vilma has a new friend
T8/2.1 Felix has not been in Prague for the first time

Vilma is sitting in an open-air café. She is wearing a red dress and a big red hat. She is not alone. She is there with Mr Felix Carraso. Felix is wearing dark glasses, a black shirt and he is smoking a cigar. Vilma is not smoking now because she knows that Felix does not like cigarettes. They are having red wine, which is very fine. Felix says that he is a banker but he is only a bank employee / clerk. He does not live in Prague but in Barcelona. He can speak Czech because he has not been in Prague for the first time. He is interested / has an interest in some shares here. He can also speak Spanish, English, German, French, Italian and (*he can speak*) Arabic very little. Now he is learning Welsh because he is interested in Wales. Vilma is interested in Felix. She keeps asking him questions.

T8/2.2 What are they interested in?

Vilma: Mr Carraso, do you like sport?
Felix: Not in the least. / Not at all. I have no time for sport. I am very busy all the time.
Vilma: I don't like sport either. Are you interested in modern literature?
Felix: No.
Vilma: What are you interested in, Mr Carraso?
Felix: I beg your pardon?
Vilma: What are you interested in? What do you have / take an interest in?
Felix: I see, I understand. (*I am interested*) in finance, in politics and a little in astrology, too. Astrology is my hobby. I am learning how to draw up horoscopes. I have a computer program for that.
Vilma: This is really interesting. I also like finance and horoscopes. And what do you usually do at the weekend?
Felix: I relax. I am usually very tired at the weekend.
Vilma: I am going to Vienna on Saturday. Would you like to come with me (too)?
Felix: I have to go back to Barcelona on Friday. I am leaving (*flying*) at 2 p.m.
Vilma: Are you flying in a Concorde?
Felix: Certainly not. It will probably be a Boeing. I don't know. I am not interested in aircraft.
Vilma: I'll take you to the airport.
Felix: Thank you. The wine is really fine. Waiter, another bottle ...

E8/1
akcie, benzin, bratr, dívka, hodinky, hodiny, hudba, karta, lavička, láhev, letadlo, matka, nápad, otec, pes, řidič, sestra, škola, úředník

E8/2
unavený, nudný, zajímavý, dramatický, komplikovaný, lehký

E8/3
zajímat se, zeptat se, dívat se, podívat se; bydlet, cvičit, dovolit, končit, koupit, kouřit, letět, mluvit, myslet, platit, řídit, slyšet, učit se, vidět, vrátit se, zvonit

KEY

E8/4 Vidím tady / Hraji / Rád(a) se dívám na tenis, lední hokej, golf, fotbal, stolní tenis, badminton, basketbal a šachy. – Nevidím tady kriket, squash, baseball, ragby a pozemní hokej.

E8/5 Mám / Nemám: budík, doutník; hodinky; sestru, cigaretu, kytaru; víno, hobby; bratra, psa; zajímavou knihu, počítačovou hru; zlaté hodinky; malé letadlo; dobrého kamaráda.

E8/6 Znám / Neznám: jednu / žádnou inteligentní dívku, jednoho / žádného bohatého bankéře, jednoho / žádného důležitého úředníka, (jednoho) / žádného dobrého řidiče.

E8/7 a) bratrů, rodičů, dobrých nápadů, hezkých výletů, velkých psů, drahých doutníků b) škol, drahých cigaret c) karet, sester, holek, laviček, inteligentních dívek, dobrých her; moderních letadel d) láhví, levných akcií

E8/8 a) **dva**: budíky, doutníky; **bez**: budíku, doutníku b) **dva / bez** nástroje; **dvě / bez**: letadla; mladé dívky, levné cigarety; drahé akcie; velké láhve c) **trochu**: benzinu, vína, hudby

E8/9 tři: staří bankéři, chytří bratři, dobří kamarádi, velcí kluci, ženatí úředníci

E8/10 a) s bratrem, s kamarádem, s klukem, s řidičem, s úředníkem; se psem; s tou zajímavou dívkou, s tou drahou hrou, s druhou láhví b) **před / za**: školou, lavičkou

E8/11 staré hodiny, hezká hudba, můj bratr, má / moje sestra, zajímavý nápad, bílý pes, špatný řidič, náš výlet, jeho zájem, bílé víno, velké letadlo, příští víkend

E8/12 a) the price of petrol, the address of the school, a bottle of beer, the price of a / one share, my brother's name, the young girl's mother, a bottle of red wine, the small dog's name, his father's job, the driver's phone number, from school / out of the school, next to the school, into an / the aircraft *or* aboard a / the plane, from (one's) mother, since / from the weekend b) láhev piva, láhev vody, láhev limonády, láhev džusu

E8/13 1. pana Zajíce nebo paní Zajícové 2. pana doktora Kovaříka 3. paní inženýrky Fialové 4. Martina nebo Tomáše 5. Hany

E8/14 1. Budeš se dnes dívat na televizi? 2. Podívám se na tu knihu. 3. Chceš se na to podívat? 4. Díváš se rád na fotbal? 5. Já se podívám. 6. Nezajímám se o to. 7. Kdo se zajímá o finance? 8. Alice se zajímá o hudbu.

E8/15 1. Podívá se na to zítra. 2. Podíváte se na to zítra. 3. Podívají se na to zítra. 4. Podíváme se na to zítra.

E8/16 1. bydlí 2. necvičí 3. končí 4. nesmí 5. letí 6. mluví 7. myslí 8. platí 9. nerozumím 10. neřídí 11. sedí, mluví, kouří 12. neumí 13. neslyší 14. učí 15. neumí 16. zvoní

E8/18 1. Ne, ale budu končit asi za hodinu. 2. Ne, ale budou mluvit s Oskarem zítra. 3. Ne, ale bude se učit o víkendu. 4. Ne, ale bude platit za moment.

E8/19 1. Vrátíš se / Ty se vrátíš pozítří. 2. Vrátí se / On se vrátí za moment. 3. Vrátí se / Ona se vrátí za hodinu. 4. Vrátíme se / My se vrátíme zítra ráno. 5. Vrátíte se / Vy se vrátíte zítra odpoledne. 6. Vrátí se / Oni se vrátí pozítří večer.

149

E8/20 1. Ty se učíš francouzsky? 2. Vojta se učí hrát na kytaru. 3. Helena se neučí řídit auto. 4. My se učíme česky. 5. Vy se učíte hrát šachy? 6. Oni se učí anglicky.

E8/21 1. Ne, nevidím tě. 2. Ano, slyším vás. 3. Ano, znám vás. 4. Ne, neposlouchám tě.

E8/22 1. Myslím, že hledají nás. / Doufám, že nehledají nás. 2. Myslím, že se zajímají o nás. / Doufám, že se nezajímají o nás. 3. Myslím, že mají zájem o nás. / Doufám, že nemají zájem o nás. 4. Myslím, že je pro nás. / Doufám, že není pro nás. 5. Myslím, že se dívají na nás. / Doufám, že se nedívají na nás.

E8/23 1. Ano, hledám ho. 2. Ano, hledám ji. 3. Ano, hledám je. 4. Ano, znám ho. 5. Ano, znám ji. 6. Ano, znám je.

E8/24 1. Ano, čekám na tebe. 2. Ano, ty papíry jsou pro vás. 3. Ano, počkám na vás. 4. Ano, ta židle je pro tebe. 5. Ano, zajímá se o něho. 6. Ano, myslí na ni. 7. Ano, počkáme na ně.

E8/25 1. Ano, vezmu si ho / já si ho vezmu. 2. Ano, vezmu si ji / já si ji vezmu. 3. Ano, vezmu si je / já si je vezmu. 4. Ano, vezmu si ho / já si ho vezmu. 5. Ano, vezmu si ho / já si ho vezmu. 6. Ano, vezmu si ji / já si ji vezmu. 7. Ano, vezmu si je / já si je vezmu.

E8/26 1. Ano, musím ji vrátit v pondělí. 2. Ano, musím je vrátit ve středu. 3. Ano, musím ho vrátit v pátek. 4. Ano, musím ho vrátit příští sobotu.

E8/27 1. Já se o ně zajímám. 2. Teď se na to podíváme. 3. Lidé o něho mají zájem. 4. Nikdy na ni nemyslí. 5. Zítra si je koupíme. 6. My si je koupíme zítra. / My si je zítra koupíme.

E8/28 pro mne / mě, pro tebe, pro něho, pro ni, pro nás, pro vás, pro ně

E8/29 1. Ne, jdu na schůzi. 2. Ne, jdu na fotbal. 3. Ne, jdu na ragby. 4. Ne, jdu na oběd. 5. Ne, jedu na letiště. 6. Ne, jdu na policii.

E8/30 1. Ano, jdu na operu do Národního divadla. 2. Ano, jdu na večeři do restaurace. 3. Ano, jdu na schůzi do školy. 4. Ano, jdu na tramvaj do Spálené ulice.

E8/31 1. hraje 2. hraje 3. nehraji 4. hraješ 5. hraje 6. hrajete 7. nehrajeme 8. hrají 9. hrát 10. vyhrát 11. prohrát 12. vyhrát 13. neprohraje 14. nevyhraji

E8/32 1. ráda 2. rád 3. rádi 4. ráda 5. ráda 6. rád 7. rád

E8/33 1. nerad 2. neradi 3. nerada 4. neradi 5. neradi

E8/34 a) citronový, čokoládový, grapefruitový, jablkový, zeleninový, pomerančový, okurkový, sýrový b) 1. láhvové mléko 2. citronová limonáda, 3. čokoládová zmrzlina, 4. grapefruitový džus, 5. jablkový koláč, 6. zeleninová polévka, 7. pomerančová marmeláda, 8. okurkový salát, 9. sýrový sendvič c) lahvové pivo, lahvové mléko, citronová limonáda, čokoládová zmrzlina, grapefruitový džus, jablkový koláč, zeleninová polévka, pomerančová marmeláda, okurkový salát, sýrový sendvič

E8/35 1. Kouříte? 2. Kdo hraje? 3. Kde bydlíte? 4. Chcete se na to podívat? 5. Jakou hudbu máte rád? 6. Myslím že ano. 7. Bude zpátky za moment. 8. Učím se

KEY

česky. 9. Zajímám se o to. 10. Slyšíte mě? 11. Chce sedět tady; to je jeho místo. 12. Letím tam v pátek. 13. Vidíte je? 14. Rádi hrají golf. 15. Příště určitě vyhraje. / Určitě vyhraje příště. 16. Platí ta firma dobře? 17. Nekoupím to. 18. Jdeme na fotbalový zápas. 19. Hledám tenisovou školu. 20. Má pingpongový stůl.

E8/36 1. o 2. času 3. rád 4. ho 5. na něj 6. hrát 7. nebudu 8. příliš 9. unavený 10. se dívám 11. několik 12. zprávy 13. ně 14. obyčejně 15. zajímat 16. poslouchám 17. vůbec 18. žádný 19. talent 20. odpočívám 21. výlet 22. auto 23. nemusím

E8/37 Hrajete basketbal? Hrajete tenis? Hrajete golf? Jdete dnes na poštu? Jdete dnes na policii? Jedete zítra na letiště? Zajímáte se o hudbu? Hrajete na kytaru? Zajímáte se o politiku? Díváte se na zprávy každý den? Zajímáte se o finance? Zajímáte se o moderní literaturu?

E8/38 Kouříte? Bydlíme za rohem. Nedívejte se na to. Zvoní budík. Nevím, kde mám hodinky. Kdy letíte? Máte pravdu. Platím dvě kávy. To je zajímavé. Kde sedíte?

E8/39 1. Poslouchá Alice hudbu, když zvoní telefon? (ano) 2. Má Petr velké auto? (ano) 3. Je Klára prodavačka? (ne) 4. Mluví Klára dobře anglicky? (ne) 5. Hraje Vojta stolní tenis? (ano) 6. Umí Petr hrát tenis? (ano) 7. Chce být Vojta doma v osm hodin? (ano) 8. Hraje Petr lední hokej? (ne) 9. Hraje Vojta na kytaru? (ano) 10. Má Petr psa? (ano)

Revision Test Two

RT2/1 1. ta bílá košile, ta drahá kravata, to červené auto, ten starý svetr 2. Mám bílou košili, drahou kravatu, červené auto a starý svetr.

RT2/2 Ten muž je ženatý a ta žena je vdaná. Ta dívka je malá.

RT2/3 V lednici není žádné mléko. Tady není nic. / Tady nic není.

RT2/4 1. Který kabát je váš? 2. Jaká je ta kniha?

RT2/5 1. Jakou barvu má vaše auto? 2. Jaký je ten hotel?

RT2/6 Nechci to. / Já to nechci. Chceš to? / Ty to chceš? Chcete to? / Vy to chcete?

RT2/7 1. má / moje židle, mé / moje židle, naše kancelář, váš dům, tvůj kufr, jeho přítel John, její vzkaz, jejich místa 2. Kdo má mou / moji tužku? Mám vaši knihu.

RT2/8 čekám, hledáš, letím, známe, končíme, dělají, mluví, necháte, myslíš, trvá

RT2/9 Pane Kubišto, koho hledáte? Hledám pana Charváta.

RT2/10 Vím. / Já vím. Nevíme. / My nevíme. Víte, kde to je?

RT2/11 Znají cestu. / Oni znají cestu. Znám ho. / Já ho znám. Znáš ji? Známe je. / My je známe.

RT2/12 Tady jsou nějací lidé. Kdo jsou ti lidé?

RT2/13 první ulice, druhé patro, třetí den

RT2/14 číslo domu, adresa hotelu, jméno jeho manželky

RT2/15 do soboty, do soboty, od soboty, opera od Smetany

151

RT2/16 Kam jdete? Jdu na schůzi. Musím tam jít. Jedete autem? Ne, jdu pěšky.

RT2/17 Co mám dělat? Mám tady čekat / počkat? Máme na tebe počkat / čekat? Máme na vás počkat / čekat?

RT2/18 Hrajete golf? Ano, hraji. Rád / Ráda hraji golf.

RT2/19 Učím se česky. Kouříte doutníky?

RT2/20 zájem – zajímavý – zajímám se o to; pomeranč – pomerančový džus; čokoláda – čokoládová zmrzlina

Unit 9

T9/1 It's Vojta's birthday today
T9/1.1 How old is Vojta?

It is raining. The sky is full of grey clouds. Alice is sitting at home being (and is) a little bored. Mr Mrázek is reading a magazine. Mrs Mrázková is sitting opposite (to him). She has a newspaper and she is looking for the weather forecast. Seeing (*when she sees*) Alice doing nothing, she asks "Would you like to read something? I will give you an old Czech book for girls. It may interest you."
Alice does not like the book at all. "I am going out(doors)," she says. "I think it is not raining any longer. Only the wind is blowing."
"Take (your) umbrella with you," shouts Mr Mrázková, but Alice can't hear her.
It is still wet outside but it is not cold. The grey clouds are gone. When Alice is going past the school, the sun is (already) shining again and the sky is blue. There is a large detached house behind the school and there is a beautiful old garden behind the house. The garden belongs to Vojta. Vojta stays there in summer. He has a small summer house there. Hurrying, Alice can't see Petr coming from the opposite direction. "Hi, Alice," says Petr, "are you coming to see Vojta?"
"No, I am not," answers Alice. "I am just passing by. I am going for a walk. It (*the weather*) is fine."
"I am going to see Vojta," says Petr. "I have a present for him. I happen to know (I know by chance) that it is his birthday today. I am going to surprise him."
"Is it Vojta's birthday today? How old is he? Eighteen?" asks Alice.
"He is nineteen," answers Petr. "No one knows about it. Neither Klára nor Helena (*knows about it*). Vojta does not like celebrations."
"Thank you for the information," says Alice. "Vojta is coming to our place tonight. He will be playing chess with (*my*) grandfather. I must congratulate him, too. What shall I buy him? A CD?" she asks.
"Not a CD (*that not*), he does not have a CD player," says Petr. "Give him something inexpensive and good (*to eat*)," says Petr. "For instance / Something like a box of chocolates. I think he likes chocolate."

T9/1.2 All the best

In the evening, Mr Mrázek and Vojta are playing chess. They have been playing for an hour and Alice is nervous because she wants to congratulate Vojta on his birthday. She has a big bar of chocolate and another small present for him.

KEY

"Excuse my disturbing you," she says, "but I wonder (*I want to ask you*) when you think you are likely to finish (*the game*)."
"Now, if you like (*want*)," says Mr Mrázek. "I can already see that I am going to lose. It is Vojta's lucky day today. It is not easy to play against him."
"It is Vojta's birthday today," says Alice. "I want to congratulate him. – Happy birthday to you (*I wish you all the best*), Vojta, and good luck. Here is a small present. A bar of chocolate and a small thing / present from Australia."
"Thank you very much, Alice. But how do you know that it is my birthday (today)?" asks Vojta. "By chance," says Alice.

T9/1.3 What will the weather be like?

The Mrázeks also congratulate Vojta. Later (*then*) everybody is sitting at the table and talking. Alice is sad.
"Are you homesick?" asks Vojta.
"Yes and no," says Alice. "Home is home but I like it here, too."
"It is now winter in Australia, isn't it? What may the weather be like in Melbourne now? Is it snowing (there)?" asks Vojta.
"It may be raining and (it is probably) windy," answers Alice. "We have mild winters (in my home town). I am not accustomed to frost. I am glad to be here in summer. I don't mind winter when there is snow everywhere and when the temperature is two degrees centigrade (Celsius) below zero with the sun shining, but in Prague, winter is sometimes grey, it is overcast, it is foggy in the morning and there is only a little sunshine. Sometimes, there is a severe frost and soon afterwards the temperature rises to (is) ten degrees above zero."
"That's true," says Vojta. "In two months it will be autumn here and it will be spring in your country. What is spring like in the area you come from?"
"Spring is lovely, warm and sunny, and summer is very warm," answers Alice. "In December, the temperature is a hundred degrees. But ... Fahrenheit. How many degrees centigrade (*Celsius*) is it?"
"Wait / Hold on, I can work it out," says Vojta. "It is a hundred minus thirty two, multiplied by (times) five (*and*) divided by nine – it is approximately thirty seven point eight, that is nearly forty. It isn't usually as warm as that here."
"I know," says Alice. "This week has been rather cold. Do you happen to know what will the weather be like next week?"
"Warm and dry, no rain, at least the weather forecast says so (*it*) and I quite believe it," answers Vojta. "And I think there will be a thunderstorm tonight. What time is it, actually? I don't have (*my*) watch (*with me*)."
"Nearly ten," says Alice.
"Is it that late? I must be off. Thank you again for your congratulations and for the present."
"Come again for a game of chess next week (in a week's time)," says Mr Mrázek. "Good night."

T9/2 What is the weather like outside?

Mr Mrázek: What is the weather like (*how is it*) outside? Is is still raining?
Mrs Mrázková: No, it is not raining any longer, but it is still overcast.
Mr Mrázek: Is it cold?
Mrs Mrázková: I don't know, I'll have a look / I'll go and see. It (*the temperature*) is
                10 degrees.

153

Mr Mrázek: I'll take (*my*) hat and (*my*) umbrella.
Mrs Mrázková: But it is windy (*the wind is blowing*).
Mr Mrázek: It doesn't matter.

T9/3 **It is a lovely day today**

Mrs Benešová: It is a lovely day today, isn't it?
Šárka: Yes, it (*the weather*) is very nice. It is a lovely spring day. The sun is shining and it is warm. I love spring.
Mrs Benešová: So do I. I don't want to be sitting in the office now.
Šárka: Neither do I. I will go outside. I'll take these letters to the post office.
Mrs Benešová: Unfortuntely, I have a lot to do.
Šárka: Tomorrow is another day. I don't know what the weather forecast for tomorrow is like but it may rain. It may be cold and windy.
Mrs Benešová: You're right. I'll go to the bank. Then I will go to a cake shop and will buy (*myself*) something good (*to eat*). For instance an ice cream.

E9/1 bonboniéra, bouřka, časopis, dárek, déšť, domek, informace, jaro, léto, měsíc, mlha, mráz, narozeniny, náhoda, noviny, obloha, oslava, podzim, procházka, rok, slunce, sníh, týden, vítr, zima

E9/2 horký, chladný, mírný, plný, sluneční, teplý, zvyklý

E9/3 foukat, nudit, padat, povídat si, pršet, překvapit, přijít, (ne)rušit, svítit, vypočítat, zajímat, věřit, patřit, dát

E9/4 březen, květen, červenec, září, listopad, leden, únor, duben, červen, srpen, říjen, prosinec

E9/5 1. ano 2. ano 3. ne 4. ano 5. ano 6. ano 7. ne 8. ne

E9/6 **Chci / Nechci**: nějakou / žádnou bonboniéru, nějaké / žádné cédéčko, nějaký / žádný časopis, nějaký / žádný dárek, nějakou / žádnou informaci, nějaké / žádné noviny, nějakou / žádnou vilu

E9/7 časopisů, dárků, domků, roků, měsíců, stupňů; bonboniér, vil, oslav; procházek; cédéček; informací

E9/8 **dva**: časopisy, domky, roky; **bez**: časopisu, domku, roku; **dva / bez**: měsíce, stupně; **dvě / bez**: oslavy, nuly; cédéčka; informace

E9/9 **vedle**: mého nového časopisu, toho malého domku; toho prvního cédéčka, té velké vily

E9/10 **do**: příštího jara, příštího léta, příštího podzimu, příští zimy; jednoho týdne, jednoho měsíce, jednoho roku

E9/11 s dárkem, s deštěm, s podzimem; s jarem, s létem; se sluncem; s počasím, s blahopřáním; se zimou, s mlhou, s oslavou; s informací – **před**: domkem; bouřkou, oslavou, procházkou // týdnem, měsícem, rokem – **pod**: časopisem, sněhem; nulou – **nad**: CD přehrávačem; vilou, nulou – **za** mrakem

E9/12 nový CD přehrávač, zajímavý časopis, staré noviny, dlouhá procházka, příští týden, příští měsíc, chladné jaro, horké léto, sluneční podzim, dlouhá zima, špatné počasí

KEY

E9/13 1. ho 2. ji 3. je 4. ji 5. ho 6. je 7. ho 8. mě 9. tě 10. vás 11. nás 12. mě 13. je 14. tě

E9/14 1. Kdy přijdeš? 2. Kdy přijdete? 3. Doufám, že přijde ve dvě hodiny. 4. Přijdu určitě v sedm hodin ráno. 5. Nevím, kdy přijdu. 6. Nevíte náhodou, kdy přijdou? 7. Přijdeme v osm hodin.

E9/15 1. dám 2. dejte 3. dát 4. dají 5. dáme 6. padá, fouká 7. nenudím 8. povídáme 9. pršet 10. překvapí 11. ruším 12. svítí 13. věřím 14. vypočítat 15. zajímají

E9/16 1. mi 2. ti 3. nám 4. vám 5. mi 6. nám 7. vám 8. ti

E9/17 1. mu 2. jí 3. jim 4. jí 5. mu 6. jim

E9/18 1. vám 2. ti 3. mu 4. jí 5. jim 6. jí 7. jim 8. mu 9. nám 10. ti 11. jim 12. vám 13. mi 14. vám 15. komu 16. komu

E9/19 1. vám 2. mně 3. komu 4. němu 5. ní 6. nim 7. nám 8. komu 9. tobě

E9/20 1. doktorovi 2. panu Mrázkovi 3. doktoru Novákovi 4. tomu taxikáři / taxikářovi 5. ke klientovi 6. proti Petrovi 7. naproti Felixovi

E9/21 1. asistentce 2. paní doktorce Krátké 3. naproti inženýrce Zdeňce Němcové 4. Anně, Daně, Heleně, Janě a Martě 5. Kláře, Noře a její sestře Sandře 6. Tereze, Izabele, Kamile a Ludmile 7. proti Klaudii a Julii 8. k Irmě a Zdislavě

E9/22 1. Kolik je mu let? 2. Kolik je mu let? 3. Kolik je jim let? 4. Kolik je jí let? 5. Kolik je mu let?

E9/23 1. je 2. je 3. je 4. jsou

E9/24 1. Does he like the book? 2. She likes this dress. 3. Do they like it here? 4. Do you like the film? 5. Alice, do you like these shoes? 6. I like his tie. 7. Who likes it? 8. I hope she will like it. 9. I think he won't like it. 10. We like the idea very much but they do not like it. 11. I am afraid he does not like it at all. 12. I quite like it.

E9/25 1. Líbí se vám ten obraz? 2. Líbí se ti ten nábytek? 3. Nelíbí se mi to. 4. Líbí se jí to auto, ale nelíbí se jí jeho barva. 5. Líbí se nám vaše zahrada. 6. Nelíbí se mu ten / tento oblek. 7. Líbí se jim tady.

E9/26 1. Je slunečno. 2. Je chladno. 3. Je horko. 4. Je velmi sucho. 5. Je mokro. 6. Je zataženo.

E9/29 A3, B7, C1, D2, E5, F6, G4, H8

E9/30 prvního ledna, dvacátého druhého února, sedmnáctého března, třicátého května, dvacátého čtvrtého června, čtvrtého července, dvanáctého října, jedenáctého listopadu, dvacátého pátého prosince, dvanáctého dubna

E9/31 něco teplého, nic nemožného, něco moderního, něco malého, nic zajímavého, něco jiného, nic jiného

E9/32 1. přát 2. přeji 3. přejí 4. přeješ 5. přejete 6. přejeme 7. přát 8. přeje

155

E9/33 1. čteš 2. čte 3. číst 4. čte 5. čtete 6. čtou 7. nečteme

E9/34 nula celá pět, jedna celá dvě, dvě celé sedm, čtyři celé šest, devět celých tři

E9/35 1. Jdu k nim. 2. Dáš mi to, prosím tě? 3. Dáte nám to, prosím vás? 4. Budete hrát proti ní? 5. Komu to patří? 6. Ten dům mu nepatří. 7. Věřím vám. 8. Je jí 25 let. 9. Líbí se ti jeho kravata? / Líbí se vám jeho kravata? 10. Prší. 11. Je teplo a slunečno. 12. Vrátí se šestého ledna. 13. Chci koupit něco hezkého. 14. Nepřeji si nic jiného. 15. Čtete ty noviny? Ne, nečtu je. 16. Co čteš?

E9/36 1. prvního 2. prvního 3. ho 4. mu 5. mu 6. mu 7. drahou 8. mu 9. mu 10. příliš 11. drahá 12. ji 13. od 14. plná 15. mu 16. mu 17. v létě 18. mu 19. mu 20. drahého 21. ji

E9/37 Máte CD přehrávač? Čtete časopisy? Čtete noviny? Půjdete dnes na procházku? Prší? Máte dnes narozeniny? Máte narozeniny čtvrtého prosince? Kdy máte narozeniny? Sedí někdo naproti vám? Nudíte se? Je venku hezky? Kolikátého je dnes? Kolikátého bude zítra?

E9/38 1. Zítra bude zataženo s deštěm, ale nebude chladno. 2. Ráno bude asi patnáct stupňů Celsia, odpoledne budou asi dvacet čtyři stupně. 3. Víkend bude slunečný a velmi teplý. 4. Příští týden bude teplo a sucho.

E9/39 1. Čte pan Mrázek noviny? (ne) 2. Líbí se Alici ta stará kniha? (ne) 3. Vezme si Alice deštník? (ne) 4. Je venku mokro? (ano) 5. Jde proti Alici Vojta? (ne) 6. Má Petr narozeniny? (ne) 7. Je Vojtovi devatenáct let? (ano) 8. Koupí Alice Vojtovi cédéčko? (ne) 9. Je Alice smutná? (ano) 10. Je Alice zvyklá na mráz? (ne) 11. Myslí Vojta, že v noci přijde bouřka? (ano)

Unit 10

W10/3 diskette, electric / electrical, conference

T10/1 **Oskar is moving**

T10/1.1 **Oskar wants to move**

Oskar needs a new office. He is successful, he has lots of clients and his old office is already too small. There are only two rooms there – Oskar works in one room and Šárka and Mrs Benešová work in the other (*room*). Oskar has several meetings every day. Sometimes he also has business discussions. He needs a conference room. This is not the only problem. The office is in an old house. It is on the fourth floor and the lift is often out of service (*does not often work*). That is very uncomfortable. However, it is not difficult for a real estate agency manager to find new rooms.

T10/1.2 **Oskar is joking**

"I have good news for you," says Oskar to Mrs Benešová and Šárka. "We have a new office. You may want to ask (*me*) how large it is and whether it is in the city centre. It is not right in the centre of the city but it is not far away from the centre. It is near the Underground, in a quiet street where there is enough space for parking.

KEY

It has four large rooms, a kitchenette and even a bathroom. The windows face the street and a small green park, which is on the other side of the block (*of houses*). Lovely, isn't it?"
"Yes, (*it is*)" says Šárka, "I am glad about not having to travel very far. I am, however, interested in one thing above all – which floor is it (*on*)?"
"The seventh floor without a lift," answers Oskar.
"That's not true, is it? You must be joking," says Mrs Benešová. "I think that there does not exist a seventh floor without a lift. But actually, when the lift is out of service (*is not working*) ..."
"Of course I am joking," says Oskar. "Our new office is on the ground floor."
"When are we moving?" asks Šárka. "As soon as possible," answers Oskar. "Today is Friday. Are you free at the weekend? I am not joking now, however. The cupboards (*cabinets*), desks and chairs will be left here for a new tenant. We will have some other furniture. We will only take things such as (*our*) computers, the fax machine and (*our*) documents. Would you like to go and see the place? My car is downstairs (*outside the house*)."

T10/1.3 Oskar will come immediately

Mrs Benešová and Šárka are sitting in the car. Mrs Benešová is sitting at the back, Šárka (*is sitting*) at the front.
"Šárka, would you sit to the back, please," says Oskar, "I want to put some books to the front (*on the front seat*)."
"Which way are we going?" asks Šárka.
"Along the motorway and then to the left," says Oskar.
It doesn't take long to get there. (*The journey does not take long.*) In twenty minutes, they are there (*on the spot*). "I will park here," says Oskar. "Go to the right and up (*to the house*). It is the third house. Here is the key. Don't wait for me and go inside. I'll be there in a minute. (*I will come right away.*) I only want to take the books."

T10/1.4 Is it an office or a flat?

"Seen from the outside the house does not look very nice but the inside is quite nice," says Mrs Benešová.
"I think that it is a normal flat," says Šárka. "The hall is still empty; we have to put a mirror and a coat rack in here. Let's go on. There are even a washing machine and a (tumble) dryer in the bathroom. There are kitchen units, a refrigerator and a dishwasher in the kitchen. The first room may be ours. There are two desks, two armchairs, a small table and a big bookcase here. What is this? A chest of drawers?" she asks.
"No, it may be a cabinet for documents and various small things," answers Mrs Benešová.
"Where does this door go?" wonders Šárka. "I see. Come here and have a look," she shouts. "Here is a wall unit."
"Do you know what I don't know?" says Mrs Benešová. "For whom the fourth room is. Actually, where is Mr Kubišta?"
"Look downwards, over there," says Šárka, who is looking out of the window. "He is speaking to a policeman there. Maybe he's parked in the wrong place."

T10/1.5 Šárka is already tired of it

Šárka is sitting on the floor looking for an important contract. She is tired and dirty. There is a lot of mess everywhere. On the floor, there are sheets of paper, various

157

documents, a mug, a box of sugar, a telephone book, pencils, an ashtray, books, cups, saucers, diskettes, the company stamp, teaspoons, a big pack of tea and lots of other things.
"Šárka, where is the electric kettle?" shouts Mrs Benešová from the next room, "I need (a cup of) coffee."
"The kettle is in the kitchenette on the fridge, the cups, sugar and teaspoons are down here under the desk. The coffee is over there on the chair next to the jar of honey. Be careful, there are some wine glasses under the chair," says Šárka. "I'll have a cup of tea with honey but first I will put these things in their places. I'll put the telephone books up on the cupboard for the time being."
"Shall I put these books on the shelf?" asks Mrs Benešová.
"No, we have to put them somewhere else," says Šárka. "There is no space left on the shelf. There are files there. We'll put the ashtray and the vase in the cabinet. This computer will go to the desk. Where do these sheets of paper go?" she asks.
"I think that these sheets of paper are supposed to be in the first drawer. I will put them there and then I will take the crockery to the kitchenette," says Mrs Benešová. "We will put the stamp into the safe, and the contracts as well."
"The contract with the Akcent company is gone," says Šárka. "I have been looking for it for half an hour. Do you know by any chance where it is?"
"It is in this box," answers Mrs Benešová. "I know it for certain."
"When are we going home?" asks Šárka. "I am tired of it."
"Who knows?" says Mrs Benešová. "A workman is to come in about an hour; he is to put some pictures on the walls. We are to wait for him."

E10/1 balení, dálnice, dveře, konvice, krabice, místnost, police, předsíň, sklenice, věc, země / zem, řemeslník, blok, dokument, nepořádek, seznam, trezor, zrcadlo, talířek, okno

E10/2 klidný, jediný, špinavý, úspěšný, obchodní, různý, elektrický, vedlejší, konferenční

E10/3 1. my najdeme 2. oni najdou 3. vy najdete 4. já najdu 5. on / ona najde 6. ty najdeš 7. já si sednu 8. on / ona si sedne 9. my si sedneme 10. oni si sednou 11. ty si sedneš 12. vy si sednete

E10/4 **Vidím tady**: stůl, psací stůl, křeslo, stolek, gauč, knihovnu, skříň, postel, prádelník, lednici, pračku, židli / dvě židle.

E10/5 **Mám / Nemám**: jednu / žádnou knihovnu, jednu / žádnou konvici, jedno / žádné křeslo, jednu / žádnou pračku, jeden / žádný psací stůl, jeden / žádný věšák.

E10/6 **Přeji si / Nepřeji si**: nějakou / žádnou elektrickou konvici, nějaké / žádné pohodlné křeslo, nějaké / žádné nové nádobí, nějakou / žádnou drahou sušičku, nějakou / žádnou velkou myčku nádobí, nějaký / žádný starý trezor.

E10/7 a) bloků, parků, šálků, talířků, hrnečků, policistů, dobrých řemeslníků
b) stran, váz, nových disket c) knihoven, lžiček, sušiček, praček, sklenek, skříněk, velkých zásuvek d) dálnic, konvic, krabic, polic, velkých sklenic; malých zemí e) křesel, oken, razítek, hezkých zrcadel f) předsíní; místností, důležitých věcí g) balení, dlouhých jednání

KEY

E10/8 a) **dva**: bloky, seznamy, talířky, šálky, věšáky; řemeslníci; **bez**: bloku, seznamu, talířku, šálku, věšáku; řemeslníka b) **dvě / bez**: knihovny, pračky, lžičky; křesla, razítka; krabice, sklenice; předsíně; místnosti, věci

E10/9 **u**: toho druhého bloku, toho velkého parku; toho nového zrcadla, toho zeleného křesla, našeho okna; té dálnice – **do**: kterého parku, nějakého popelníku, toho šanonu, toho malého šálku; první zásuvky; té krabice; té velké sklenice; vedlejší místnosti – **od**: jednoho řemeslníka, toho policisty

E10/10 (jedno) balení kávy, krabice sušenek, šálek zeleného čaje, hrneček bílé kávy, sklenka vína, sklenice piva, sklenice marmelády, láhev vody, lžička cukru, velikost trezoru, barva vázy, cena pračky

E10/11 s medem, s řemeslníkem; s razítkem; se smlouvou, se sušičkou; s krabicí, s konvicí; s předsíní; s nádobím – **před**: trezorem, prádelníkem; zrcadlem; pračkou, zásuvkou; jednáním – **pod**: věšákem, stolkem; skříňkou; oknem – **nad**: šálkem; knihovnou; zemí – **za**: blokem, parkem; křeslem; vázou; dálnicí; touto místností

E10/12 jediná věc, různé věci, důležitá smlouva, obchodní smlouva, druhá strana, klidné místo, nové nádobí, elektrická konvice, malá lžička, velká sklenice, malá sklenka, dlouhé seznamy, bílé šálky, modré hrnečky, bohatá země, úspěšný muž

E10/13 1. Doufáme, že to pozítří najdeme. 2. Doufám, že to v sobotu najdu. 3. Doufá, že to dnes večer najde. 4. Doufáš, že to zítra ráno najdeš? 5. Doufáte, že to dnes odpoledne najdete?

E10/14 1. Sednete si na gauč? 2. Sedneš si na židli? 3. Nesedneme si na zem. 4. Sedne si na postel.

E10/15 **já**: cestuji, potřebuji, pracuji – **ty**: pracuješ, potřebuješ, žertuješ – **on**: parkuje, cestuje, se stěhuje – **to**: funguje, existuje, potřebuje – **my**: potřebujeme, pracujeme, cestujeme – **vy**: parkujete, potřebujete, se stěhujete – **oni**: pracují, existují, potřebují

E10/16 1. cestuje 2. nefunguje 3. parkujeme 4. parkuje 5. potřebují 6. pracují 7. žertuješ 8. stěhujete 9. žertuji 10. neexistuje 11. potřebuji 12. parkovat 13. pracovat 14. cestuješ 15. stěhovat

E10/17 1. Parkujeme / Parkují na parkovišti. 2. Potřebujeme / Potřebují pracovat. 3. Nepracujeme / Nepracují v neděli. 4. Stěhujeme se / Stěhují se neradi. 5. Žertujeme. / Žertují. 6. Cestujeme / Cestují letadlem.

E10/18 1. Žertuješ často? 2. Parkuješ na ulici? 3. Potřebuješ peníze? 4. Pracuješ celý den? 5. Stěhuješ se rád / ráda?

E10/19 1. Nevím, jestli funguje. / Ne, tahle pračka nefunguje. 2. Nevím, jestli funguje. / Ne, ta elektrická konvice nefunguje. 3. Nevím, jestli existuje. / Ne, taková adresa neexistuje. 4. Nevím, jestli existuje. / Ne, taková firma neexistuje. 5. Nevím, jestli fungují. / Ne, tyhle počítače nefungují. 6. Nevím, jestli existují. / Ne, takové věci neexistují.

E10/20 1. Lukášovi 2. Haně 3. paní doktorce Maškové 4. paní inženýrce Smutné 5. tom inženýrovi 6. panu Pekařovi

159

E10/21 1. škole 2. pokladně 3. zmrzlině 4. disketě 5. skříňce 6. smlouvě 7. křesle 8. knihovně 9. váze 10. straně 11. zásuvce 12. okně 13. sklence 14. myčce 15. zrcadle 16. knize 17. sprše 18. Americe 19. přestávce 20. víně 21. Praze

E10/22 1. v nepořádku 2. v parku 3. v popelníku 4. na seznamu 5. v trezoru 6. na talířku 7. na věšáku 8. v kufru 9. v hrnečku 10. v prádelníku 11. v hotelu

E10/23 1. V lednici. 2. Na polici. 3. V konvici. 4. Ve sklenici. 5. V krabici. 6. Na ulici. 7. V restauraci. 8. Na policii. 9. V garáži. 10. V láhvi. 11. V počítači. 12. V pokoji.

E10/24 1. dešti 2. autě 3. galerii 4. klubu 5. divadle 6. úředníkovi 7. číšníkovi 8. kanceláři

E10/25 1. O čem je ta kniha? 2. Na kom to záleží? 3. O čem je ten film? 4. O kom je tenhle film? 5. Na čem to záleží?

E10/26 1. té nové 2. v tom novém 3. obchodním 4. vedlejší 5. které 6. které 7. kterém 8. jakém, malém, velkém

E10/27 v / ve druhém, ve třetím, ve čtvrtém, v pátém, v šestém, v sedmém, v osmém, v devátém patře

E10/28 a) knihovně, stěně, straně, disketě b) sklence, lžičce, myčce, pračce, sušičce, lince, skříňce, kuchyňce, zásuvce c) krabici, dálnici, konvici, polici, sklenici d) smlouvě; váze; místnosti, věci, předsíni e) zrcadle, křesle; místě, okně f) bloku, parku, popelníku, seznamu, trezoru, šanonu, stolku, talířku g) klíči; řemeslníkovi, policistovi; balení, jednání, nádobí

E10/29 1. Ne, potřebují tamtu mapu. 2. Ne, znají tamtoho muže. 3. Ne, chtějí sklenku tamtoho vína. 4. Ne, mají adresu tamté firmy. 5. Ne, znají cenu tamtoho auta. 6. Ne, patří do tamté zásuvky. 7. Ne, jdou k tamtomu doktorovi. 8. Ne, tu práci dají tamté asistentce. 9. Ne, chtějí mluvit s tamtím úředníkem. 10. Ne, budou mluvit s tamtou sekretářkou.

E10/30 1. sem 2. ven 3. doma 4. doprava, doleva 5. dopředu, dozadu 6. nahoru 7. dolů 8. dovnitř 9. tam

E10/31 1. tady; Přijeď sem, počkáme tady na tebe. 2. venku; Pojď ven. Počkám na tebe venku před domem. 3. doma; V kolik hodin přijdeš domů? V kolik hodin budeš doma? 4. vlevo, vpravo; Pojedeš doleva nebo doprava? Budeš parkovat vlevo nebo vpravo? 5. vpředu, vzadu; Kam si chceš sednout? Dopředu nebo dozadu? Kde budeš sedět? Vpředu nebo vzadu? 6. nahoře; Jdi nahoru do kanceláře. Naše kancelář je nahoře ve druhém patře. 7. dole; Jdi dolů do recepce. Recepce je dole v přízemí. 8. uvnitř; Pojď dovnitř. Tvoji přátelé už jsou také uvnitř.

E10/32 1. Ten džus má být v lednici. 2. Ten hrneček má být ve skříni. 3. Ty šálky mají být na polici. 4. To tričko má být v prádelníku. 5. Ty lžičky mají být v zásuvce. 6. To nádobí má být v kuchyni. 7. Ty dokumenty mají být v trezoru. 8. V bramborové polévce mají být brambory.

E10/33 1. Diskety nemají být v lednici. 2. Televize nemá být v koupelně. 3. Na pizze nemá být čokoláda. 4. Máslo nemá být v knihovně.

KEY

E10/34 1. Naši přátelé mají přijet za týden. 2. V kolik hodin se má vrátit ředitel? 3. Kdo tady má pracovat? 4. Co tady mají dělat? 5. Mají tady být v pět hodin.

E10/35 1. Teď pracuji. 2. On potřebuje / Potřebuje peníze. 3. Ten fax nefunguje. 4. Žertuji. 5. Klíče jsou v autě. 6. Co je v té / této / téhle krabici? 7. Kam patří tento / tenhle šálek? 8. Potřebuje sklenici vody. 9. Peníze jsou v trezoru. 10. Jdu nahoru. 11. Čekají dole. 12. Kdy se stěhujete / stěhuješ? 13. Musím to najít. 14. Mám dát ty knihy na polici? 15. Můj kabát je na věšáku. 16. Co je v té smlouvě? 17. Nemají tady teď být. 18. Máme tady čekat.

E10/36 1. jednopatrový 2. dole 3. vedou 4. vede 5. kuchyňská 6. nahoře 7. skříně 8. psací 9. pohodlnou 10. vedlejším 11. zahrady 12. křesle

E10/37 Potřebujete něco? Parkujete před domem? Pracujete večer? Je na vašem stole nepořádek? Sedíte na pohodlné židli? Funguje váš telefon? Bydlíte v klidné ulici? Budete se brzy stěhovat? Sedíte v autě vpředu nebo vzadu? Kolikátého je dnes?

E10/38 1. Chcete jít nahoru, nebo mám jít dolů? 2. Parkujete na parkovišti? 3. Co je v té krabici? 4. Je v té sklenici med nebo džem? 5. Kam mám dát ten špinavý šálek? 6. Bude to jednání úspěšné? 7. V mé zásuvce jsou různé věci.

E10/39 1. Je Oskar úspěšný? (ano) 2. Potřebuje Oskar konferenční místnost? (ano) 3. Je ta stará kancelář ve třetím patře? (ne) 4. Je nová kancelář v sedmém patře? (ne) 5. Bude Oskar stěhovat nábytek? (ne) 6. Je předsíň v nové kanceláři prázdná? (ano) 7. Ví paní Benešová, pro koho je čtvrtá místnost? (ne) 8. Je elektrická konvice v pokoji na zemi? (ne) 9. Má Šárka čekat na řemeslníka? (ano)

Unit 11

W11/3 elegant, cocktail, Russia, (to) start (*a motor vehicle; also in a race*), (to) start a car

T11/1 **Dinner in Mariánské Lázně**
T11/1.1 **Vilma is going to Mariánské Lázně**

Vilma is sitting in a train (and) reading a novel. Some elderly people, perhaps German tourists, are sitting next to her by the window and opposite. They are looking out of the window watching the Berounka river. The next stop is at Plzeň but Vilma is not getting off this time. She is travelling on to Mariánské Lázně. Her friend Anette, who lives in Germany, will be waiting for her at the railway station in Mariánské Lázně. Mariánské Lázně is a spa. Ill people come here to take a cure, healthy people relax here. Anette comes every year to spend her holiday here. She stays at a hotel, which is in the middle of a green park, she sleeps a lot, goes for long walks, drinks the waters, eats light food and goes swimming to a swimming pool. In the evenings, she goes to concerts or reads something nice.
The journey is very pleasant. Eurocity is a fast and comfortable train and Vilma is travelling first class. Vilma never travels second class and she always travels on Eurocity trains only.

T11/1.2 Anette is glad to see Vilma

Vilma is getting off the train and Anette is meeting her. "Hi, Vilma, I am glad you are here."
"How are you, Anette?" asks Vilma.
"I am very well," answers Anette. "And you? Are you tired?"
"No, I am not tired at all," says Vilma. "I am looking forward to a walk in the park. It (the weather) is fine. The weather is better here than in Prague. It is not so (*very*) hot here."
"All right," says Anette, "we'll go (*let's go*) to the park now. We can sit there on a bench. We can also go somewhere to have a coffee or an ice cream. We are going to have dinner at eight o'clock. We have a reservation for a table in a nice restaurant."

T11/1.3 What will they have?

In the restaurant, they are welcomed by a waiter in a black tailcoat. He shows them to their table. On the table, on a white tablecloth, there are white napkins, a yellow rose in a narrow vase and a yellow candle.
"Would you like an aperitif and a starter?" asks the waiter.
"Yes," answers Alice. "Can you bring (*give*) us a light cocktail?"
"Certainly," answers the waiter.
"And the starter?" continues Anette. "Nothing warm. Perhaps a stuffed tomato."
"As you like," says the waiter.
Vilma is reading the menu. "I'll have something light," she says. "Perhaps an omelette and mushrooms. I also fancy something sweet. Perhaps pancakes."
"An omelette and pancakes do not make a good combination," says Anette. "Have something (*you can combine*) with rice or chips and then we'll have pancakes as a dessert. I fancy a sauce and dumplings but I can't have it because I am on a diet. I have been eating only light food all week."
"Have you decided (*chosen*)?" asks the waiter.
"I haven't decided yet (*Me not yet*), just a moment, please," says Vilma.
"I'll have cauliflower au gratin (*with cheese*)," says Anette.
"I have already decided, too," says Vilma. "I'll have asparagus and hollandaise sauce."
"Would you like some white wine?" asks the waiter.
"Yes, please (thank you)," says Vilma.

T11/1.4 What's new?

"Are you enjoying the asparagus?" asks Anette Vilma.
"Yes, I am (enjoying it). It is excellent. I also like the wine very much. I often drink wine but I seldom drink wine that is so fine. I like it here. The service is fast and pleasant. They have beautiful wineglasses and silver cutlery here. Have you heard the latest? (*Do you know what new is?*) I have an interesting (boy)friend. He is a banker and lives in Spain. He is single, he is interested in finance and politics and can speak (knows) a lot of languages."
"Is he a Spaniard?" asks Anette.
"I am not sure. (*I don't know it for certain.*)" says Vilma. "I think he is. His name is Felix Carraso. He has black hair, wears elegant suits, smokes cigars and travels (*flies*) all over the world. He is really interesting."
"How old is he?" asks Anette.

KEY

"He'll be thirty eight this year. I am much younger than he (*is*)."
"Would you like a dessert?" asks the waiter.
"Can you recommend (*us*) something?" asks Anette.
"Yes, I can recommend (*you*) crepes suzette, peach Melba or perhaps Sacher cake and whipped cream ..."
"Crepes Suzette and coffee to follow," says Vilma and (*then*) she goes on, "He can speak Czech and he often comes to Prague. We talk about horoscopes, about political problems, about the prices of shares on the world stock market, about Swiss banks, Ireland, Russia and about the European Union ..."

T11/1.5 Anette has a new flat

"The pancakes are really excellent, aren't they?" says Vilma.
"Yes, they are," answers Anette. "I like watching the waiter preparing them. Do you know that I have a new flat?"
"Really? Where?" asks Vilma.
"In the same house but on a higher floor and on a different side of the block (house)," says Anette. "The windows do not face the street, so I do not have to listen to the drivers starting their cars. It is much better than the previous (*first*) one."
"(Do you have) another wish? (*Some*) liqueur with the coffee?" asks the waiter but Anette and Vilma do not want anything else.
"The hall is wider and longer and the kitchen is larger," continues Anette. "The kitchen units are shorter and narrower but it doesn't matter. I don't have much crockery. Unfortunately the bathroom is rather (*a little*) poorer (*worse*) than that in the previous (*first*) flat."
"Is the rent much higher?" asks Vilma.
"No, it is not. It is even lower because there are only three rooms there," says Anette.
"It is late; we will pay (*let's pay*) and leave. Waiter, the bill please."
"Certainly. Will you be paying together or separately?" asks the waiter.
"Together," says Anette.

T11/2 Booking a table

Waiter: Konvalinka (*Lily of the Valley*) Hotel, good morning.
Anette: Good morning, this is Mrs Krammer speaking. Could you reserve a table for two persons for tomorrow night, please?
Waiter: Certainly, Mrs Krammer, but there are going to be lots of people here tomorrow night. The adjoining restaurant is fully booked. There is going to be a wedding reception there. If you want a quiet evening, you'd better ask somewhere else.
Anette: Thank you. In that case I'll ask you about the day after tomorrow. It (*the restaurant*) is probably fully booked tonight, isn't it?
Waiter: I can book a table for you for the day after tomorrow and for tonight, I think, as well. Just a moment, I'll consult the book. Yes, there is a free table. You can take your choice or you can come tonight and the day after tomorrow, too.
Anette: All right, thank you. Would you book a table for tonight for me? We will come at about eight o'clock.
Waiter: We'll be looking forward to your visit.

E11/1 bazén, burza, broskev, dezert, dieta, koncert, nájem, lázně, obsluha, omáčka, omeleta, osoba, předkrm, případ, řeka, svatba, svět, účet, vrchní

163

E11/2 dietní, elegantní, nemocný, obsazený, nízký, příjemný, rezervovaný, rychlý, sladký, stejný, stříbrný, výborný

E11/3 dát si, doporučit, chodit, chutnat, jezdit, jmenovat se, léčit, létat, nosit, plavat, pokračovat, připravovat, rezervovat, těšit se, vybrat si, vystupovat, zaplatit

E11/4 a) broskev, jazyk, román, růže, svět, žampion b) létat, plavat, pokračovat, spát, rezervovat, vystupovat

E11/5 Dám si / Nedám si: aperitiv, předkrm, dezert; omáčku, omeletu.

E11/6 1. nějaké hranolky 2. ten velký knedlík 3. dietu 4. vedlejší lavičku 5. nový ubrousek 6. řeku Vltavu 7. jednu bílou růži 8. zajímavý román 9. svatbu

E11/7 a) jazyků, knedlíků, hranolků, koncertů, případů, starých románů b) tříd, řek, osob, burz, velkých omelet c) svateb, omáček, autobusových zastávek; jídel d) kombinací, žlutých růží; broskví

E11/8 a) dva: aperitivy, knedlíky, dezerty, předkrmy; bez: aperitivu, knedlíku, dezertu, předkrmu b) dvě / bez: omáčky, omelety, zastávky; růže, kombinace; jídla

E11/9 u: toho nového bazénu, té široké řeky – do: téhle omáčky, tamté omelety, druhé třídy; Německa, Ruska

E11/10 v bazénu, v románu, v ubrousku; v řece, v omáčce; v omeletě, ve třídě; v Německu, v Rusku – na: jídelním lístku, účtu / účtě, koncertě / koncertu, ubrusu / ubruse; lavičce, zastávce, svatbě – po: jídle; aperitivu, dezertu

E11/11 a) 1. toho elegantního muže, toho rezervovaného inženýra, tu elegantní ženu, tu rezervovanou vstupenku 2. toho elegantního muže, toho rezervovaného inženýra, té elegantní ženy, té rezervované vstupenky 3. tomu elegantnímu muži, tomu rezervovanému inženýrovi, té elegantní ženě, té rezervované vstupence 4. tom elegantním muži, tom rezervovaném inženýrovi, té elegantní ženě, té rezervované vstupence b) 1. ten obsazený hotel, ten rezervovaný pokoj, to elegantní auto, to rychlé auto 2. toho obsazeného hotelu, toho rezervovaného pokoje, toho elegantního auta, toho rychlého auta 3. tom obsazeném hotelu, tom rezervovaném pokoji, tom elegantním autě, tom rychlém autě

E11/12 a) já si dám, já létám, já vítám – ty si dáš, ty létáš, ty vítáš – on / ona si dá, on / ona létá, on / ona vítá – my si dáme, my létáme, my vítáme – vy si dáte, vy létáte, vy vítáte – oni si dají, oni létají, oni vítají
b) já chodím, já léčím, já nosím; já doporučím, já zaplatím; já spím – ty chodíš, ty léčíš, ty nosíš; ty doporučíš, ty zaplatíš; ty spíš – on / ona chodí, on / ona léčí, on / ona nosí; on / ona doporučí, on / ona zaplatí; on / ona spí – my chodíme, my léčíme, my nosíme; my doporučíme, my zaplatíme; my spíme – vy chodíte, vy léčíte, vy nosíte; vy doporučíte, vy zaplatíte; vy spíte – oni chodí, oni léčí, oni nosí; oni doporučí, oni zaplatí; oni spí
c) já se jmenuji, já pokračuji, já připravuji, já rezervuji, já vystupuji – ty se jmenuješ, ty pokračuješ, ty připravuješ, ty rezervuješ, ty vystupuješ – on / ona se jmenuje, on / ona pokračuje, on / ona připravuje, on / ona rezervuje, on / ona vystupuje – my se jmenujeme, my pokračujeme, my připravujeme, my rezervujeme, my vystupujeme – vy se jmenujete, vy pokračujete, vy připravujete, vy rezervujete, vy vystupujete – oni se jmenují, oni pokračují, oni připravují, oni rezervují, oni vystupují

KEY

d) **já** plavu; já si vyberu – **ty** plaveš; ty si vybereš – **on / ona** plave; on / ona si vybere – **my** plaveme; my si vybereme – **vy** plavete; vy si vyberete – **oni** plavou; oni si vyberou

E11/13 já si dám, já budu létat; já budu chodit, já zaplatím; já budu pokračovat; já budu plavat, já si vyberu

E11/14 **s**: aperitivem, předkrmem, dezertem, knedlíkem, účtem; omáčkou, omeletou; růží; jídlem – **před**: koncertem, předkrmem; jídlem; svatbou – **pod**: ubrusem, ubrouskem – **nad**: bazénem, případem – **za**: řekou, zastávkou

E11/15 obsazené místo, nízký nájem, minerální voda, nemocný vrchní, politická strana, výborná omeleta, rezervovaný stůl, rychlé auto, stejná věc, příjemná cesta, stříbrná svatba, sladké jídlo, elegantní mladý muž, švýcarská banka, německý jazyk

E11/16 1. vaši návštěvu 2. dovolenou 3. tebe 4. něho 5. ni 6. ně 7. vanilkovou zmrzlinu 8. šálek černé kávy 9. sklenku vína 10. sklenici minerálky 11. jmenuje 12. jmenujete se

E11/17 1. Já si dám sklenku vína. 2. Já vám dám ten časopis. 3. Já se na ně těším. 4. Já si to nekoupím. 5. Já k nim půjdu.

E11/18 1. mi 2. mu 3. jí 4. vám 5. jim 6. nám 7. ti

E11/20 1. Být nemocný je horší než být zdravý. 2. Jsou doutníky lepší než cigarety? 3. Londýn je mnohem větší než Praha. 4. Evropa je mnohem menší než Amerika. 5. Cesta z Prahy do Londýna je mnohem kratší než cesta z Prahy do New Yorku. 6. Kabát je delší než sako. 7. Dům, který má dvě patra, je nižší než dům, který má deset pater. 8. Sklenice je vyšší než šálek. 9. Stolek je užší než stůl. 10. Dálnice je širší než ulice. 11. Matka je starší než dcera. 12. Syn je mladší než otec.

E11/21 lepší, horší, menší, větší, delší, kratší, vyšší, nižší, širší, užší, mladší, starší

E11/23 1. vás 2. něho 3. tě 4. nás 5. mne 6. nich 7. jí 8. tebe

E11/24 1. chodím 2. chodí 3. chodíme 4. chodí 5. jezdím 6. nejezdím 7. jezdím 8. jezdí 9. létají 10. nosí

E11/25 1. Jak často jezdí tramvaj do Dejvic? 2. Jak často chodí Mrázkovi do divadla? 3. Jak často chodí Petr hrát tenis? 4. Jak často chodí Vojta na fotbal? 5. Jak často jezdí Helena na výlet? 6. Jak často chodí Klára do školy? 7. Jak často jezdí Oskar za klientem? 8. Jak často létají letadla do Bruselu? 9. Jak často létá pan Kendall do Sydney?

E11/26 1. nečeká 2. čekám 3. nesedím 4. nedívá 5. ptám 6. volají

E11/27 1. málokdy 2. často 3. nikdy 4. někdy 5. obyčejně 6. vždycky

E11/28 1. vrchního 2. dovolenou 3. vrchnímu 4. dovolenou 5. dovolené 6. vrchního

E11/29 a) bytech, hotelech, bazénech, klubech, barech, časopisech, papírech, dokumentech, seznamech; městech, autech, kolech, divadlech, kinech b) kancelářích, skříních; ulicích, policích, restauracích, pohlednicích, lednicích, sklenicích, zemích; počítačích, hostincích, pokojích; náměstích, baleních; letištích, parkovištích c) bankách, burzách, firmách, smlouvách, novinách, knihách, knihovnách, zásuvkách, stranách, lavičkách, zastávkách, řekách, školách

E11/30 v drahých hotelech, v dobrých časopisech, v malých bytech, ve velkých městech, ve starých divadlech, ve velkých kancelářích, v drahých restauracích, v malých zemích, v dobrých bankách, ve velkých firmách

E11/33 1. Nemůže počkat, protože pospíchá. 2. Nemůže si koupit nové auto, protože nemá dost peněz. 3. Nemůže hrát kriket, protože ho neumí. 4. Nemůže číst ty anglické noviny, protože neumí anglicky. 5. Nemůže jet v pondělí na výlet, protože musí pracovat.

E11/34 1. Můžete / Můžeš moment počkat? 2. Můžete / Můžeš mi dát šálek čaje? 3. Můžete / Můžeš mu zavolat později? 4. Můžete / Můžeš přijít zítra? 5. Můžete / Můžeš mi dát číslo telefonu? 6. Co mi můžete / můžeš doporučit? 7. Mohu přijít trochu později? 8. Mohu si vzít tyhle noviny? 9. Mohu vám / ti zase zavolat? 10. Mohu nechat vzkaz?

E11/35 1. žije 2. žiji 3. nežijeme 4. žijete 5. žiješ 6. žije, žije 7. žijí 8. pijete 9. piji 10. piješ 11. pije 12. pijeme 13. pijí 14. jíte 15. nejíš 16. jedí 17. nejí 18. jezte, pijte

E11/36 1. Dám si šálek kávy a sklenici minerálky. 2. Jak se jmenuje vaše / tvá / tvoje matka? 3. Já se nejmenuji Ondřej. 4. Piješ / Pijete víno? 5. Kde žijete? 6. Jíte zeleninu? 7. Toto / Tohle místo je lepší než tamto. 8. Toto / Tohle místo je obsazené. 9. Je jeho bratr starší než on? 10. Mohu si to vzít? 11. Co si dáte?

E11/37 v kancelářích, v červenci, ve městech, bez problémů, s mlékem, s klientem, pro sekretářku, do banky, na zastávce, o úředníkovi

E11/38 1. volný 2. u okna 3. jídelní lístek 4. něco 5. pivo 6. minerálku 7. děkuji 8. vybráno 9. moment 10. vrchní 11. šlehačkou 12. mne 13. dlouho 14. drahé 15. koho 16. pro 17. tady 18. přání 19. chutná 20. dám si 21. minerálky 22. nějaké 23. účet

E11/39 Jezdíte často vlakem? Chodíte do kina každý týden? Chodíte do školy? Létáte často do Ameriky? Nosíte džíny? Máte na sobě svetr? Dáte si před večeří aperitiv? Těšíte se na dovolenou? Spíte v neděli dlouho? Čtete romány? Líbí se vám žluté růže? Plavete v bazénu nebo v řece? Máte něco stříbrného? Kolikátého je dnes?

E11/40 Ten první je větší než ten druhý, ale ten druhý je širší než ten první. Ten třetí je delší než ten první, ale kratší než ten druhý. Který je lepší, ten první, nebo ten druhý?

E11/41 1. Jede Vilma vlakem? (ano) 2. Jezdí Vilma druhou třídou? (ne) 3. Žije Anette v České republice? (ne) 4. Chodí Anette plavat do řeky? (ne) 5. Přeje si Anette aperitiv? (ano) 6. Dá si Vilma teplý předkrm? (ne) 7. Dá si Anette omáčku a knedlíky? (ne) 8. Dají si Anette a Vilma broskev se zmrzlinou a se šlehačkou? (ne) 9. Mluví Vilma s Felixem o irských bankách? (ne) 10. Má Anette nový byt? (ano)

Unit 12

W12/3 India, in the photograph, pessimistic, optimistic, reconstruction

T12/1 **Is Oskar going to make a good deal?**
T12/1.1 **Oskar has to work overtime**

"See you tomorrow," says Šárka, when she is leaving the office.
"See you and have a nice day / evening," answers Oskar. "I am leaving later today. I think I'll stay here until (*late into*) the evening. I still have a lot of work to do."
It is already dark outside and the moon is shining but Oskar is still working. At eleven o'clock, when he is at last about to leave, the phone rings. "Kubišta speaking," says Oskar and thinks that someone has got the wrong number.
"Good evening, this is Charvát (*speaking*). I apologise for calling so late in the evening."
"It doesn't matter at all," says Oskar. "What can I do for you?"
"An acquaintance of mine wants to buy a house in Prague. His name is Ráj and he is a businessman from India. He trades in tea and he wants to establish an Indian restaurant in Prague. Can you offer him something?" asks Mr Charvát.
"Certainly," answers Oskar. "How large is the house supposed to be and how much approximately is it supposed to cost?"
"I don't know it for certain," answers Mr Charvát. "If it suits you, I'll bring Mr Ráj to Prague tomorrow and I'll take him back to Ostrava again in the evening."
"All right," says Oskar, "I'll prepare an offer meanwhile."
"Thank you very much," says Mr Charvát. "We will be in your office at about 2 p.m. Good night."

T12/1.2 **Oskar is offering houses to Mr Ráj**

Šárka is leading Mr Charvát and his acquaintance to the office. "Come in, sirs, and take a seat," she says. "What can I get you? Coffee, tea, juice, mineral water or something else?"
"A cup of tea, please," says Mr Ráj. "May I smoke here?" asks Mr Charvát.
"Yes, of course, I'll get you an ashtray," answers Šárka. "Here comes Mr Kubišta."
"Good afternoon," says Oskar, who looks tired.
"Good afternoon. Mr Ráj, this is Mr Oskar Kubišta, the manager of this real estate agency. I believe that he will be able to advise you," says Mr Charvát. "Mr Kubišta, this is Mr Ráj, the Indian businessman who needs a house in Prague."
"How do you do," says Mr Ráj and takes the photographs Oskar is handing him.
"I have several offers for you," says Oskar. "Would you have a look at these photographs and take your choice? I hope you will like one of these houses. We can go there (together) and see the place. This house is the most expensive and the biggest but I think that you won't like it. It is the least comfortable. This house is more comfortable and a little less expensive but it is rather far away from the town centre."
"I will have a look at the photographs first and then I will ask you about the details," says Mr Ráj. He is looking at the photographs with interest. "I like this large detached house," he says, "it is nice, it is large enough and has a beautiful garden. How old is it?"
"Approximately seventy years." answers Oskar. "It has five rooms on the ground floor, six rooms on the first floor, two bathrooms and two toilets. Unfortunately there

167

is not a garage and the roof is in need of repair. The owner (*of the house*) has not lived there for two years."
"And what about this house?" asks Mr Ráj. "This one is probably newer (*not as old as the previous one*) and more expensive."
"Yes, this one is twenty years old and it has been reconstructed (*is after a reconstruction*). It is approximately as expensive as the large detached house. There is a garage for two cars but the garden is a little smaller. It does not have so many rooms as the large detached house but it is a nice house in a quiet part of Prague."
"May I see both of the houses?" asks Mr Ráj. "(*Having*) a garage is not very important (*to me*), I can park (*my car*) outside the house at worst."
"Just a moment," answers Oskar, "I'll take my car keys."

T12/1.3 Mr Ráj is not interested in renting a house

First they are all going to view the large detached house. It is situated in the middle of a garden and there is a high fence all around. The gate cannot be opened because it is old and no one opens it. When Oskar opens it at last, they can go inside. Not only the roof but the whole house is in need of repair. The cellar is damp, the rooms are not clean and the loft is full of pigeons. Mr Ráj does not like the house at all. He is disappointed. He wants to see the other house as well but he is beginning to be pessimistic. He fears that it (*this one*) will be as bad as the first one.
The other house, however, makes a better impression. First they go and view the garage, then the cellar, the ground floor, the first floor and finally the attic. The garage is really very roomy (*there is a lof of space in the garage*), there is even a workshop in the cellar, there are two (*living / bed*) rooms, a kitchen, a bathroom and a toilet on the ground floor, there are four (*living / bed*) rooms and a bathroom on the first floor and the attic is also habitable. Mr Ráj is contented. "Is the water-pipe system in (*working*) order?" he asks.
"Yes, (*it is*)," answers Oskar. "As you know, the house has been reconstructed. The water pipe system, electricity, heating, everything is in (*working*) order."
"What sort of heating is it?" asks Mr Ráj. "Is electricity, gas or coal used for heating (*electric, gas or coal-fired*)?"
"Gas (*It is gas heating*)" answers Oskar. "As far as I know, it works well. Let's go on, I will show you the garden," he continues. "There are lots of fruit trees and also some bushes in the garden. There are redcurrant bushes and gooseberries at the back (*of the garden*). There are some flowers here in the front."
"How old are the trees?" asks Mr Ráj.
"They are not very old. I think that some of them are four years old, others may be a little older," answers Oskar when they are returning to the car. "I know of another house," he says. "It is very nice, (*it is*) new, has a swimming pool but I am afraid it is not for sale. It is only to be rented (*let*) and the owner of the house chooses his tenants himself. He is a very strict man."
"No, thank you, I am not interested in renting a house. I like this house," says Mr Ráj. "I think that you can prepare a draft contract."

E12/1
branka, dílna, dojem, chodba, komín, květina, majitel, nabídka, nájemník, obchodník, oprava, plot, plyn, podrobnost, část, pronájem, půda, rekonstrukce, vodovod, schod, sklep

E12/2
přísný, spokojený, známý, pesimistický, čistý

KEY

E12/3 opravit, poradit, připravit, založit, brát, odnést, odvézt, přinést, přivézt, ukázat, zůstat, otevřít, zavřít, nabídnout, chystat se, otevírat, podávat, vybírat si, podat, udělat, odcházet, vracet se, obchodovat

E12/4 a) květina, plyn, angrešt, rybíz b) brát, obchodovat, odcházet, podávat, vybírat

E12/5 1. okno 2. dveře 3. schody 4. sklep 5. půda 6. střecha 7. komín 8. kotel

E12/6 Znám / Neznám: toho člověka, toho obchodníka, nového majitele, toho nájemníka, vašeho známého.

E12/7 1. nějakou dílnu 2. tu branku 3. chodbu 4. tuhle květinu 5. nějakou nabídku 6. velkou opravu 7. nějakou podrobnost 8. rekonstrukci 9. novou střechu 10. tmu

E12/8 a) dojmů, schodů, keřů, stromů, komínů, majitelů, špatných obchodníků b) květin, střech, oprav c) dílen, chodeb, zajímavých nabídek d) rekonstrukcí; částí, důležitých podrobností e) mých dobrých známých

E12/9 a) **oba**: stromy, komíny, schody, ploty; **bez**: stromu, komínu, schodu, plotu b) **oba / bez** keře; **obě / bez**: nabídky, opravy; rekonstrukce; podrobnosti, části; topení

E12/10 **u**: stromu, plotu; branky; obchodníka; majitele, známého – **do**: návrhu; nabídky – **od**: toho člověka, bohatého obchodníka, druhého nájemníka; nového majitele – **z**: vodovodu; chodby

E12/11 **v**: dílně, dílnách – **na**: chodbě, chodbách; střeše, střechách; stromě, stromech; keři, keřích – **o**: obchodníkovi, obchodnících

E12/12 **s**: člověkem, obchodníkem, nájemníkem, majitelem, návrhem; elektřinou, květinou – **před**: opravou; rekonstrukcí – **pod**: stromem; střechou – **nad** sklepem – **za** plotem

E12/13 mladí majitelé, velcí obchodníci, noví nájemníci

E12/14 a) já se chystám, já otevírám, já si vybírám; já podám, já udělám – **vy** se chystáte, vy otevíráte, vy si vybíráte; vy podáte, vy uděláte – **oni** se chystají, oni otevírají, oni si vybírají; oni podají, oni udělají
b) **já** opravím, já připravím, já poradím, já založím; já odcházím, já se vracím – **vy** opravíte, vy připravíte, vy poradíte, vy založíte; vy odcházíte, vy se vracíte – **oni** opraví, oni připraví, oni poradí, oni založí; oni odcházejí, oni se vracejí
c) já obchoduji, vy obchodujete, oni obchodují
d) **já** beru; já přinesu, já odnesu, já přivezu, já odvezu, já otevřu, já zavřu, já dokážu, já zůstanu, já nabídnu – **vy** berete; vy přinesete, vy odnesete, vy přivezete, vy odvezete, vy otevřete, vy zavřete, vy dokážete, vy zůstanete, vy nabídnete – **oni** berou; oni přinesou, oni odnesou, oni přivezou, oni odvezou, oni otevřou, oni zavřou, oni dokážou, oni zůstanou, oni nabídnou

E12/15 já budu podávat, já podám; já budu odcházet, já odejdu; já budu otevírat, já otevřu

E12/16 bohatý člověk, dobrý dojem, dlouhá chodba, vysoký komín, krásná květina, spokojený majitel, zajímavá nabídka, drahá rekonstrukce, starý strom, pesimistický obchodník

E12/17 1. ho 2. psů 3. jí 4. jich 5. mě 6. vás 7. nás 8. tě 9. někoho 10. nikoho 11. koho 12. toho doktora 13. čeho 14. ředitele

E12/18 1. Oni se nechystají opravit topení. 2. Já se nevracím domů každý pátek. 3. On / Ona se nechystá letět do Madridu. 4. Oni si nevybírají ovoce. 5. Já se nechystám odejít brzy. 6. Já se teď nevracím do kanceláře. 7. Já se nechystám jet do Brna.

E12/19 1. mi 2. mu 3. jí 4. vám 5. jim 6. nám 7. ti

E12/20 chladnější, mírnější, krásnější, komplikovanější, nudnější, unavenější, nervóznější, levnější, modernější, elegantnější, pohodlnější, úspěšnější, klidnější, smutnější, špinavější, milejší, teplejší

E12/21 zdravý, rezervovaný, svobodný, volný, nervózní, slunečný, příjemný, spokojený, přísný

E12/23 Ne, není. 1. Její auto je stejně rychlé jako jeho. 2. Jeho kabát je stejně elegantní jako její. 3. Vedlejší ulice je stejně klidná jako tato ulice. 4. Ta první informace je stejně důležitá jako ta druhá informace.

E12/24 Myslím, že 1. ten první film není tak zajímavý jako ten druhý film. 2. jeho sestra není tak úspěšná jako on. 3. ta taška není tak těžká jako ten kufr. 4. jeho manželka není tak stará jako on.

E12/25 1. Potřebuji širší. 2. Potřebuji větší. 3. Potřebuji pohodlnější. 4. Potřebuji zajímavější.

E12/26 1. Nemáte zajímavější? 2. Nemáte levnější? 3. Nemáte větší? 4. Nemáte modernější?

E12/27 **a)** 12 je méně než 19, 19 je více než 12; 14 je méně než 16, 16 je více než 14; 121 je více než 112, 112 je méně než 121; 1,15 je méně než 1,5; 1,5 je více než 1,15 **b)** 5 je třikrát méně než 15, 15 je třikrát více než 5, 2 jsou dvakrát méně než 4, 4 jsou dvakrát více než 2, 3 jsou dvakrát méně než 6, 6 je dvakrát více než 3, 5 je dvakrát méně než 10, 10 je dvakrát více než 5

E12/28 končit / skončit, parkovat / zaparkovat, věřit / uvěřit, vítat / přivítat, léčit / vyléčit – doporučovat / doporučit, dávat / dát, vystupovat / vystoupit, platit / zaplatit, nechávat / nechat – já budu končit / já skončím, já budu parkovat / já zaparkuji, já budu věřit / já uvěřím, já budu vítat / já přivítám, já budu léčit / já vyléčím – já budu doporučovat / já doporučím, já budu dávat / já dám, já budu vystupovat / já vystoupím, já budu platit / já zaplatím, já budu nechávat / já nechám

E12/29 vezmi si / neber si, odejdi / neodcházej, přines / nenos, odvez / neodvážej, otevři / neotvírej, zavři / nezavírej, zůstaň / nezůstávej, nabídni / nenabízej, poraď / neraď, připrav / nepřipravuj, ukaž / neukazuj, vrať se / nevracej se, vyber si / nevybírej si, odnes / neodnášej, dej / nedávej, podívej se / nedívej se, zavolej / nevolej, zaplať / neplať, počkej / nečekej

E12/30 1. odvezou 2. přinesou 3. otevřou, zavřou 4. ukážou 5. nabídnou 6. odnesou 7. zůstanou 8. připraví

KEY

E12/31 1. Ano, odnesu ty šálky. 2. Ano, odvezu tu starou skříň. 3. Ano, otevřu tu láhev. 4. Ano, přinesu vám ubrousek. 5. Ano, zůstanu tady. 6. Ano, dám vám trochu vody. 7. Ano, přivezu vám novou pračku. 8. Ano, zavřu ty dveře.

E12/32 1. Nevím, kdo je přiveze. 2. Nevím, kdo je odveze. 3. Nevím, kdo ho otevře. 4. Nevím, kdo je přinese. 5. Nevím, kdo tady zůstane. 6. Nevím, kdo nám ukáže cestu ven. / Nevím, kdo nám ji ukáže. 7. Nevím, kdo je odnese. 8. Nevím, kdo je zavře. 9. Nevím, kdo jim ho nabídne.

E12/33 1. Nemohu ho odvézt. Neodvezu ho. 2. Nemohu je odnést. Neodnesu je. 3. Nemohu ho / je otevřít. Neotevřu ho / je. 4. Nemohu ji zavřít. Nezavřu ji. 5. Nemohu je sem přinést. Nepřinesu je. 6. Nemohu tady zůstat do rána. Nezůstanu tady. 7. Nemohu jim ho ukázat. Neukážu jim ho. 8. Nemohu ho sem přivézt. Nepřivezu ho. 9. Nemohu jim nic nabídnout. Nenabídnu jim nic. / Nic jim nenabídnu.

E12/34 1. Já jim poradím sám / sama. 2. Já to připravím sám / sama. 3. Já mu to podám sám / sama. 4. Já to pro ně udělám sám / sama.

E12/35 1. připravuji 2. připravím 3. beru 4. vrátíš 5. vracím 6. přichází, přichází 7. dělá 8. vybíráme 9. vybrat

E12/36 1. přijdu 2. odejdu 3. přinesou 4. odnést 5. přivezou 6. odvezeme 7. přivede, odvede 8. přistěhujete 9. odstěhovat

E12/37 1. Zavolejme jim teď. 2. Zůstaňme tady. 3. Zaplaťme to teď. 4. Dejme jim to teď. 5. Hledejme to tady.

E12/38 1. nebojí 2. bojí 3. bojí 4. nebojí 5. bojí 6. nebojí

E12/39 1. Není dobré stát pod stromem, když je bouřka. 2. Kolik stojí Jaguar? 3. Dům, který stojí deset milionů korun, není levný. 4. Pojďte dál, nestůjte venku. 5. Šárka stojí na chodbě, protože nemá klíč od kanceláře.

E12/40 lepší, dražší, větší, rychlejší, hezčí, novější, pohodlnější

E12/41 větší a levnější, širší, pohodlnější a modernější, dražší, lepší

E12/42 1. prodej 2. stojí 3. zájem 4. ho 5. přijít 6. nemohu 7. vidět 8. počkat 9. pojďte 10. v pořádku 11. dál 12. opravdu 13. plyn 14. se podívat 15. stromů 16. červený a černý 17. přesně 18. se mi 19. připravte 20. čekat

E12/43 Chystáte se jet na výlet? Bojíte se doktorů? Bojíte se tmy? Obchodujete s čajem? Odcházíte ráno z domova v sedm hodin? Umíte otevřít láhev vína? Máte topení na plyn? Potřebuje váš dům rekonstrukci? Platíte mnoho peněz za elektřinu? Bydlíte v podkroví? Pijete vodu z vodovodu? Kolikátého je dnes?

E12/44 1. Musí Oskar zůstat v kanceláři do večera? (ano) 2. Volá pan Charvát pozdě? (ano) 3. Je pan Ráj známý pana Charváta? (ano) 4. Přijede pan Ráj do Prahy vlakem? (ne) 5. Chce pan Ráj koupit dům? (ano) 6. Obchoduje pan Ráj s ovocem? (ne) 7. Kouří pan Charvát? (ano) 8. Přeje si pan Ráj velký dům? (ano) 9. Dělá ta velká vila dobrý dojem? (ne) 10. Dělá druhý dům lepší dojem? (ano) 11. Jsou na zahradě ovocné stromy? (ano) 12. Je dům s bazénem na prodej? (ne)

Revision Test Three

RT3/1 Věřím vám. Komu to patří? Řekněte mi to. Dejte to paní sekretářce. Můžete k nám přijít? Nerozumíme jim.

RT3/2 Kolik je mu let? Kolik je jí let?

RT3/3 Does she like it? Does he like it? Do you like it? They do not like it.

RT3/4 Je teplo. Je chladno. Je slunečno. Prší.

RT3/5 v květnu, od března do září, od ledna, do prosince, druhého října devatenáct set devadesát devět

RT3/6 Budete si něco přát? Přeji vám šťastnou cestu. Co si přejete? Něco hezkého.

RT3/7 Co čteš? Co čtete? Čtu noviny.

RT3/8 já šokuji, ty šokuješ, ona šokuje, my šokujeme, vy šokujete, oni šokují

RT3/9 Jak dlouho tady pracujete? Zítra se stěhujeme.

RT3/10 v bance, v garáži, ve škole, na letišti, mluvit o inženýrovi

RT3/11 1. doma 2. nahoru 3. sem 4. vlevo 5. Dole

RT3/12 1. horší 2. větší 3. starší 4. nejlepší

RT3/13 beze mě / beze mne, vedle něho, u tebe, od vás, u nich, blízko nás

RT3/14 1. Chodí do školy každý den. 2. Za moment jedu na letiště. 3. Letíme do Londýna zítra dopoledne.

RT3/15 Hledám pana recepčního. Hledám paní recepční.

RT3/16 Mohu vám/ti zavolat odpoledne? Kdy vám/ti mohu zavolat? Nemůžeme přijít.

RT3/17 1. Pijete víno? 2. Co piješ? 3. On / Ona jí. // Jí. 4. Co budou jíst? 5. Žijí v Americe.

RT3/18 Jeho auto není menší než její. Je stejně velké jako její. / Je tak velké jako její.

RT3/19 unhappier, the happiest, more uncomfortable, the most comfortable

RT3/20 1. Odjedeme v úterý. 2. Kdo odnese noviny? 3. Kdy odejdou? 4. Odvezu ho.

Unit 13

W13/3 the Alps, in the Alps, to the Alps, discotheque, disco, (to) go to a disco, (to) experiment, mathematics, muesli, (to) study

T13/1 Alice is going shopping

T13/1.1 The Mrázeks are expecting visitors

Mrs Mrázková is doing the cleaning. She is putting a new tablecloth and some flowers on the table. Her husband is helping her. He is placing wineglasses and cups

KEY

ready. "Will you put these books of yours in the bookcase or on the desk, please?" says Mrs Mrázková to him. Alice is cleaning the bathroom. "What time are the visitors supposed to arrive?" she asks. "At about eight o'clock," answers Mrs Mrázková. Mr Hájek is bringing two of his colleagues from the grammar school, the teachers Mr Potter and Mr Krüger. Both of them teach foreign languages – Mr Potter, who is American, teaches English; Mr Krüger is German and teaches German. They want to have a talk with Mr Mrázek about their experience. Mr Mrázek is looking forward to (*seeing*) them.
"Alice, stop cleaning the bathroom now, please. I will clean it up later myself," says Mrs Mrázková. "Would you be kind enough to go into town to do some shopping? I need some things I can't get at our local supermarket. Buy some French cheese. If they don't have any French cheese, take some Swiss or Danish cheese. Buy some green and black olives and a small box of Belgian chocolates, too. Mr Hájek may fancy something sweet."
"Shall I buy another bottle of wine?" asks Alice.
"You may try it but I think that they will not sell wine to you. You are not eighteen yet," answers Mrs Mrázková.
"But I am a foreigner," says Alice, "it doesn't apply to me. Give me some more money, please, I will buy some German muesli for myself. In my opinion, German muesli is the best."
"Buy yourself whatever you want," says Mrs Mrázková, "but come back soon. I am still going to need your help."

T13/1.2 Alice is going shopping

Alice is not hurrying at all. She is walking slowly along Celetná street and then across the Old Town Square towards Karlova street. It is a lovely warm day. Karlova street is full of tourists. They are walking on the pavement as well as in the street. Alice can hear them speaking German, Italian and also English and French. Two people ask her how they get to the embassies of Great Britain and the United States and they are glad about Alice's being able to advise them in English.
"I'll go over to the Vltava river," says Alice to herself. "I won't go over the Charles bridge because there are too many people there. I'll go by the Underground to Malostranská."
Alice knows how she gets from the Underground to the river. She will go to Vojanovy sady (*and*) then down to the left, and she will be by the river in a short while.

T13/1.3 What is Klára doing by the Vltava river?

There are white swans swimming in the Vltava. "It's a pity that I haven't got a bread-roll with me," thinks Alice. "I'll sit on a bench and I'll be watching them at least." However, nearly all benches are taken. Alice can see old and young people, children and dogs there. In the shade under a tree, there is a girl sitting and reading a book. When going past her, Alice can see that it is Klára. "Hi, Klára," she shouts to her.
"Hi, Alice, I am glad to see you. Are you out for a stroll?"
"Yes and no," answers Alice, "I am going shopping, actually. Are you reading something nice?"
"No," answers Klára, "I am reading something very boring. This is a textbook, I am carrying it with me everywhere. I am studying because I am to sit for an exam soon."
"I will also have to take an exam," says Alice, "I will start studying when I come

173

back to Australia. What sort of school are you at (*do you do*)? Are you (studying) at Charles University?"

"No, I am not going to school (*doing any school*) these days," answers Klára. "I have (*I have passed*) the (*secondary*) school-leaving examination and I am going to sit for an entrance examination at a college. I hope to pass it and to be admitted to (*get into*) the school. I still want to study. I don't feel like going to work only. My elder sister has already started (*is already*) working and earning money. She has a good job. She works for a travel agency. She can speak good German and she likes travelling and skiing. She mainly travels to Austria and to Switzerland. She is now in Austria, in the Alps, for a week."

"How old is she?" asks Alice Klára.

"Twenty one," says Klára, "she is two years senior to me."

"And how old is your younger sister?" continues Alice asking (*questions*).

"Only fifteen," answers Klára. "She is my junior by four years. She still goes to the elementary school. She is not doing very well at school. She is not stupid but she is lazy. She does not want to study, she wants to serve an apprenticeship (*learn a trade*)."

"What are your sisters' names?" asks Alice again.

"My elder sister's name is Lenka and my younger sister's name is Běta. Do you have any brothers or sisters (*siblings*)?" asks Klára.

"I have a brother. His name is Mark and he is thirteen. He is very smart," answers Alice. "I think I am not as smart as he is. Mark is very good at maths. Mark's schoolfellow Tony is the best (*pupil*) in his class in maths. He comes to our place every afternoon. He and Mark do their homework together. I can't understand that. I prefer chemistry to maths. I enjoy experimenting. However, I like music best of all."

T13/1.4 Alice can't go to the disco

"Alice, what are you doing tonight?" asks Klára and goes on, "We are going to a disco. Helena wants to enjoy herself. She likes dancing. Perhaps we will go to a club afterwards. Lots of our friends (*acquaintances*) are coming (*are going to be there*). Vojta is going to bring his friend Pavel and his (*Pavel's*) brother Tomáš; Petr, Petr's sister Marta and a schoolfellow of Marta's as well as some Petr's relatives, Helena's friend Irena and Irena's brother, whose name I don't know (*I don't know what his name is*), are also coming. Would you like to join us? Everybody will be happy if you come, too."

"I am afraid I can't come," says Alice. "I have to be at home tonight. We are expecting visitors. Klára, when do supermarkets close?"

"Usually at six or at seven o'clock, some supermarkets (*somewhere*) even later," answers Klára.

"I must be on my way (*run*)," says Alice. "Have a good time tonight and give my regards to everybody."

T13/2 How do I get there?

Tourist: Excuse me, how do I get to the American Embassy from here?

Alice: Go over the Charles bridge and into Mostecká street; keep straight on until you come to Malostranské náměstí (*square*). Do not go on (in)to the square but turn left and then (*turn*) immediately right into a street called Tržiště. The American Embassy is there.

KEY

T13/3 Can you help me?

Tourist: Can you help me, please? Can you tell me how I get to the British Embassy? Can I walk there or do I have to take the Underground?
Alice: You can walk over the Charles bridge and then along Mostecká street to Malostranské náměstí (square). Turn right there and then (*you*) go into the first street on the left. It is called Thunovská. The British Embassy is there.
Tourist: Can you also tell me how I get there if I take the Underground (*by the Underground*)? I think that it will be quicker.
Alice: I don't know if it will be quicker. There is an Underground station called Staroměstská not far from here. You can get on there. (You) get off at Malostranská and you can walk from there or (you can) take a tram and go to Malostranské náměstí.
Tourist: Do I have to change (*trains*) in the Underground?
Alice: No, you don't have to change. The stations Staroměstská and Malostranská are on the same line.
Tourist: Do all of the trams that stop there go (from there) to Malostranské náměstí?
Alice: No, not all of them. I think that number twelve and number twenty-two (*the number 12 tram and the number 22 tram*) go there but you had better ask there.

E13/1 angličtina, cizinec, cizinka, diskotéka, host, chemie, chvíle, kolega, kolegyně, labuť, matematika, Němec, spolužák, most, tráva, učebnice, oliva, zkouška, škoda

E13/2 chytrý, místní, belgický, líný, hodný, francouzský, základní, cizí

E13/3 hodnější, chytřejší, línější

E13/4 bavte se – bavit se, běžte – běžet, dávejte – dávat, lyžujte – lyžovat, studujte – studovat, nakupujte – nakupovat, pomozte – pomoci, pomáhejte – pomáhat, prodejte – prodat, přestaňte – přestat, přestupte – přestoupit, řekněte – říci / říct, tancujte – tancovat, učte – učit, vydělávejte – vydělávat, vystupte – vystoupit, nastupte – nastoupit, začněte – začít, zkuste – zkusit

E13/5 nakup – nenakupuj, pomoz – nepomáhej, prodej – neprodávej, přestaň – nepřestávej, přestup – nepřestupuj, řekni – neříkej, vystup – nevystupuj, nastup – nenastupuj, začni – nezačínej, zkus – nezkoušej

E13/6 a) diskotéka, oliva, učebnice, zkouška; chemie, matematika b) dávat, experimentovat, lyžovat, nakupovat, pomáhat, prodávat, přestupovat, vystupovat, vydělávat

E13/7 **Znám / Neznám**: toho cizince, tu cizinku, vašeho hosta, vašeho kolegu, vaši kolegyni, tvého spolužáka, tvého učitele.

E13/8 1. nějakou cestovní kancelář 2. diskotéku 3. Karlův most 4. stanici tramvaje 5. matematiku a chemii 6. zkoušku 7. angličtinu a němčinu 8. těžký úkol

E13/9 a) hostů, mostů, úkolů, učitelů, cizinců, mých kolegů b) diskoték, zelených oliv, vysokých škol; učebnic c) zkušeností, labutí d) učitelek, těžkých zkoušek e) našich příbuzných

E13/10 a) **dva**: mosty, úkoly; **bez**: mostu, úkolu b) **dvě / bez**: zkoušky, diskotéky, maturity; učebnice; cestovní kanceláře

175

E13/11 u: mostu; hosta, spolužáka; cizince, sourozence; příbuzného; zkoušky, cizinky – **do**: zkoušky; Rakouska – **od**: mého kolegy; mé kolegyně, nějakého učitele – **vedle** cestovní kanceláře – **ze** Švýcarska – **zeptám se**: jeho kolegy; vaší kolegyně; toho cizince, našeho učitele – **nebojím se**: té zkoušky, naší učitelky

E13/12 **ve** stínu; v nějaké učebnici; v cestovní kanceláři; v Rakousku, ve Švýcarsku; v potravinách; v učebnicích – **na**: mostě; diskotéce, trávě, střední škole; vysokých školách, diskotékách – **(to záleží) na**: našem hostovi, tom učiteli / učitelovi; všech našich hostech; těch učitelích – **o**: spolužákovi; tom cizinci / cizincovi, těch cizincích – **po**: zkoušce, diskotéce; té zkušenosti

E13/13 s: hostem, učitelem, cizincem – **před**: zkouškou; cestovní kanceláří – **nad**: matematikou; chemií – **(jít) za**: spolužačkou; spolužákem, učitelem

E13/14 někteří cizinci, malí sourozenci, chytří spolužáci, staří učitelé, naši příbuzní

E13/15 a) **on** dává, on pomáhá, on vydělává; on prodá, on vydělá – **vy** dáváte, vy pomáháte, vy vyděláváte; vy prodáte, vy vyděláte – **ty** dáváš, ty pomáháš, ty vyděláváš; ty prodáš, ty vyděláš – **já** dávám, já pomáhám, já vydělávám; já prodám, já vydělám
b) **on** se baví, on běží, on učí; on zkusí, on nakoupí, on přestoupí, on vystoupí – **vy** se bavíte, vy běžíte, vy učíte; vy zkusíte, vy nakoupíte, vy přestoupíte, vy vystoupíte – **ty** se bavíš, ty běžíš, ty učíš; ty zkusíš, ty nakoupíš, ty přestoupíš, ty vystoupíš – **já** se bavím, já běžím, já učím; já zkusím, já nakoupím, já přestoupím, já vystoupím
c) **on** nakupuje, on tancuje, on lyžuje, on experimentuje, on vystupuje, on přestupuje – **vy** nakupujete, vy tancujete, vy lyžujete, vy experimentujete, vy vystupujete, vy přestupujete – **ty** nakupuješ, ty tancuješ, ty lyžuješ, ty experimentuješ, ty vystupuješ, ty přestupuješ – **já** nakupuji, já tancuji, já lyžuji, já experimentuji, já vystupuji, já přestupuji
d) **on** dostane, on přestane, on řekne, on začne; on pomůže – **vy** dostanete, vy přestanete, vy řeknete, vy začnete; vy pomůžete – **ty** dostaneš, ty přestaneš, ty řekneš, ty začneš; ty pomůžeš – **já** dostanu, já přestanu, já řeknu, já začnu; já pomohu

E13/16 já vystoupím, já budu vystupovat; já nakoupím, já budu nakupovat; já pomohu, já budu pomáhat

E13/17 důležitý host, zelená tráva, nepříjemná zkušenost, anglická učebnice, můj příbuzný

E13/18 1. nakoupím, nenakupuji 2. prodáme 3. pomáhá 4. pomohu 5. řeknu 6. říkám 7. vyděláme 8. přestane 9. začne 10. nastupuji 11. vystoupí, nastoupíme

E13/19 Lukášův oběd, Lukášova pizza, Lukášovo pivo – Markův byt, Markova přítelkyně, Markovo auto – kolegův stůl, kolegova židle, kolegovo kolo – ředitelův návrh, ředitelova asistentka, ředitelovo auto – synův džus, synova limonáda, synovo mléko

E13/20 Helenin svetr, Helenina halenka, Helenino tričko – Tamařin otec, Tamařina matka, Tamařino dítě – dceřin obraz, dceřina fotografie, dceřino místo – asistentčin počítač, asistentčina tužka, asistentčino telefonní číslo

KEY

E13/21 Ondřejovi přátelé, Ondřejovy věci – majitelovi příbuzní, majitelovy účty – Tereziny rodiče, Tereziny noviny – matčini známí, matčiny šálky

E13/22 1. Janova 2. Janovy 3. Janově 4. Janovou 5. Janovu 6. Janova 7. ředitelčina 8. ředitelčina 9. ředitelčinu 10. ředitelčiny 11. ředitelčinou 12. ředitelčině

E13/23 Ne, 1. vezmu si svou šálu. 2. budu mluvit o svém plánu. 3. chci číst svůj časopis. 4. půjdu k svému doktorovi. 5. hledám svého psa. 6. budu bydlet ve svém domě. 7. budu pracovat na svém stole. 8. budu sedět na své židli. 9. mám telefonní číslo své přítelkyně. 10. vezmu si své kolo.

E13/24 Ne, 1. mám mnoho svých knih. 2. mám ty dokumenty od svých klientů. 3. jdu večer ke svým známým. 4. budu mluvit o svých zkušenostech.

E13/25 1. svou 2. mého 3. svou 4. našim 5. svým 6. svému

E13/26 1. sebe 2. sobě 3. sebe 4. sebou 5. sobě 6. sebou 7. sobě 8. sebe 9. sebe 10. sobě 11. sebe

E13/27 1. klubu 2. tomu návrhu 3. bance 4. jídlu 5. obědu 6. večeři, snídani 7. parku 8. tomu červenému svetru 9. tomu kabátu

E13/28 a) domům, stromům, bytům, majitelům, pokojům, klientům, cizincům, rodičům b) kolům, oknům, jídlům, letadlům c) dívkám, zahradám, prodavačkám, učitelkám, doktorkám d) ulicím, kancelářím, láhvím, postelím, parkovištím, letištím e) místnostem, zkušenostem, lidem, dětem f) mým, tvým, svým, našim, vašim, jejím, velkým, malým, těm, všem

E13/29 1. k divadlu, vás 2. k parku, vás 3. ke vchodu, tebe 4. k východu, tebe

E13/30 1. dva anglické obchodníky 2. dva americké manažery 3. dva indické diplomaty 4. dva švýcarské bankéře 5. dva německé učitele

E13/31 Anně je 46 roků / let.

E13/33 učení, mluvení, založení, rušení, léčení

E13/34 jednička, dvojka, trojka, čtyřka, pětka, desítka, dvanáctka, dvacítka, pětadvacítka, stovka

E13/35 1. Mám jít Celetnou ulicí? 2. Musíte jet Širokou ulicí. 3. Mohu jet Pařížskou ulicí?

E13/36 1. londýnský 2. washingtonský 3. berlínský 4. vídeňský 5. pařížský 6. římský

E13/37 African, Mexican, Brazilian

E13/38 1. Můžete mi pomoci? 2. Jak se tam dostanu? 3. Umíte / Umíš lyžovat? 4. Mám svůj pas. 5. Kde je Petrův pas? 6. Jitčin manžel je tady. 7. Klára se dívá na sebe. 8. Dívají se na sebe. 9. Sedí naproti sobě. 10. Jejich pokoje jsou vedle sebe. 11. Jděte k bance, ale nechoďte dovnitř. 12. Mají nějaké klienty? 13. Co máte / máš raději – bílé víno nebo červené víno? 14. Helena raději tancuje než lyžuje. 15. Mám vám / ti pomoci? 16. Pomohu vám / ti.

177

E13/39
Turista: Prosím vás, můžete mi poradit, jak se odsud dostanu do zoo? Chci tam jít pěšky.
Alice: To je příliš komplikované. Pražské zoo není v centru Prahy. Je v části Prahy, která se jmenuje Trója, a ta je daleko odsud. Pěšky je to dlouhá cesta. Bohužel vám nemohu poradit, protože sama nevím, kudy jít.
Turista: Můžete mi říci, jak se tam dostanu metrem?
Alice: Ano, mohu. Musíte jet na stanici Muzeum. Tam musíte přestoupit na trasu C. Potom pojedete na stanici, která se jmenuje „Nádraží Holešovice". To je konečná stanice. Tam vystoupíte a půjdete na zastávku autobusu – myslím, že to je číslo 112. Musíte se podívat. Potom pojedete autobusem a vystoupíte u zoo.
Turista: Dobře. Udělám to tak. Děkuji vám mnohokrát.
Alice: Není zač.

E13/40 1. Můžete mi pomoci? 2. Jak se jmenuje ta ulice? 3. Můžete mi říci, kudy mám jít? 4. Kterým autobusem mám jet? 5. Kde musím přestoupit? 6. Nevíte, kde mám vystoupit? 7. Prosím vás, jak se dostanu na autobusové nádraží? 8. Jedu dobře na letiště? 9. Jak se dostanu na dálnici? 10. Která ulice vede ke Karlovu mostu?

E13/41 1. na 2. ode 3. o 4. pro 5. s 6. na 7. v 8. do 9. od 10. u 11. za

E13/42 1. ne 2. ano 3. na stanici Muzeum 4. na stanici Můstek 5. na stanici Florenc 6. Národní třída 7. Háje

E13/43 Máte raději diskotéky nebo koncerty? Umíte lyžovat? Máte často hosty? Čtete raději romány nebo učebnice? Musíte dělat nějakou zkoušku? Studujete nebo pracujete? Nakupujete každý den? Které noviny jsou podle vás nejlepší? Kolikátého je dnes?

E13/44 1. Je pan Krüger Angličan? (ne) 2. Těší se pan Mrázek na pana Hájka a jeho kolegy? (ano) 3. Má Alice koupit německý sýr? (ne) 4. Je Alici osmnáct let? (ne) 5. Jde Alice k Vltavě? (ano) 6. Jde Alice přes Karlův most? (ne) 7. Sedí Klára pod stromem? (ano) 8. Studuje Klára na Karlově univerzitě? (ne) 9. Studují Klářiny sestry na vysoké škole? (ne) 10. Jmenuje se Klářina starší sestra Lenka? (ano) 11. Je Markovi třináct let? (ano) 12. Je Tony dobrý na matematiku? (ano) 13. Je Klářina mladší sestra hloupá? (ne) 14. Jde Klára večer na diskotéku? (ano)

Unit 14

W14/3 express, first class (*letter*); (to) telephone

T14/1 **Well, all right**

T14/1.1 **Alice is going to get a lot of tasks**

Mrs Mrázková is calling home. "I am very sorry," she says, "but I have to stay here until (*late in the*) evening. We are preparing the opening of an exhibition and we (*will*) have to have finished by seven o'clock."
"I think that this is not your job," says Mr Mrázek a little angrily (and is a little angry / cross). "Your job is to sell tickets, not to prepare exhibitions."
"Don't be cross, I must help them," says Mrs Mrázková, "otherwise they won't have finished in time. Tell Alice, please, to go to the post office and to collect the parcel.

The receipt is next to the telephone. Tell her also to remit the money and to send the letter which is (lying) on the desk by registered post. You'd better fill in the remittance form yourself, Alice may not know how to do it. Tell her then to go to the dry-cleaner's and collect my (skirt) suit, to take the tablecloths and bedlinen to the laundry and to have her old shoes mended. I think she wants to throw them away but it is a shame."

"All right, I will tell her. Meanwhile, I will prepare something (*to eat*) for dinner," says Mr Mrázek.

T14/1.2 Alice is writing a letter but she is not going to finish it

Alice received a letter from her mum a week ago and she is now writing a long answer. She is in a bad mood. She misses her parents and her brother. Also, she lacks some things in Prague she is used to (*having at home*).

"What are you doing, Alice?" asks (*her*) grandfather. "I am writing a letter," answers Alice.

"And what are you going to do afterwards?"

"When I finish and sign the letter, I will fold it, put it in an envelope, (*then*) I will seal the envelope and write the address on it. Then I will (go and) take the letter to the post office. There I will stick some stamps on it. I want to put some lovely stamps on it."

"That suits me perfectly," says Mr Mrázek. "Grandmother called a few minutes ago; she said that she had to stay in the gallery because of an opening. You are to go to the post office to remit money and to post a letter. Then you are to take some linen (*laundry*) to the laundry, you are to go to the dry-cleaner's and collect a skirt suit and you are also to go to the shoe-repairer's; you are to have your shoes mended."

"(But) I don't know how to remit money (by post). It's a bank's job in my country," says Alice. She is in a very bad mood.

"Our bank pays 'inkaso' for us, that is (it means) the rent, heating, water, electricity, gas, telephone and the TV and radio fees but we have to remit money sometimes. It is simple. The postal remittance form is actually a form. Look, I write here up how much money we are remitting, then I write the figure in words and I put my address here. At the post office, you (will) go to the money counter, you hand there the form and the money including the fee for the postal service and you will receive a part of the form. You must not lose it. Then you (will) send the letter by registered mail. You will have to fill in the registration form. You will get (take) it at the letter counter. You (will) fill in (write) the sender's address, that is (*your*) grandmother's address, and you (will) fill in who the addressee is – that is the address on the envelope. Then you (will) also collect the parcel. I'll just hand the receipt to you."

"Where is the linen I am to take to the laundry?" asks Alice.

"Here in the (*this*) bag," answers Mr Mrázek, "I hope that it is not very heavy. Here is the receipt for (from) the dry-cleaner's. Don't lose it. They are not going to give you the suit without it."

"Well, all right," says Alice. "I'll go there right now; I'll finish the letter tomorrow. (But) I am not going to the shoe-mender's. Those shoes are worn out. They can't be mended. I am going to throw them into the dustbin."

"I don't know; (*your*) grandmother said that it was a shame," says Mr Mrázek.

"No, it is not a shame. I don't like those shoes. I don't want to wear them any longer. When I go past (*our*) dustbin, I'll throw them in."

⌐T14/1.3⌐ Has it been a terrible day?

(*When*) outside the house, Alice threw the shoes away and went to the bus stop. She could walk but she did not want to because the bag was (too) heavy.
Meanwhile, Mr Mrázek was preparing dinner. He expected Alice to be back by six o'clock but there was no sign of Alice at six o'clock. He was beginning to worry (*about her*) when the door opened and Alice, exhausted, was back.
"This is the worst day I have had in Prague," she said. "I have been everywhere except the shoe-mender's. First I went to the laundry. I did not want to carry the big bag to the post office. At the laundry, everything was all right. I hope I have the receipt in (*my*) purse. Then I went to the post office. There was a terrible queue at the money counter. I had made a mistake not to take any reading with me. I was waiting there for over half an hour. There was another queue at the letter counter. I filled in the form, handed it together with the letter to the lady behind the counter but she returned it to me saying that the post code was missing. I had to look it up in a list. When I had found it and written it down, I went to the end of the queue again. I was not given the parcel because I was not able to show them (*my*) identity card. There were only a few people at the dry-cleaner's but I do not have the suit. It was not ready. We are to ask about it in two days. And that's it. The worst thing about it is that because of my letter, I will have to go to the post office tomorrow again."
"I am sorry about that," says Mr Mrázek. "Don't be cross. Look, there was a letter from Australia for you in the letter box."
"Yes? Who is it from?" asks Alice not waiting (but she does not wait) for the reply.
"I see, (*it is*) from Jill. Do you know who Jill is? She is my best friend. I am happy."
"And that is not all," continued Mr Mrázek. "I have made cinnamon 'fritters' for you for dinner. I hope you will enjoy them."

⌐T14/2⌐ At the dry-cleaner's

Mrs Mrázková: Good morning / afternoon. I would like (I need) to have this woollen skirt suit dry-cleaned. There is a stain here on the jacket. I am afraid I don't know what sort of stain it is.
Woman: Do (Will) you want it "express"?
Mrs Mrázková: That is by tomorrow, isn't it? No, it is not necessary.
Woman: In that case it will be ready a week today. (*May I take*) your name and address, please.
Mrs Mrázková: Mrázková, 9, Olšová. Shall I pay in advance?
Woman: Yes. It is eighty crowns.
Mrs Mrázková: Here you are.
Woman: Thank you. Here is your receipt.

⌐T14/3⌐ At the dry-cleaner's in a week's time

Alice: Good afternoon. I would like (I want) to collect a blue skirt suit. Here is the receipt.
Woman: Just a moment. I'll have a look. I am afraid it is not here yet. They may bring it later in the afternoon or tomorrow. You had better ask (*about it*) the day after tomorrow.
Alice: But there is yesterday's date here in the receipt.
Woman: You are right. I do apologise but I am really not responsible for that.
Alice: Thank you. Goodbye.

KEY

T14/4 At the laundry
Alice: Good afternoon. I have some laundry here. It is ten pieces altogether. Shall I put it here?
Woman: Yes, put it there. It doesn't contain synthetic fibre, does it?
Alice: Certainly not. The duvet covers and pillowcases are of cotton, the sheets are of linen and the tablecloths are of (a) cotton and linen (mixture). It is for (in the name of) Mrs Mrázková, 9, Olšová (street). When will it be ready? *(How long will it take?)*
Woman: A week today. It is sixty crowns. Here is your receipt.
Alice: Thank you. Goodbye.

T14/5 At the shoe-repairer's
Mrs Mrázková: Hello. I have *(these)* two pairs of shoes here. These only need new heels. Here, the soles are worn down. Do you think you can repair them (it can be repaired)?
Man: Certainly. Here are you receipts.
Mrs Mrázková: Will they (it) be ready by tomorrow?
Man: I fear not. Ask *(about them)* the day after tomorrow.
Mrs Mrázková: Shall I pay now?
Man: No, *(you will pay when you collect them)* afterwards.

T14/6 At the post office
Mr Mrázek: I would like (I need) to post this parcel first class. I am afraid I don't know what its weigh is (how much it weighs). Do I have to fill in the parcel dispatch form?
Clerk: Just a moment, I'll weigh it. – No, you don't have to. It only weighs half a kilo. You can send it as a letter.
Mr Mrázek: Can you tell me when it will be delivered (in the place)?
Clerk: Tonight or tomorrow morning at the latest.

E14/1
adresát, balíček, čistírna, dopis, fronta, chyba, nálada, obálka, odpověď, opravna, peněženka, popelnice, schránka, skvrna, kus, odesílatel, poplatek, složenka, směs, zítřek, slovo, formulář

E14/2
bavlněný, další, hotový, hrozný, jednoduchý, rozbitý, včerejší, vlněný, vyčerpaný

E14/3
vyčerpanější, hroznější; simpler

E14/4
dojděte – dojít, hoďte – hodit, ležte – ležet, nalepte – nalepit, podejte – podat, položte – položit, pošlete – poslat, spravte – spravit, uvařte – uvařit, zvažte – zvážit, vyčistěte – vyčistit, vyplňte – vypnit, vyzvedněte – vyzvednout

E14/5
dojdi / nechoď, hoď / neházej, podej / nepodávej, polož / nepokládej, pošli / neposílej, slož / neskládej, sprav / nespravuj, uvař / nevař, vyhoď / nevyhazuj, vyplň / nevyplňuj, vyper / neper

E14/6
a) nálada, skořice b) ležet, podávat, posílat, složit, vařit, zvážit, vyplnit, vyprat, zlobit, vyhodit

E14/7
1. telefonní seznam, 5. razítko, 3. doporučený dopis, 4. poštovní známky, 2. telefonní karta, 6. balíček

E14/8 1. tu dlouhou frontu 2. žádnou chybu 3. dobrou náladu 4. jednu bílou obálku 5. odpověď 6. prádelnu a čistírnu 7. peněženku 8. popelnici 9. schránku 10. tu skvrnu

E14/9 a) dopisů, kusů, balíčků, poplatků b) chyb, skvrn; popelnic; slov c) obálek, čistíren, opraven, prádelen, přepážek, schránek, peněženek, složenek d) vernisáží, odpovědí, směsí

E14/10 a) **oba**: dopisy, poplatky; **bez**: dopisu, poplatku b) **oba / bez**: formuláře; **obě / bez**: chyby, fronty, obálky, peněženky, složenky; popelnice; odpovědi; slova

E14/11 **u**: přepážky, čistírny – **do**: balíčku, včerejška, dneška, zítřka; fronty, obálky, peněženky, schránky; popelnice – **od** včerejška, ode dneška, od zítřka – **vedle**: prádelny; popelnice – **z** balíčku; ze schránky, z obálky, z peněženky, z bavlny – **bez**: poplatku; adresáta; odesílatele; poštovního směrovacího čísla

E14/12 **v** balíčku, v dopisu / dopise; ve frontě, v čistírně, v prádelně, v opravně, v náladě; v obálce, v peněžence, ve schránce; v popelnici; v odpovědi, ve směsi; ve slově – **na**: obálce, schránce, složence; formuláři; vernisáži

E14/13 **k** balíčku; k přepážce, ke schránce – **kvůli**: poplatku; frontě, chybě; tomu slovu

E14/14 **s** kusem, s poplatkem, s lístkem, se zítřkem; se slovem; s jednou chybou, s bílou obálkou, s nějakou složenkou; se směsí, s odpovědí – **za**: přepážkou; popelnicí

E14/15 a) adresátech, dopisech, kusech, slovech b) balíčcích, poplatcích; formulářích c) odpovědích, popelnicích d) frontách, schránkách, obálkách

E14/16 a) dopisům, kusům, poplatkům, slovům b) popelnicím, odpovědím c) chybám, skvrnám, náladám

E14/17 a) **já** posílám, já znamenám; já podám – **oni** posílají, oni znamenají; oni podají b) **já** chybím; já ležím, já vážím, já se zlobím; já hodím, já vyhodím, já spravím, já složím, já položím, já uvařím, já zvážím, já vyčistím, já vyplním, já zalepím, já ztratím – **oni** chybějí; oni leží, oni váží, oni se zlobí; oni hodí, oni vyhodí, oni spraví, oni složí, oni položí, oni uvaří, oni zváží, oni vyčistí, oni vyplní, oni zalepí, oni ztratí c) já vyperu, oni vyperou

E14/18 vy pošlete, vy budete posílat; vy zvážíte, vy budete vážit; vy uvaříte, vy budete vařit

E14/19 dlouhá fronta, krátký dopis, velká chyba, velký kus, dobrá nálada, žádná odpověď, prázdná obálka, její peněženka, vysoký poplatek, jednoduchá věc, plná (poštovní) schránka, hrozná směs

E14/20 (The choice of the expressions of time can vary.) 1. Dojdou pro ně za chvíli. 2. Dopíšou ji za hodinu. 3. Napíšou ho zítra. 4. Podepíšou ji příští týden. 5. Pošlou nám ho za moment. 6. Příští rok složí nějakou operu. 7. Spraví je zítra. 8. V neděli uvaří něco dobrého. 9. Zváží ho za moment. 10. Vyčistí ho příští měsíc. 11. Vyhodí je pozítří. 12. Vyperou ho příští pondělí. 13. Vyzvednou je za dvě hodiny. 14. Zalepí je za chvíli.

KEY

E14/21 1. Zítra bude ležet v posteli a spát. 2. Zítra bude vařit brambory. 3. Zítra se na nás nebude zlobit. 4. Co to bude zítra znamenat? / Co to zítra bude znamenat? / Co to bude znamenat zítra?

E14/22 a) dělat / dělal, hledat / hledal, říkat / říkal, trvat / trval, volat / volal, odpočívat / odpočíval, muset / musel, smět / směl, jet / jel, slyšet / slyšel, řídit / řídil, pracovat / pracoval, existovat / existoval b) pít / pil, žít / žil, znát / znal, ptát se / ptal se, dát / dal, být / byl, spát / spal, přinést / přinesl, přivézt / přivezl c) mít / měl, chtít / chtěl, vzít / vzal, zavřít / zavřel, otevřít / otevřel, začít / začal, sednout si / sedl si, nabídnout / nabídl, vyzvednout / vyzvedl d) moci / mohl, pomoci / pomohl, jít / šel, najít / našel, přijít / přišel, dojít / došel, říci / řekl, číst / četl, jíst / jedl

E14/23 1. Alice také mluvila anglicky. 2. Alice také dělala zkoušku. 3. Alice také rozuměla tomu cizinci. 4. Alice také slyšela ten koncert. 5. Alice také poslouchala hudbu.

E14/24 1. Vojta neletěl do Prahy. 2. Vojta nehrál na flétnu. 3. Vojta neviděl koalu. 4. Vojta nevolal do Melbourne. 5. Vojta nedostal dopis od Jill.

E14/25 1. neměla 2. se nezajímala 3. nemluvila 4. nemusela 5. nepracovala

E14/26 1. snídala jsem 2. vzala jsem si, šla jsem 3. přinesla jsem 4. jsem četla 5. jsem měla 6. nebyla jsem 7. jsem ležela, jedla jsem, pila jsem, odpočívala jsem 8. jsem pospíchala 9. jsem se vrátila, uklidila jsem 10. jsem zůstala 11. nedívala jsem se 12. poslouchala jsem

E14/27 1. Včera jsem přišel do kanceláře v osm hodin. 2. Dopoledne jsem připravil smlouvu pro pana Ráje. 3. Potom jsem telefonoval panu Charvátovi. 4. Potom jsem psal zprávu. 5. Také jsem připravil důležité dokumenty. 6. V poledne jsem nebyl na obědě. 7. K obědu jsem měl kávu a sendvič. 8. Potom jsem jel za klientem. 9. Odpoledne jsem udělal mnoho práce. 10. Včera jsem odešel z kanceláře večer. 11. Včera jsem přišla do kanceláře později než pan Kubišta. 12. Dopoledne jsem přinesla z pošty dopisy, noviny a časopisy. 13. Potom jsem uvařila kávu. 14. V poledne jsem poslala pět faxů. 15. Také jsem napsala na počítači čtyři dopisy. 16. Odpoledne jsem telefonovala čtyřem klientům. 17. Potom jsem šla koupit džus a minerálku. 18. Také jsem pomohla panu Kubištovi připravit dokumenty. 19. Ve čtyři hodiny jsem šla do banky. 20. Včera jsem přišla domů v šest hodin.

E14/28 1. Vrátil jsem se večer. 2. Poradil jsem jednomu turistovi. 3. Chystal jsem se letět do New Yorku. 4. Vybral jsem si dvě hezké pohlednice. 5. Nabídl jsem jim kávu. 6. Přivezl jsem své přátele z letiště.

E14/29 1. šesti 2. dvanácti 3. dvou 4. devíti 5. pěti 6. jedenácti 7. tří 8. deset, pěti 9. tří 10. dvou, tří 11. čtyřem 12. třech

E14/30 1. jedny 2. troje 3. dvoje, jedny, jedny 4. troje 5. dvoje, dvoje 6. dvoje 7. jedny, jedny

E14/31 1. Řekněte / Řekni mu, ať sem přijde. 2. Řekněte / Řekni jim, ať sem přijdou. 3. Řekněte / Řekni jí, ať tady zůstane. 4. Řekněte / Řekni jim, ať tady zůstanou. 5. Řekněte / Řekni mu, ať se podívá na tu knihu. 6. Řekněte / Řekni jim, ať se podívají na tu knihu. 7. Řekněte / Řekni jí, ať sem zítra nechodí. 8. Řekněte / Řekni mu,

183

ať neruší tu schůzku. 9. Řekněte / Řekni jim, ať se nebojí toho psa. 10. Řekněte / Řekni mu, ať mi koupí noviny.

E14/32 1. Raději přijď / přijďte zítra. 2. Raději zůstaň / zůstaňte doma. 3. Raději tam nechoď / nechoďte. 4. Raději tam nejezdi / nejezděte. 5. Raději mu to neukazuj / neukazujte. 6. Raději tady nečekej / nečekejte.

E14/33 1. Petr možná dojde nakoupit. 2. Petr možná dojde pro děti do školy. 3. Petr možná dojede pro babičku na nádraží. 4. Petr nám možná donese něco k pití. 5. Petr nás možná doveze do divadla.

E14/34 1. dokouří 2. dojí 3. dočte 4. dosnídá 5. dotancuje 6. dotelefonuje

E14/35 1. Dám / Nechám ji opravit. 2. Dám / Nechám ho vyčistit. 3. Dám / Nechám je vyprat. 4. Dám / Nechám je spravit. 5. Dám / Nechám je opravit / spravit. 6. Dám / Nechám ji opravit.

E14/36 1. Můžete mi to připravit? 2. Můžete mi to spravit? 3. Můžete mi to opravit? 4. Můžete mi to vyčistit? 5. Můžete mi to přinést? 6. Můžete mi to přivézt? 7. Můžete mi pomoci? 8. Můžete mi říci, kolik je hodin? 9. Můžete mi to prodat? 10. Můžete mi to dát? 11. Můžete mi to poslat? 12. Můžete mi to poslat? 13. Můžete mi vyplnit ten formulář? 14. Můžete mi to zvážit?

E14/37 1. dneška 2. včerejška 3. zítřka 4. zítřka 5. dneška

E14/38 1. z ovoce 2. z vody a cukru 3. z papíru 4. z ovoce a cukru 5. z mléka 6. ze lnu nebo z bavlny 7. z mléka 8. z pomerančů 9. ze zeleniny

E14/39 1. Píši / Píšu dopis. 2. Píšeš rodičům? 3. Píše do novin. 4. Píšeme svým starým přátelům. 5. Píšete zprávu? 6. Komu píší / píšou?

E14/40 (The choice of the expressions of time can vary.) 1. napíši / napíšu 2. podepíše 3. podepíšeme 4. napíší / napíšou

E14/41 1. z, Odkud je ten dopis? 2. od, Od koho je ten dopis? 3. z, Odkud je ten dopis? 4. do, Kam jde ten dopis? 5. u, U koho bydlí Alice?

E14/42 1. na, kvůli 2. kromě 3. před 4. včetně 5. před, pro 6. kolem 7. přes 8. o 9. pod 10. nad 11. od, od 12. ze

E14/43 1. zda 2. že 3. zda 4. když 5. až 6. ať 7. až 8. když 9. ale 10. protože

E14/44 1. Pardon. 2. To je mi líto. 3. Nezlobte se, (ale potřebuji / chci / musím si vzít dovolenou.) 4. Mrzí mě to. 5. To není moje chyba. / Nemohu za to. 6. Promiňte, (nevíte / můžete mi říci, kde je Uhelná ulice?)

E14/45 a) du = jdu, voblek = oblek, dneska = dnes, bejt = být, hotovej = hotový, jo = ano, tendle = tenhle, neni = není, muj = můj, hnědej = hnědý, podívam = podívám, eště = ještě, pročpa = proč, sem = jsem, špinavej = špinavý, vemu = vezmu, naschle = na shledanou b) mam = mám, tydle = tyhle, pude = půjde, nevim = nevím, jo = ano, drahý = drahé, druhý = druhé, vemte = vezměte, sou = jsou, rozbitý = rozbité

E14/46 Chodíte často na poštu? Chodíte někdy do čistírny? Posíláte dopisy doporučeně? Posíláte často balíčky? Posíláte peníze poštou? Posíláte často pohlednice? Musí-

KEY

te někdy stát ve frontě? Je před vaším domem popelnice? Musíte platit mnoho poplatků? Uvaříte dnes něco dobrého? Máte dobrou náladu? Víte, jak je anglicky praní špinavých peněz? (*money laundering*) Jaké je dnešní datum?

E14/47 1. poslouchal 2. doufat 3. bydlel 4. patřil 5. rušit 6. věřit 7. pracoval 8. cestoval 9. zajímat se 10. vyhrát 11. žertoval 12. parkoval 13. zaplatit 14. ležet 15. napsal

E14/48 1. Kdy přijde paní Mrázková domů? 2. Kdy dostala Alice dopis od maminky? 3. Má Alice dobrou nebo špatnou náladu? 4. Po kom se Alici stýská? 5. Co Alice píše? 6. Do čeho dá Alice dopis, až ho dopíše? 7. Co má Alice na poště vyzvednout? 8. Co má Alice poslat? 9. Proč Alice vyhodila boty? 10. Musela Alice na poště čekat? 11. Vzala si Alice s sebou něco na čtení? 12. Vyzvedla Alice balíček? 13. Přinesla Alice kostým? 14. Dostala Alice nějaký dopis?

Unit 15

T15/1 Oskar is going to a garage
T15/1.1 Oskar's car needs to be repaired

Mrs Benešová left home before seven o'clock. On her way to work, she stopped at the post office to collect newspapers, magazines and letters. Then she stopped at a fruit stand and bought herself some bananas. When she arrived with the newspapers, magazines, letters and bananas at the office, Oskar had been sitting at his computer and typing something for some time.
"I came a little earlier than usual," he said. "I have to go to the garage and I wanted to do a little work before."
"Is there anything wrong with your car?" asked Mrs Benešová.
"Nothing serious," answerd Oskar. "This car uses too much fuel (has high consumption). I want to have the engine tuned and the oil changed. The clutch doesn't work well and the handbrake doesn't work at all. I last went to the garage last year. If they have finished soon, I will have the car washed as well. I usually wash it myself but I won't have time (*for it*) this afternoon. I am to go to Český Krumlov tomorrow and I still have to make some things ready. Is there anything interesting in the mail? (Has any interesting mail come?)" he asked.
"Nothing special," answered Mrs Benešová. "Some letters from (*our*) clients, a bank (account) statement and an invoice from the advertising agency. As usual."
"I hope to be back before eleven," said Oskar. "Meanwhile, type the letters for our clients, please. I have prepared some ads. We have to place them in the newspapers as soon as possible. When Šárka arrives, tell her to take them there (*to the bureaux*). Mr Nechyběl is supposed to call between nine and ten o'clock. Tell him to leave a message. If Mr Charvát calls, tell him that I will call him back as soon as I am back."

T15/1.2 Oskar does not fancy whisky

Oskar left and Mrs Benešová was working. She was answering telephones, sent three faxes, typed five letters, drank two cups of coffee and ate a fruit yoghurt. At noon, she took her lunch hour (went to lunch). When she came back, Oskar was sitting in an armchair in his office being very pale.

"What's the matter with you? What has happened?" asked Mrs Benešová.
"I wrecked my car," answered Oskar. "As you know, I was going to the garage. The road (*which is*) beyond the petrol station is closed. There is an awkward detour there. There was oil on the road just in the bend. I went into a skid and my car (I) hit a car which was parked by the road. The driver who was driving along behind me did not manage to brake in time (*to stop*) and his car (he) hit my car (me). The windscreen is smashed, the headlights are smashed as well as the rear lights ... . I fear that the car is a write-off. Fortunately, nobody was hurt. I was waiting for the policemen for an hour. When they arrived, I found that I did not have my driving licence with me. I had left it here."
"Now, the main thing is that you were not hurt (nothing happened to you)," said Mrs Benešová. "The (*your*) insurance company is sure to pay for the damage. The car had been insured, hadn't it?" Mrs Benešová poured a little whisky into a glass and put it before Oskar. "Have a drink, it will do you good."
"No, not whisky," said Oskar. "Make (*a cup of*) strong coffee for me, please. Meanwhile, I will call Mr Kovář to Český Krumlov (*to tell him*) that I am not coming tomorrow."

T15/1.3 Mr Kovář does not want to cancel the meeting

When Mrs Benešová brought Oskar his (the) coffee, he was speaking on the phone. He was telling Mr Kovář that he will not be able to come and see him. Their conversation was brief.
"I do apologise for my not being able to (but I can't) come tomorrow," said Oskar. "I had an accident this morning. I have no car. (I am without a car.)"
"I am really very sorry (*to hear that*). I hope nothing serious happened," said Mr Kovář and continued, "My colleague and I will come and see you in Prague. We will be at your office between twelve and one o'clock tomorrow. We will go and have lunch together. Is it all right with you?"
"Yes, certainly. I will be expecting you. See you tomorrow then," said Oskar and put the receiver down.
"Are there any messages for me (do you have a message for me)?" he asked Mrs Benešová.
"Yes, there are," answered Mrs Benešová. "Mr Nechyběl called. He said he agreed to (*accepted*) your proposal."
"Did you speak to Mr Charvát?" went Oskar on (asking).
"No, I did not speak to him," answered Mrs Benešová. "His secretary called. She said that Mr Charvát had gone (flown) to Warsaw this morning. He left a message for you (he lets you know) that he would call you when he came back."
"Thank you. And thank you for the coffee," said Oskar.

T15/1.4 Where is Mr Kovář?

"It is already a quarter past two," said Oskar. "Mr Kovář said that he would come before one o'clock and that we would go and have lunch together. Therefore, I booked a table for one o'clock. I have to call there, apologise and cancel the reservation."
"Let's wait a little while longer," said Mrs Benešová. "I will call to the restaurant (*to tell them*) to (still) count on us. It is Friday today. The traffic is heavy. There is certainly a traffic jam outside Prague."
"It is not an ordinary Friday today, it is Friday the thirteenth," said Šárka and looked at Oskar.

KEY

T15/1.5 Mr Kovář had hard luck

At half past two, a car with a Krumlov registration stopped outside the house, and soon afterwards, Mr Kovář and his colleague came in.
"We apologise for being so late. We are sorry to keep (don't be cross with us that we kept) you waiting. We ran out of petrol between Český Krumlov and České Budějovice. The nearest petrol station was closed. A driver towed us to the next petrol station. We had a puncture outside (before arriving in) Prague. We had to replace the wheel.
I don't usually carry a spare wheel in my car (with me) but fortunately I had it (*with me*) this time. Then I tried hard to drive as fast as possible but we were stopped by the police in Prague. I was fined for speeding. I had always thought that something like that could never happen to me."

T15/2 Speeding

Policeman: Good morning. (*Would you show me*) Your driving licence, please.
Mr Kovář: Certainly.
Policeman: May I see your registration document as well?
Mr Kovář: Certainly.
Policeman: Do you know, how fast you are allowed to drive here?
Mr Kovář: Eighty kilometres an hour.
Policeman: And do you know how fast you drove?
Mr Kovář: About eighty.
Policeman: No, you did not drive at 80 (k.p.h.). You drove at 120 (k.p.h.). You will be fined.

T15/3 At the garage

Mr Nechyběl: Good morning. My name is Nechyběl. I have an appointment at a quarter to nine.
Mechanic: Good morning. What's wrong with it?
Mr Nechyběl: I think that the engine needs to be tuned because the car uses too much fuel (has too high consumption). It does seven kilometres to the litre (uses 14 litres per 100 kilometres). It is not normal in my opinion. The brakes need a check as well. That could be (is perhaps) all. Will the car be ready in the afternoon? I am going to need it tonight.
Mechanic: I am not sure. (I don't know it for certain.) We will make every effort (try hard). (*Would you*) call at about two o'clock and ask the manager. His name is Zahradník.
Mr Nechyběl: Thank you. May I (*use your telephone to*) make a call (from here)? I need a taxi.
Mechanic: Certainly.

E15/1 agentura, pojišťovna, motor, pokuta, rezerva, silnice, stánek, spotřeba, světlo, provoz, reflektor, servis, vůz, zatáčka, značka

E15/2 bledý, blízký, hlavní, minulý, obyčejný, pojištěný, přední, reklamní, silný, uzavřený, vážný, zadní, zvláštní

E15/3 silnější, vážnější, nejobyčejnější; nearer / closer, paler

E15/4 odpovězte – odpovědět, odtáhněte – odtáhnout, omluvte se – omluvit se, počítejte – počítat, postavte – postavit, snažte se – snažit se, snězte – sníst, vejděte – vejít,

187

vyjděte – vyjít, vyměňte – vyměnit, vypijte – vypít, vyřiďte – vyřídit, zabrzděte – zabrzdit, zastavte se – zastavit se, zjistěte – zjistit, zkontrolujte – zkontrolovat, zrušte – zrušit

E15/5 zkontrolujte / nekontrolujte, zrušte / nerušte, odpovězte / neodpovídejte, omluvte se / neomlouvejte se, snězte / nejezte, vyjděte / nevycházejte, vyřiďte / nevyřizujte, zastavte se / nezastavujte se

E15/6 a) brzda, stánek, motor, značka, pokuta b) počítat, postavit, snažit, vyřídit, zastavit, zjistit, zkontrolovat, zrušit

E15/7 1. nehodu 2. žádnou objížďku 3. pokutu 4. nějakou rezervu 5. vysokou spotřebu 6. takovou zatáčku 7. jakou značku

E15/8 a) inzerátů, motorů, servisů, stánků b) pokut, agentur, nehod c) značek, pojišťoven, zatáček

E15/9 a) **dva**: inzeráty, servisy; **bez**: inzerátu, servisu b) **dvě / bez**: značky, nehody, pokuty, agentury; skla, světla

E15/10 **u**: stánku; agentury; silnice – **do**: servisu, inzerátu; pojišťovny, zatáčky – **od**: agentury, nehody – **vedle** vozu – **z**: pojišťovny, inzerátu – **bez**: servisu, motoru – **kolem** nehody – **kromě**: pokuty, zácpy – **napiji se**: vody, minerálky, kávy, džusu, mléka, vína, čaje

E15/11 adresa pojišťovny, jméno agentury, datum nehody

E15/12 **v**: servisu, motoru, inzerátu; agentuře, pojišťovně, zatáčce, zácpě – **na**: značce; silnici – **ke** stánku; k nehodě – **kvůli**: objížďce, pokutě, spotřebě, zácpě

E15/13 a) domovech, inzerátech, jogurtech, motorech, provozech, reflektorech, servisech, vozech b) agenturách, nehodách, značkách, zatáčkách, pokutách c) silnicích, stáncích

E15/14 a) domovům, jogurtům, motorům, servisům, stánkům, vozům b) pojišťovnám, spojkám, objížďkám, brzdám c) silnicím

E15/15 s jogurtem; s reklamní agenturou, s vysokou spotřebou, se státní poznávací značkou – **za**: zatáčkou; servisem, vozem – **před**: pojišťovnou; stánkem

E15/16 **pro dobrou značku**, kromě dobré značky, kvůli dobré značce, s dobrou značkou – **do dobrého servisu**, naproti dobrému servisu, v dobrém servisu, s dobrým servisem

E15/17 a) já počítám, oni počítají b) **já** se snažím, já souhlasím, já vozím; já se omluvím, já postavím, já stačím, já vyměním, já vyřídím, já zabrzdím, já zastavím – **oni** se snaží, oni souhlasí, oni vozí; oni se omluví, oni postaví, oni stačí, oni vymění, oni vyřídí, oni zabrzdí, oni zastaví c) **já** vzkazuji, já vyřizuji, já zkontroluji – **oni** vzkazují, oni vyřizují, oni zkontrolují d) **já** odtáhnu, já píchnu – oni odtáhnou, oni píchnou e) **já** se stanu; já odpovím; já sním; já vejdu, já vyjdu – **oni** se stanou; oni odpovědí; oni snědí; oni vejdou, oni vyjdou

E15/18 my se budeme snažit, my budeme souhlasit, my budeme počítat; my postavíme, my sníme, my vypijeme, my vyměníme, my vyřídíme, my zastavíme, my zjistíme, my zrušíme

KEY

E15/19 obyčejná tužka, pojištěné auto, vážný problém, bledá dívka, hlavní ulice, minulý pátek, minulý týden, minulý měsíc, minulý rok, zajímavý inzerát, přední kolo, zadní kolo, přední dveře, zadní dveře, silný muž

E15/20 1. Myslím, že nám ty peníze / je vymění pozítří. 2. Myslím, že mu ten vzkaz / ho vyřídí dnes večer. 3. Myslím, že ten dům / ho postaví příští rok. 4. Myslím, že tu školu / ji zruší příští léto. 5. Myslím, že ta čísla / je zkontrolují za moment. 6. Myslím, že ty informace / je zjistí příští týden. 7. Myslím, že se u nás zastaví příští neděli.

E15/21 1. Mrázkovi také spali dobře. 2. Mrázkovi také snídali čaj a müsli. 3. Mrázkovi také šli dopoledne na procházku. 4. Mrázkovi také odpoledne pracovali na zahradě. 5. Mrázkovi také jedli nové brambory s tvarohem. 6. Mrázkovi se také večer dívali na televizi. 7. Mrázkovi šli také pozdě spát.

E15/22 1. Alice, byla jsi 2. Alice, hrála jsi 3. Vojto, mluvil jsi 4. Alice, byla jsi 5. Vojto, telefonoval jsi 6. Vojto, psal jsi 7. Alice, byla jsi 8. Vojto, co jsi udělal

E15/23 1. Kolik pohlednic jste poslali? 2. Kolik faxů jste dostali? 3. Kolik let jste tam bydleli? 4. Kolik času jste ztratili? 5. Kolik týdnů jste tam pracovali? 6. Kolik knih jste přinesli? 7. Kolik starých novin a časopisů jste odnesli? 8. Kolik lahví vína jste přivezli? 9. Kolik dnů jste čekali? 10. Kolik fotografií jste udělali? 11. Kolik krásných obrazů jste jim nabídli?

E15/24 Paní Kovářová, 1. jela jste 2. platila jste 3. musela jste 4. měla jste 5. mluvila jste 6. přijela jste

E15/25 Pane Kováři, 1. jel jste na letiště sám 2. bydlel jste v hotelu sám 3. hrál jste počítačové hry sám 4. cestoval jste vlakem sám 5. díval jste se na televizi sám 6. byl jste v divadle sám

E15/26 1. Kam jste to dal? 2. Komu jste to dala? 3. Za kým jste přišel? 4. Za kým jste přišla? 5. Proč jste to odnesl? 6. Proč jste to odvezla? 7. Kdy jste odešel? 8. Kdy jste odešla? 9. Už jste to napsal? 10. Proč jste to vyhodila?

E15/27 1. Bylo teplo. 2. Bylo slunečno. 3. Nebylo chladno. 4. Nebylo mokro. 5. Bylo hezky. 6. Bylo sucho. 7. Nepršelo. 8. Bylo dvanáct hodin. 9. Bylo tady mnoho lidí. 10. Kolik bylo hodin? 11. Byla mlha. 12. Bylo pondělí. 13. Byl podzim. 14. Byl listopad. 15. Bylo prvního října. 16. Bylo pozdě.

E15/28 1. Líbila se vám Praha? 2. Líbil se jí ten kabát? 3. Chutnaly vám ty palačinky? 4. Chutnalo jim to pivo? 5. Líbilo se mu to auto? 6. Líbily se vám ty boty? 7. Chutnal vám ten čaj? 8. Líbila se vám ta hudba?

E15/29 1. Řekla, že je unavená. 2. Řekla, že má o tebe starost. 3. Řekl, že je úspěšný. 4. Řekl, že má hlad a žízeň. 5. Řekla, že má moc práce.

E15/30 1. Řekla, že poslala ten dopis. 2. Řekl, že uklidil. 3. Řekla, že koupila dvě láhve vína. 4. Řekl, že měl k obědu dva sendviče. 5. Řekl, že měl moc práce.

E15/31 1. Řekl, že už tady pracuje dva roky. 2. Řekla, že už tady čeká dvacet minut. 3. Řekla, že (už) tady sedí od dvou hodin. 4. Řekl, že už píše ten dopis dvě hodiny.

E15/32 Vojta říká: 1. Já jsem byl v galerii včera. 2. Já jsem byl na diskotéce včera. 3. Já jsem byl v zoologické zahradě včera. 4. Já jsem byl nakoupit včera. 5. Já jsem byl u Kláry včera. – **Alice říká**: 6. Já jsem byla na výletě včera. 7. Já jsem byla v botanické zahradě včera. 8. Já jsem byla na Karlštejně včera. 9. Já jsem byla na fotbale včera. 10. Já jsem byla u doktora včera.

E15/33 a) úředníky, řemeslníky, návrhy, dopisy, lístky, dárky b) turisty, kolegy c) auty, koly, jablky, slovy, městy, místy d) bankéři, řidiči, počítači, pomeranči, oleji, čaji e) učiteli, řediteli f) moři, parkovišti, letišti g) mapami, smlouvami, tužkami, taškami, chybami, obálkami, sklenkami h) policemi, ulicemi, sklenicemi, židlemi i) kancelářemi, skříněmi, labutěmi, láhvemi j) místnostmi, věcmi k) náměstími, nádražími l) dětmi, lidmi

E15/34 1. váza s květinami 2. matka s dcerami 3. otec se syny 4. děti s rodiči 5. obchod s potravinami 6. krabice se sušenkami 7. věšák s kabáty 8. sáček s jablky 9. police se šanony 10. stěna s policemi 11. stůl se židlemi 12. psací stůl se zásuvkami 13. ředitel školy s učiteli 14. kniha s obrázky 15. stánek s novinami

E15/35 1. s těmi úředníky 2. s těmi řemeslníky 3. s těmi policisty 4. s těmi studenty

E15/36 a) s tvým otcem, s tvou matkou, za tvým stolem, před tvou knihovnou, s tvým přítelem, s tvou přítelkyní b) vaším autem, před vaší kanceláří, s vaším příbuzným, s vaší příbuznou, s vaším kolegou, s vaší kolegyní c) s jejím synem, s její dcerou, s jejím známým, s její známou, s jejím doktorem, s její doktorkou

E15/37 Slyšel jsem / Slyšela jsem, že: 1. jste mluvili s našimi přáteli. 2. jste cestovali s našimi příbuznými. 3. jste byli na večeři s našimi známými. 4. jste hráli fotbal s našimi dětmi.

E15/38 1. svým 2. svou 3. svým 4. svými 5. svými 6. svou 7. svým

E15/39 1. prodavačkou 2. úředníkem 3. majitelem 4. ředitelem 5. jejich klientem 6. recepční 7. bankéřem 8. naším hostem

E15/40 1. můj stůl 2. skříň 3. skříň 4. mne 5. mne 6. nás

E15/41 před týdnem, před měsícem, před rokem, přede dvěma týdny, před třemi měsíci, před čtyřmi roky, před deseti dny

E15/42 a) před druhou (hodinou), před třetí (hodinou), mezi druhou a třetí (hodinou) b) před pátou (hodinou), před sedmou (hodinou), mezi pátou a sedmou (hodinou) c) před desátou (hodinou), před dvanáctou (hodinou), mezi desátou a dvanáctou (hodinou) d) kolem jedné (hodiny), po jedné (hodině) e) kolem čtvrté (hodiny), po čtvrté (hodině) f) kolem deváté (hodiny), po deváté (hodině) g) kolem osmé (hodiny), po osmé (hodině)

E15/43 a) 4.15 b) 12.30 c) 10.45 d) 6.15 e) 7.30 f) 3.45 g) 12.15 h) 5.30 i) 9.45

E15/44 a) čtvrt na jednu b) čtvrt na dvě c) čtvrt na tři d) čtvrt na sedm e) čtvrt na devět f) čtvrt na jedenáct

E15/45 a) tři čtvrtě na tři b) tři čtvrtě na pět c) tři čtvrtě na šest d) tři čtvrtě na osm e) tři čtvrtě na deset f) tři čtvrtě na dvanáct

KEY

E15/46 a) půl dvanácté b) půl jedenácté c) půl páté d) půl šesté e) půl sedmé f) půl osmé g) půl deváté h) půl jedné i) půl druhé

E15/47 1. zastavit 2. přestalo 3. zastavte se 4. se zastavím 5. se zastavit 6. přestal

E15/48 1. myje 2. mýt 3. umyji 4. umýt 5. umyli 6. rozbil 7. rozbijí 8. nalijete 9. nalít 10. naliji

E15/49 1. mytí 2. umytí 3. pití 4. vyzvednutí

E15/50 1. Dochází nám pivo. 2. Došlo nám pivo. 3. Dochází mi čaj. 4. Došel mi čaj. 5. Docházejí jim peníze. 6. Došly jim peníze. 7. Dochází mu voda. 8. Došla mu voda.

E15/51 1. Půjdu-li na večeři do restaurace 2. Budou-li v divadle dávat něco hezkého 3. prodají-li ten dům 4. zastaví-li nás policie 5. Nebudu-li v kanceláři

E15/52 1. ti lidé 2. těmi lidmi 3. těm lidem 4. těch lidí 5. těch lidech 6. ty lidi

E15/53 a) 1. rodičům 2. rodičů 3. rodičům 4. rodiče 5. rodičích 6. rodiči 7. rodiče b) 1. přátelům 2. přátel 3. přátelům 4. přátele 5. přátelích 6. přáteli 7. přátelé

E15/54 1. děti 2. dětem 3. dětech 4. dětmi 5. děti 6. dětí

E15/55 1. penězi 2. peníze 3. peněz 4. penězích 5. penězům

E15/56 1. věcmi 2. věci 3. věcech 4. věcem 5. věcí

E15/57 1. Nezeptali se nikoho. 2. Nedali to nikomu. 3. Nezlobili se kvůli ničemu. 4. Nesouhlasili s ničím. 5. Nešli tam za nikým. 6. Ta věc nepatří nikomu. 7. Nevěří ničemu. 8. Nemluvili o nikom. 9. To nezáleží na ničem. 10. Nenapili se ničeho.

E15/58 1. My jsme se snažili to auto opravit. 2. Ty sis to přál. 3. Ty ses na to dívala? 4. My jsme se na vás těšili. 5. Vy jste něco zjistil? 6. Vy jste zkontrolovala ta čísla, že? 7. Vy jste něco ztratili? 8. Vy jste zrušil tu schůzku? 9. Vy jste zrušila tu rezervaci? 10. Vy jste nezastavil, když svítila červená. 11. My jsme s nimi souhlasili. 12. Vy jste s ním nesouhlasila.

E15/59 1. Co jste dělali o víkendu? 2. Vyřídila jste mu to? 3. Nepočítali jsme s tím. 4. Ty jsi rozbil ty sklenky? 5. Proč jste musel vyměnit kolo?

E15/60 a) 1. tady 2. tam 3. vás 4. není 5. vyřídit 6. mu 7. nefunguje 8. zavolám 9. shledanou b) 1. pana 2. líto 3. vzkaz 4. samozřejmě 5. ať 6. zrušit 7. do 8. mu 9. vyřídím 10. tady 11. napíši 12. dám c) 1. je 2. mluvit 3. mi 4. ještě 5. vaše 6. číslo 7. vrátí 8. zavolá 9. jméno 10. kanceláře 11. kanceláří 12. doktorovi

E15/61 1. Souhlasím. 2. Nesouhlasím. 3. Pane Kubišto, co jste zjistil? 4. Zrušili jsme tu schůzi / schůzku. 5. Neodpověděli. 6. Kdo to rozbil? 7. Alice, vyměnila jsi ty peníze? 8. Vojto, souhlasil jsi s tím? 9. Přestal už pít pivo? 10. (Ten) autobus nezastavil. 11. Nechám / Dám si umýt auto. 12. Mohu platit šekem?

E15/62 Víte, kde je nejbližší benzinová pumpa? Čtete inzeráty? Bylo minulý týden hezké počasí? Dáte zítra umýt své auto? Píšete obyčejnou tužkou? Je vaše auto pojiš-

191

těné? Musíte někdy platit pokutu? Je ve vaší ulici velký provoz? Dáváte auto do servisu? Má vaše auto velkou spotřebu? Chcete se stát americkým prezidentem? Jak rychle jezdí vaše auto? Jaké je dnešní datum? Kolikátého bylo včera?

E15/63 1. myl 2. nalít 3. narazit 4. odpověděl 5. postavil 6. rozbil 7. souhlasit 8. vozil 9. vyměnit 10. vyřídit 11. zastavil 12. zabrzdil

E15/64 1. Vyšla paní Benešová z domova ráno nebo dopoledne? 2. Vyzvedla na poště dopisy? 3. Proč Oskar přišel do kanceláře dříve? 4. Kdy byl Oskar naposled v servisu? 5. Myje Oskar obyčejně své auto sám? 6. Přišla Oskarovi nějaká zajímavá pošta? 7. Šla paní Benešová v poledne na oběd? 8. Proč byl Oskar bledý? 9. Jel Oskar do Českého Krumlova? 10. Jel pan Kovář do Prahy sám? 11. Přijel pan Kovář k Oskarovi před jednou hodinou? 12. Proč platil pan Kovář pokutu?

Unit 16

W16/3   antibiotic, depression, gang, eczema

T16/1   **Oskar does not feel well**
T16/1.1 **Poor Oskar!**

Oskar said goodbye to Mr Kovář and went home. He walked because he hoped that a walk would do him good. He had a headache and was depressed. He had a feeling that everything caused him problems and that he was a failure (did not succeed in anything). When he arrived home, he was very tired and felt sleepy. So he made himself (*a cup of*) coffee, took a big box of ice cream out of the freezer, sat in his new armchair and switched the TV on. He was watching the news eating ice cream and drinking coffee. All the news seemed bad to him. He was not interested in bribes, slander, terrorists, mafias, gangs, wars or the weather forecast. That's why he switched over to a different channel (*programme*). There was an action film on. Oskar did not want to watch it. On that day, he felt (had an impression) that all his life was an action film, and he was tired of it. He switched over to another channel (*somewhere else*); there was a documentary about fish and life under water on. Oskar was watching it for a short time. Then he finished the ice cream, finished the coffee, dropped the remote control on the floor and fell asleep.

When he woke up at midnight, he felt (very) sick. He felt dizzy (his head was going round and round) and he felt pain near his heart. He switched the TV off, had a quick wash and went to bed. He slept very badly. He had bad dreams. He dreamt that he had his safe stolen, that the secret police was after him and that his former elementary school teacher was standing outside his company preventing him from entering it (*and did not want to let him in*).

In the morning, he felt even worse. He had a fever and his hands were trembling. It occurred to him that he might be ill. "Whenever (always when) I dream about teachers, I am ill," he said to himself. "First I'll go to see the doctor and then I'll call (to) the office."

| T16/1.2 | Oskar does not want *(to go)* to hospital

There were only three people in the doctor's waiting room. Two of them were given injections. They left immediately afterwards, so it was Oskar's turn soon. He just wanted to read a leaflet on the common cold when the doctor's assistant came out calling, "Next, please." Oskar got up from his chair.
"Come in," continued the assistant. "Have you ever been here (at our place)? I can't remember your name."
"No, I have never been here," answered Oskar.
"I have to fill in a medical card for you," said the assistant. "Take a seat. Can you show me your identity card and your health insurance certificate?"
"Certainly. Here you are," said Oskar feeling faint.
"Your surname?" continued the assistant.
"Kubišta."
"*(Your)* first name?"
"Oskar."
"*(Your)* date of birth?"
"The 21st August 1960."
"*(Your)* birthplace?"
"Pelhřimov."
"*(Your)* place of residence?"
"3, Laskavcová, Praha 10."
"*(Your)* birth index?"
"6008212023."
"*(Your)* marital status?"
"Single."
"Have you had any serious diseases?" continued the assistant asking.
"No."
"Has anybody in your family had any serious diseases?"
"No, they haven't," answered Oskar.
"I must take your temperature," continued the assistant. "Take this thermometer."
"What's the trouble, Mr Kubišta?" asked the doctor.
"I feel dizzy, I am sick, I have a sore throat and I think I am running a fever. I have probably caught cold."
"I'll have a look at the thermometer," said the doctor. "Yes, you have a high temperature. Do you have a cough?"
"No, *(I don't)*" answered Oskar.
"Open your mouth," continued the doctor. "I will have a look at your throat. Say aaah and show me your tongue. All right, that's sufficient. Take off your clothes *(Strip to the waist)*, I will examine you. How long have you had it?"
"Since yesterday," answered Oskar. "I had an accident the day before yesterday but I was not hurt (nothing happened to me). I went to a restaurant yesterday afternoon, and there I got a headache. I didn't feel well in the evening."
"What did you eat yesterday?" asked the doctor.
"I didn't eat anything in the morning," answered Oskar. "I drank a lot of coffee and I had rice and mushrooms in the afternoon."
"What sort of mushroom did you eat?" asked the doctor.
"I don't know," answered Oskar, "but I think they were all right."

"I feel inclined to send you to hospital, Mr Kubišta," said the doctor.
"No, it is not necessary; it seems to me that I have only tonsilitis or flu and I am ill from overwork, too," said Oskar.
"So it seems," agreed the doctor. "I will prescribe some medicines for you – something for the fever and some antibiotics. You will take two tablets every six hours. You have some eczema here on (*your*) hand. What do you treat it with?"
"Nothing. I have not noticed it," said Oskar. "It will clear up by itself."
"It is not going to clear up by itself," said the doctor. "I will prescribe an ointment for you. They will make it up for you at the chemist's. If you don't feel (*any*) better the day after tomorrow, call me and I will come and see you. Otherwise come for a check in a week. Here is your prescription."
"Thank you," said Oskar. "Goodbye."

T16/1.3 Šárka has to cancel all meetings

On his way home, Oskar stopped at the chemist's to get the medicines. He met Mrs Hubáčková outside the chemist's, which was not a good sign. In (*his*) house, he took newspapers and advertising brochures out of his letter box. Then he unlocked his flat, locked the door again (locked up behind him), lay down on the sofa and fell asleep. He was woken up by the telephone (*ringing*). Šárka was calling to ask what the matter was with him.
"I am sorry, I have forgotten to call (*you*)," apologised Oskar. "I am not well. Call all my meetings off and let Mr Charvát know that I won't be at the office for about a week. If Mr Nechyběl calls, tell him that I can't meet him these days."
"Shall I switch off the answering machine in your office?" asked Šárka.
"Thank you for reminding me," answered Oskar. "Do it and answer all calls yourself. If there is anything important, you can call me home."
"All right," said Šárka. "Get well soon."

T16/2 At the chemist's

Oskar:	Good morning. I have this prescription here.
Pharmacist:	There you are. Here is the medicine for the fever. Take it (only) when you are running a high temperature. Here is the antibiotic. You must take two tablets every six hours. We will make up the ointment for you. Can you come and collect it in the afternoon?
Oskar:	I am afraid not. May I come in a few days?
Pharmacist:	Certainly.

E16/1
bydliště, čekárna, hlava, horečka, houba, chřipka, injekce, karta, kontrola, kašel, krk, lék, lékárna, mast, mrazák, ordinace, pocit, ryba, předpis, půlnoc, reklama, ruka, sen, tableta, teploměr, úplatek, ústa, válka, život

E16/2
bývalý, přepracovaný, tajný, zlý

E16/3
tajnější, nejtajnější

E16/4
dejte vědět – dát vědět, probuďte se – probudit se, předepište – předepsat, sledujte – sledovat, uzdravte se – uzdravit se, vyndejte – vyndat, změřte – změřit

E16/5
předepište / nepředepisujte, vyndejte / nevyndavejte, změřte / neměřte

KEY

E16/6 a) 1. houba, chřipka; lékař 2. injekce, kontrola, krk, ruka, ordinace, půlnoc, reklama, teplota, ústa, válka, život b) bolet, cítit, omdlít, probudit, rozloučit, sledovat, trápit, měřit

E16/7 6a), 1b), 3c), 5d), 2e), 4f)

E16/8 1. angínu 2. čekárnu 3. injekci 4. kartu 5. tu lékařku 6. chřipku 7. reklamu 8. teplotu, horečku 9. válku 10. ordinaci

E16/9 a) léků, receptů, předpisů, záznamníků b) kontrol, reklam, ryb, pomluv, tablet c) čekáren, horeček, chřipek, karet, lékařek, lékáren, válek d) injekcí, ordinací, mafií; mastí; příjmení

E16/10 a) **dva**: doklady, předpisy, recepty, léky; **bez**: dokladu, předpisu, receptu, léku; **dva** lékaři, **bez** lékaře b) **dvě / bez**: čekárny, karty, kontroly, reklamy, tablety; injekce; příjmení; bydliště, srdce

E16/11 u lékárny – **do**: krku, mrazáku; čekárny, karty, úst – **od**: lékařky; války; narození – **vedle** ordinace – **ze** záznamníku, z letáku; z reklamy – **kolem** půlnoci – **kromě**: angíny, horečky, teploty, chřipky, rýmy; kašle

E16/12 adresa lékárny, jméno léku, číslo karty

E16/13 **v** dokladu, v léku, ve snu, v mrazáku; v čekárně, v lékárně, v kartě, v tabletě, v hlavě, v ruce, ve válce; v masti; v bydlišti – **na**: předpisu, receptu, záznamníku; srdci – **po**: angíně, chřipce, rýmě, válce – **k**: lékaři; lékařce – **kvůli**: předpisu, receptu; teplotě, pomluvě, reklamě, kontrole; injekci; nemoci – **proti**: angíně, rýmě, horečce, chřipce, válce; kašli

E16/14 a) dokladech, předpisech, pocitech, receptech, snech b) hlavách, rukách, rybách, čekárnách, horečkách, kartách, kontrolách, tabletách, teplotách, válkách c) injekcích, mafiích; letácích, lécích, úplatcích, mrazácích, záznamnících

E16/15 a) dokladům, předpisům, pocitům, snům, lékům, záznamníkům, životům, lékařům b) kontrolám, hlavám, chřipkám, reklamám, rybám c) injekcím, ordinacím

E16/16 **s**: předpisem, lékem; kašlem; horečkou, tabletou, teplotou, kontrolou; injekcí – **(jít) za**: lékařem, lékařkou – **před**: lékárnou, čekárnou; ordinací

E16/17 a) předpisy, léky b) lékaři c) horečkami, tabletami, teplotami, kontrolami, lékařkami; injekcemi

E16/18 pro mou kartu / můj předpis, bez mé karty / mého předpisu, kvůli mé kartě / mému předpisu, s mou kartou / mým předpisem

E16/19 a) **já** vypadám; já dám vědět, já vyndám – **ty** vypadáš; ty dáš vědět, ty vyndáš – **oni** vypadají; oni dají vědět, oni vyndají b) **já** se cítím; já omdlím, já se probudím, já se rozloučím, já se trápím, já se uzdravím, já upustím, já pustím, já změřím – **ty** se cítíš; ty omdlíš, ty se probudíš, ty se rozloučíš, ty se trápíš, ty se uzdravíš, ty upustíš, ty pustíš, ty změříš – **oni** se cítí; oni omdlí, oni se probudí, oni se rozloučí, oni se trápí, oni se uzdraví, oni upustí, oni pustí, oni změří c) já sleduji, ty sleduješ, oni sledují d) já předepíši / předepíšu, ty předepíšeš, oni předepíší / předepíšou

E16/20 to se zdá, to bolí, to se podaří, to přejde

E16/21 1. My se brzy rozloučíme. 2. On se brzy uzdraví. 3. Ona se bude brzy cítit lépe. 4. My se brzy sejdeme.

E16/22 přísná kontrola, tajné dokumenty, příjemný pocit, dlouhé příjmení, rozbitý teploměr, nízká teplota, dlouhá válka, zlý pes, velká ryba, hezký sen, dobré srdce

E16/23 1. lehnu si 2. nenastydnu 3. nezamknu 4. prohlédnu si 5. přepnu 6. vypnu 7. nezapnu 8. usnu

E16/24 1. Řekněte / Řekni mu, ať odemkne dveře. Řekněte / Řekni jim, ať odemknou dveře. 2. Řekněte / Řekni jí, ať vypne rádio. Řekněte / Řekni jim, ať vypnou rádio. 3. Řekněte / Řekni mu, ať zapne rádio. Řekněte / Řekni jim, ať zapnou rádio. 4. Řekněte / Řekni jí, ať si prohlédne ten časopis. Řekněte / Řekni jim, ať si prohlédnou ten časopis.

E16/25 Ty si toho všimneš. Všimneš si toho. – Ona si toho všimne. Všimne si toho. – My si toho všimneme. Všimneme si toho. – Vy si toho všimnete. Všimnete si toho. – Oni si toho všimnou. Všimnou si toho.

E16/26 Prosím vás, 1. vypněte to rádio. 2. přepněte na jiný program. 3. odemkněte. 4. zamkněte. 5. prohlédněte si tu zprávu. 6. všimněte si toho. 7. vzpomeňte si. 8. připomeňte mi to. 9. nezapomeňte to.

E16/27 1. Vojta včera nenastydl. 2. Vojta si v neděli neprohlédl galerii. 3. Vojta nevypnul televizi v osm hodin. 4. Vojta si nevšiml, že prší. 5. Vojta si nevzpomněl, že má koupit mléko. 6. Vojta nezapomněl, kdy se má vrátit domů. 7. Vojta nepřipomněl Petrovi, že Helena má narozeniny.

E16/28 1. Všimla jste si té fronty? 2. Všiml jste si toho auta? 3. Všimla jste si toho klobouku? 4. Všiml jste si toho letadla? 5. Všimla jste si té vily? 6. Všiml jste si jí? 7. Všimla jste si ho? 8. Všiml jste si nás?

E16/29 1. Nezapomeňte / Nezapomeň zavřít okno. 2. Nezapomeňte / Nezapomeň nám poslat fax. 3. Nezapomeňte / Nezapomeň vypnout televizi. 4. Nezapomeňte / Nezapomeň zapnout záznamník. 5. Nezapomeňte / Nezapomeň nám poslat pohlednici.

E16/30 1. Šárka si zapomněla prohlédnout ty fotografie. 2. Šárka zapomněla vypnout záznamník. 3. Paní Benešová zapomněla zavřít okno. 4. Paní Benešová zapomněla vypnout počítač. 5. Šárka zapomněla vyřídit vzkaz od pana Nechyběla. 6. Paní Benešová zapomněla zamknout trezor. 7. Paní Benešová zapomněla odemknout hlavní vchod. 8. Šárka zapomněla napsat dopisy klientům. 9. Paní Benešová zapomněla vyzvednout poštu. 10. Šárka zapomněla (do)jít do banky.

E16/31 1. Připomenu mu, že má poslat ten dopis. 2. Připomenu jí, že má poslat ten dopis. 3. Připomenu jim, že mají poslat ten dopis. 4. Prosím vás, připomeňte mu, že má poslat ten dopis. Prosím tě, připomeň mu, že má poslat ten dopis. 5. Prosím vás, připomeňte jí, že má poslat ten dopis. Prosím tě, připomeň jí, že má poslat ten dopis.

E16/32 1. Alice si nemohla vzpomenout, kdy dostala dopis od Jill. 2. Hájkovi si nemohou vzpomenout, kde bydlí Vojtovi rodiče. 3. Petr si nemůže vzpomenout, jak se

KEY

jmenuje Helenin bratr. 4. Vojta si nemohl vzpomenout, kolik let je Markovi. 5. Nemohu si vzpomenout, jaké číslo telefonu má ta banka.

E16/34 1. Ne, ještě nenakoupila. 2. Ne, Petr ještě neumyl auto. / Ne, ještě ho neumyl. 3. Ne, Helena ještě nedočetla tu knihu. / Ne, ještě ji nedočetla. 4. Ne, Vojta ještě nedojedl tu buchtu. / Ne, ještě ji nedojedl. 5. Ne, Klára ještě nepřinesla poštu ze schránky. / Ne, ještě ji nepřinesla.

E16/35 1. vás 2. něm 3. nich 4. tobě 5. ní 6. nás 7. mně 8. něm

E16/36 1. Jsou v něm staré knihy. 2. Ne, není. Jsou v ní sušenky. 3. Ne, nejsou. Jsou v nich papíry. 4. Je na něm jméno firmy. 5. Ne, není. Je na ní skvrna. 6. Je v ní jahodový džem. 7. Je v nich minerálka. 8. Jsou v ní šaty. 9. Je v něm včerejší káva. 10. Ne, není. Jsou v ní láhve od piva. 11. Ne, není. Není v ní nic. 12. Jsou v něm čokoládové bonbony.

E16/37 1. Stýská se mu po ní. 2. Zdálo se jí o ní. 3. Slyšel o ní. 4. Nemá o nich žádné informace. 5. Ví o něm. 6. Četl o nich v novinách. 7. Stýská se jí po něm. 8. Nestýská se mu po ní.

E16/38 1. Zdá se mi, že padá sníh. 2. Zdá se nám, že je mokro. 3. Alici se zdá, že bude hezký den. 4. Vojtovi se zdá, že fouká vítr. 5. Zdá se mu, že bude pršet. 6. Zdá se jí, že bude slunečný den.

E16/39 1+3+5. Zdálo se mu, že ... 2+4. Zdálo se jí, že ...

E16/40 1. Napadlo vás, že 2. Napadlo ji, že 3. Napadlo ho, že 4. Napadlo je, že 5. Napadlo nás, že ...

E16/41 1. Petrovi se podařilo vyhrát. 2. Alici se podařilo dopsat dopis mamince. 3. Vojtovi se podařilo vydělat nějaké peníze. 4. Petrovi se podařilo opravit pračku. 5. Heleně se podařilo spravit kabelku.

E16/42 1. Podařilo se mu vyhrát? 2. Podařilo se jí dopsat ten dopis? 3. Podařilo se mu vydělat nějaké peníze? 4. Podařilo se mu opravit pračku? 5. Podařilo se jí spravit kabelku?

E16/43 1. Nepodařilo se mu přijet včas. 2. Nepodařilo se jim přijet včas. 3. Nepodařilo se jí přijít včas. 4. Nepodařilo se jim přijít včas. 5. Nepodařilo se jí přijet včas. 6. Nepodařilo se nám přijít včas.

E16/44 1. Jak je Alici? Je jí ... 2. Jak je panu Mrázkovi? Je mu ... 3. Jak je Heleně a Kláře? Je jim ... 4. Jak je slečně Šárce? Je jí ... 5. Jak je paní Benešové? Je jí ... 6. Jak je vašemu kolegovi? Je mu ... 7. Jak je vaší kolegyni? Je jí ... 8. Jak je vašemu manželovi / vaší manželce? Je mu / jí ... 9. Jak je vašim dětem? Je jim ... 10. Jak je vám? Je mi ...

E16/45 1. Nechce se jí učit. 2. Nechce se mu hrát na kytaru. 3. Nechce se jim mýt auto. 4. Nechce se jí číst knihu. 5. Nechce se jim dívat na televizi. 6. Nechce se jí poslouchat hudbu. 7. Nechce se jí pracovat přesčas.

E16/46 1. Ukradli mu auto. 2. Ukradli jim peníze. 3. Ukradli jí peněženku. 4. Ukradli nám psa. 5. Ukradli mi pero.

E16/47 1. všechen 2. všechno 3. všechna 4. všechno 5. všechna 6. všechen 7. všechna 8. všechno 9. všechen 10. všechen

E16/48 1. všichni 2. všichni 3. všechny 4. všechna 5. všechna 6. všechny 7. všechny 8. všechny 9. všichni 10. všechny

E16/49 1. vším 2. vším 3. všem 4. všeho 5. všemu 6. všeho 7. všeho 8. všechno 9. všechno 10. vším 11. všem

E16/50 1. všem 2. všech 3. všech 4. všemi 5. všechny

E16/51 a) každý muž, každá žena, každé dítě, každé město, každá země, každý dům, každá ulice b) každý z nás, každý z vás, každý z nich
a) žádný muž, žádná žena, žádné dítě, žádné město, žádná země, žádný dům, žádná ulice b) žádný / nikdo z nás, žádný / nikdo z vás, žádný / nikdo z nich

E16/52 1. Je hezky, což je příjemné. 2. Nechtějí podepsat tu smlouvu, což je zvláštní. 3. Musel platit pokutu, což je špatné. 4. Je velký mráz, což je nepříjemné. 5. Říkají, že vyhrál, což je pravda. 6. V potravinách mají zavřeno, což je špatné. 7. Ukradli mu auto, což je hrozné. 8. Zapomněla mu blahopřát, což je hloupé. 9. Žije sám, což je normální. 10. Zaplatili předem, což je zajímavé.

E16/53 1. při snídani 2. při nehodě 3. při angíně 4. při práci 5. Při kontrole

E16/54 a) **bez**: kufru, hotelu, sáčku, dokumentu, klobouku, kostýmu, obleku, svetru, nepořádku – **kvůli**: kufru, hotelu, sáčku, dokumentu, klobouku, kostýmu, obleku, svetru, nepořádku – **v** kufru, v hotelu, v sáčku, v dokumentu, v klobouku, v kostýmu, v obleku, ve svetru, v nepořádku – **s** kufrem, s hotelem, se sáčkem, s dokumentem, s kloboukem, s kostýmem, s oblekem, se svetrem, s nepořádkem b) **tři**: domy, stoly, vozy c) **dva**: sáčky, stánky, stolky, lístky, domky, hrnečky, šálky, talířky, ubrousky

E16/55 a) **do dvou**: fotoaparátů, televizorů, obchodů, časopisů, autobusů, salátů – **kvůli dvěma**: fotoaparátům, televizorům, obchodům, časopisům, autobusům, salátům – **ve dvou**: fotoaparátech, televizorech, obchodech, časopisech, autobusech, salátech – **se dvěma**: fotoaparáty, televizory, obchody, časopisy, autobusy, saláty b) **ve třech**: kloboucích, oblecích, budících, doutnících, blocích, jazycích, knedlících, balíčcích, poplatcích, výtazích

E16/56 1. dny 2. dny 3. dní / dnů 4. dnech

E16/57 1. týdnů, roků / let 2. týdny, roky / lety 3. týdnů, roků / let, ale po třech týdnech, rocích / letech 4. týdny, roky

E16/58 a) **bez**: divadla, jídla, letadla, auta, okna, kina, saka, trička – **k** divadlu, k jídlu, k letadlu, k autu, k oknu, ke kinu, k saku, k tričku – **v**: divadle, jídle, letadle; autě, okně, kině; saku, sakem, se sakem, s tričkem – **dvě**: divadla, jídla, letadla, auta, okna, kina, saka, trička b) **pět**: aut, kin, sak; divadel, jídel, letadel, oken, triček c) **do**: Německa, Rakouska, Skotska, Irska, Španělska – **v** Německu, v Rakousku, ve Skotsku, v Irsku, ve Španělsku

E16/59 a) **pro**: diplomata, číšníka, studenta, hosta, klienta, úředníka, řemeslníka, obchodníka, nájemníka – **u**: diplomata, číšníka, studenta, hosta, klienta, úředníka, řemeslníka, obchodníka, nájemníka – **k** diplomatovi, k číšníkovi, ke studentovi,

KEY

k hostovi, ke klientovi, k úředníkovi, k řemeslníkovi, k obchodníkovi, k nájemníkovi – **mluvit o**: diplomatovi, číšníkovi, studentovi, hostovi, klientovi, úředníkovi, řemeslníkovi, obchodníkovi, nájemníkovi – **s** diplomatem, s číšníkem, se studentem, s hostem, s klientem, s úředníkem, s řemeslníkem, s obchodníkem, s nájemníkem **b) ti dva**: diplomati / diplomaté, hosti / hosté, studenti, klienti, doktoři – **pro dva**: diplomaty, hosty, studenty, klienty, doktory – **u dvou**: diplomatů, hostů, studentů, klientů, doktorů – **ke dvěma**: diplomatům, hostům, studentům, klientům, doktorům – **o dvou**: diplomatech, hostech, studentech, klientech, doktorech – **se dvěma**: diplomaty, hosty, studenty, klienty, doktory **c) vědět o třech**: číšnících, úřednících, obchodnících, nájemnících

E16/60 a) **pro**: turistu, teroristu, policistu – **od**: turisty, teroristy, policisty – **k**: turistovi, teroristovi, policistovi – **film o**: turistovi, teroristovi, policistovi – **před jedním**: turistou, teroristou, policistou **b) ti dva**: turisté, teroristé, policisté – **pro oba**: turisty, teroristy, policisty – **od obou**: turistů, teroristů, policistů – **k oběma**: turistům, teroristům, policistům – **film o dvou**: turistech, teroristech, policistech – **před oběma**: turisty, teroristy, policisty **c)** pro jednoho kolegu, u jednoho kolegy, kvůli jednomu kolegovi, s jedním kolegou **d)** moji dva kolegové, pro dva kolegy, u dvou kolegů, se dvěma kolegy

E16/61 1. Prohlédla jste si tu knihu? 2. Raději mi to připomeňte. 3. Nemohu si vzpomenout. 4. Jak jste se cítil? 5. Nevšiml jsem si toho. 6. Kde si mohu umýt ruce? 7. Nechtělo se mu s nimi mluvit.

E16/62 1. před 2. v 3. na 4. v 5. v 6. u

E16/63 1. vám 2. vás 3. vás 4. vámi 5. vás 6. vám 7. vás

E16/64 1. Nezapomenu-li 2. ať 3. když 4. protože 5. když, že 6. když, že, což 7. proto 8. až

E16/66 1. mluvit 2. nemocný 3. za 4. doufám 5. nechat 6. ním 7. mu 8. týdny 9. něho 10. ať 11. vyřídím

E16/67 1. Není mi zima / chladno. 2. Zdá se, že všichni lidé už odešli. 3. Už jste byl / byla v Londýně? / Už jsi byl / byla v Londýně? 4. Zapomněl jsem. / Zapomněla jsem. 5. Nemohu si teď vzpomenout. 6. Všiml / Všimla jsem si toho. 7. Není mu dobře. 8. Ještě jsem to neviděl / neviděla. 9. Potřebuji předpis? 10. Nezapomeňte / Nezapomeň zamknout dveře. 11. Zapnula záznamník a odešla. 12. Uzdravil se? / Už se uzdravil? 13. Musím se s nimi rozloučit.

E16/68 Chodíte často do lékárny? Berete někdy léky? Bolí vás často hlava? Měl nebo měla jste někdy angínu? Zdál se vám hezký sen? Jak je vám dnes? Jaké je dnešní datum? Kolikátého bylo včera?

E16/69 1. Cítil se Oskar dobře nebo špatně, když šel domů z restaurace? 2. Díval se Oskar na akční film? 3. Bylo Oskarovi lépe, když se o půlnoci probudil? 4. Zdály se Oskarovi hezké sny? 5. Byla čekárna plná lidí? 6. Měl Oskar horečku? 7. Poslala lékařka Oskara do nemocnice? 8. Zavolal Oskar do kanceláře, nebo volala Šárka Oskarovi?

199

Revision Test Four

RT4/1 Richardův počítač, Janin pes, Richardova židle, Janina kabelka, Richardovo kolo, Janiny boty

RT4/2 1. sobě 2. sebou 3. sebe 4. sebe

RT4/3 Chcete tyhle noviny? Ne, děkuji. Mám své.
A kde máte své noviny? Mé noviny jsou tamhle na stole.

RT4/4 Chce mluvit se svým bratrem a s jeho přítelem Josefem.
Já mám svou / svoji knihu a oni mají své / svoje knihy.

RT4/5 Je horko; jedeme k řece. Jdu do banky pro peníze.

RT4/6 Tamhle jsou učitelé a studenti. Znáte ty učitele a studenty?

RT4/7 Co máte raději? Minerálku nebo zelený čaj?

RT4/8 1. hrál 2. měla 3. měl 4. Hrála

RT4/9 1. Byl jsem tam. 2. Byla jsem tam. 3. Nebyli jsme tam. 4. Nebyly jsme tam. 5. Vojto, byl jsi tam / byls tam? 6. Alice, byla jsi tam / bylas tam? 7. Vojto a Petře, byli jste tam? 8. Kláro a Heleno, byly jste tam? 9. Pane Mrázku, byl jste tam? 10. Paní Mrázková, byla jste tam? 11. Šel tam. 12. Šla tam. 13. Vzali jsme si to. 14. Našli to.

RT4/10 Byl jste včera v kině? Byli jste včera v divadle?

RT4/11 Nechám / Dám umýt auto. Nechal / Dal opravit (ty) hodinky.

RT4/12 1. Co píše? 2. Píšeme jim dopis. 3. Čteme to. 4. Nikdo to nechce.

RT4/13 1. před hodinou 2. před rokem 3. přede dvěma měsíci 4. před šestou (hodinou)

RT4/14 4.30, 2.15, 12.45

RT4/15 1. Zapomněl / Zapomenul jsem to. 2. Nevzpomněl / Nevzpomenul jsem si. 3. Zapnul jsem to. 4. Vypnul jsem to. 5. Chtělo se mi spát. 6. Podařilo se mi to. 7. Bylo mi dobře. 8. Něco mě napadlo.

RT4/16 Paní Hájková, už jste byla v Americe? Alice, už jsi byla v Brně?

RT4/17 přestalo, nezastavil

RT4/18 Včera jsme byli na procházce. Včera jsem pracoval do osmi hodin.

RT4/19 Řekl, že zavolá zítra. Řekla, že (už) tam byla.

RT4/20 Myje nádobí. Myjeme auto.

Unit 17

W17/3 aggressive, farm, technical / technological

KEY

T17/1 By train to the country
T17/1.1 Alice is going to get up early

"What are you doing at the weekend?" asked Vojta Alice, when he was leaving the Mrázeks' home on Friday.
"We are going to the country," answered Alice. "We have some relatives in the country."
"I thought that all of your Czech relatives lived in Prague," said Vojta.
"Not all of them, only some of them. My uncle, my aunt and their children – my cousins – live in Prague but the other relatives live in other places," said Alice. "My grandfather's brother moved to a village a month ago. We are going to see him. I quite look forward (*to it*). I like travelling."
"How are you going there – by train or by bus?" asked Vojta.
"By train," answered Alice. "First we are going to take an express train and then a slow train."
"I also prefer going by train," said Vojta, "because I can't read on a bus. But anyway. Have a good journey and I hope you will like it there."
"What time do I have to get up?" asked Alice her grandfather when Vojta had left.
"At a quarter past six at the latest," answered Mr Mrázek. "We must set off in good time."
"May I borrow your alarm clock, please? I fear I will oversleep. I am not used to getting up early. I have got used to sleeping late."
"Of course I will lend it to you but don't be afraid, I won't let you oversleep," answered Mr Mrázek. "I will wake you up at six o'clock."

T17/1.2 At the railway station

The morning was clear and chilly. Alice was so sleepy that she nearly fell asleep on the Underground. They got off at the station called "Hlavní nádraží". The (central) station concourse was full of people. There were queues at all ticket windows. There were lots of people standing in front of a board saying (with the lettering) "DEPARTURES (OF TRAINS)". They were waiting for the number of the platform (*to emerge*) from which their train leaves (will be leaving). There were also people standing in front of a board saying "ARRIVALS (OF TRAINS)". The train whose arrival they were waiting for was delayed. There was a group of people sitting on the floor in the middle of the concourse. They seemed to be having breakfast. Two policemen were trying to make themselves understood with several of them but they probably did not speak their language.
"I'd better buy reserved-seat tickets as well," said Mr Mrázek when he had returned from the ticket office. "If you queue again, we will miss our train," said Alice.
"The booking office is over there," said Mr Mrázek. "It is the one with (on which is) the notice saying ARES, the one where (by which) there is no queue now."
"I'll go to our train and wait there meanwhile," said Alice. "I have found where it is."
"You'd better not go anywhere, or you will get lost here," said Mr Mrázek. "Wait here or come with me."

T17/1.3 On the train

It was good that they had the reserved-seat tickets. Their compartment was full and there were some people standing outside in the corridor as well. Alice was sitting by the window, Mr Mrázek was sitting beside her. "Are we bound (going) eastward, westward, southward or northward?" asked Alice who was looking out of the window and reflecting in which direction they were going.

"(*We are bound*) southward," answered the guard who had just emerged in the doorway. Mr Mrázek handed him his ticket and the reserved-seat tickets and asked, "Are we going to be late? We only have five minutes to change (*to the other train*)." "The train I am (travelling) on is never delayed," said the guard as a joke and passed further (*along the train*).
"How come that I have no ticket?" asked Alice. "I hope I am not travelling without paying."
"We have one ticket for two persons, look," said Mr Mrázek.
"Why is there 'ordinary' in the ticket? Does it mean that this is not a return ticket?"
"I think that it means that it is not special. It is not a return ticket (*but*) it is only a single one and its price is neither reduced nor added a (an extra) supplement. Get ready, we are getting off in a moment," said Mr Mrázek.
"Can these reserved-seat tickets be used for the slow train as well?" asked Alice again.
"These reserved-seat tickets can only be used for this train," answered Mr Mrázek. "Besides, there are no reserved-seat tickets available for slow trains (*seats in slow trains cannot be reserved*)."

T17/1.4 Arnošt

The slow train was, however, nearly empty. It passed slowly along woods and potato fields and stopped at every stop. When it stopped at a pretty small station, Mr Mrázek and Alice got off.
Mr Mrázek's brother was already waiting on the platform. With a pair of binoculars round his neck and a walking stick in his hand, he was like a walker rather than a countryman. He strongly resembled his brother. "Welcome," he said. "I am happy to see you. It is nice here, isn't it? Beautiful scenery, quiet, clean air, birds sing here. I prefer the country(side) to a city now. I have got accustomed to living here. I will take you for a nice walk now. It is three kilometres from here to the village (*to go*) along the road. However, we are not going along the road but we will take a shortcut over a hill and past a wood. It is shorter and nicer. First we will cross the meadow over there and the stream. The place is a little wet."
"Arnošt, I like hiking but when I go on a hike, I put on different shoes," said Mr Mrázek as in fun.
In the meadow, there were ox-eye daisies in blossom as well as lots of other flowers whose names were unknown to Alice. They went over a footbridge and walked (climbed) uphill. There was a little chapel on the hill (*top*) from which there was a lovely view of the countryside.
"We will stop here for a moment and have a look around (the surrounding countryside)," said Arnošt. "I will lend you my binoculars. The meadow we have crossed is behind us, (and) the station and the road are beyond it. You can see the village where I live now in front of you. In the north, that is over there, are hills. They are not mountains but skiing is said to be possible there. There are large forests to the west of the village. There are bilberries and mushrooms there now. Between the forest and the village are fields. (There) where you can see the cows, is a farm. There are forests in the east as well. Now, we will go down to the village."
"Are there any sheep as well?" asked Alice.
"I have not yet seen any here," answered Arnošt. "As far as I know, people mostly keep chickens and rabbits here. My neighbour has even got a goat."

KEY

"Why are these geese so aggressive? They are dangerous, I am afraid of them," said Alice when they were walking past a pond.
"Take no notice of them, they will do you no harm," advised her Mr Mrázek and asked Arnošt, "Is it possible to swim (bathe) here?"
"No, it isn't," answered Arnošt. "Children are said to skate here in winter. As you can see, this is a fairly normal village. There is a church and a parish office there. There is a cemetery behind the church. There is a pub here to the left from the crossroads. The local council and the post office are in the next building. Over there is the grocer's. There is no school here."
"Is there a doctor (*doctor's surgery*) here?" asked Alice.
"Practical question," said Arnošt. "No, there isn't. There used to be (was) an ambulance centre here before but they say that it does not pay any longer. Now we will walk towards the church but we will turn left at the parish office."
"It is nice here," said Alice when they were walking along a lime tree avenue. There was an unusually large old house at the end of the avenue. There was a smaller house next to it and there was a goat standing behind the (its) fence and observing Alice. A black and white cat was sitting in front of the entrance. When it saw someone coming, it got up slowly and went away.
"Arnošt, where do you live, actually?" asked Mr Mrázek.
"It seems to me that we have reached the end of the village."
"Here," answered Arnošt. "I am a castle manager now. I am responsible for some technical things, I am putting the library in order, I water flowers and look after bees as well."
"I did not know you knew how to do it," said Mr Mrázek.
"I didn't know how to do it but I have learned that," said Arnošt. "Let's go inside, I have put deckchairs for you in the garden. You must be tired. And it's time we had lunch as well."

E17/1 borůvka, bratranec, budova, farma, hora, hostinec, hřbitov, kostel, krajina, les, louka, místenka, nápis, odjezd, otázka, nástupiště, pole, příjezd, příplatek, rybník, rychlík, soused, strýc, tabule, teta, túra, ulička, venkov, vesnice, správce, zámek

E17/2 jasný, nebezpečný, ospalý, pěkný, podobný, zlevněný, technický, agresivní

E17/3 pěknější, nejpěknější; jasnější, nejjasnější; nebezpečnější, nejnebezpečnější; podobnější, nejpodobnější; ospalejší, nejospalejší; praktický, nejpraktičtější

E17/4 domluvte se – domluvit se, navštivte – navštívit, odstěhujte se – odstěhovat se, koupejte se – koupat se, starejte se – starat se, pozorujte – pozorovat, přemýšlejte – přemýšlet, připravte se – připravit se, půjčte – půjčit, rozhlédněte se – rozhlédnout se, vstaňte – vstát, zahněte – zahnout, zpívejte – zpívat

E17/5 a) 1. borůvka, místenka, rychlík, vzduch, lehátko 2. hora, kráva, venkov, vesnice, turistika, zámek 3. kostel, les, přestup, soused 4. koza, včela b) bruslit, koupat, objevit se, pozorovat, přemýšlet, půjčit, stoupat, vzbudit, zaspat, zpívat, starat se, zalévat

E17/6 1. přítel 2. adresa 3. dítě 4. auto 5. pes 6. dcera

E17/8 1. tu velkou budovu 2. tuhle krajinu 3. jeho strýce a tetu 4. jejího bratrance a její sestřenici 5. souseda a sousedku 6. pana průvodčího 7. vesnici 8. kočku a psa

203

E17/9 a) bratranců, hostinců, kopců, kostelů, rybníků, strýců, ptáků b) skupin, budov, kopretin, hor, tet, túr, koz; sestřenic, vesnic, slepic; nástupišť c) borůvek, místenek, otázek, farem, zkratek, uliček, kapliček; lehátek d) tabulí, ovcí; polí

E17/10 a) **oba**: nápisy, dalekohledy, příplatky; **bez**: nápisu, dalekohledu, příplatku b) **oba / bez**: hostince, kopce; **obě / bez**: otázky, skupiny, fary, farmy, budovy; sestřenice, slepice; tabule; lehátka, nástupiště

E17/11 **u**: souseda, kostela, hřbitova, rybníka; bratrance, strýce; hostince; tety, sousedky, budovy, louky; tabule – **do**: rychlíku, zámku, vzduchu; kostela, lesa; uličky, budovy – **od**: příjezdu, odjezdu, západu, jihu; souseda; strýce, správce; tety, včely; sestřenice – **vedle** fary – **z** východu, ze severu, ze zámku; z kostela, ze hřbitova, z venkova, z lesa; z hostince; z farmy, z túry, z hory; z vesnice; z nástupiště, z pole – **kolem**: kostela; tabule – **kromě**: nápisu; kočky; paní průvodčí

E17/12 adresa hospody, jméno vesnice, číslo rychlíku, jméno mé tety, jméno mého strýce

E17/13 **v** rychlíku, ve vzduchu, v zámku, v klidu, v rybníku; v kostele, v lese; v hostinci; v budově, ve skupině, v krajině, v uličce; ve vesnici; v lehátku; v kupé – **na**: jihu, severu; západě, východě, venkově; kopci; farmě, faře, hoře, túře, louce, místence, lávce; tabuli; poli; nástupišti – **po**: příjezdu, odjezdu – **k** bratranci, k(e) strýci, k(e) správci; k zámku, ke kostelu; ke kopci; k otázce – **kvůli**: příplatku, přestupu, příjezdu, odjezdu; králíkovi, ptákovi, krávě, koze, včele, huse, kočce; slepici, ovci

E17/14 a) nápisech, hřbitovech b) horách, loukách, túrách, farmách, místenkách, budovách, otázkách, zkratkách, skupinách; lehátkách c) sestřenicích, tabulích, ovcích; bratrancích, strýcích, kopcích, hostincích; polích, nástupištích; rychlících, rybnících, potocích, ptácích, příplatcích, zámcích

E17/15 a) nápisům, rychlíkům, potokům, hostincům, kopcům b) horám, budovám, farmám, loukám, tetám, otázkám c) sestřenicím, slepicím, ovcím; polím, nástupištím

E17/16 s dalekohledem, s klidem, s výhledem, s příplatkem, se sousedem, se strýcem, s bratrancem; s otázkou, s místenkou, s tetou, s kočkou, s kozou, s krávou, s husou, se včelou, s budovou; se sestřenicí, se slepicí, s ovcí – **za**: kostelem, hřbitovem, rybníkem, lesem, kopcem, hostincem; horou, loukou, farou, farmou; vesnicí – **před**: zámkem, rychlíkem; budovou

E17/17 a) rychlíky, výhledy, lesy; sousedy b) bratranci, strýci, soudci, kopci, hostinci; poli, nástupišti c) borůvkami, kopretinami, loukami, horami, sestřenicemi, slepicemi, ovcemi

E17/18 **pro mou sestřenici**, bez mé sestřenice, kvůli mé sestřenici, to záleží na mé sestřenici, s mou sestřenicí – **pro mého bratrance**, bez mého bratrance, kvůli mému bratranci, to záleží na mém bratranci, s mým bratrancem

E17/19 a) **já** se starám, já zpívám, já dávám přednost, já zalévám, já stoupám – **on** se stará, on zpívá, on dává přednost, on zalévá, on stoupá b) **já** bruslím, já navštívím, já se domluvím, já se připravím, já se objevím, já půjčím, já vzbudím, já se ztratím, já přemýšlím – **on / oni** bruslí, on / oni navštíví, on / oni se domluví, on / oni se připraví, on / oni se objeví, on / oni půjčí, on / oni vzbudí, on / oni se ztratí; on přemýšlí / oni přemýšlejí c) vy pozorujete, vy se odstěhujete d) **já** se rozhlédnu, já si

KEY

zvyknu, já zahnu – **oni** se rozhlédnou, oni si zvyknou, oni zahnou **e) já** vstanu, já zaspím, já dojdu – **ty** vstaneš, ty zaspíš, ty dojdeš **f)** to kvete; to se vyplatí

E17/20 1. Navštíví nás, až se vrátí z Indie? 2. Půjčíme si to kolo, až pojedeme na hory? 3. Domluví se, až se sejdou? 4. Odstěhuje se, až najde nový byt? 5. Připraví se, až bude mít čas? 6. Vstane, až ho vzbudíme? 7. Zvykne si, až tu bude delší čas? 8. Bude se o to starat, až nebude mít moc práce? 9. Budou bruslit, až bude mráz? 10. Budou zalévat zahradu, až bude sucho? 11. Budou o tom přemýšlet, až jim to řekneme? 12. Budou ceny stoupat, až budou mít lidé více peněz? 13. Budou se koupat v řece, až bude teplo? 14. Budou kvést stromy, až bude teplejší počasí?

E17/21 jasná obloha, černo-bílý pták, nebezpečný člověk / muž, technický problém, podobná věc, jednoduchá otázka, ospalí lidé, hezká vesnice, zpáteční jízdenka, praktická žena, prázdná budova, malý kopec, nejvyšší hora, stará teta, černá ovce

E17/22 1. který 2. která 3. které 4. který 5. které 6. které 7. kteří 8. které 9. který 10. která

E17/23 1. který 2. kterou 3. kterého 4. které 5. kterou 6. kterou

E17/24 1. který 2. kterou 3. kterou 4. kterého 5. které 6. které 7. která 8. které 9. kterého 10. kterou 11. které

E17/25 1. které 2. kterého 3. kterého 4. které 5. kterého

E17/26 1. které 2. kterých 3. kterého 4. kterého 5. které 6. kterého 7. kterých 8. které

E17/27 1. kterému 2. kterému 3. které 4. kterému 5. které

E17/28 1. kterému 2. kterým 3. které 4. kterým 5. kterému 6. kterému 7. které 8. které 9. kterým

E17/29 1. kterém 2. kterém 3. které 4. které 5. které 6. kterém 7. které

E17/30 1. kterém 2. kterých 3. kterém 4. kterém 5. které 6. kterém 7. kterých

E17/31 1. kterým 2. kterou 3. kterým 4. kterou 5. kterou

E17/32 1. kterými 2. kterým 3. kterým 4. kterými 5. kterou

E17/33 1. jehož 2. jejíž 3. jejichž 4. jehož 5. jehož 6. jejíž 7. jejichž

E17/34 1. kde 2. proč 3. odkud 4. kam 5. kdy

E17/35 1. Jak se jmenuje to kino, do kterého jdete / jdeš? 2. Jak se jmenuje ta kniha, kterou potřebujete / potřebuješ? 3. Jak se jmenují ty noviny, které čtete / čteš? 4. Kolik stál ten lístek, který ztratil? 5. Kde jsou ti lidé, jejichž děti tady čekají?

E17/36

	relative pronoun	case of the relative pronoun	gender of the noun
1.	která	nominative	feminine
2.	kterého	genitive	neuter
3.	jehož	accusative	masculine
4.	které	locative	feminine
5.	které	genitive	feminine

205

E17/37 1. který jsem chtěl číst 2. které jsem si chtěl koupit 3. s kterým jsem včera mluvil 4. kterou jsem hledal 5. se kterými jsme byli v divadle

E17/38 1. Prý budeme ... / Budeme prý ... 2. Prý navštívili ... / Navštívili prý ... 3. Prý se odsud odstěhovali ... / Odstěhovali se prý odsud ... 4. Prý pozorovali ... / Pozorovali prý ... 5. Prý budou ... / Budou prý ... 6. Prý se připravili ... / Připravili se prý ... 7. Prý jim ujel ... / Ujel prý jim ... / Ujel jim prý ... 8. Prý ten vlak ... / Ten vlak prý ... 9. Prý se to nevyplatí. / To se prý nevyplatí. 10. Prý si půjčili ... / Půjčili si prý ... 11. Prý umí ... / Umí prý ... 12. Prý ho zapomněli ... / Zapomněli ho prý ... 13. Prý zaspal ... / Zaspal prý ... 14. Prý se ztratil ... / Ztratil se prý ... 15. Prý si tu zvykl. 16. Prý má ... / Má prý ...

E17/39 1. žlutohnědá košile 2. červeno-bílé šaty 3. modro-zelená kravata 4. modrozelený svetr 5. modrošedý oblek

E17/40 1. S kolika přáteli cestoval? 2. S kolika kolegy o tom mluvil? 3. Kolika lidem to řekl? 4. Kolika známým poradil? 5. Kolika lidem pomohl? 6. V kolika zemích měl přátele? 7. Od kolika studentů dostal dopisy?

E17/41 a) formuláře, gauče, CD přehrávače, deště, klíče, koláče, měsíce, konce, nástroje, hokeje, pokoje, hostince, kopce, prosince, července b) formuláři, gauči, přehrávači, klíči, hokeji, hostinci, kopci c) formuláři, kopci, přehrávači, počítači, pomeranči, dešti, dešti, stupni, koláči, pokoji, čaji, sendviči, měsíci červenci, prosinci, hostinci, hokeji d) kopcem, červencem a prosincem, hostincem, nástrojem, pomerančem, keřem, klíčem, počítačem, pokojem, čajem

E17/42 a) klíče, nástroje, kopce, měsíce, formuláře b) klíčů, kopců, měsíců, pomerančů, počítačů, pokojů c) formulářům, počítačům, kopcům, klíčům, pokojům d) hostincích, kopcích, měsících, formulářích, koláčích, keřích, pokojích e) počítači, pomeranči, nástroji, pokoji, kopci, klíči

E17/43 a) prodavače, řidiče, ředitele, přítele, učitele, otce, strýce, bratrance, bankéře, cizince, správce b) prodavače, bankéře, ředitele, přítele, učitele, otce, bratrance, strýce, správce, cizince c) prodavači, příteli, učiteli, strýci, řediteli, otci, správci, řidiči, cizinci d) strýci, příteli, řediteli, bratranci, bankéři, učiteli, správci e) otcem, cizincem, přítelem, bratrancem, strýcem, ředitelem, prodavačem, bankéřem, správcem, učitelem

E17/44 a) cizinci, bratranci, prodavači, řidiči; ředitelé, učitelé, přátelé b) cizinců, řidičů, učitelů, rodičů, strýců, bratranců, bankéřů c) rodičům, učitelům, strýcům a bratrancům, cizincům d) rodičích, cizincích, bankéřích, ředitelích e) prodavači, cizinci, řediteli, bankéři

E17/45 a) pole, slunce, ovoce, parkoviště, letiště, nástupiště b) poli, slunci, ovoci, parkovišti, letišti, nástupišti c) poli, slunci, ovoci, parkovišti, letišti, nástupišti d) polem, sluncem, ovocem, parkovištěm, letištěm, nástupištěm

E17/46 a) pole, parkoviště, letiště, nástupiště b) polí; parkovišť, letišť, nástupišť c) polím, parkovištím, letištím, nástupištím d) polích, parkovištích, letištích, nástupištích e) poli, parkovišti, letišti, nástupišti

KEY

E17/47 a) zpoždění, uhlí, topení, velvyslanectví, přízemí, nádraží; počasí, náměstí, velvyslanectví; učení, přízemí, počasí, velvyslanectví, náměstí, nádraží b) zpožděním, uhlím, topením, velvyslanectvím, přízemím, nádražím

E17/48 a) nádraží, náměstí, velvyslanectví; pět nádraží, mnoho náměstí, několik velvyslanectví b) nádražím, náměstím, velvyslanectvím c) náměstích, velvyslanectvích, nádražích d) náměstími, velvyslanectvími, nádražími

E17/49 a) 1. rychlík 2. hodin 3. jízdenku 4. můžete b) 5. místenky 6. máte 7. uličky 8. uličky

E17/50 a) 1. bratranec 2. sestřenice 3. teta 4. strýc 5. černobílá 6. dávat přednost 7. hora 8. hostinec 9. severu 10. západu 11. jihu 12. východě 13. kráva 14. lávka 15. les 16. louce b) 17. místenku 18. navštívit 19. osobní vlak 20. rychlík 21. ospalý 22. podobná 23. poloprázdný 24. potok 25. průvodčí 26. pták 27. soused 28. venkovan 29. včely 30. vesnice 31. zpáteční 32. zalévat 33. půjčit

E17/51 1. Kdy kvetou stromy? 2. Kdy Oskar bruslil naposled / naposled bruslil? 3. Čemu dává Vilma přednost? 4. Jak se Felix domluví? 5. Koho navštívili minulý měsíc? 6. Co se objevilo na obloze? 7. Co Vojta pozoroval? / Co pozoroval Vojta? 8. O čem přemýšleli? 9. Na co se Klára připravila? 10. Co si Oskar půjčil? 11. Komu půjčil Vojta mapu České republiky? 12. Kde staví ten vlak? 13. Kdy Alice vstala? 14. Kdo Alici vzbudil? 15. Kam zahnuli? 16. Kdy Petr zaspal? 17. Co Helena neumí? 18. Komu se ztratila tužka? 19. Kde se Klára ztratila? 20. Na co si Alice zvykla? 21. Kdo si zvykl vstávat brzy? 22. Kam (až) došel Arnošt? 23. Co má Arnošt na starost? 24. Koho mají Mrázkovi na starost? 25. O koho se Alice někdy stará? 26. O co se Vojta stará?

E17/52 1. Domluvím se. 2. Dává přednost čaji před kávou. / Má raději čaj než kávu. 3. Chceme navštívit jeho přátele. 4. To se nevyplatí. 5. Musíme se připravit na (ten) výlet. 6. Mohu si půjčit vaši / tvoji tužku? 7. Půjčili jsme mu mnoho peněz. 8. Ceny stoupají. 9. Zaspal. 10. Ztratila se. 11. Zvykli si na to. 12. Nikdy si nezvykne jíst knedlíky. / On si nikdy nezvykne jíst knedlíky. 13. Prosím zpáteční jízdenku / lístek do Brna. 14. Stará se o manžela.

E17/53 Dáváte přednost venkovu před městem? Umíte bruslit? Máte bratrance? Máte sestřenici? Jezdíte do hor? Máte kočku? Potřebujete klid? Jezdíte někdy vlakem? Chodíte někdy do lesa? Víte, jak se jmenuje váš soused? V kolik hodin obyčejně vstáváte? Umíte zpívat? Musíte se o někoho starat? Jaké je dnešní datum? Kolikátého bude zítra?

E17/54 1. Žije bratr pana Mrázka na venkově dlouho? 2. Jela Alice rychlíkem a osobním vlakem, nebo jenom rychlíkem? 3. Musela Alice vstát brzy ráno? 4. Bylo na nádraží mnoho lidí? 5. Měl nějaký vlak zpoždění? 6. Proč pan Mrázek koupil místenky? 7. Byla u místenkové pokladny fronta? 8. Ztratila se Alice na nádraží? 9. Byl rychlík prázdný? 10. Kdo kontroloval jízdenky? 11. Stavěl osobní vlak na všech zastávkách? 12. Vypadal Arnošt jako venkovan? 13. Komu byl Arnošt podobný? 14. Zvykl si Arnošt na venkově? 15. Proč Arnošt dává přednost venkovu? 16. Dá se na kopcích lyžovat? 17. Dá se na rybníku bruslit? 18. Má ta vesnice kostel? 19. Má Arnošt farmu? 20. Co má Arnošt na starost? 21. O co se Arnošt stará?

Unit 18

W18/3 (to) inform, critical, (to) criticise, intolerant, tolerant, perfume, party

T18/1 Invitation card

T18/1.1 Mrs Mrázková is going to the hairdresser's and Alice has to make a complaint about a dictionary

It was morning, the sun was shining and Alice was lying in her bed reflecting what she would do when she got up. It seemed to her that something was going on. She heard her grandmother telephoning and her grandfather speaking to the postwoman. There was a loud noise outside. When she got up and opened the window, she saw lots of children as well as adults walking towards the school. The children were shouting and laughing; for that reason Alice could not hear a knock on the door.
"The school holidays are at an end (have finished) and school is beginning. It is the first of September today," said Mrs Mrázková who had entered the room.
"I did not realize it," thought Alice to herself.
"I am bringing you (*your*) mail," said Mrs Mrázková and handed Alice two envelopes. "Have you made plans for today?"
"I was thinking about it just now," answered Alice. "I have decided to go shopping."
"I have a favour to ask of you," said Mrs Mrázková. "Would you go to the bookshop which is just round the corner and ask them to exchange this dictionary? I bought it there yesterday. Then when I was looking through it at home, I found that ten pages were missing. Here is the receipt. Please, do it before I come back from town. I have made an appointment with the hairdresser because I look terrible. The hairdresser can take me at ten o'clock, so I will have to leave in a short while. Then I must find a present for Mr Hájek; it is his sixtieth birthday. He is giving a small party and he has invited us to it. We are going there at about six o'clock."
"All right" said Alice, "I will go there right after breakfast. First I will have a look at these letters, however." The first letter was from her parents who were informing her that she would have to return to Australia by the end of the year. The other envelope did not have a postage stamp or the sender's address. There was not a letter in it but a card saying INVITATION.
"We invite you to a garden party which will be held on 1 September this year at 7 p.m., at 21, Dolní (street). Evening gown is not required," read Alice. The signature was illegible but Alice recognized that it was Vojta's.

T18/1.2 Klára is babysitting

"I will do all the shopping while Granny is at the hairdresser's," said Alice to herself when leaving the bookshop. She succeeded in making a complaint about the book and she was going (to go) to an antique shop where she wanted to buy an old cup or a vase. She was looking for a present for her Australian grandmother who had wanted something special, not obtainable in her country. Outside the shop, she met Klára who was pushing a pram with a baby in it.
"I am babysitting for my neighbour; she had to go to the doctor's," said Klára.
"Is it a baby girl or a baby boy?" asked Alice.
"It is little Martin," answered Klára. "I have to be outdoors with him until my neighbour is (comes) back. (*When*) outdoors, he is a good boy but (*when*) at home, he cries."
"Do you have to feed him as well?" asked Alice.

KEY

"Fortunately not, he is still very (too) young; he was only born a month ago," answered Klára and asked, "Did you get the invitation?"
"Yes, I did," answered Alice.
"Be sure to come," said Klára. "See you tonight. I must be going. He seems to be about to cry again."

T18/1.3 Alice is not going to the Hájeks' place

Mrs Mrázková was standing in front of the mirror trying on a dress. She had a new hair-style and she was looking for a dress which would match it. First she put on her old black dress but it did not seem to be "the thing". So she took it off and put on a dark green dress. "Do I look good? (What do I look like?)" she asked Alice who was wrapping up the present for Mr Hájek. "(Or) shall I get changed?"
"I don't think so," said Alice, "I think (in my opinion) you look good."
"Are you coming with us to the Hájeks' place, Alice?" asked Mr Hájek who had brought a bunch of fresh roses from the garden. "The Hájeks have invited you as well."
"I know," said Alice, "but I have made other plans (I have a different programme). I am going to a garden party."
"That sounds interesting," said Mr Hájek. "There are not going to be any boring old people there, are they?"
"Remember to lock (*the door*) when you are leaving," reminded Mrs Mrázková Alice.

T18/1.4 Vojta is giving a party

There were no old people in Vojta's garden, really; Klára, Helena and Petr were there besides Vojta. There was a table under a tree in the middle of the garden and there was a lot of food, mainly cakes and pastries on the table. "Is it anyone's birthday (today)?" asked Alice.
"No, it is nobody's birthday," answered Klára, "(but) my sister had a wedding yesterday and all this (*food*) has been left over. We did not know what to do with it. Vojta suggested that he should arrange a party."
"Did your sister have a church wedding?" asked Alice.
"No, (*she didn't. She had a* "*registry office*" *wedding*) at the town hall," answered Klára. "The wedding reception was held at a restaurant. Afterwards, Lenka and her groom left for their honeymoon and the guests came to our place."
"What sort of car did they go in?" asked Vojta.
"In a white Mercedes. They had rented it," answered Klára and continued, "Lenka looked lovely. She was wearing a long white dress and she had a simple bouquet. My mother was crying and I felt sad."
"Why?" asked Helena, "(*Because*) you don't like the groom?"
"He does not appeal to me (very much)," said Klára. "He is twelve years senior to Lenka and he is too much reserved. He looks shy but he isn't shy. It seems to me that he is selfish, intolerant and too much critical. He is always (keeps) criticising everything. I think he likes money best but I may be mistaken. Now, I am too critical myself. He has good qualities as well. He is intelligent, calm and polite. He is neither rude nor inconsiderate. My sister fell in love with him when being in the mountains. She admires him because he can ski well."
"Skiing is not everything," said Petr and took another piece of cake.
"Poor Lenka," said Helena, "I don't envy her at all. I'd better never marry."
"I will probably never marry either," said Vojta. "I like freedom. By the way, the pastries are (taste) delicious. They are home-made, aren't they?"

209

"Yes, they are," said Klára. "My mother made them."
"Has Lenka a different surname now?" asked Alice.
"Yes, she has the same surname as her husband," answered Klára.
"What are your brother's-in-law parents like?" asked Petr.
"They are nice people," said Klára, "I really like them. (They are really likeable.) They are older than my parents."
"The newly-weds were probably given plenty of practical presents such as irons, wine-glasses, pots and mugs, weren't they?" asked Vojta.
"Yes, you are right," answered Klára. "However, I did not give Lenka anything typical. I had bought her some perfume. It was expensive and it smells lovely."
"I was looking forward to Vojta's playing us something on his guitar," said Helena shyly and looked at Vojta.
"Really?" asked Vojta. "So I will play something and you will sing."

T18/2 Can I make an appointment for Wednesday?

Hairdresser:	The hairdresser's, good morning / afternoon.
Mrs Mrázková:	Good morning / afternoon, this is Mrázková (*speaking*). May I speak to (Is there) Mrs Nová, please?
Hairdresser:	Speaking (on the phone).
Mrs Mrázková:	Could (can) I make an appointment for Wednesday morning?
Hairdresser:	Yes, certainly. And that's for ... ?
Mrs Mrázková:	I need a cut and blow-dry, and of course a shampoo and set. I think I don't need to have my hair dyed or permed yet.
Hairdresser:	Can you come at ten o'clock? Will it suit you?
Mrs Mrázková:	Yes, of course.
Hairdresser:	(So) Mrs Mrázková, Wednesday, ten o'clock.
Mrs Mrázková:	Yes; thank you and goodbye.

T18/3 At the hairdresser's

Hairdresser:	Good morning, Mrs Mrázková, you can sit over there. I will give your hair a shampoo. How would you like your hair cut?
Mrs Mrázková:	Shorter at the sides and at the back. Nothing off the fringe. (You can leave it as it is at the front.)
Hairdresser:	Do you like it like that?
Mrs Mrázková:	Yes, thank you.

T18/4 Making a complaint

Shop assistant:	Can I help you (what's your wish)?
Alice:	We bought this dictionary here yesterday. (*When*) at home, we found that ten pages were missing. Can you exchange it (for me)?
Shop assistant:	Do you have the receipt?
Alice:	Yes, here it is.
Shop assistant:	Can you show me where it is?
Alice:	It is (*here*) where the piece of paper is.
Shop assistant:	Yes, you are right. I will exchange it for you. Have a look at this one. I hope it will be all right.
Alice:	May I have a look at this book?
Shop assistant:	Yes, of course.

KEY

Alice:	I'll take it.
Shop assistant:	Do you have (*any*) smaller money? I fear I won't have change. I don't have any small change.
Alice:	I am afraid I have only this thousand-crown note.
Shop assistant:	Just a moment, I will ask my colleague if he can give me change for it.

T18/5 Antique shop

Alice:	Excuse me, how old is this cup, please?
Shop assistant:	About seventy years. If you are looking for a really old and beautiful cup, I can recommend (*you*) this one. It is a hundred and twenty years old.
Alice:	No, thank you. I like this small vase. It is probably very old, isn't it?
Shop assistant:	About a hundred years. This is a really beautiful thing. It makes a good present.
Alice:	How much does it cost?
Shop assistant:	1,500 crowns. Will you take it?
Alice:	Yes, I will. I think it will make a nice present.

T18/6 Haberdashery

Alice:	I would like some elastic. Do you have any?
Shop assistant:	Yes, of course. Here you are.
Alice:	How long is that? *(How much does it measure?)*
Shop assistant:	Five metres. Is that all?
Alice:	I'll take this narrow yellow ribbon as well. That's all.

E18/1 galanterie, hostina, holčička, kytice, listonoška, kadeřnice, kočárek, hluk, hrnec, nákup, podpis, pozvánka, prázdniny, prosba, radnice, slavnost, starožitnost, svoboda, účtenka, vlastnost, žehlička

E18/2 bezohledný, čerstvý, domácí, hrubý, kritický, nečitelný, nesmělý, netolerantní, nutný, sobecký, sympatický, typický, zdvořilý

E18/3 bezohlednější, nejbezohlednější; tolerantnější, nejtolerantnější; nutnější, nejnutnější; čerstvější, nejčerstvější; zdvořilejší, nejzdvořilejší; sympatický, sympatičtější; typický, typičtější

E18/4 zabalte – zabalit, informujte – informovat, kritizujte – kritizovat, krmte – krmit, křičte – křičet, navrhněte – navrhnout, obdivujte – obdivovat, objednejte – objednat, oblékněte se – obléknout se, oblékejte se – oblékat se, ožeňte se – oženit se, neplačte – plakat, uspořádejte – uspořádat, poznejte – poznat, pozvěte – pozvat, požádejte – požádat, převlékněte se – převléknout se, reklamujte – reklamovat, rozhodněte se – rozhodnout se, skončete – skončit, smějte se – smát se, svlékněte se – svléknout se, uvědomte si – uvědomit si, vdejte se – vdát se, zaklepejte – zaklepat, zamilujte se – zamilovat se, vyzkoušejte – vyzkoušet

E18/5 navrhněte / nenavrhujte, zaklepejte / neklepejte, objednejte / neobjednávejte, vdejte se / nevdávejte se, převlékněte se / nepřevlékejte se, pozvěte / nezvěte, ožeňte se / nežeňte se, požádejte / nežádejte, svlékněte se / nesvlékejte se

211

E18/6 a) 1. prázdniny, podpis 2. hluk, nákup, svoboda b) pořádat, pozvat, požádat, reklamovat, rozhodnout, shánět, zaklepat, balit, informovat, konat, kritizovat, krmit, narodit, obdivovat, objednat, oblékat, zkoušet, hlídat, ostříhat

E18/7 1. radnici 2. kytici 3. jeho švagra 4. jednu prosbu 5. účtenku 6. svobodu 7. pozvánku 8. listonošku 9. žehličku 10. žádnou galanterii 11. hostinu 12. tu kadeřnici

E18/8 a) podpisů, slovníků, nákupů, kočárků, chlapečků; hrnců b) hostin; radnic, kytic c) pozvánek, proseb, skleniček, účtenek, listonošek, holčiček, žehliček, stužek; miminek d) galanterií; starožitností, vlastností; knihkupectví

E18/9 a) oba: parfémy, slovníky, podpisy, paragony; bez: parfémů, slovníku, podpisu, paragonu b) oba / bez hrnce; obě / bez: hostiny, pozvánky, prosby; kytice; vlastnosti, starožitnosti; miminka

E18/10 u: ženicha, švagra; listonošky; radnice, kadeřnice; miminka – do: slovníku, kočárku, nákupu; hrnce; skleničky; radnice, kytice; galanterie – od listonošky – vedle radnice – z hostiny, ze svatební cesty, ze skleničky – kromě: podpisu, účesu, hluku; pozvánky, prosby, jedné vlastnosti

E18/11 cena parfému, jméno parfému, datum oslavy / slavnosti

E18/12 v hluku, ve slovníku, v kočárku; v hrnci; ve skleničce; v galanterii – na: paragonu; hostině, pozvánce, účtence, svatební cestě; radnici; slavnosti – po: hostině; slavnosti – k ženichovi, ke švagrovi; k nákupu, k účesu; k účtence, k pozvánce – kvůli: podpisu, účesu, nákupu, parfému, hluku; švagrovi; hostině, prosbě; pozvánce; slavnosti, jedné vlastnosti; miminku

E18/13 a) podpisech, nákupech, parfémech, účesech; slavnostech, vlastnostech, starožitnostech b) pozvánkách, účtenkách, prosbách, hostinách, listonoškách, skleničkách, prázdninách c) radnicích, kyticích, kadeřnicích, galanteriích; hrncích; slovnících, kočárcích, chlapečcích

E18/14 a) podpisům, účesům, kočárkům, slovníkům, hrncům b) pozvánkám, prosbám, žehličkám c) radnicím, kyticím, kadeřnicím, galanteriím d) slavnostem, vlastnostem, starožitnostem

E18/15 s podpisem, se slovníkem, s účesem, s nákupem, s kočárkem; s miminkem; s pozvánkou, s prosbou, s účtenkou; s radnicí, s kyticí, s kadeřnicí; s vlastností, se slavností, se starožitností – před: podpisem; hostinou; slavností; radnicí

E18/16 a) švagry, podpisy, slovníky, nákupy b) hrnci c) pozvánkami, prosbami, prázdninami; kyticemi, kadeřnicemi; starožitnostmi, vlastnostmi, slavnostmi

E18/17 pro naši pozvánku, bez naší pozvánky, kvůli naší pozvánce, mluvil o naší pozvánce, s naší pozvánkou – pro náš slovník, bez našeho slovníku, kvůli našemu slovníku, mluvil o našem slovníku, s naším slovníkem

E18/18 a) já pořádám, já žádám, já se oblékám, já se převlékám, já se svlékám; já uspořádám, já požádám, já poznám, já zaklepám, já objednám – oni pořádají, oni žádají, oni se oblékají, oni se převlékají, oni se svlékají; oni uspořádají, oni požádají, oni poznají, oni zaklepají, oni objednají b) já sháním, já balím, já krmím, já nezávidím, já se nemýlím, já nekřičím; já uvidím, já skončím, já si uvědomím, já si zkouším

212

KEY

– **on / oni** shání, on / oni balí, on / oni krmí, on / oni nezávidí, on / oni se nemýlí, on / oni nekřičí; on / oni uvidí, on / oni skončí, on / oni si uvědomí; on si zkouší / oni si zkoušejí **c) my** reklamujeme, my obdivujeme, my kritizujeme, my navrhujeme, my se rozhodujeme, my si uvědomujeme; my se zamilujeme – **vy** reklamujete, vy obdivujete, vy kritizujete, vy navrhujete, vy se rozhodujete, vy si uvědomujete; vy se zamilujete **d) já** se rozhodnu, já navrhnu, já se obléknu, já se převléknu, já se svléknu – **ty** se rozhodneš, ty navrhneš, ty se oblékneš, ty se převlékneš, ty se svlékneš **e)** oni zvou; pozvou, zbudou / zbydou, pláčou, seženou **f)** to voní, to se koná, to zní, to se děje, to zbude / zbyde

E18/19 a) on požádá, on pozná, on objedná, on uvidí, on skončí, on navrhne, on se rozhodne b) on bude informovat, on bude kritizovat, on bude obdivovat, on se bude mýlit

E18/20 1. Až bude mít narozeniny, uspořádá party. 2. Až skončí školu, vdá se. 3. Příští týden se rozhodnou. 4. Brzy si to uvědomí. 5. Za čtrnáct dní pozvou klienty na jednání. 6. Za chvíli skončí. 7. Až bude mít čas, objedná se k lékaři. 8. Příští neděli se bude konat ten koncert. 9. Zítra odpoledne budou reklamovat tu televizi. 10. Příští týden seženou vstupenky na ten nový film.

E18/21 sympatický *or* milý člověk / muž, typický problém, čerstvý chléb, čerstvá zelenina, čerstvé ovoce, domácí chléb, hrubý řidič, nečitelný podpis, nesmělá dívka, nutná oprava, zdvořilý prodavač / zdvořilá prodavačka, sobecké dítě

E18/22 1. Petr vypadá sympaticky. 2. Helena vypadá hezky. 3. Oskar teď nevypadá zdravě. 4. Vilma nevypadá staře. 5. Felix nevypadá mladě. 6. Lenčina matka vypadá smutně. 7. Klára vypadá inteligentně. 8. Lenčin manžel vypadá rezervovaně. 9. Oskar vypadá vyčerpaně. 10. Šárka vypadá přepracovaně. 11. Pan Mrázek vypadá vážně a přísně. 12. Paní Mrázková nevypadá nesměle. 13. Ten problém vypadá jednoduše. 14. Ten dárek vypadá prakticky. 15. Ta váza vypadá zvláštně. 16. Ten pes nevypadá nebezpečně. 17. Ta kočka vypadá spokojeně. 18. Ty šaty vypadají krásně. 19. Ta kravata nevypadá obyčejně. 20. To jednání vypadá úspěšně. 21. Ten dům vypadá nově.

E18/24 1. To jídlo chutná dietně. 2. Ten salát chutná výborně. 3. Ta zmrzlina chutná ovocně. 4. To ovoce chutná sladce. 5. Ta káva chutná hrozně. 6. Ta omáčka chutná zvláštně. 7. Ty brambory nechutnají špatně. 8. To pečivo chutná čerstvě.

E18/25 1. Ta odpověď zní jasně. 2. Ta hudba zní příjemně. 3. Ten návrh zní zajímavě. 4. Ta otázka zní jednoduše.

E18/26 a) 1. dobře 2. jasno *or* teplo 3. teplo *or* jasno 4. chladno *or* mokro 5. mokro *or* chladno b) 6. německá 7. hezky 8. hezká 9. německy c) 10. rychle 11. pomalu 12. mokro 13. dobrý d) 14. špatné 15. dlouho 16. slunečno 17. sucho

E18/27 1. hezky 2. německy 3. anglicky 4. rychle 5. dobře 6. chladno 7. slunečno 8. jasno 9. sucho 10. horko 11. mokro 12. tmavě 13. světle 14. smutně, pomalu, špatně

E18/28 1. chladněji 2. teplejí 3. rychleji 4. lépe 5. hůře 6. jasněji 7. pěkněji 8. krásněji 9. rychleji 10. komplikovaněji 11. pomaleji 12. sympatičtěji

213

E18/29 1. nejunaveněji 2. nejhloupěji 3. nejnudněji 4. nejospaleji 5. nejhůře 6. nejpomaleji

E18/30 a) 1. Když měli prázdniny, chodili k řece. 2. Když bylo hezky, chodili do zahradní restaurace. 3. Když měli čas, chodili na fotbal. 4. Když byli na dovolené, bydleli v hotelu. 5. Když přišli do kanceláře, pili kávu a četli noviny. 6. Když reklamovali rádio, zlobili se. 7. Když si uvědomili, že je pozdě, zavolali taxi. b) 8. Když má moc práce, pije mnoho kávy. 9. Když je nešťastný, pije mnoho whisky. 10. Když má rýmu, pije lipový čaj. 11. Když má žízeň, pije minerálku. 12. Když je vyčerpaný, pije mléko s medem.

E18/31 1. Až budou mít dost informací, rozhodnou se. 2. Až skončí schůze, půjdou na oběd. 3. Až budou hotovi s prací, půjdou domů. 4. Až budou mít čas, půjdou do divadla. 5. Až budou čekat na autobus, budou číst noviny.

E18/32 1. Jakmile dostane náš šek, zavolá nám. 2. Jakmile dostane naši fakturu, pošle nám peníze. 3. Jakmile bude mít informace, dá nám vědět. 4. Jakmile bude moci, poletí do Ameriky.

E18/33 1. Štěpán uklízel, zatímco Lenka četla román. 2. Štěpán studoval, zatímco se Lenka dívala na tenis. 3. Štěpán myl auto, zatímco si Lenka povídala se sousedkou. 4. Štěpán pracoval, zatímco Lenka spala.

E18/34 1. Dříve než půjde spát, bude číst knihu. 2. Dříve než poletí do Ameriky, bude se učit anglicky. 3. Dříve než vejde do pokoje, zaklepá. 4. Dříve než si tu knihu koupí, prohlédne si ji. 5. Dříve než odejde z kanceláře, zapne záznamník.

E18/35 1. Nepřestane hrát, dokud nevyhraje. 2. Nemůže odejít, dokud jeho klient nezavolá. 3. Nesmí otevřít dveře, dokud vlak nezastaví. 4. Ten dům nebude jeho, dokud ho nezaplatí.

E18/36 1. Kdy chodil hrát fotbal? 2. Kdy si koupí farmu? 3. Kdy půjdou na výstavu? 4. Kdy umyjeme okna? 5. Do kdy mohou být děti venku? 6. Do kdy zůstane v kanceláři? 7. Kdy si koupí ten obraz? 8. Do kdy bude spát? 9. Kdy bude řídit auto? 10. Do kdy bude sedět u počítače?

E18/37 1. strom 2. ulice 3. jablko 4. láhev 5. koláč 6. židle 7. sestra 8. bratr 9. krabice 10. konvice 11. kus 12. karta 13. zámek 14. knedlík 15. rohlík 16. buchta 17. kufr 18. kufr 19. růže 20. hospoda

E18/38 1. u Hájků 2. k Hájkům 3. Hájkovy 4. o Hájkových 5. s Hájkovými

E18/39 1. Alice si zula ty špinavé boty. 2. Alice se převlékla. 3. Alice se oblékla teple. 4. Alice si oblékla (jedny) hezké šaty. 5. Alice se svlékla a vzala si něco jiného. 6. Alice se přezula. 7. Alice si obula ty nové boty.

E18/40 1. Čemu se směje? 2. Proč se smějete? 3. Smějeme se tomu. 4. Smějí se všemu. 5. Komu se směješ? 6. Nesměji se nikomu a ničemu.

E18/41 a) manželku, dceru, zmrzlinu, operu, operetu, vstupenku, jízdenku, návštěvu, hudbu, babičku, minerálku b) banky, firmy, vody, obálky, vily, asistentky, doktorky, ředitelky, hodiny c) bance, asistentce, polévce, omáčce, matce, sestře, kytaře, firmě, zimě d) sekretářce, lavičce, bance, známce, křižovatce, vizitce, polévce, návště-

KEY

vě, katastrofě, mapě, ceně, knize, sprše **e)** zkouškou, kravatou, paprikou, šlehačkou, čokoládou, zeleninou, stěnou, nulou, nulou

E18/42 **a)** ceny, čokolády, housky, knihy **b)** knih, map, hal, dcer, žen, výstav, novin, potravin; dívek, vstupenek, jízdenek, barev, tužek **c)** firmám, taškám, rodinám, vizitkám, narozeninám, džínám **d)** hodinkách, hodinách, novinách, potravinách, džínách, firmách, taškách, rodinách, vizitkách **e)** jahodami, novinami, potravinami, cenami, stěnami, horami

E18/43 **a)** skříň, kancelář, garáž **b)** kanceláře, garáže, postele, tramvaje, láhve, skříně **c)** garáži, skříni, kanceláři, vernisáži **d)** kanceláři, garáži, posteli, láhvi, noci, tramvaji **e)** skříní, garáží, láhví, tramvají, alejí

E18/44 **a)** kanceláře, garáže, skříně, postele, tramvaje, láhve **b)** kanceláří, postelí, garáží, tramvají, skříní, brýlí, financí, lázní **c)** garážím, tramvajím, lázním, brýlím, financím **d)** kancelářích, garážích, postelích, tramvajích, lázních, brýlích, financích **e)** kancelářemi, skříněmi, postelemi, garážemi, lázněmi, brýlemi, financemi

E18/45 **a)** restauraci, košili, schůzi, policii, televizi, pohlednici, rekonstrukci, polici, injekci **b)** Anglie, lednice, informace, snídaně, sklenice, ulice **c)** galerii, fotografii, večeři, přítelkyni, kolegyni **d)** krabici, policii, kuchyni, fotografii, židli, schůzi, konvici, učebnici, lednici, pohlednici, ulici, snídani **e)** růží, přítelkyní, kolegyní, sestřenicí, rýží, galerií, židlí, snídaní

E18/46 **a)** ulice, silnice, židle, akcie **b)** dálnic, lednic, pohlednic, stanic, konvic, krabic, vesnic, učebnic; informací, restaurací, akcií, fotografií **c)** učebnicím, popelnicím, akciím, rekonstrukcím, injekcím **d)** lednicích, galeriích, krabicích, vesnicích, večeřích, policích, fotografiích, schůzích, stanicích, pohlednicích **e)** růžemi, informacemi, košilemi, přítelkyněmi, fotografiemi, popelnicemi

E18/47 **a)** velikost, místnost, věc **b)** velikosti, vlastnosti, místnosti, zkušenosti, slavnosti, noci **c)** místnosti, podrobnosti, velikosti **d)** místnosti, masti, slavnosti, noci, věci **e)** velikostí, místností, zkušeností

E18/48 **a)** velikosti, vlastnosti, zkušenosti, podrobnosti, místnosti **b)** vlastností, zkušeností, podrobností, místností, dětí **c)** vlastnostem, zkušenostem, podrobnostem, místnostem, dětem **d)** vlastnostech, zkušenostech, podrobnostech, místnostech, velikostech, slavnostech, dětech **e)** vlastnostmi, zkušenostmi, podrobnostmi, velikostmi, slavnostmi, věcmi, dětmi

E18/49 **a)** dítě, zvíře, kotě, štěně, rajče **b)** dítěte, zvířete, kotěte, štěněte, rajčete **c)** dítěti, zvířeti, kotěti, štěněti, rajčeti **d)** dítěti, zvířeti, štěněti, kotěti **e)** dítětem, zvířetem, kotětem, štěnětem, rajčetem

E18/50 **a)** zvířata, koťata, štěňata, kuřata, rajčata **b)** zvířat, koťat, štěňat, kuřat, rajčat **c)** zvířatům, koťatům, štěňatům, kuřatům, rajčatům **d)** zvířatech, koťatech, štěňatech, rajčatech **e)** zvířaty, koťaty, štěňaty, rajčaty

E18/51 1. Kdy nás budou informovat? 2. Kde se bude konat ten koncert? 3. Koho Oskar nikdy nekritizuje? 4. Proč to dítě křičí? 5. Kdo se mýlí? 6. Kdy se narodil? 7. Co navrhli? 8. Koho Vojta obdivuje? 9. Co objednali? 10. Ke komu se objednala paní Mrázková? 11. Ke komu se objednal Oskar? 12. Co si chce Alice obléknout?

13. Kdo se ještě neoženil? 14. Proč pláče to miminko? 15. Co pořádá Vojta? 16. Co Alice poznala? 17. Koho nepoznali? 18. O co Helena požádala? 19. Co Alice reklamovala? 20. Jak se Lenka rozhodla? 21. Co Alice shání? 22. Co skončilo? 23. Kdy si to uvědomil? 24. Kdo se ještě nevdal? 25. Jak voní ty květiny? 26. Kdo zaklepal na dveře? 27. Do koho se zamilovala Lenka? 28. Komu Helena nezávidí? 29. Co zbylo? 30. Co si zkouší paní Mrázková? 31. Jak zní ta otázka?

E18/52 1. až 2. dříve než 3. když 4. jakmile 5. dokud 6. až 7. zatímco 8. když 9. až 10. zatímco 11. dříve než 12. až 13. dokud 14. až

E18/53 1. reklamovat 2. koupil 3. předevčírem 4. účtenku 5. nefunguje 6. zapnout 7. nezapomněl 8. přestala 9. nemůžete 10. chyba 11. nechat

E18/54 1. Je ten chléb čerstvý? 2. Až s ním budu mluvit, pozvu ho na oběd. 3. Zavolají nám, jakmile dostanou informace. 4. Možná, že se mýlí. 5. Ty šaty vypadají hezky. 6. Ty růže (hezky) voní. 7. Kdy se narodil? 8. Máme je informovat? 9. Musím se objednat k lékaři / k doktorovi. 10. Musím se převléknout. 11. Neuvědomil jsem si to. / Neuvědomila jsem si to. 12. Rozhodl jsem se. / Rozhodla jsem se. *or* Už jsem se rozhodl. / Už jsem se rozhodla. 13. Co jste navrhl / navrhla / navrhli? *or* Co jsi navrhl / navrhla? 14. Byl velmi zdvořilý.

E18/55 Kupujete starožitnosti? Máte nějaký slovník? Narodil nebo narodila jste se v létě? Pozval vás někdo na svatbu? Máte čitelný podpis? Musíte něco reklamovat? Mýlíte se někdy? Je pro vás svoboda důležitá? Máte švagra? Jsou vaši přátelé sympatičtí? Kolikátého je dnes? Kolikátého bude za týden?

E18/56 1. Co uviděla Alice, když ráno otevřela okno? 2. S kým mluvil pan Mrázek ráno před osmou hodinou? 3. Kolikátého bylo? 4. Kolik dopisů Alice dostala? 5. Od koho byl první dopis? 6. Proč nemohla paní Mrázková reklamovat slovník sama? 7. Proč šli Mrázkovi k Hájkům? 8. V kolik hodin musela být paní Mrázková v kadeřnictví? 9. Na co pozval Vojta Alici? 10. Byl Vojtův podpis čitelný? 11. Koho Alice potkala před obchodem? 12. Čí bylo to miminko, které Klára hlídala? 13. Měla paní Mrázková nový účes? 14. Kdo měl svatbu? 15. Vypadala Lenka hezky? 16. Je Lenčin manžel hrubý? 17. Proč Lenka obdivuje svého manžela? 18. Chce se Vojta oženit? 19. Dostali novomanželé praktické dárky?

Unit 19

W19/3 inflation, energy

T19/1 **Oskar has found a solution**

T19/1.1 **Oskar is tired of life**

Oskar spent a week in bed. He wore pyjamas, slept a lot, ate a lot, he did not shave, did not tidy up (*his flat*) and did not speak to anybody. He felt much better even if he had not recovered completely. He did not have a sore throat any longer but his depression had not vanished. It seemed to him that everybody had forgotten (about) him and that his company was facing a catastrophe. When he was thinking about himself, he had a feeling that his life was ruined.

"I should have done everything in a different way," he said to himself. "I should not have established that firm. I should have become an ordinary employee of a company, I should have got married and started a family. I had believed before that everything would improve but my health has become poorer instead. I have grown old and fat, I am beginning to go grey and I think I have even got stupid. I have got a little richer but my debt has increased at the same time. If I manage to increase the profit, the tax I have to pay increases as well. The inflation is not falling, which is another problem. Although I am better off than some other people, I am not happier. I must find a solution. I must go away from here. I will go to the seaside as soon as I can. I will get up early in the morning and go for long walks along the seashore. I will walk barefoot in fine wet sand. Then I will swim or I will be lying on the beach sunbathing. I will be able to see the sunset in the evenings and to watch the stars at night. I will forget all problems."

The idea of the sea encouraged Oskar. He decided to go to his office to see how things are. He took off his pyjamas, had a shower, had a shave, got dressed and went out. When walking to the tram stop, he met his former colleague Přemysl. Oskar smiled at him but Přemysl took no notice of him. When Oskar greeted him, Přemysl looked at him and said apologetically (apologised), "I am sorry, Oskar, I could not recognize you. You have changed a lot. We are growing old, all of us."

T19/1.2 At the office

Although it was 2 p.m., there was nobody at the office. The answering machine was switched off and there was a heap of letters on Oskar's desk. Oskar sat on his chair and started reading the letters one after another. There were old orders, several complaints and a lot of offers among them. There was also a picture postcard from Mr Charvát. "From Munich, I am sending you my best regards. I like it here very much. I have met a lot of interesting people here. I look forward to seeing you soon again," read Oskar. He had not noticed Šárka and Mr Nechyběl coming in the meantime and was startled by (hearing) her voice.

"What a surprise," said Šárka and blushed. "I did not know you would come. I went to the hairdresser's."

"You look good (it suits you)," said Oskar. "I could hardly recognize you. You have a different hair colour and you have changed your hairstyle. Where is Mrs Benešová and what is Mr Nechyběl doing here?" he asked.

"Mrs Benešová's daughter is ill," answered Šárka. "I am alone here. Mr Nechyběl offered me his help," she explained. "He is unemployed now. He has no job. Despite having good qualifications, he has not yet found a job. At the office is otherwise everything all right. Only Mr Tlustý complained that we had not given him a discount. You have probably found his letter," she said. She noticed that the heap of letters had become smaller.

"Yes," said Oskar and continued, "Would you tell Mr Nechyběl not to stand in the doorway? Invite him in and make some coffee for us."

T19/1.3 Mr Nechyběl

"I must thank you for your help," said Oskar to Mr Nechyběl. They were sitting in the armchairs drinking coffee.

"I am glad I could make myself useful," answered Mr Nechyběl shyly. "I felt bored at home."

"May I ask you what sort of work you did here?" asked Oskar.

"I went to view two houses because the customers needed them in a hurry. Šárka feared that they might go and ask your competitors (*for assistance*). We managed to sell those houses. The money is already in the account."
"Have you ever worked in a real estate agency?" asked Oskar.
"No, I was working for a ministry but my employer fired me recently. I had studied architecture for two years. In spite of having to leave the school, I can tell whether or not a house is good."
"I would like (want) to propose something to you," said Oskar. "You can work here as my deputy if it is acceptable to you. I can offer you a good salary and a company car. Our working hours are normally from nine to half past five but sometimes it is necessary to go on a business trip."
"I am afraid I don't speak any foreign languages," said Mr Nechyběl sadly.
"Never mind," said Oskar, "we don't travel abroad. We mostly travel to South Bohemia, to South Moravia and to North Moravia. I will be happy if you accept my offer. You don't have to give me an answer right now. Think it over."
Mr Nechyběl was silent for a moment and then he said, "All right. I agree."

T19/1.4 At the travel agent's

On his way home Oskar called at a travel agency which was offering holidays (stays) by the sea. He had a (close) look at several brochures and then he asked, "Is it still possible to make a reservation for next week? (Do you have any free departure dates next week?)"
"Yes, (*it is*), I can offer you (we have here) a cancellation at a reduced price," answered the clerk. "It is a fortnight's stay in Spain, at a hotel including full board."
"I would like to ask you two questions (I have two questions to ask)," said Oskar. "Firstly, how far from the beach is the hotel? Secondly, what sort of transport do you provide (is it)?"
"The hotel is situated fifty metres from the beach and you would travel (the transport is) by air; of course we will get the air-ticket for you," answered the clerk.
"Can you book that stay for me?" asked Oskar. "I can't pay a deposit now because I don't have so much money on me."
"I can reserve it for you until tomorrow eleven o'clock," answered the clerk. "We open at ten o'clock. You will have to pay for the whole stay."

T19/1.5 Oskar is in a good mood again

Oskar's depression vanished. He called at the bank and withdrew some money. When he arrived home he was in a good mood and felt very energetic. He washed and dried the dishes, vacuumed the carpet, swept and wiped the floor in the kitchen, dusted the furniture, aired the rooms, ate an apple for supper and went to bed. He had a dream about South Sea islands.

E19/1 daň, břeh, dluh, hlas, hromada, hvězda, konkurence, kvalifikace, letenka, myšlenka, objednávka, pláž, ostrov, písek, plat, ministerstvo, pobyt, podlaha, podnik, pozdrav, prospekt, překvapení, pyžamo, moře, referent, sleva, stížnost, termín, zaměstnanec, záloha, energie

E19/2 jemný, užitečný, letecký, nezaměstnaný

E19/3 jemnější, nejjemnější; užitečnější, nejužitečnější; přijatelnější, nejpřijatelnější

E19/4 jemně, užitečně, letecky, přijatelně

KEY

E19/5 opalujte se – opalovat se, osprchujte se – osprchovat se, poděkujte – poděkovat, stěžujte si – stěžovat si, vyluxujte – vyluxovat, vysvětlujte – vysvětlovat; zameťte – zamést, zmizte – zmizet, vyhoďte – vyhodit, pozdravte – pozdravit, povzbuďte – povzbudit, oholte se – oholit se, mlčte – mlčet, utřete – utřít, zajistěte – zajistit, rozmyslete si – rozmyslet si; přijměte – přijmout; setkejte se – setkat se, sundejte – sundat, vyvětrejte – vyvětrat, zakládejte – zakládat

E19/6 a) 1. myšlenka, daň, zisk, pyžamo, pláž, písek 2. energie, moře 3. inflace, konkurence, kvalifikace, zahraničí, hvězda, hromada b) 1. zhoršit, zlepšit, zvětšit, zmenšit, zvýšit; šedivět, holit, mlčet, utřít, zajistit, zmizet, povzbudit 2. stárnout, ztloustnout, zbohatnout, leknout se, přijmout 3. snižovat, setkat, vyvětrat, zakládat; opalovat, poděkovat, stěžovat, vyluxovat, vysvětlovat

E19/7 hromada, hvězda, ostrov, písek

E19/8 1. architekturu 2. naši objednávku 3. slevu 4. tu letenku 5. žádnou konkurenci 6. hromadu starých novin 7. výbornou kvalifikaci 8. jednoho zaměstnance 9. jiného zaměstnavatele 10. posledního zákazníka 11. žádného zástupce

E19/9 a) dluhů, platů, hlasů, prospektů, podniků, ostrovů; zaměstnanců, zaměstnavatelů, zákazníků, zástupců b) hromad, slev, záloh; pyžam c) letenek, myšlenek, objednávek d) daní, pláží; stížností; řešení

E19/10 a) **dva**: dluhy, hlasy, termíny; **bez**: dluhu, hlasu, termínu b) **dvě / bez**: letenky, objednávky, slevy, zálohy; daně, pláže; stížnosti; pyžama, storna, ministerstva; moře; řešení, překvapení

E19/11 **u**: referenta, zákazníka; podniku, břehu; zaměstnance, zástupce; hromady; konkurence; pyžama; moře – **do**: podniku, písku, termínu; objednávky; daně – **od**: zákazníka; zaměstnavatele, zástupce – **z**: podniku, prospektu, platu, písku; ostrova; hromady; daně, pláže – **kromě**: dluhu, zisku, platu, pobytu, prospektu; letenky, zálohy, slevy; stížnosti; kvalifikace, inflace

E19/12 cena letenky, jméno podniku, velikost pyžama, konec pobytu

E19/13 **v**: podniku, platu, termínu, písku; objednávce; dani; pyžamu; moři; zahraničí – **na**: břehu, písku, prospektu; hromadě, podlaze; pláži; ministerstvu – **o**: zákazníkovi, referentovi; zaměstnanci, zaměstnavateli, zástupci; pobytu, zisku, platu; architektuře; zákaznici, kvalifikaci, konkurenci, inflaci; stížnosti; dani – **po**: břehu, termínu; podlaze; pláži – **ke** břehu, k ostrovu, k termínu; k zástupci; k záloze; k ministerstvu; k moři – **kvůli**: dluhu, termínu, zisku; zaměstnanci, zaměstnavateli; slevě; inflaci, konkurenci, kvalifikaci, energii; stornu

E19/14 a) prospektech, pobytech, platech, termínech, ostrovech, hlasech; stížnostech; pyžamech, ministerstvech b) hvězdách, slevách, myšlenkách, objednávkách c) zaměstnancích, zaměstnavatelích, zástupcích; zákaznicích; daních, plážích; mořích; řešeních; zákaznících, podnicích; březích, dluzích

E19/15 a) platům, termínům, ostrovům, dluhům, břehům, zaměstnancům, zákazníkům, zaměstnavatelům; pyžamům b) hvězdám, letenkám, myšlenkám, hromadám c) zákaznicím; daním, plážím; mořím; řešením d) stížnostem

E19/16 a) s pozdravem, s dluhem, s podnikem, s platem, s pobytem, s hlasem, s termínem, se zákazníkem, s referentem; se zaměstnancem, se zaměstnavatelem, se zástupcem; s mořem; s pyžamem b) s letenkou, se slevou, s myšlenkou c) se zákaznicí, s inflací, s konkurencí, s kvalifikací, s energií; s daní; se stížností d) s řešením, s překvapením, se zahraničím

E19/17 a) pozdravy, prospekty, podniky, platy, termíny, dluhy, referenty, zákazníky b) zaměstnavateli, zaměstnanci, zástupci c) hromadami, hvězdami, myšlenkami, slevami, letenkami; zákaznicemi d) daněmi, plážemi

E19/18 **pro dobrého zákazníka**, od dobrého zákazníka, kvůli dobrému zákazníkovi, mluvil o dobrém zákazníkovi, s dobrým zákazníkem – **pro dobrou zákaznici**, od dobré zákaznice, kvůli dobré zákaznici, mluvil o dobré zákaznici, s dobrou zákaznicí

E19/19 a) já zakládám, já se usmívám; já se setkám, já sundám, já vyvětrám b) on / oni mlčí, on / oni zlepší, on / oni změní, on / oni povzbudí, on / oni pozdraví, on / oni stráví, on / oni zajistí, on / oni si rozmyslí c) **ty** si stěžuješ, ty se opaluješ, ty vysvětluješ; ty poděkuješ, ty se osprchuješ, ty vyluxuješ – **vy** si stěžujete, vy se opalujete, vy vysvětlujete; vy poděkujete, vy se osprchujete, vy vyluxujete d) my přijmeme, my zbohatneme; my utřeme, my zameteme; my se usmějeme e) to se změní, to se zlepší, to se zhorší, to zmizí; to sluší

E19/20 on se bude holit, on se oholí; on se bude sprchovat, on se osprchuje; on bude vysvětlovat, on vysvětlí

E19/21 1. Dříve než odejde, vysvětlí nám to. 2. Až bude potřebovat více peněz, přijme tu nabídku. 3. Dříve než půjdou do divadla, zajistí vstupenky. 4. Až bude mít více informací, rozmyslí si to. 5. Dříve než půjde do sprchy, sundá si pyžamo. 6. Dříve než odejdou z hotelu, budou si stěžovat.

E19/22 dobrá kvalifikace, vysoká inflace, užitečná věc, přijatelný návrh, nezaměstnaný doktor / lékař, jemný písek, drahá letenka, velká hromada, starý dluh, důležitá objednávka, špatný zákazník, jasná hvězda

E19/23 1. lepší 2. větší 3. tlustý 4. červená 5. nižší 6. horší 7. hloupý 8. vyšší 9. bohatý 10. starý 11. menší 12. jiné

E19/24 1. zkomplikovat 2. zlevnit 3. zpříjemnit 4. zrychlit 5. zezelenat 6. zežloutnout 7. zhnědnout 8. znervóznět 9. zblednout 10. zrůžovět 11. zkrásnět 12. zvážnět 13. zpomalit 14. zdražit

E19/25 1. Snížila se inflace? 2. Zvýšily se ceny potravin? 3. Zhoršilo se počasí? 4. Zlepšila se nabídka? 5. Snížily se daně? 6. Změnil se svět k lepšímu?

E19/26 1. Myslím, že se zvyšují. 2. Myslím, že se snižují. 3. Myslím, že se zhoršuje. 4. Myslím, že se zlepšuje.

E19/27 1. Inflace se zvyšuje. Inflace se zvýší. 2. Ceny disket se snižují. Ceny disket se sníží. 3. Počasí se mění. Počasí se změní. 4. Nabídka ovoce se zlepšuje. Nabídka ovoce se zlepší. 5. Nálada lidí se zhoršuje. Nálada lidí se zhorší.

E19/28 1. Oskar už ztloustl. 2. Oskar už zhloupl. 3. Oskar už zešedivěl. 4. Oskar už zestárl.

KEY

E19/29 1. Já myslím, že v neděli pojedou na výlet, přestože jejich auto není v pořádku. 2. Já myslím, že pojedou domů tramvají, přestože cesta tramvají trvá dlouho. 3. Já myslím, že půjde do práce, přestože má rýmu. 4. Já myslím, že poletí do Ameriky, přestože letenka je velmi drahá. 5. Já myslím, že půjde na diskotéku, přestože ho bolí hlava. 6. Já myslím, že se stane číšníkem, přestože neumí počítat. 7. Já myslím, že koupí místenky, přestože nemusí.

E19/30 1. Věřím, že pojede taxíkem, i když může jet metrem. 2. Věřím, že pojede na dovolenou do hor, i když může jet k moři. 3. Věřím, že bude psát rukou, i když může psát na počítači. 4. Věřím, že bude hrát golf, i když může hrát tenis. 5. Věřím, že bude dělat večeři, i když mohou jít do restaurace.

E19/31 1. Ačkoli ta polévka nebyla dobrá, on ji snědl. / Snědl tu polévku, ačkoli nebyla dobrá. 2. Ačkoli pršelo, on si nevzal deštník. / Nevzal si deštník, ačkoli pršelo. 3. Ačkoli měl hlad, nešel na oběd. / Nešel na oběd, ačkoli měl hlad. 4. Ačkoli se mu ta kniha velmi líbila, nekoupil ji. / Nekoupil tu knihu, ačkoli se mu velmi líbila. 5. Ačkoli neměl řidičský průkaz, uměl řídit auto. / Uměl řídit auto, ačkoli neměl řidičský průkaz.

E19/32 1. Myslím, že bude pít pivo, i když může pít minerálku. 2. Ačkoli má kašel, nechce přestat kouřit. 3. Přestože byl nemocný, nechtěl jít k lékaři / k doktorovi.

E19/33 1. Měla jsem si koupit ještě jednu knihu. 2. Měl jsem koupit něco k pití. 3. Měla jsem si vzít svetr. 4. Měli jsme se sejít dříve. 5. Měl jsem se naučit hrát na kytaru.

E19/34 1. Neměla jste jí volat. 2. Neměla jste mu psát dopis. 3. Neměla jste mu posílat fax. 4. Neměla jste je vyhazovat. 5. Neměl jste ji měnit. 6. Neměl jste ho prodávat. 7. Neměl jste mu říkat, že dostane slevu. 8. Neměl jste ji snižovat.

E19/35 1. Měl přijet v pátek. 2. Měli jsme spolu jet na výlet. 3. Měli jsme bydlet u jeho rodičů. 4. Měli jsme hlídat dítě. 5. Jeho rodiče nám měli pomoci. 6. Měli nám poradit. 7. Měli jsme se vrátit včera.

E19/37 **a)** 1. hlavní 2. hlavní 3. hlavní 4. hlavní 5. hlavní 6. hlavní 7. hlavní 8. hlavního 9. hlavnímu 10. hlavním 11. hlavním **b)** 1. Národním 2. Národní 3. Národní 4. Národní 5. Národním, Národním 6. Národního 7. Národnímu **c)** 1. vedoucí 2. vedoucí 3. vedoucího 4. vedoucí 5. vedoucího 6. vedoucí 7. vedoucímu 8. vedoucí 9. vedoucím 10. vedoucí 11. vedoucím 12. vedoucí **d)** 1. elegantní 2. elegantních 3. elegantním 4. elegantní 5. elegantních 6. elegantními **e)** 1. recepčních 2. recepční 3. recepčními 4. recepčních 5. recepčním

E19/38 **a)** 1. krásné nové americké 2. krásného nového amerického 3. krásnému novému americkému 4. krásném novém americkém 5. krásným novým americkým **b)** 1. široký šedý 2. širokého šedého, široký šedý 3. široký šedý, širokému šedému 4. širokém šedém 5. širokým šedým **c)** 1. chytrý starý 2. chytrého starého 3. chytrého starého 4. chytrému starému 5. chytrém starém 6. chytrým starým **d)** 1. sympatická praktická 2. sympatické praktické 3. sympatické praktické 4. sympatické praktické 5. sympatickou praktickou 6. sympatickou praktickou **e)** 1. úspěšní a spokojení 2. úspěšných a spokojených 3. úspěšné a spokojené 4. úspěšným a spokojeným 5. úspěšných a spokojených 6. úspěšnými a spokojenými **f)** 1. správcová 2. správcovou 3. správcovou 4. správcové 5. správcové 6. správcové **g)** 1. nezaměstnaní 2. nezaměstnaných 3. nezaměstnaným 4. nezaměstnané 5. nezaměstnaných 6. nezaměstnanými

E19/39 **a)** 1. můj blízký příbuzný 2. mého blízkého příbuzného 3. mého blízkého příbuzného 4. mému blízkému příbuznému 5. mém blízkém příbuzném 6. mým blízkým příbuzným **b)** 1. své 2. svých 3. svým 4. svých 5. svými **c)** 1. její 2. její 3. její 4. její, jejího 5. její 6. její, jejího 7. jejích 8. její, jejímu 9. jejím 10. jejích, jejím 11. její 12. jejím, její, jejími

E19/40 1. nám 2. mu 3. jí 4. vám 5. ti 6. mi 7. jim 8. mu 9. jí 10. vám

E19/41 1. ho 2. je 3. nás 4. něho 5. ni 6. vás 7. je 8. tě 9. mě

E19/42 1. ním 2. ní 3. nimi 4. vámi 5. tebou 6. ho 7. jí 8. jich 9. nás 10. vás 11. tě

E19/43 1. Kde žijí? 2. Jaký má plat? / Jaký plat má? 3. Jaký je ten návrh? 4. Jaká je ta konvice? 5. Co Šárce sluší? 6. Kde strávili dva týdny? 7. Co nám vysvětlili? 8. Co přijali? 9. Kam často jezdí? 10. Co se rychle zhoršilo? 11. Komu poděkovali? 12. S kým se chtějí setkat? 13. Proč si sundal kabát? 14. Na co si stěžuje?

E19/44 1. prospekty 2. přání 3. moře 4. kdy 5. začátek 6. druhého 7. nabídnout 8. jak 9. dva 10. cena 11. osobu 12. letenka 13. fotografii 14. blízko 15. jakou 16. nevím 17. stížnosti 18. zaplatím 19. zítřka 20. zrušit 21. jméno

E19/45 1. firmě 2. inzerát 3. pracujete 4. nezaměstnaný 5. dlouho 6. předtím 7. jste 8. mne 9. gymnázium 10. zkoušku 11. peníze 12. ženatý 13. cizí 14. přijmout 15. zájem 16. kvalifikaci

E19/46 1. pozdravů 2. krásné 3. výborné 4. plavu 5. procházky 6. přestěhovat

E19/47 1. Setkal / Setkala jsem se s ním. *or* Už jsem se s ním setkal / setkala. 2. Kde jste se s ní setkal / setkala / setkali? *or* Kde ses s ní setkal / setkala? 3. Setkal / Setkala jsem se s nimi nedávno. 4. Strávili tady dva měsíce. *or* Už tady strávili dva měsíce. 5. Musím si to rozmyslet. 6. Rozmyslel / Rozmyslela jsem si to. 7. Jak se jmenuje ten podnik? 8. Je to užitečné? 9. Něco se změnilo. 10. Chtějí zbohatnout.

E19/48 Jezdíte na dovolenou k moři? Sluší vám bílá barva? Čekáte dnes nějaké příjemné překvapení? Jezdíte často do zahraničí? Zvýšil se váš plat? Kolikátého je dnes? Kolikátého bylo před týdnem?

E19/49 1. Holil se Oskar, když byl nemocný? 2. Měl Oskar stále depresi? 3. Myslel si Oskar, že se jeho zdraví zhoršilo? 4. Zbohatl Oskar? 5. Co Oskara povzbudilo? 6. Co Oskar našel v kanceláři? 7. Co Oskar dostal od pana Charváta? 8. Líbí se panu Charvátovi v Mnichově? 9. Vypadala Šárka jinak? 10. Proč nebyla paní Benešová v kanceláři? 11. Pomáhal Šárce někdo? 12. Byl pan Nechyběl úspěšný? 13. Bude pan Nechyběl pracovat v Oskarově kanceláři? 14. Kde se Oskar stavěl cestou domů? 15. Kam Oskar pojede?

KEY

Unit 20

W20/3 cement, geography, mayonnaise, smog

T20/1 **Wallpapering and the Czech Republic**

T20/1.1 **Vojta is going to help Petr wallpaper**

"See you in a week again?" asked Mr Mrázek Vojta when they had finished their game of chess on Friday evening.
"I have nearly forgotten," said Vojta. "I won't be able to come next week. Petr Tesař, whom Alice also knows, is moving to new lodgings. I must help him."
"All right," said Mr Mrázek, "I will find some other entertainment then (for myself). If you need any tools, don't hesitate to tell me. I will be happy to lend them to you."
"Thank you," said Vojta. "We may really need something."
"Are the lodgings furnished?" asked Alice, who was standing beside Mr Mrázek.
"No, they aren't," answered Vojta, "there is only a built-in cupboard there but it is all right with Petr (Petr doesn't mind). He says that it is an advantage rather than a disadvantage. He is happy to be able to take his bed and desk there."
"Is it a (complete) flat or just one room with a separate entrance?" asked Mr Mrázek.
"It is a studio flat," answered Vojta.
"It means that it is one room with a shower, a toilet and a small kitchenette, isn't it?" said Alice. "Is there central heating (there)?" she asked.
"Unfortunately not," answered Vojta. "Petr will have to use gas for heating. I went there yesterday to view it. The first impression was not very good. There is old and tasteless wallpaper; we will have to do something with it. Petr wanted to redecorate (the room) but the wallpaper can't be removed. We will have to wallpaper. Petr has found a shop which, as he says, offers a wide selection of wallpaper and adhesives. We are going there tomorrow afternoon," he said. Then he hesitated for a moment and asked, "Alice, I was wondering if you were free tomorrow afternoon?"
"I can arrange that," answered Alice.
"Petr and I would (will) be very grateful to you if you would advise us (if you advise us), what sort of wallpaper to choose," continued Vojta. "We don't have any experience of it and I also fear that neither of us has good taste."
"All right," said Alice, "so call for me tomorrow." Then Vojta turned to Mr Mrázek as well, "May I ask you for something, too?" he asked.
"Certainly," answered Mr Mrázek, "what do you need?"
"A bucket and a paintbrush," said Vojta.

T20/1.2 **Vojta needs an electric drill**

Alice chose pretty wallpaper and Petr and Vojta did the wallpapering. They also redecorated the ceiling and painted the window and the door white. It took them all week.
On Friday morning, Vojta called Alice requesting: "Alice, ask your grandfather, please, if he can lend us his electric drill. Petr made some shelves and he wants (needs) to fix them now."
"All right," said Alice, "where are you calling from?"
"I am calling from a phone booth because Petr is not on the phone," answered Vojta.
"I have an idea," said Alice. "Tell me the way (explain to me how I get) to your

223

place and I will bring you the drill. I am curious to see the wallpaper on the walls anyway (what the wallpaper looks like on the walls)."

"That's very kind of you," said Vojta, "that (you) will save me a lot of time. I will wait for you in the subway passage at the Underground station Náměstí Míru. What time can you be there?"

"In an hour and a half, I suppose," answered Alice.

"All right, I will be waiting for you there," said Vojta.

T20/1.3 What is and what is not allowed

"It looks lovely here," said Alice on entering the room. "How could you manage it?"

"We did our best (what we could)," said Petr. "Can I get you some tea?"

"Yes, thank you," said Alice and added, "I have something for you. My grandmother is sending you a (plain) cake. She said that you were probably only working not eating anything."

"Tell her that we thank her a lot," said Petr.

"We have nearly died of hunger," said Vojta as in fun and continued, "There is only (we have) some yesterday's potato salad left here. I made it myself."

"Where does your landlord or your landlady live?" asked Alice Petr.

"My landlady has inherited a house in the country and has moved there. I am very lucky. My previous landlord was terribly strict. It was not allowed to enter the flat with one's shoes on, it was not allowed to speak loud, it was not allowed to play the guitar or sing. The room was small. It had one window which we could not open (couldn't be opened) because it looked out to a busy street and there was often smog outside. Moreover, I shared the room with a waiter."

"Is everything allowed here?" asked Alice.

"Smoking is not allowed here, which I don't mind because I don't smoke," answered Petr. "It is not allowed to organise celebrations here and to play music too loud, which I don't mind either because I don't like loud music myself. I bought a new CD yesterday, I will play it for you if you like."

"Let's make the holes first," said Vojta. "We also have to put this huge map of Europe somewhere."

"May I have a look at it?" asked Alice. "Helena has sent me a picture postcard from the Šumava (mountains). She is writing that she likes it there very much, that she goes for walks to Germany crossing the border at a small checkpoint and that she is sending her best regards to all of us. However, I don't know where the Šumava is."

"I will show it to you," said Vojta.

T20/1.4 A little of geography

"Here is the Czech Republic," said Vojta. "It borders on Germany, Poland, Slovakia and Austria. It has two parts (provinces) – Bohemia and Moravia. The Šumava is in the south and south-east, on the border with Germany. The highest mountain is 1,378 metres high. There are large forests in the Šumava. There is a nature reserve there. There are mountains along almost the whole length of the border with Germany," continued Vojta. "Next to the Šumava is the Český les and in the north-west are the Krušné hory (mountains). However, our highest chain of mountains is (are) the Krkonoše (mountains). They are situated on the border with Poland. Sněžka, our highest mountain, is 1,602 metres high. The Krkonoše (mountains) are also a nature reserve."

"Does it mean that skiing is not allowed there?" asked Alice.

"Skiing is allowed there," answered Vojta. "The mountains are full of skiers in winter."

KEY

"Are the Vltava and the Labe rivers your largest rivers?" asked Alice.
"Yes, they are," answered Vojta. "The Vltava river has its source in the Šumava and the Labe river has its source in the Krkonoše (mountains). There is a large plain along the Labe river. There is another large plain in Moravia."
"What is grown here (in your country)?" asked Alice.
"Chiefly grain, potatoes and sugar-beet," answered Vojta.
"You forgot hops, grapevine, vegetables and fruit," said Petr who was listening to Vojta.
"No, I didn't, I didn't want to bore Alice," said Vojta, "that's why I said 'chiefly'."
"Are noble metals and precious stones mined in Bohemia?" asked Alice.
"Unfortunately not," said Petr, "coal is mined in this country."
"Alice, guess where Škoda cars are manufactured," said Vojta.
"In Mladá Boleslav," answered Alice. "I happen to know it. I also know that there are breweries in Prague, Plzeň and České Budějovice. When I was in the country, I noticed that mainly cows and pigs are kept here (in your country). However, I don't know what is imported (into this country) and what is exported from here."
"I don't know it either, actually," said Vojta. "I think that machinery and perhaps also timber and cement are exported from here. As far as I know, raw materials, fruit, vegetables and plenty of consumer goods are imported."
"How many cities have a population of more than a million?" asked Alice.
"Only Prague," said Petr. "It is our largest city as well as the capital city but in comparison with other big cities, Prague is rather small."
"I am glad that it is not bigger," said Alice. "It's going to take me at least an hour to get home now. That is absolutely sufficient for me."
"Stay a little while longer, Alice," said Petr. "I will fix the shelf and then I will take both of you home in my car."

T20/2 How is it made?

Alice: Vojta, how is such potato salad made?
Vojta: My way (of making it) is very simple. Boiled potatoes, pickled gherkins, carrots and similar vegetables are cut up, salt, green peas, yoghurt and sour cream are added, everything is mixed together and that's it. The main thing is that there must be a lot of gherkins. Try it, you will certainly like it.
Alice: I think that your way is simpler than my grandmother's. I have noticed that she puts mayonnaise in it.
Vojta: Mayonnaise is too fatty for me.

T20/3 At the jeweller's

Shop assistant: Can I help you? (What is your wish?)
Alice: (I would like) a ring with a garnet. In the window, I saw one which had three small stones next to each other.
Shop assistant: Something like that?
Alice: Yes, it is this one. Is it of gold?
Shop assistant: No it is of silver and it is plated (coated) with gold. Try it on. I have them in several sizes.
Alice: I (will) need a smaller one. This one is too big for me.
Shop assistant: Try this one.
Alice: This one fits me well. I'll take it.

E20/1 hranice, díra, dřevo, nížina, hrášek, kámen, kov, lyžař, obilí, pivovar, podchod, podnájem, pramen, prstýnek, smetana, sůl, stroj, tapeta, vkus, velkoměsto, výběr, výhoda, výloha, zábava, zbytek, způsob, zboží

E20/2 hlasitý, kyselý, nevkusný, obrovský, pozlacený, zlatý, předchozí, rušný, tučný, vařený, vděčný, zařízený, zvědavý

E20/3 tučnější, nejtučnější; vkusnější, nejvkusnější; rušnější, nejrušnější; vděčnější, nejvděčnější; hlasitější, nejhlasitější; zvědavější, nejzvědavější; kyselejší, nejkyselejší

E20/4 dodejte – dodat, dovezte – dovézt, nakrájejte – nakrájet, nastříhejte – nastříhat, natřete – natřít, obraťte se – obrátit se, pěstujte – pěstovat, poproste – poprosit, předpokládejte – předpokládat, přidejte – přidat, přidělejte – přidělat, pusťte – pustit, sdílejte – sdílet, smíchejte – smíchat, topte – topit, ušetřete – ušetřit, váhejte – váhat, vstupte – vstoupit, vymalujte – vymalovat, vyrobte – vyrobit, vytapetujte – vytapetovat, zařiďte – zařídit, zastavte se – zastavit se

E20/5 a) 1. hrášek, chmel, kov, smetana, tapeta, stroj 2. lyžař, velkoměsto 3. hranice, stroj, kámen, výhoda, nevýhoda, zábava, dřevo, obilí, díra b) dodat, dovážet, chovat, krájet, stříhat, natřít, pěstovat, přidat, přidělat, sdílet, smíchat, topit, šetřit, váhat, vymalovat, vyrobit, vytapetovat, vyvážet, zařídit

E20/6 díra, pramen, prase, stroj

E20/7 1. smetanu 2. nějakou zábavu 3. jednu velkou výhodu, jednu malou nevýhodu 4. hezkou výlohu 5. hranici 6. pana domácího, paní domácí

E20/8 a) pivovarů, pramenů, způsobů, kovů, kamenů, strojů, lyžařů b) tapet, zábav, výhod, výloh, nížin; hranic; velkoměst c) garsonek, podmínek; lepidel

E20/9 a) dva: podchody, podnájmy, zbytky; bez podchodu, bez podnájmu, beze zbytku b) dva / bez stroje; dvě / bez: výhody, díry, výlohy, smetany; hranice; lepidla, velkoměsta

E20/10 u: pramenu; stroje; výlohy; hranice – do: pivovaru, podchodu, podnájmu; stroje; výlohy; velkoměsta – od: lyžaře; hranice – z kamene, z kovu, z výběru, ze zbytku; ze stroje; z výlohy, ze smetany, z nížiny; ze dřeva, z velkoměsta – kromě: hrášku, prstýnku; nevýhody, zábavy

E20/11 litr smetany, velikost prstýnku, barva tapety, adresa pivovaru, cena (toho) stroje

E20/12 v pivovaru, v podchodu, v podnájmu, ve výběru, ve zbytku; ve stroji; ve výloze, v nížině, v nevýhodě; ve velkoměstě – na: tapetě, smetaně; hranici – o: prstýnku; panu domácím; paní domácí – kvůli: vkusu, způsobu, zbytku; výhodě; hranici; lepidlu; zboží; panu domácímu

E20/13 a) pivovarech, podchodech, podnájmech, kovech, kamenech, výběrech; lepidlech, velkoměstech b) výlohách, výhodách, tapetách, nížinách, zábavách c) lyžařích, strojích; hranicích

E20/14 a) pivovarům, pramenům, způsobům, prstýnkům, zbytkům, strojům, velkoměstům b) tapetám, dírám, výhodám, výlohám c) hranicím

KEY

E20/15 a) s kamenem, s kovem, s podchodem, s podnájmem, se vkusem, s výběrem, se způsobem; s prstýnkem, se zbytkem, s hráškem; se strojem, s lyžařem; se dřevem, s velkoměstem, s lepidlem b) se smetanou, s tapetou, se zábavou, s dírou, s výlohou, s nevýhodou c) s hranicí d) s obilím, se zbožím

E20/16 a) způsoby, kameny, kovy, prstýnky, zbytky; lepidly, velkoměsty b) lyžaři, stroji c) tapetami, výhodami, výlohami, dírami; hranicemi

E20/17 **pro našeho pana domácího**, od našeho pana domácího, kvůli našemu panu domácímu, mluvil o našem panu domácím, s naším panem domácím – **pro naši paní domácí**, od naší paní domácí, kvůli naší paní domácí, mluvil o naší paní domácí, s naší paní domácí

E20/18 1. hlasitě 2. kysele 3. nevkusně 4. obrovsky 5. rušně 6. tučně 7. vděčně 8. zvědavě

E20/19 a) on předpokládá, on váhá, on chová; on dodá, on přidá, on přidělá, on smíchá, on nastříhá b) já těžím, já topím; já vyvážím, já dovážím, já sdílím; já poprosím, já se obrátím, já pustím, já ušetřím, já vstoupím, já vyrobím, já zařídím, já se zastavím; já nakrájím c) my pěstujeme; my vymalujeme, my vytapetujeme; my dohrajeme d) oni natřou e) to hraničí, to pramení

E20/20 on bude předpokládat, on přidá; on bude váhat, on vyrobí; on bude šetřit, on ušetří

E20/21 1. Dříve než koupí nový nábytek, vymaluje byt. 2. Jakmile se vrátí z práce, přidělá to světlo. 3. Až bude mít dovolenou, vytapetuje svůj pokoj. 4. Dříve než přijme novou sekretářku, zařídí tu kancelář. 5. Až k němu přijdeme, pustí nám nějakou hezkou hudbu. 6. Až prodá to velké auto, ušetří nějaké peníze. 7. Až koupí barvu, natře ty dveře.

E20/22 černá díra, vařené brambory, zařízený byt, kyselé mléko, zvědavý kolega / zvědavá kolegyně, obrovský pes, stříbrný prstýnek, velká výhoda, rušné místo, lepší způsob

E20/23 1. V lékárně se prodávají léky. 2. Ve starožitnostech se prodávají velmi staré a drahé věci. 3. V galanterii se prodávají stužky. 4. V klenotech se prodávají prstýnky. 5. V potravinách se prodává chléb. 6. V cukrárně se prodávají dorty a bonbony. 7. V knihkupectví se prodávají knihy.

E20/24 1. Librami se platí ve Velké Británii. 2. Americkými dolary se platí v USA. 3. Kanadskými dolary se platí v Kanadě. 4. Australskými dolary se platí v Austrálii. 5. Italskými lirami se platilo v Itálii. 6. Francouzskými franky se platilo ve Francii. 7. Švýcarskými franky se platí ve Švýcarsku. 8. Německými markami se platí / platilo v Německu. 9. Eurem se bude platit v Belgii, v Německu, ve Španělsku, ve Francii, v Irsku, v Itálii, v Lucembursku, v Nizozemí, v Rakousku, v Portugalsku a ve Finsku. 10. Českými korunami se platí v České republice.

E20/25 1. se vyrábějí 2. se dělá 3. se dělá / se vyrábí 4. se vyrábějí 5. se těží 6. se těží 7. se dělají 8. se dělají / se vyrábějí 9. se dělají / se vyrábějí 10. se dělá / se vyrábí 11. se dělá / se pěstuje 12. se vyrábějí 13. se pěstuje 14. se pěstuje 15. se dělají 16. se pěstují

E20/26 1. se nepěstují, Dovážejí se do České republiky. 2. se nepěstují, Dovážejí se do České republiky. 3. se nepěstují, Dovážejí se do Rakouska. 4. se nepěstuje, Dováží se do Německa. 5. se nepěstuje, Dováží se do Skotska. 6. se nepěstují, Dovážejí se do Irska.

E20/27 1. Ne, tady se nesmí parkovat. 2. Ne, tady se nesmí mluvit nahlas. 3. Ne, tady se nesmí zastavit. 4. Ne, tady se nesmí koupat. 5. Ne, tady se nesmí lyžovat. 6. Ne, tady se nesmí bruslit.

E20/29 1. Tady se bruslí. 2. Tady se spí. 3. Tam se jí. 4. Tady se mluví anglicky. 5. V jejich kanceláři se nekouří. 6. Na křižovatce se nehraje fotbal. 7. To se nedělá. 8. Tady se neparkuje. 9. O tom se nežertuje. 10. Jak se čte tohle slovo? 11. Jak se píše vaše jméno? 12. Jak se to řekne česky?

E20/30 a) 1. vaše 2. vaším 3. vaším 4. vašeho 5. vaším 6. vašemu 7. vašem 8. vašem 9. vašeho 10. vašeho 11. váš 12. váš b) 1. vaši 2. vaší 3. vaši 4. vaší 5. vaší 6. vaši 7. vaší 8. vaší c) 1. vaši 2. vaše 3. vašimi 4. vašich 5. vašich 6. vašim 7. vašich 8. vaše

E20/31 1. našem 2. naší 3. naše 4. naším 5. naše 6. naši 7. našim 8. našimi 9. naší 10. našich 11. našeho 12. našemu

E20/32 a) 1. mě / mne 2. mnou 3. mně 4. mi 5. mi 6. mě / mne 7. mi b) 1. tebe 2. tebou 3. tebe 4. tebe 5. tebe 6. tobě 7. ti 8. ti 9. tě 10. tebe c) 1. vás 2. námi 3. nám 4. vám 5. nám 6. vámi 7. nás 8. nás / vás 9. vámi 10. vám 11. vás 12. vás / nás d) 1. něho 2. mu 3. mu 4. něm 5. ním 6. ho 7. ho 8. němu 9. mu 10. něho e) 1. ji 2. ní 3. ní 4. jí 5. ni 6. ní 7. jí 8. jí 9. ní 10. ní f) 1. je 2. jim 3. nim 4. jich 5. nich 6. nimi 7. je 8. ně 9. nich

E20/33 1. pro něho 2. pro ni 3. pro ně 4. se mnou 5. beze mne / mě 6. o tobě 7. mezi nimi 8. místo něho 9. od ní 10. s vámi 11. pro vás 12. pro nás

E20/34 a) 1. na 2. přes 3. za 4. o 5. v 6. na 7. na 8. pro 9. o 10. v 11. na 12. za 13. o b) 14. bez 15. u 16. od, do 17. z 18. do, do 19. kromě 20. ze, do 21. od, nedaleko / blízko / u 22. podle c) 23. proti 24. kvůli 25. k d) 26. o 27. na 28. v 29. v 30. po 31. při e) 32. za, s 33. před 34. mezi

E20/35 1. sobotu, diskotéku 2. námi, procházku 3. manžela 4. čtvrtek, jednu hodinu, restaurací 5. domem 6. večeři, námi, každým, nás 7. řeky 8. koho 9. měsíce 10. tom domě, vám

E20/36 a) 1. dohrát 2. dovážet 3. vyvážet 4. hranice 5. chmel 6. dřevo 7. chovají 8. pěstuje 9. kov 10. kámen 11. kyselý 12. lepidlo 13. lyžař b) 14. krájí 15. stříhá 16. vkus 17. pramen 18. pivovar 19. obrovský 20. podnájmu 21. rušná 22. smetana 23. velkoměsto 24. zařízený 25. zbytek 26. zvědavý

E20/37 1. tapetuje 2. jednoduché 3. změří 4. vypočítá 5. koupí 6. smíchá 7. nastříhají 8. natřou 9. nalepí 10. natřou 11. nalepí

E20/38 1. Kdy se tady malovalo naposled? 2. Co se tady bude vyrábět? 3. Dříve se tady pěstovala řepa. / Tady se dříve pěstovala řepa. 4. Tady se bude v zimě lyžovat. / V zimě se tady bude lyžovat. 5. Čím se tady topí? 6. Tady se topí uhlím.

KEY

7. Kde se tady hraje golf? 8. Kde se tady dá koupit něco k jídlu? 9. Kde se prodávají vstupenky na ten koncert? 10. Proč se tady musí jezdit pomalu?

E20/39 1. potřebují 2. potřebuje 3. potřebují 4. potřebuje 5. potřebují 6. potřebuje 7. potřebují

E20/40 1. Co se tady vyrábí? 2. Vyrábějí se tady auta? 3. Co se tady pěstuje? 4. Pěstují se tady banány? 5. Co se dováží do České republiky? 6. Dovážejí se do České republiky pomeranče? 7. Těží se tady uhlí? 8. Ten pokoj je zařízený, ale potřebuje vymalovat. 9. Mám přidat trochu soli? 10. Mohu to zařídit. 11. Neváhejte / Neváhej. 12. Mám vám / ti pustit to nové cédéčko?

E20/41 Co se dováží do vaší země? Co se vyváží z vaší země? Co se pěstuje ve vaší zemi? Co se vyrábí ve vaší zemi? Jsou ve vaší zemi hory? Je ve vaší zemi nížina? Je ve vaší zemi mnoho velkoměst? Umíte vytapetovat? Umíte vymalovat? Kolikátého je dnes? Kolikátého bude za týden?

E20/42 1. Proč nemohl Vojta hrát šachy? 2. Byl Petrův nový podnájem zařízený? 3. Proč nebyl první dojem dobrý? 4. Pomohla Alice vybrat tapety? 5. Půjčil si Vojta něco od pana Mrázka? 6. Kde Vojta počkal na Alici? 7. Co Alice přinesla Petrovi a Vojtovi? 8. Kdo poslal Alici pohlednici? 9. Věděla Alice, kde je Šumava? 10. Má nejvyšší hora České republiky více než dva tisíce metrů? 11. Je v České republice mnoho velkoměst? 12. Kdo vzal Alici domů autem?

Revision Test Five

RT5/1 1. Jak daleko odsud je to město, do kterého jedeme? 2. Jak se jmenuje to město, ve kterém je ten hezký zámek?

RT5/2 1. Kde je ta žena, jejíž auto stojí před naším domem? 2. Kdo jsou ty ženy, jejichž kufry jsou v hale?

RT5/3 1. Víte, jak se jmenuje ten muž, kterého jsme potkali na náměstí? 2. Až se vrátí, řekněte mu, ať mi zavolá.

RT5/4 1. hnědočervený 2. červenohnědý

RT5/5 1. lidem 2. lidí 3. lidmi 4. lidí 5. lidé 6. lidech

RT5/6 1. To vypadá dobře. 2. (On) vypadá unaveně. 3. To zní hezky / pěkně. 4. To chutná hrozně.

RT5/7 1. Až 2. Dříve než

RT5/8 1. Zatímco 2. Jakmile

RT5/9 u Mašků, k Maškům

RT5/10 1. On se oblékl. 2. Ona si nesvlékla kabát. 3. Převlékl / Převlékla jsem se. 4. Kdo se smál naposled?

RT5/11 1. nesnížila 2. zvětšil 3. zvýšily 4. zmenšil

229

| RT5/12 | 1. přestože 2. protože
| RT5/13 | 1. Měl přijít dříve. 2. Neměla nám volat.
| RT5/14 | 1. Co se tady prodává? 2. To se nesmí.
| RT5/15 | 1. za 2. ve 3. před 4. po 5. kolem 6. mezi
| RT5/16 | a) 3, 6, 8, 11, 15, 18 b) 3, 4, 6, 7, 11, 15, 18 c) 2, 7, 10, 12, 17 d) 2, 4, 6, 7, 14, 17, 18 e) 1, 5, 7, 9, 13, 16
| RT5/17 | 1. pro naši sousedku 2. s naší sousedkou 3. k naší sousedce 4. bez naší sousedky 5. o naší sousedce
| RT5/18 | 1a), 2a), 3b), 4b), 5b), 6b)
| RT5/19 | 1. si 2. se 3. se 4. si
| RT5/20 | 1. objednávku 2. jízdenku 3. letenku 4. vstupenku 5. pozvánky

Unit 21

| W21/3 | academic, ideal, interview, million, popular, stewardess, systematically, shampoo

| T21/1 | **By the sea at last**
| T21/1.1 | **Oskar would like a room overlooking the sea**

"Did you have a good flight?" was Oskar asked by the receptionist at the hotel where he had just checked in.
"Yes, thank you," answered Oskar. "The journey was pleasant. The representative of the travel agency was waiting for us at the airport, the check-in was quick and the flight was smooth. Before we had eaten the refreshments brought us by the stewardess, we were (*flying*) over Spain." Oskar took his key and left to look for his room. In a moment, however, he returned to the reception desk.
"Are you satisfied with your room?" asked the receptionist.
"It is not bad," said Oskar "but could I ask you a favour?"
"Certainly," said the receptionist, "what can I do for you?"
"Could you give me another room? I would like a room with a balcony, overlooking the sea. Do you think that it would be possible?" asked Oskar.
"Yes (*of course*) but you would have to pay about 200 euros extra for the whole stay," answered the receptionist.
"That would be no problem," said Oskar and asked, "Could I see the room?"
"Certainly," said the receptionist and handed him the key.

| T21/1.2 | **Oskar is looking forward to swimming in the sea**

Oskar was more than satisfied with his new room. It seemed just ideal to him. "First I will unpack my suitcase and then I will go and have a swim," he said to himself. He usually did his packing systematically but this time his suitcase was in a muddle. There were some spare shoelaces, an electric shaver and a torch, shampoo and Eau de Cologne, suntan oil and a pair of slippers, aftershave and some socks, a pair of

trousers, a comb and bath towels, a diary and a bar of soap, a toothbrush, a lighter and matches, a tube of toothpaste, pain reliever (for headaches) and a tie and lots of other things. Oskar took everything out carefully and sorted it out. Then he got changed and went to the balcony just to have a look. The view was wonderful. The sea and the sky were meeting on the horizon. There were some people walking past the hotel. Oskar noticed a man dragging an inflatable dinghy.
"Where do I know this man from?" he said to himself. "He reminds me of somebody. I see, he looks like the fraud Felix Karas. However, what could (would) he be doing here? When I first saw him, he still went to school. He was learning foreign languages and wanted to become a famous singer or at least a popular presenter. He became a gambler instead. He was lucky to win plenty of money which he was said not to spend. Then he was working in a bank for some time but he was soon arrested because of taking bribes and because of some fraud concerning loans. He was sentenced to six years (*imprisonment*) but he was released from prison after two years because he was said to behave decently. I last heard about him in connection with an investment fund last year. I am glad that I don't have anything in common with him. I would not like to meet him here."
Oskar put his sunglasses on and went out. He could not wait to be by the sea.

T21/1.3 Oskar would like (to have) some peace and quiet

It was not the high season any longer; nevertheless, it was very warm. Oskar was sitting on the beach watching waves. It was soothing him. Prague was far away and with it its noise, polluted air, traffic jams, economic problems, choosy clients and women's magazines. The women's magazines in particular. There had been an article in one of them recently concerning the situation in the real estate market. It was called "Which woman would not wish for her own house?" and it contained a short interview with Oskar. Since that time, Oskar had been receiving letters from various women wanting to meet him. Oskar, however, did not want to meet them. He had always protected his privacy very carefully. He regretted having given the interview to that magazine. "I don't want to think about it," he said to himself. "I wonder why it occurred to me just now."
He closed his eyes and listened to the sea. He was interrupted by a woman's voice (*saying*), "Good afternoon, excuse me, are you Mr Kubišta from Prague by any chance?"
"Yes, I am," answered Oskar slowly and opened his eyes. There was a middle-aged woman standing in front of him. "I am Alena Polívková," she said. "I am a journalist. I have read the article containing (where there was) an interview with you. Our readers would be also happy if you told them something. It would be a nice article. I would write there about meeting (that I met) you in Spain and you could compare housing here with housing in our country."
"I couldn't do that," said Oskar. "Excuse me but I am on holiday here and I don't want to answer any questions."
"Only ten questions, please," requested the journalist.
"No, don't try to persuade me," said Oskar.
"All right, only five questions."
"No," said Oskar firmly.
"Three. Agreed?" asked Mrs Polívková.
"All right," said Oskar unhappily, "I will answer your three questions unless they concern the market or politics."

"Thank you," said the journalist. "If you were married, would your wife be a housewife or would she go out to work? What would you like (her to do)?"
"I would tolerate her wish(es)," answered Oskar. "If she wanted to go out to work, she would go out to work. If she wanted to keep house, she would keep house."
"If your wife were a housewife, would you help her to do the cooking?"
"I would not help her to do the cooking because on the one hand I can't cook and on the other hand I return home late in the evening. If she waited for me to help her, we would have dinner at midnight," said Oskar and added, "I think that these are very academic questions because I don't intend to get married."
"It doesn't matter," said Mrs Polívková. "The last question. If you had three children how would you divide your property among them? Would you give a third to each of them?"
"I don't know," said Oskar and sounded exhausted, "perhaps so. Excuse me now," he added, "I must see to a few things."

T21/1.4 Oskar knows what to do

"Excuse me, I (would) need some information," asked (turned) Oskar (to) the receptionist when he came back to the hotel. "I would like to hire a diving suit. Is it possible?"
"Yes, (it is,)" answered the receptionist, "I will give you an address. English and German are spoken there. (They speak ... .) Remember the dinner is at seven o'clock," she added.
"Thank you. I think I will do without dinner today," said Oskar and went into his room. There, he took a sleeping pill and he fell asleep in a little while.
He woke up very early in the morning. He got dressed quickly and went onto the beach. It was a beautiful morning. There was nobody far and wide because the tourists were still asleep. Oskar was alone with the sea, seagulls and with the sun which was rising slowly.

T21/2 If you married me ...

Vilma: When I am back (return to) in Prague, I will have to clear up the whole flat.
Felix: If you married me, you wouldn't have to do the cleaning. You would have a maid.
Vilma: If I married you, I would be alone all the time.
Felix: If you married me, I would stop travelling. I can promise it to you.
Vilma: Would you buy me a yacht if I married you?
Felix: If I had so much money, I would buy you a yacht.
Vilma: If I had a yacht, I would like to live in Greece.
Felix: If you wanted to live in Greece, I would have to learn Greek.
Vilma: If I lived in Greece, I would like to have my own island.
Felix: If I had lots of millions of dollars, I would buy you one.
Vilma: Felix, that means that if I married you, you would buy me neither a yacht nor an island.
Felix: I didn't say that. I would have to get hold of some money first, which would not be impossible.
Vilma: I fear that you would be in trouble with the police.
Felix: Me? I do know the laws. If I didn't know the laws I wouldn't be sitting on the beach but in prison. I will tell you something. The laws are like shallow places and I am a good captain. I know in which country the sea (water) is safe. It would be good if you married me as soon as possible.

KEY

E21/1 článek, čtenářka, diář, doba, domácnost, kalhoty, let, majetek, mýdlo, moderátor, novinářka, obzor, podvod, podvodník, ponožka, potíž, ručník, situace, soukromí, souvislost, trh, třetina, úvěr, zákon, zápalka, zmatek, zpěvák

E21/2 akademický, populární, ideální, překrásný, rezervní, slavný, společný, vlastní, vybíravý, ženský

E21/3 slavnější, nejslavnější; populárnější, nejpopulárnější; pečlivěji, nejpečlivěji; pevněji, nejpevněji; slušněji, nejslušněji

E21/4 a) překrásně, společně, ideálně, populárně, akademicky, žensky b) pečlivý, pevný, slušný, systematický

E21/5 chovejte se – chovat se, očekávejte – očekávat, přemlouvejte – přemlouvat, srovnejte – srovnat, tolerujte – tolerovat, uklidňujte – uklidňovat, ubytujte se – ubytovat se, chraňte – chránit, doplaťte – doplatit, odsuďte – odsoudit, rozdělte – rozdělit, slibte – slíbit, vybalte – vybalit, vyrušte – vyrušit, poskytněte – poskytnout, zatkněte – zatknout

E21/6 a) 1. kalhoty, let, doba, majetek, mýdlo, milion, třetina, vlna, úvěr 2. trh, podvod, kapitán b) chovat, očekávat, poskytnout, přemlouvat, srovnat, tolerovat, ubytovat, uklidňovat, vybalit, vyndat, vyrušit

E21/7 hřeben, kalhoty, vlna, pantofel

E21/8 1. brýle proti slunci, sluneční brýle 2. lehátko 3. olej na opalování 4. ručník 5. klobouk

E21/9 1. baterku 2. jachtu 3. jednu ponožku 4. tu novinářku 5. jednu zápalku 6. dlouhou dobu 7. třetinu platu 8. takovou situaci 9. kapitána letadla 10. toho podvodníka 11. toho zpěváka 12. služebnou

E21/10 a) letů, hřebenů, zákonů, podvodů, ručníků, diářů, článků, zmatků, zpěváků, podvodníků, novinářů b) mělčin, vln c) zápalek, ponožek, baterek, novinářek, čtenářek; mýdel d) situací; potíží; souvislostí, domácností, nemovitostí; vězení

E21/11 a) **dva**: lety, trhy, úvěry, zákony, ručníky, články; **bez**: letu, trhu, úvěru, zákonu / zákona, ručníku, článku b) **dva / bez**: diáře, zapalovače; **dvě / bez**: baterky, zápalky, ponožky, třetiny; mýdla; situace; potíže; souvislosti, domácnosti; vězení

E21/12 **u**: letu, úvěru; kapitána, moderátora, podvodníka; diáře; novinářky, jachty; nemovitosti – **do**: článku, ručníku; diáře, zapalovače; baterky, ponožky; situace; soukromí – **od**: zpěváka; čtenáře, novináře; doby, třetiny, novinářky – **z** trhu, z úvěru, z článku, z majetku, ze zmatku; z jachty; ze souvislosti, z domácnosti; z mýdla; z vězení – **kromě**: podvodu, zmatku; kapitána; novináře, diáře; vaření

E21/13 kus mýdla / jedno mýdlo, jméno kapitána / kapitánovo jméno, číslo letu, číslo zákona, velikost ponožky

E21/14 v zákonu / zákoně, v článku, ve zmatku; v diáři; v době, v baterce, v ponožce; v situaci; v souvislosti, v domácnosti; v soukromí, ve vězení – **na**: obzoru, trhu, ručníku; jachtě – **o**: kapitánovi, moderátorovi, zpěvákovi, podvodníkovi; čtenáři / čtenářovi, novináři / novinářovi; novinářce; situaci – **k** obzoru; k jachtě; ke kapitánovi – **kvůli**: podvodu, majetku, zmatku; potíži

233

E21/15 a) zákonech, letech, kapitánech, podvodech, hřebenech, úvěrech, souvislostech, domácnostech, nemovitostech, mýdlech b) dobách, vlnách, třetinách, zápalkách, ponožkách, kalhotách c) diářích, zapalovačích, čtenářích, novinářích; situacích; potížích; vězeních; zpěvácích, podvodnících, článcích, zmatcích; trzích

E21/16 a) zpěvákům, podvodníkům, zákonům, podvodům, úvěrům, diářům, čtenářům, novinářům; mýdlům b) dobám, ponožkám, zápalkám, baterkám, kalhotám c) situacím; potížím; vězením d) souvislostem, domácnostem, nemovitostem

E21/17 s moderátorem, se zpěvákem, s hřebenem, s ručníkem, s trhem, se zákonem, se zmatkem, s diářem, s novinářem; s mýdlem; s vězením, s bydlením, s odbavením, s vařením; s novinářkou, s baterkou, s(e) třetinou, s jachtou; se situací; s potíží; se souvislostí, s domácností – **za**: kapitánem, obzorem – **před**: letem; dobou, vlnou

E21/18 a) lety, podvody, trhy, úvěry, zákony, zpěváky, podvodníky, články; mýdly b) čtenáři, novináři, diáři, zapalovači c) zápalkami, ponožkami, vlnami, jachtami; situacemi; souvislostmi, domácnostmi, nemovitostmi d) potížemi

E21/19 **pro slavného zpěváka**, od slavného zpěváka, kvůli slavnému zpěvákovi, o slavném zpěvákovi, se slavným zpěvákem – **pro slavnou zpěvačku**, od slavné zpěvačky, kvůli slavné zpěvačce, o slavné zpěvačce, se slavnou zpěvačkou

E21/20 a) oni se chovají, oni očekávají, oni přemlouvají; oni srovnají b) my chráníme; my doplatíme, my odsoudíme, my rozdělíme, my slíbíme, my utratíme, my vybalíme, my vyrušíme c) já toleruji, já uklidňuji; já se ubytuji d) vy táhnete; vy poskytnete, vy zatknete; vy se obejdete; vy si zaplavete e) to se týká, to obsahuje

E21/21 on bude tolerovat; on se ubytuje; on bude očekávat, on doplatí; on bude přemlouvat, on přemluví; on utratí, on bude utrácet

E21/22 slibte – neslibujte, táhněte – netahejte, srovnejte – nesrovnávejte, poskytněte – neposkytujte, utraťte – neutrácejte, rozdělte – nerozdělujte, přemluvte – nepřemlouvejte

E21/23 1. Až přijde do hotelu, ubytuje se. 2. Až zamkne dveře, vybalí kufr. 3. Dříve než zavolá svým přátelům, rozdělí ty peníze. 4. Až bude telefonovat, vyrušíme ho. 5. Až zjistí, že je podvodník, odsoudí ho.

E21/24 zajímavý článek, šedá ponožka, dobrý let, starý diář, žádný trh, malá domácnost, populární zpěvák / populární zpěvačka

E21/25 1. šel bych 2. udělala bych 3. zaplatili bychom 4. letěli bychom 5. pokračoval bych 6. řekli bychom

E21/26 1. vzali byste si 2. přišla bys 3. viděla byste 4. věděl byste 5. koupil bys 6. obdivovali byste

E21/27 1. poslouchal by 2. objednala by 3. půjčili by 4. informovali by 5. předpokládal by 6. pozvala by

E21/28 1. zajímal by ses 2. sedla by sis 3. převlékl by ses 4. oblékla by ses 5. ztratil by ses 6. vdala by ses 7. oženil by ses

E21/29 1. Chtěl byste šálek čaje? 2. Chtěla bych dvě vstupenky. 3. Chtěli by se na to podívat. 4. Dal by si něco jiného. 5. Co bys dělal? 6. Mohl bych si půjčit vaše pero? 7. Mohli byste nám pomoci? 8. Mohl bys mi poradit? 9. Mohli bychom je pozvat. 10. Mohli bychom to zkusit. 11. Chtěla by ses na to podívat? 12. Mohl bych se na něco zeptat?

E21/30 1. mohla byste 2. mohl byste 3. mohla bys 4. mohl bys 5. mohl byste 6. mohla byste 7. mohl bys 8. mohla bys

E21/31 1. Could I call you in the afternoon? 2. Could I borrow your newspaper for a moment? 3. Could I ask you a question? 4. Could I leave a message?

E21/32 1. bys mohl 2. byste mohla 3. bys mohla 4. byste mohl

E21/33 1. Kam by chtěla Helena jet? 2. Kam by chtěla Klára jet? 3. Kam by chtěli Mrázkovi jet? 4. Co by si Petr přál? 5. Co by Vojta chtěl? 6. Co by chtěl Petr umět? 7. Co by chtěla Helena umět?

E21/34 1. Nemusel by ses 2. Nemusel by sis 3. Nemusel by sis 4. Nemusel by sis 5. Nemusel by sis 6. Nemusel by ses 7. Nemusel by ses

E21/35 1. by 2. bych 3. by 4. byste 5. bychom 6. bys 7. by 8. by 9. bychom 10. byste

E21/36 1. Děti, mohly byste mi pomoci? 2. Vojto, mohl bys nám pomoci? 3. Mohl by nám pomoci? 4. Mohla by mu pomoci? 5. Alice, mohli by ti pomoci? 6. Nemohl / Nemohla bych vám pomoci. 7. Mohli bychom jim pomoci. 8. Paní Hájková, mohla byste mi pomoci? 9. Pane Hájku, mohl byste mi pomoci? 10. Mohl / Mohla bych vám / ti zavolat později?

E21/37 1. Kdybych, bych 2. Kdybych, bych 3. Kdybych, by 4. Kdybychom, bychom 5. Kdybych, by 6. Kdyby, bychom 7. Kdybychom, bychom 8. Kdybych, bych 9. Kdybych, by 10. Kdyby, bychom 11. kdybych, by

E21/38 1. Kdyby měla řidičský průkaz, mohla by řídit auto. 2. Kdyby nemusela hlídat dítě, mohla by jít do kina. 3. Kdyby nemusel studovat, mohl by jet na výlet. 4. Kdyby nemusel pomáhat Petrovi, mohl by hrát šachy. 5. Kdyby nemusela jít nakupovat, mohla by sedět u řeky.

E21/40 1. Protože ho nepotřebuji. Kdybych ho potřebovala, koupila bych si ho. 2. Protože ji nepotřebuji. Kdybych ji potřebovala, vybrala bych si ji. 3. Protože je nepotřebuji. Kdybych je potřebovala, vyzkoušela bych si je. 4. Protože je nepotřebuji. Kdybych je potřeboval, objednal bych si je. 5. Protože ho nepotřebuji. Kdybych ho potřeboval, koupil bych si ho. 6. Protože ho nepotřebuji. Kdybych ho potřeboval, našel bych si ho.

E21/41 **Pane Mrázku,** 1. šel byste na výstavu, kdybyste nemusel? 2. pracoval byste na zahradě, kdybyste nemusel? 3. navštívil byste bývalého kolegu, kdybyste nemusel? – **Paní Mrázková,** 4. šla byste do galerie, kdybyste nemusela? 5. jela byste metrem, kdybyste nemusela? 6. vybrala byste peníze, kdybyste nemusela?

E21/43 1. Udělala bych to, kdybych mohla. 2. Udělali bychom to, kdybychom mohli. 3. Udělaly by to, kdyby mohly. 4. Udělal byste to, kdybyste mohl? 5. Udělala bys to, kdybys mohla?

E21/44 1. Kdo volá? 2. Co je tady? 3. Co potřebují? 4. O koho se starají? 5. Na koho čekají? 6. Čeho se bojí? 7. Koho se bojí? 8. Od koho je ta opera? 9. Z čeho je ten prstýnek? 10. Koho se zeptáme? 11. Komu patří ta kabelka? 12. Ke komu jdou? 13. Komu se smáli? 14. Čemu nerozumějí? 15. Proti čemu je ten lék? 16. Kvůli čemu neletělo letadlo? 17. O čem rádi mluví? 18. O kom nic nevědí? 19. V čem jsou ty tužky? 20. Na čem to záleží? / Na čem záleží, zda to koupím? 21. Na kom to záleží? / Na kom záleží, zda odjedou? 22. S kým se nechtějí setkat? 23. Za kým stál Vojta ve frontě? / Za kým Vojta stál? 24. Před čím je telefonní budka? 25. S čím je spokojený? 26. Čím svítil?

E21/45 1. Nepozval jsem nikoho. 2. Nekoupil jsem nic. 3. Nevolal jsem nikomu. 4. Nešel jsem k nikomu. 5. Neptal jsem se nikoho. 6. Nevšimla jsem si ničeho zajímavého. 7. Nerozuměla jsem ničemu. 8. Nemluvila jsem o ničem důležitém. 9. Nečetla jsem o nikom zajímavém. 10. Nebyla jsem s ničím spokojená. 11. Nesetkala jsem se s nikým. 12. Nikdo mi nevolal.

E21/46 1. V jakém časopise byl ten článek? 2. Co si Oskar nezapomněl vzít s sebou? / Co si Oskar s sebou nezapomněl vzít? 3. Kolik eur musel Oskar doplatit? 4. Jak se Felix choval ve vězení? 5. Co by si Vilma přála? 6. Jaký let měl Oskar? / Jaký měl Oskar let? 7. Kdy Oskar slyšel o Felixovi? / Kdy slyšel Oskar o Felixovi? 8. Bez čeho se Oskar obešel? 9. Čí kufr obsahoval mnoho různých věcí? 10. Co Oskar očekával? / Co očekával Oskar? 11. Jak Oskar napsal pozdrav? / Jak napsal Oskar pozdrav? 12. Koho soud odsoudil k šesti letům vězení? 13. Co Oskara mrzelo? 14. S čím měl pan Nechyběl potíže? 15. Kdo Oskara přemlouval? 16. Co by Felix Vilmě slíbil? 17. Co Oskar nechtěl srovnávat? / Co s čím nechtěl Oskar srovnávat? 18. Co by Oskar potřeboval? 19. Čeho se ten článek týkal? / Čeho se týkal ten článek? 20. Co Oskar nemá rád?

E21/47 1. Oskar už poskytl interview. 2. Oskar už doplatil dvě stě eur. 3. Soud už Felixe odsoudil. 4. Oskar už rozdělil peníze mezi své zaměstnance. 5. Oskar se už ubytoval. 6. Oskar už vyndal své věci z kufru. 7. Paní Polívková už Oskara vyrušila a přemluvila. 8. Policie už Felixe zatkla.

E21/48 1. domácnosti 2. zuby 3. zuby 4. slunci 5. holicí 6. spaní 7. bolení hlavy 8. bot 9. opalování 10. milion

E21/49 1. slib 2. podvodník 3. majitel 4. ručník 5. vybíravý 6. překrásné 7. společné

E21/50 1. auta 2. mnoho 3. vás 4. mu 5. ji 6. je 7. tu pizzu 8. synovi cestu 9. Varšavu, Bratislavou 10. náladu 11. mne 12. je

E21/51 1. pokoj 2. mohl 3. lepší 4. nelíbí 5. tmavý 6. výhled 7. nábytek 8. rozbitá 9. výhledem 10. předpokládám 11. všechny 12. které 13. obsazené 14. dvoulůžkový 15. pokojích 16. apartmá 17. byste 18. satelitní 19. přestěhuji 20. doplatit

E21/52 1. Neobejde se bez kávy. 2. Tolerovali byste to? 3. Týká se to nás? 4. Kdyby to slíbil, musel by to udělat. 5. Kdyby měla mnoho / hodně peněz, utratila by je.

KEY

E21/53 Máte diář? Máte baterku? Máte velkou domácnost? Obejdete se bez auta? Potřebujete někdy zápalky? Znáte nějakého slavného zpěváka? Kolikátého je dnes? Kolikátého bude za deset dní?

E21/54 1. Měl Oskar dobrý let? 2. Líbil se Oskarovi první pokoj? 3. Dostal Oskar jiný pokoj? 4. Musel Oskar něco doplatit? 5. Měl Oskar v kufru pořádek? 6. Pracoval Felix v bance dlouho? 7. Chtěl se Oskar s Felixem setkat? 8. Byl Oskar rád, že mohl mluvit s novinářkou? 9. Chtěl Oskar mluvit o politice? 10. Šel Oskar v sedm hodin na večeři? 11. Vstal Oskar brzy ráno?

Unit 22

W22/3 album, aspirin, medicine, pilot, sonata

T22/1 **Mr Mrázek is preparing to go to the mountains**
T22/1.1 **Mr Mrázek is drawing up a list**

Mr Mrázek was sitting at the table writing something, Mrs Mrázková was knitting. They were listening to the Moonlight Sonata when Alice entered the room.
"Would you mind if I switched the TV on?" she asked.
"Frankly, I would a little bit," said Mr Mrázek. "I am drawing up a list and I must concentrate so as not to forget anything. I am going to the mountains for three days."
"What are you going to do there just on your own?" asked Alice.
"I am not going to be alone there," answered Mr Mrázek, "I am going to meet my former schoolmates there. We sat the school-leaving exam together forty five years ago. We last saw each other ten years ago."
"I like drawing up lists," said Alice. "I'll give (be giving) you some advice. First you should put down what you are going to wear."
"I have it already here," said Mr Mrázek; "an anorak, slacks and shoes."
"You should take your woolly hat with you in case it was windy," advised (him) Alice.
"I wouldn't take it (*with me*), not even if it was freezing," said Mr Mrázek.
"Then you should take some aspirin with you in case you caught a cold there. You should take a knife with you to be able to cut yourself a slice of bread and you also should take scissors, a needle and some thread with you to be able to sew on a button if it (one of your buttons) happened to come off," continued Alice.
"I have thought of it, too," said Mr Mrázek.
"Further you should take a badminton racket and a shuttlecock so that you can have a game of badminton," said Alice. "Do you want me to lend you my tennis racket?" she asked.
"No, thank you," answered Mr Mrázek. "Richard is going to see to the sports. He was a coach before his retiring. He promised to take some field hockey sticks and a ball with him so that we could have a game of hockey. I hope that he will explain the rules to us. I have never played field hockey. I can't even imagine that. We'll probably be able to play golf there, too. They say it is possible to hire (borrow) golf clubs in the hotel."
"How many holes do they have there?" asked Alice.
"I think that there won't be a real golf course there but only a minigolf," answered Mr Mrázek.
"If it were freezing, you could advise Richard to take (ice) hockey sticks and a puck with him," said Alice.

237

"If I were fifty years younger and if there were a slide, I would advise him to do so," said Mr Mrázek.
"You should also take swimming trunks with you in case there was a swimming pool in the hotel," advised (*him*) Alice.
"There isn't a swimming pool in the hotel where we are going to stay, I know it for certain. As far as I know, there is an open-air swimming pool nearby but now, water is too cold to swim," said Mr Mrázek.
"I would like to see what your schoolmates looked like when they were young," said Alice. "Do you have a photo?" she asked.
"Yes, I do," replied to her her grandfather, "but allow me to finish this list first."

T22/1.2 Two photographs

Mr Mrázek opened an album and showed Alice two photos. "The older one is our last photo from (our) school and the more recent one (newer) is from our last meeting ten years ago," he explained. "You are probably more interested in the old photo, aren't you? I am here and the boy standing beside me is Richard. He was my best friend."
"Are all of you in the other photo as well?" asked Alice.
"I'm afraid not," answered Mr Mrázek. "For example František isn't there; he's the boy leaning on Richard. He emigrated to Canada in the 70s and I haven't seen him since. I've learned that he works there for a company trading in timber. The boy lying on the ground and holding that (small) board in his hand is Vilém. He became a military pilot. He isn't in the photo either."
"Was he in war?" asked Alice.
"No, he wasn't," answered Mr Mrázek. "When we were leaving school, the war was already over. And then these two boys standing at the back next to each other are not there. The taller boy, Josef, offended Václav once and Václav has never forgiven him. They have been enemies ever since and they never want to meet again."
"Who is that smiling young man smoking a pipe?" asked Alice.
"He is our teacher. He was only a little older than we were," answered Mr Mrázek.
"I like this boy," said Alice. "He looks smart. What's his name?" she asked.
"He is Viktor," answered Mr Mrázek. "He was doing well at school and his parents wanted him to study medicine but he refused it. He trained to be a cabinetmaker. Now he has a small private enterprise manufacturing furniture."
"You had changed a lot," said Alice when she had had a look at the other photo. "The smiling slim teacher had grown fat and he was frowning here, Viktor was already bald in this photo and you had grown grey. And now, you have started wearing glasses."
"I have (already) put up with it," said Mr Mrázek.
"If I were you," continued Alice, "I would take my camera with me to be able to take a photograph of everybody."
"That's a good idea," said Mr Mrázek, "I will have to buy (myself) a couple of rolls of film. I have used up all (*I had*)."
"If I were in your place," continued Alice advising, "I would buy (myself) a video camera to be able to film Richard as well as the others playing field hockey. That would be amusing."
"If I bought (myself) a video camera," said Mr Mrázek, "it would cause me only problems. On the one hand, it is too expensive (*for me*) and on the other hand I wouldn't probably learn how to use it."
"Do you need anything else besides those rolls of film?" asked Alice. "I am going into town tomorrow morning because I want (need) to buy (myself) a few small things. I can get you the rolls of film."

"That would be very kind of you," said Mr Mrázek. "In the meantime, I would go to the coach station to find out about coaches from Prague to Špindlerův Mlýn. The (*official*) timetable has not been published this year and I can't depend upon the last year's timetable. I have to know the number of the route as well as the departure time to be able to buy a reserved-seat ticket."

"All right," said Alice, "tell me (explain to me) what sort of film you need and I will see to it."

T22/2 I have a favour to ask of you

Mr Mrázek:	Would you mind if I borrowed your suitcase? Mine is too big.
Mrs Mrázková:	Not at all. (No, I wouldn't.) Take it.
Mr Mrázek:	Could you iron this shirt for me, please? I will mend my socks in the meantime.
Mrs Mrázková:	All right, I will iron it for you.
Mr Mrázek:	Would you prepare something to eat for me afterwards?
Mrs Mrázková:	Of course.
Mr Mrázek:	You couldn't (possibly) lend me the book you are reading, could you?
Mrs Mrázková:	I will be glad to lend it to you. I will finish it when you are back.
Mr Mrázek:	I was also wondering if you could see me off (accompany me to the bus station)?
Mrs Mrázková:	Yes, of course (gladly). What time is your bus (coach)?
Mr Mrázek:	At 6 a.m. I also wondered if I could ask you to wake me up at a quarter past four.
Mrs Mrázková:	All right, I will wake you up.
Mr Mrázek:	Thank you.

E22/1 čepice, bunda, tabulka, jamka, jehla, nůžky, plavky, maličkost, míček, trenér, nůž, chlapec, hřiště, pravidlo, míček, pár

E22/2 opravdový, studený, plešatý, soukromý, zábavný, štíhlý, vojenský

E22/3 studenější, nejstudenější; zábavnější, nejzábavnější; štíhlejší, nejštíhlejší

E22/4 opravdově, zábavně, soukromě; vojensky

E22/5 doprovoďte – doprovodit, chyťte – chytit, odmítněte – odmítnout, odpusťte – odpustit, soustřeďte se – soustředit se, smiřte se – smířit se, vyučte se – vyučit se, vypůjčte si – vypůjčit si, ukrojte – ukrojit, dovolte – dovolit, představte si – představit si, způsobte – způsobit, držte – držet, mračte se – mračit se, pleťte – plést, vyžehlete – vyžehlit, nafilmujte – nafilmovat, spotřebujte – spotřebovat, vyfotografujte – vyfotografovat, sestavujte – sestavovat, postarejte se – postarat se, používejte – používat, spolehněte se – spolehnout se, utrhněte – utrhnout, mrzněte – mrznout, přišijte – přišít, zašijte – zašít

E22/6 a) tabulka, raketa, důchod, pár, chlapec, nepřítel b) dovolit, chytit, odmítnout, odpustit, představit, smířit, soustředit, vypůjčit, vyučit, vyžehlit, způsobit, držet, nafilmovat, spotřebovat, vyfotografovat, sestavovat, používat, spolehnout, mrznout, plést, zašít

E22/7 čepice, jehla, hůl, nit, knoflík; tabulka, jamka, míček

E22/8 1. hokejka na lední hokej 2. puk 3. tenisová raketa 4. tenisový míček 5. badmintonová raketa 6. fotbalový míč 7. golfová hůl 8. pingpongová pálka 9. míč na rugby 10. hůl na pozemní hokej

E22/9 1. čepici 2. tenisovou raketu 3. trenéra 4. žádného nepřítele 5. toho chlapce 6. bundu

E22/10 a) trenérů, důchodů, knoflíků, míčků, chlapců b) raket; čepic; hřišť c) tabulek, jamek, jehel, dýmek; pravidel d) maličkostí

E22/11 a) **oba**: důchody, knoflíky, míčky; **bez**: důchodu, knoflíku, míčku b) **oba / bez** nože; **obě / bez**: bundy, jamky, tabulky, rakety; čepice; pravidla; koupaliště

E22/12 **u**: trenéra; chlapce, nepřítele, truhláře; jamky; koupaliště – **do**: důchodu; tabulky; čepice – **z** maličkosti; z pravidla; z kluziště, z(e) hřiště, z koupaliště – **kromě**: rakety, jehly; nitě; maličkosti

E22/13 barva čepice, cena rakety, jméno toho chlapce, velikost bundy

E22/14 **v**: důchodu; bundě, tabulce, jamce; čepici – **na**: knoflíku, míčku; noži; raketě; hřišti, kluzišti, koupališti – **o**: trenérovi; chlapci, nepříteli, truhláři – **k(e)** hřišti – **kvůli**: pravidlu; maličkosti

E22/15 a) důchodech, párech, trenérech; maličkostech b) bundách, tabulkách, jamkách, nůžkách, plavkách c) chlapcích, nepřátelích, nožích; čepicích; holích, nitích; knoflících

E22/16 a) párům, trenérům, míčkům, nožům, chlapcům, nepřátelům b) bundám, tabulkám, jamkám, jehlám, plavkám c) čepicím, holím, nitím d) maličkostem

E22/17 **s**: míčkem, nožem, chlapcem; pravidlem; bundou, jehlou, raketou; čepicí; maličkostí – **před**: důchodem; koupalištěm; setkáním – **za**: jamkou; hřištěm

E22/18 a) trenéry, knoflíky, míčky, páry; pravidly b) noži, chlapci, nepřáteli; hřišti, kluzišti, koupališti c) tabulkami, bundami, jamkami, plavkami, nůžkami, čepicemi, maličkostmi; setkáními d) holemi, nitěmi

E22/19 **pro soukromého trenéra**, u soukromého trenéra, kvůli soukromému trenérovi, o soukromém trenérovi, se soukromým trenérem – **pro tenisovou raketu**, u tenisové rakety, kvůli tenisové raketě, o tenisové raketě, s tenisovou raketou

E22/20 a) my používáme; my se postaráme b) já držím, já se mračím; já doprovodím, já dovolím, já chytím, já odpustím, já ukrojím, já urazím, já vyžehlím, já způsobím, já si představím, já se soustředím, já si vypůjčím, já se vyučím c) ty sestavuješ; ty nafilmuješ, ty vyfotografuješ, ty spotřebuješ; ty přišiješ, ty zašiješ d) oni mrznou; oni odmítnou, oni se spolehnou, oni utrhnou, oni pletou e) vy se dovíte

E22/21 on nafilmuje, on bude filmovat; on vyfotografuje, on bude fotografovat

E22/22 nafilmujte / nefilmujte, představte si / nepředstavujte si, odmítněte / neodmítejte, spolehněte se / nespoléhejte se, vyžehlete / nežehlete

E22/23 **Rád bych věděl / Ráda bych věděla**, 1. zda se to dovědí. 2. zda ta kniha vyjde. 3. zda se s tím smíří. 4. zda to nafilmují. 5. zda mu odpustí.

E22/24 soukromé letadlo, vlněná čepice, důležité pravidlo, zábavná kniha, opravdový problém, studená voda

E22/25 1. Měl bych ho umýt. 2. Měl bych ji zamést. 3. Měla bych ho vyprat. 4. Měla bych je vyžehlit.

KEY

E22/26 1. Kam bychom měli jít? 2. Co by měl vyfotografovat? 3. Co by si měla rozmyslet? 4. Koho / Co by měli znát? 5. Kam by měli emigrovat?

E22/27 1. Měl bys tam jet co nejdříve. 2. Měla byste se vrátit co nejdříve. 3. Měl byste si koupit místenku / Měl byste si ji koupit co nejdříve. 4. Měla bys ten dopis odnést na poštu / Měla bys ho tam odnést co nejdříve. 5. Měla byste vyzvednout vstupenky / Měla byste je vyzvednout co nejdříve. 6. Měl byste vybrat peníze / Měl byste je vybrat co nejdříve.

E22/28 1. Neměla by pít tolik kávy. 2. Neměl by kouřit tolik doutníků. 3. Neměla by mít tolik přání. 4. Neměl by jíst tolik čokolády. 5. Neměla by utrácet tolik peněz.

E22/29 1. Měli by nám zavolat aspoň dnes. 2. Měl by přijet aspoň dnes. 3. Měla by ty dokumenty připravit aspoň dnes. 4. Měl byste jít k lékaři aspoň dnes. 5. Měla byste jim to říci aspoň dnes. 6. Měl bys tam dojít aspoň dnes. 7. Měla bys jim napsat aspoň dnes.

E22/30 1. Měl / Měla bych čekat. 2. Měla by čekat. 3. Měli bychom čekat. 4. Měli by čekat. 5. Měl bys čekat. 6. Měla byste čekat. 7. Měly byste čekat.

E22/31 1. Chtěla bych si je koupit. 2. Chtěl bych zase vyhrát. 3. Alice, chtěla by ses na to podívat? 4. Vojto, chtěl by sis to přečíst? 5. Pane Mrázku, chtěl byste vidět ten film? 6. Paní Mrázková, chtěla byste pozvat své přátele na večeři? 7. Chtěli by Hájkovi prodat to auto?

E22/32 1. Rád bych to viděl. 2. Ráda bych tam šla. 3. Rád by to viděl. 4. Ráda by tam šla. 5. Rádi bychom tam šli. 6. Rádi by to viděli.

E22/33 1. Mohla bych si půjčit vaše noviny? 2. Mohli bychom si půjčit vaše nůžky? 3. Mohl bych si půjčit váš nůž? 4. Mohli bychom si půjčit váš slovník?

E22/34 1. Šel / Šla bych tam, i kdyby foukal vítr. 2. Šel by tam, i kdyby mrzlo. 3. Šla by tam, i kdyby pršelo. 4. Šli bychom tam, i kdyby padal sníh.

E22/35 1. Nevzal by si bundu, ani kdyby foukal vítr. 2. Nevzal by si čepici, ani kdyby mrzlo. 3. Nevzal by si teplé boty, ani kdyby padal sníh.

E22/36 1b), 2c), 3a), 4e), 5f), 6d)

E22/37 1. Felix jede do Londýna, aby si tam koupil kravatu. 2. Pan Ráj a jeho přátelé přijedou do Prahy, aby tu založili restauraci. 3. Vilma jede do Francie, aby tam navštívila své přátele. 4. Vilma se dívá na zprávy, aby se dověděla, co je nového. 5. Felix se chce stát bankéřem, aby vydělával hodně peněz. 6. Vilma nejí dorty, aby neztloustla. 7. Felix nepije pivo, aby nezhloupl.

E22/38 1. Šla jsem do knihkupectví, abych si koupila slovník. 2. Šel jsem do knihkupectví, abych si koupil nějaké učebnice. 3. Šly jsme do potravin, abychom si koupily něco k jídlu. 4. Zastavil jsem u benzinové pumpy, abych koupil benzin. 5. Zastavili jsme se u pana Mrázka, abychom mu poděkovali za pomoc.

E22/39 1. abys 2. aby 3. abyste 4. abyste 5. abys 6. aby 7. abyste

E22/40 1. Co mám dělat, abych nemusel jít na návštěvu? 2. Co mám dělat, abych nemusela mýt nádobí? 3. Co mám dělat, abych nemusela chodit do práce? 4. Co mám dělat, abych nemusel bydlet v podnájmu? 5. Co mám dělat, abych nemusela dělat zkoušky?

241

E22/41 1. Pospíchali, abychom na ně dlouho nečekali. 2. Žertovali, abychom se nenudili. 3. Nabídli jsme jim občerstvení, aby neměli hlad a žízeň. 4. Přinesli nám časopisy, abychom si je přečetli. 5. Zahodil staré fotografie, aby je jeho přátelé neviděli.

E22/42 1. abychom 2. aby 3. aby 4. aby 5. abys 6. abys 7. abyste 8. abyste

E22/43 1f), 2a), 3d), 4e), 5g), 6b), 7c)

E22/44 1. Požádali mě, abych počkal. 2. Požádal mě, abych mu poradila. 3. Požádala mě, abych zavolala odpoledne. 4. Požádal mě, abych se na to podíval. 5. Požádala mě, abych ji pustila dovnitř.

E22/45 1d), 2a), 3b), 4k), 5f), 6c), 7h), 8g), 9j), 10e), 11l), 12i)

E22/46 1. Chci, aby přišla. 2. Chce, abych přišel / přišla. 3. Chtějí, abychom přišli. 4. Chceme, aby přišli. 5. Chceš, abych přišel / přišla? 6. Chcete, abychom přišli?

E22/47 1. obchodující 2. těžící 3. vyvážející 4. dovážející 5. vyrábějící 6. pracující

E22/48 1. žijící 2. kupující 3. prodávající 4. studující 5. řídící 6. řídící 7. kontrolující 8. píšící 9. opravující 10. léčící 11. prodávající 12. pracující 13. opravující 14. jsoucí 15. mající 16. mající 17. cestující 18. uklízející 19. hrající 20. pracující

E22/49 1. Arnošt 2. Růžena 3. Vilma 4. Viktor 5. Miroslav 6. Oskar

E22/50 1. Nevím, co bych měl dělat. 2. Nevíte, koho bychom se měli zeptat? 3. Myslíme si, že by nás měl informovat co nejdříve. 4. Vstává brzy, aby mohl snídat doma. 5. Snídají v kanceláři, aby nemuseli vstávat brzy / aby nemuseli brzy vstávat. 6. Nechtěli, abychom používali jejich telefon. 7. Požádali ho, aby pro ně pracoval. 8. Požádali ho, aby jim půjčil auto.

E22/51 1. páry 2. nožem, nůžkami 3. plavky 4. mrzne 5. jamek 6. raketou 7. plešatý 8. hřišti 9. koupaliště 10. filmování, fotografuje 11. maličkost 12. jízdním řádu

E22/52 1. doprovodím 2. dověděli 3. Mračí se 4. Dovolte 5. chytil 6. odpustil 7. Neopírejte se 8. používá 9. soustředit 10. způsobila 11. vyfotografovat 12. urazil 13. smířit 14. Představte si 15. spotřebovali 16. odmítl

E22/53 1. Chtěl bych něco k pití. 2. Chtěli byste něco k pití? 3. Mohl byste mi dát (své) telefonní číslo? 4. Mohla bych si půjčit váš / tvůj telefonní seznam? 5. Chtěli, abych jim pomohl. 6. Požádala jsem je, aby přišli zítra. 7. Měli bychom se s nimi setkat / sejít co nejdříve. 8. Neměli by to prodávat. 9. Šel na autobusové nádraží, aby požádal o nějaké informace / nějakou informaci. 10. Musíme najít (ty) chybějící adresy.

E22/54 1. která 2. kterém 3. aby 4. aby 5. který 6. kampak 7. kdepak 8. kdopak 9. pročpak 10. abych 11. abych 12. pročpak 13. abych

E22/55 Nosíte v zimě čepici? Máte golfové hole? Utrhl se vám někdy knoflík? Mrzne teď? Chodíte v létě na koupaliště? Kolikátého je dnes? Kolikátého bylo před čtrnácti dny?

E22/56 1. Chtěl pan Mrázek, aby Alice pustila televizi? 2. Kam se pan Mrázek chystal jet? 3. Kdo se postará o sporty? 4. Vezme si pan Mrázek s sebou plavky?

5. Chybějí na poslední fotografii někteří spolužáci? 6. Poradila Alice panu Mrázkovi, aby si vzal s sebou fotoaparát? 7. Chce si pan Mrázek koupit videokameru? 8. Proč jede Alice do města? 9. Má pan Mrázek autobusový jízdní řád? 10. Co musí pan Mrázek znát, aby si mohl koupit jízdenku s místenkou?

Unit 23

G23/1 dělat – dělání – dělán, informovat – informování – informován, zrušit – zrušení – zrušen, rozhodnout – rozhodnutí – rozhodnut, mýt – mytí – myt, očekávat – očekáván, tolerovat – tolerován, poslat – poslán, pozvat – pozván, hrát – hrán, slyšet – slyšen, vidět – viděn, zrušit – zrušen, otevřít – otevřen, zavřít – zavřen, nutit – nucen, zaplatit – zaplacen, porazit – poražen, uklidit – uklizen, hodit – hozen, zjistit – zjištěn, nést – nesen, číst – čten, vést – veden, ukrást – ukraden, zapomenout – zapomenut, obléknout – obléčen, utrhnout – utržen, navrhnout – navržen, zamknout – zamknut – zamčen, odemknout – odemknut – odemčen, přijmout – přijat, dojmout – dojat, vypít – vypit, šít – šit, žít – žit, rozbít – rozbit, umýt – umyt, jíst – jeden, sníst – sněden, vzít – vzat, připraven – připravena – připraveno – připraveni – připraveny – připravena, chtít – chtěn

W23/3 academy, ambitious, bishop, economic, emigration, physics, historian, ideal, institution, Roman Catholic, cultural, quality, patron, educationalist / educational theorist / teacher, theory and methodology of education, politician, portrait, president, privilege, theologian, professor, university professor, vision

T23/1 **What about going for a stroll?**
T23/1.1 **Vojta has got one more idea**

"It's no fun (for me) any more. What about playing something else? 'Ludo' is a game for small children," said Klára when she had lost for the third time. "Whose idea was it?"
"Mine," said Vojta shyly. "I have another one," he continued. "What about going for a stroll tomorrow?"
"I'd like to (go)," answered Alice, "I'd like to take some photos."
"What about going to the cinema? Would you go (*there*), Petr?" asked Helena.
"I think that they are not showing anything that would be worth seeing," answered Petr and asked, "And where would you like to go, Vojta?"
"I thought," said Vojta, "that we could walk from Václavské náměstí via Staroměstské náměstí to the Charles bridge and then perhaps to Kampa and to Petřín. What do you think about that?" he asked the others.
"I can't make up my mind now (I don't know yet)" answered Klára.
"Let's do it in the following way," said Petr. "Those who would like to come will meet at (the statue of) St Václav at 9 a.m. We will be waiting till a quarter past nine and then we will set off."

T23/1.2 **Vojta as a guide**

It wasn't nine o'clock yet and Vojta was already standing at the statue of St Václav. Alice arrived at nine o'clock sharp.
"Hi, Vojta," she was shouting, still far away from him (from far away). "Go and stand in front of the statue, please, I will take a photo of you."
"All right," said Vojta, "but don't take the photo (me) at close range, please."

"How old is this statue? More than a hundred years?" asked Alice.
"It was placed here in 1913 or so," answered Vojta.
"I have always imagined saints as barefooted monks but Saint Václav is sitting on a horse and he looks as if he were going to join a battle," said Alice.
"He was a prince," said Vojta in explanation. "He tried to strengthen the Czech state. He is its patron saint. He founded St Vitus Church at the Prague Castle which was situated approximately in the place where St Vitus Cathedral was built later. This was finished in about a thousand years after Václav's founding St Vitus Church. Václav did not rule long; he didn't even live to be thirty. He was murdered either by his brother or by people who were serving his brother."
"Who do these smaller statues represent?" asked Alice.
"This is Saint Ludmila, here at the front," answered Vojta, "she was Václav's grandmother. She was murdered by people sent by Václav's mother. This is Saint Prokop, next to her. Saint Anežka and Saint Vojtěch are at the back. You may have noticed the portrait of Saint Anežka on the fifty-crown note. Her father was king Přemysl Otakar I; you can see his portrait on the twenty-crown note. Thanks to her a convent was founded which now bears her name."
"I know where the convent is," said Alice, "I went there once to have a look at some paintings."
"Přemysl Otakar I was a clever politician who gained important privileges and prepared conditions for the development of the Czech state. Under the rule of his ambitious and powerful grandson Přemysl Otakar II, the Czech kingdom was a great state. However, this only lasted up until the king was defeated and killed in a battle in a place which is in today's Austria. By the way, it strengthened the position of the Hapsburg family," explained Vojta.
"Vojta, do you think that there will be anybody else coming?" asked Alice. "It is already nine twenty."
"I fear not," answered Vojta. "I expected as much. It seemed to me that they didn't feel like it. We'd better go," he decided.
They walked down Václavské náměstí, crossed Můstek and went on down a narrow street, which is called Melantrichova, until they got to Staroměstské náměstí.
"Are you going to take any photos here?" asked Vojta.
"No," answered Alice. "We can go on. I have taken photographs of both churches, of the Jan Hus monument, of the town hall and even of the place where Czech noblemen were executed. Do you think that it occurs to those people that they are walking in a former place of execution?" she asked.
"I don't think so," answered Vojta. They walked on along Karlova (street) onto the Charles bridge and they stopped there. Alice wanted to take photos of several statues.
"Do you know that this bridge is more than 600 years old?" asked Vojta.
"Yes, I do," said Alice; "it dates from the time when Charles University was founded. Charles IV had it built. When I came here, I bought a book called 'a Guide to Prague'. It is written there. I also know that Charles IV was an emperor and a king but I don't know whether he was Czech," said Alice.
"His mother was Czech. He was born here and he was baptized in St Vitus Church but he was brought up abroad," explained Vojta. "As a child, he was called Václav but later, he decided for (the name of) Charles. He died at the Prague Castle and his tomb is in St Vitus Cathedral."

KEY

"I think that your ancestors gave you gifts from which you can benefit even now," said Alice.
"What do you mean (by that)?" asked Vojta.
"The buildings which were built thanks to them make your living space more beautiful," answered Alice. "Besides, they attract tourists, which is bringing you (economic) profit," she continued.
"Yes," said Vojta. "Unfortunately not all of our ancestors are so praiseworthy as those you mean, and we are not better. I fear that our descendants will not remember us with love."
"Why do you think so?" asked Alice.
"The environment is being destroyed all the time and there are no conditions created in favour of its good protection. If the environment is polluted, it has a bad influence on the quality of life. If the standard of living is judged (measured) by the number of things you can buy yourself, then it can be fairly good, but in my opinion the price of those things is calculated incorrectly. If plants are destroyed and animals killed because of them, if you cannot breathe clean air and drink clean water, then the real price of those things is much higher than that at which they are sold."
"That is a problem," said Alice. "Fortunately there are more and more people who want to do something about it. You should study physics to be able to invent a clean source of energy," she added.
"I wish I could," said Vojta. "Where shall we go now?" he asked.
"I would like to go to Petřín," answered Alice. "Why not take the funicular to get there?"
"That's a good idea," said Vojta. "I hope that the funicular is not out of operation."

T23/1.3 Petřín and money

"Would you like to climb up the viewpoint tower?" asked Vojta when they had got out of the funicular.
"I'd rather not," answered Alice. "I would feel dizzy (get / have vertigo). I'd rather go to the observatory. Perhaps we could look at the stars through the telescope."
"Let's go there," said Vojta. "I like going there. I went there last year to attend lectures."
When they had seen the observatory and had a look at Venus through the telescope, Alice was so tired that she didn't want to see anything else at all. So they sat on a bench and relaxed.
"Vojta, who are actually those people on your banknotes?" asked Alice. "I know that there is a portrait of Charles IV on the hundred-crown note but who are the others? I assume that they are significant personalities but I don't know why they are significant."
"Wait a moment," said Vojta, "I must bring it to mind who is on which banknote. I am very absent-minded. If I am not mistaken, Jan Ámos Komenský is on the two hundred-crown banknote. He was a theologian, priest, educationalist and writer. He lived in the 17th century, and he lived a life of hardship. He was forced to emigrate because he was a bishop of a church which was not Roman Catholic. His ideal was creating international institutions such as a board (council) of churches, an academy (of scholars, artists and scientists) and a court of peace but the time was not ripe for such visions. He was engaged in the theory of education. He taught that good upbringing and education are indispensable for a man to become sensible and tolerant."
"Next we have five hundred crowns," said Alice. "There is a woman there."
"She is Božena Němcová, a writer, whose book 'Grandmother' (Granny) is known by everybody here because it is a set book (required reading) for schoolchildren," explained Vojta. "Božena Němcová lived in the 19th century. She collected Czech fairy tales and she also wrote short stories."

"She is buried at Vyšehrad, isn't she?" asked Alice. "I have noticed her tomb (grave). And who is the man on the thousand-crown note?" she asked.
"He is František Palacký," answered Vojta.
"I have never heard of him," said Alice. "Was he a politician or a writer?"
"He was chiefly a historian," answered Vojta and continued, "He wrote a great work on the history of the Czech nation, which is worth reading. He also organised the Czech political and cultural life (*here*). He lived at about the same time as Božena Němcová. There is a monument to him near Karlovo náměstí, in a place called Palackého náměstí."
"Then we have two thousand crowns," said Alice. "There is a woman again."
"She is Ema Destinová, a famous opera singer. She sang even at the Covent Garden Theatre in London and at the Metropolitan Opera in New York. She died in 1930. And that's it, I think," said Vojta.
"You have forgotten five thousand crowns," reminded him Alice. "It is your highest banknote. Your first president, Tomáš Garrigue Masaryk, is on it," she added.
"You are right," said Vojta; "I didn't remember (*it*). Masaryk was a university professor but he was chiefly a politician and a statesman. He was elected the first president of the Czechoslovak Republic. He also wrote a lot of books and articles."
"Garrigue, however, is not a Czech name," said Alice.
"Masaryk's wife was American," explained Vojta, "Masaryk added her surname to his." Vojta wanted to add something but Alice was not listening to him any longer. She noticed Petr coming with his dog and shouted, "Hi, Petr! What a coincidence."
"It is no coincidence," said Petr. "I was looking for you. I was late because I overslept. I expected (supposed) that I would find you hereabouts. Why don't we go and have a look at the observatory?" he asked.
"We have been there, Petr," answered Alice.
"Then I have another suggestion," said Petr. "What about ..."
"Don't say anything yet," interrupted him Vojta. "First we will go somewhere to have something to drink and then we will go wherever you like."
"With the exception of the viewpoint tower," added Alice.

E23/1 boj, dar, hrad, chrám, počet, pomník, díl / dílo, povídka, přednáška, rada, socha, soud, spisovatel, stavba, stát, užitek, úroveň, vláda, vliv, výchova, výjimka, zásluha, instituce, akademie, vize

E23/2 mezinárodní, mocný, nezbytný, zralý, životní, mírový, ekonomický, kulturní, povinný, rozumný, vědecký, významný

E23/3 významnější, nejvýznamnější; rozumnější, nejrozumnější; mocnější, nejmocnější; kulturnější, nejkulturnější; zralejší, nejzralejší

E23/4 mocně, významně, povinně, rozumně, vědecky, nezbytně, životně, kulturně, roztržitě, ekonomicky

E23/5 poražte – porazit, postavte – postavit, vytvořte – vytvořit, zvolte – zvolit, neste – nést, neničte – ničit, nenuťte – nutit, neslužte – sloužit, upevněte – upevnit, vládněte – vládnout, vychovejte – vychovat, získejte – získat, dýchejte – dýchat, sbírejte – sbírat, zabývejte se – zabývat se, organizujte – organizovat

E23/6 a) 1. prostor, rozvoj, boj, přednáška, chrám, pohádka 2. bitva, církev, hrad, klášter, kvalita, soud, stát, ochrana, prostor, rostlina, vliv, výjimka 3. císař, král, kůň, šlechtic, kníže **b)** dýchat, nést, ničit, nutit, postavit, sbírat, upevnit, vládnout, vychovat, vynalézt, vytvořit, získat, zvolit, organizovat

E23/7 dar, stát, pomník, socha

E23/8 Na obrázku jsou hrad, zámek, socha a chrám.

E23/9 1. nějakou pohádku 2. jednu podmínku 3. přednášku 4. jinou vládu 5. výjimku 6. výchovu 7. tu sochu 8. ochranu 9. lásku 10. stavbu domu 11. toho spisovatele 12. tuhle rostlinu

E23/10 **a)** darů, hradů, hrobů, klášterů, států, vlivů, králů, bojů, spisovatelů **b)** rostlin, soch, vlád, zásluh, kvalit **c)** lásek, bankovek, lanovek, pohádek, povídek, výjimek, staveb, přednášek **d)** osobností; institucí, vizí; století

E23/11 **a) dva**: soudy, státy, vlivy, dary; **bez**: soudu, státu, vlivu, daru **b) dva / bez**: boje, zdroje **c) dvě / bez**: rady, výjimky, zásluhy, vlády, pohádky; instituce, vize; osobnosti; díla

E23/12 **u**: hradu, hrobu, pomníku, soudu; krále, kněze, císaře, spisovatele; sochy, lanovky, rozhledny, hrobky, hvězdárny – **do**: kláštera; státu, chrámu; boje, rozvoje; ciziny, vlády, přednášky, povídky, hrobky; díla – **z** prostoru; ze zdroje, z boje; z lásky, z povídky, z ciziny, ze stavby; z prostředí, ze století – **kromě**: prezidenta, státníka, vnuka, mnicha; prospěchu, užitku, vlivu; průvodce; výchovy, zásluhy; církve; osobnosti

E23/13 barva bankovky, úroveň jejich vzdělání, kvalita života, jméno rostliny, jméno spisovatele / spisovatelovo jméno, datum bitvy, počet států

E23/14 v chrámu, v prostoru, ve státu / státě; v boji, ve zdroji; v cizině, v ochraně, ve vládě, v radě, v kvalitě, v bitvě, v pohádce, v povídce, v lásce, v hrobce; v instituci, v akademii; v církvi; v díle; ve století, v prostředí – **na**: portrétu, pomníku; rozhledně, stavbě, bankovce, přednášce, soše; úrovni – **o**: státníkovi, prezidentovi, politikovi, profesorovi; spisovateli, císaři, průvodci; osobnosti; vzdělání – **k** soudu, k(e) hrobu, ke klášteru, k pomníku; ke králi, ke knězi, k průvodci; k rozhledně, k hvězdárně – **kvůli**: prospěchu, užitku, vlivu, soudu; rozvoji, zdroji; kvalitě, výjimce, zásluze; úrovni, závrati; dílu – **díky**: daru, vlivu, rozvoji; výjimce; četbě

E23/15 **a)** darech, hradech, státech, soudech, vlivech, osobnostech **b)** vládách, rostlinách, pohádkách, bankovkách, dějinách **c)** institucích, vizích; úrovních; králích, bojích, průvodcích; potomcích, předcích, pomnících, státnících, politicích

E23/16 **a)** klášterům, potomkům, ideálům, spisovatelům, zdrojům; dílům **b)** stavbám, zásluhám, výjimkám, vládám, radám, povídkám **c)** institucím; úrovním **d)** osobnostem

E23/17 s darem, s počtem, s potomkem, s prospěchem, s užitkem, s rozvojem; s dílem; s výchovou, se zásluhou, s láskou; s institucí, s vizí; s úrovní, s církví – **před**: klášterem, bojem; bitvou, přednáškou, hvězdárnou – **za**: chrámem, pomníkem; sochou, stavbou

E23/18 **a)** předky, potomky, mnichy; díly **b)** průvodci, zdroji **c)** výjimkami, zásluhami, kvalitami, stavbami; institucemi; osobnostmi **d)** úrovněmi, závratěmi

E23/19 pro českého spisovatele, u českého spisovatele, kvůli českému spisovateli, mluvil o českém spisovateli, s českým spisovatelem – **pro českou spisovatelku**, u české spisovatelky, kvůli české spisovatelce, mluvil o české spisovatelce, s českou spisovatelkou

E23/20 a) oni dýchají, oni sbírají, oni se zabývají; oni vychovají, oni získají b) vy sloužíte, vy nutíte; vy porazíte, vy upevníte, vy vytvoříte, vy zvolíte c) já přitahuji, já organizuji; já se dožiji d) ty neseš; ty vládneš; ty vynalezneš

E23/21 on bude sbírat, on získá; on bude ničit, on zničí; on bude volit, on zvolí; on bude organizovat, on zorganizuje

E23/22 ekonomický rozvoj, významné postavení, obrovská socha, rozumná vláda, zralé jablko, mezinárodní soud, velký počet lidí, mocný vliv

E23/23 1. poslán 2. udělán 3. používán 4. napsán 5. pozván 6. spotřebován 7. tolerován 8. zkontrolován 9. hrán 10. rezervován 11. navrhován 12. pozorován

E23/24 1. založen 2. objeven 3. rozdělen 4. opraven 5. překvapen 6. připraven 7. postaven 8. zastaven 9. otevřen 10. zavřen 11. vrácen 12. utracen 13. omluven 14. upevněn

E23/25 1. vypnut 2. zapnut 3. odmítnut 4. odemknut / odemčen 5. zamknut / zamčen 6. svlečen 7. převlečen 8. zatčen 9. rozbit 10. vypit 11. přišit 12. zalit

E23/26 1. Hájkovi byli pozváni na oběd. 2. Paní Mrázková byla požádána o pomoc. 3. Nikdo nebyl kritizován. 4. Nic nebylo zkontrolováno. 5. Ten omyl byl vysvětlen. 6. Ta kniha byla vrácena. 7. Celý dům byl uklizen. 8. Podlaha byla umyta. 9. Letenka byla rezervována. 10. Všechny lety byly zrušeny. 11. Peníze byly vyměněny. 12. Večeře byla připravena. 13. Provoz byl zastaven. 14. Oskar nebyl objednán k lékaři. 15. Klára byla přijata na vysokou školu. 16. Amerika byla objevena v roce 1492. 17. Karlova univerzita byla založena v roce 1348. 18. Několik lidí bylo navrženo na Nobelovu cenu. 19. Národní divadlo v Praze bylo postaveno v devatenáctém století. 20. Dynamit byl vynalezen v roce 1867.

E23/27 1. bude opraven 2. bude používán 3. budou informováni 4. budou kontrolována 5. bude kritizován

E23/28 1. Já jsem informován. 2. Oni budou informováni včas. 3. My jsme překvapeni. 4. Ty nejsi kritizován. 5. Vy jste dobře připraveni. 6. Vy jste pozvána. 7. Já jsem rozhodnuta. 8. Ony byly přijaty. 9. Vy jste byl požádán o radu. 10. My jsme omluveny. 11. My jsme nebyli rozhodnuti. 12. Ty bys nebyla překvapena. 13. Já bych byl poslán na poštu s dopisem.

E23/29 1. Tu povídku napsal Čapek. 2. Tu operu složil Smetana. 3. Ten obraz maloval Mánes. 4. Tu sochu dělal Braun. 5. Ten pomník dělal Myslbek. 6. Ten kostel navrhl Santini.

E23/30 1. Tu chybu udělal úředník. 2. Ty účty kontroloval auditor. 3. Ty peníze rozdělil ředitel. 4. Kláru zkoušel učitel fyziky. 5. Pozvala nás jedna firma.

E23/31 1. Byli jsme pozváni na večeři. 2. Byl tam viděn. 3. To auto bylo prodáno v pondělí. 4. Nebyli jsme informováni. 5. Jsou překvapeni. 6. Kdy to bylo napsáno? 7. Ta schůzka / schůze bude zrušena.

E23/32 a) 1. Co kdybychom se podívali na ten film? 2. Co kdybychom šli na diskotéku? 3. Co kdybychom se zastavili v nějaké restauraci a dali si oběd? 4. Co kdybychom si dali něco k jídlu? 5. Co kdybychom jeli na hory? b) 6. Pojďme si zahrát karty! 7. Pojďme si zaplavat! 8. Pojďme si zatancovat!

KEY

E23/33 1. Kéž bych měl více času! 2. Kéž bych to uměla! 3. Kéž by mi pomohl. 4. Kéž by mi zavolala. 5. Kéž by přijeli co nejdříve.

E23/34 1. jako by byla překvapena 2. jako by nebyli informováni 3. jako by tomu rozuměl 4. jako by byl bohatý 5. jako by neměli finanční problémy / jako by je neměli 6. jako by to nevěděli

E23/35 1. Čím byly ty květiny zničeny? / Čím byly zničeny ty květiny? 2. Čeho se chtěl Oskar dožít? 3. Čím se Felix zabýval? 4. Odkud Oskar pochází? 5. Kým byla Vilma vychována? 6. Koho byl Oskar nucen přijmout? 7. Co Vojta sbíral? 8. Kdo Vilmu přitahuje? 9. Komu slouží ten hotel? 10. Co Petrův známý vytvořil? / Co vytvořil Petrův známý? 11. Proč Felix neřekl Vilmě pravdu? 12. Kým byl Edvard Beneš zvolen v roce 1935? 13. Kdo byl poražen u Waterloo? 14. Kde vládl Ludvík XIV.? 15. Co vynalezl Alfred Nobel?

E23/36 1. Co kdybychom se šli projít? 2. Kdy bylo to dílo vytvořeno? 3. Kdy byla vynalezena televize? 4. Tu pohádku napsala Božena Němcová. 5. Je to pravidlo nebo výjimka? 6. Kdo bude zvolen? 7. Nezískal nic. 8. Byli nuceni prodat (své) auto. 9. Ty dokumenty byly zničeny. 10. Stojí ten film za vidění?

E23/37 1. patronem 2. královnou 3. historik 4. arcibiskup, zavražděn 5. mniši 6. knězem 7. kníže, zavražděn 8. král, popraven 9. zvolen 10. politik, státník, narodil 11. císařem 12. spisovatelka, ženou 13. operním pěvcem 14. potomci

E23/38 Zajímají vás hrady, kláštery, chrámy a hrobky? Myslíte si, že výchova je důležitá? Myslíte si, že mezinárodní instituce jsou užitečné? Víte, kdo vynalezl telefon? Čím se teď zabýváte? Kolikátého je dnes? Kolikátého bude za měsíc?

E23/39 1. Proč Kláru hra nebavila? 2. Proč nechtěl jít Petr do kina? 3. Proč se Alice chtěla jít projít? 4. Proč nevládl kníže Václav dlouho? 5. Proč se Alice chtěla zastavit na Karlově mostě? 6. Šla Alice s Vojtou na Petřín pěšky? 7. Čím se zabýval Jan Ámos Komenský? 8. Kdo je na české tisícikoruně? 9. Zpívala Ema Destinová v Americe? 10. Napsala Božena Němcová knihu, která se jmenuje "Dědeček"? 11. Proč se prezident Masaryk jmenoval také Garrigue? 12. Proč se Alici nechtělo jít na rozhlednu?

Unit 24

W24/3 Advent, atmosphere, grammar, humour

T24/1 St Nicholas' Day
T24/1.1 Alice would have done the shopping before

It was November. Advent was drawing near and days were shorter and shorter. Sometimes, the twilight seemed to last all day. Alice was slowly preparing to return home. She was buying presents and occasionally, she took some photographs. One day she got wet in town and she caught a bad cold and a cough. Mrs Mrázková insisted that Alice should stay in bed. Alice obeyed because she did not really feel well. She was knitting a scarf or reading a book Vojta had lent her, and she was listening to her favourite music. After two days, she felt a little better and wanted to go out but Mrs Mrázková did not allow her to go.

"There is smog outside," she said strictly. "You would risk developing bronchitis. You can be thankful (glad) that you feel better."
"I will be back in no time," said Alice trying to persuade her grandmother. "I would like to buy myself some Christmas songs and carols. If I had known that I would be ill, I would have bought them before (earlier). Besides, I am beginning to be bored. I have finished the book (borrowed) from Vojta, I have completed the scarf, I don't feel like sleeping and I don't enjoy watching TV. I have nothing to do."
"You will have to put the shopping off," said Mrs Mrázková. "Perhaps you could help Vojta. He was here in the morning when you were still asleep and he brought this short article. He had translated it into English. He said that he was sure of the technical terms but that he had difficulty in coping with the grammar."
"I will have a look at it right now," said Alice. "It's a pity you didn't tell me anything in the morning. I wasn't asleep, only the light was switched off. I was too lazy to get up and switch it on. If you had called me, I would have helped Vojta with it even in the morning."

T24/1.2 Alice would have liked to have a laugh

"Did you find it very funny when you were reading it?" asked Vojta after he had thanked Alice for the corrected translation.
"I am afraid not," answered Alice. "The article is translated correctly (well). You have made progress. I would have liked to have a laugh," she added as in fun.
"I have translated something more complicated," said Vojta. "It could be fairly humorous. I will let you read it some time. When are you going (flying) to Australia?" he asked.
"In a fortnight," answered Alice. "I am not in a merry mood. I have not yet bought all presents and I can't go out because of my cough."
"I will also have to buy something; some toys for my nephew, some mistletoe and Christmas decorations," said Vojta. "Why don't you stay for a fortnight longer? You would spend Christmas with us and you could celebrate New Year at home," he suggested.
"That's impossible," said Alice. "My air-ticket has already been booked. (I have already booked my air-ticket.) I would have loved to be here at Christmas. In two week's time, my grandmother will have done all the cleaning and baking, there will be a Christmassy atmosphere here but I will have packed my suitcase up and I'll be ready to leave for the airport."
"It's a pity that you will not be here," said Vojta. "We would buy a carp together and we would set it free by putting it in the river."
"Is it a Christmas custom?" asked Alice.
"It is my custom as well as some other people's (*custom*)," answered Vojta. "Others, on the contrary, eat carps with potato salad. Can't you really put the journey off?" he asked.
"No, I can't," answered Alice. "I thought of all of us meeting at our place on St Nicholas' Day but I don't know if you would like to. I would love to invite you."
"That would be nice," said Vojta. "I will tell Helena, Klára and Petr."

T24/1.3 St Nicholas

Mrs Mrázková made (baked) Christmas biscuits and a Christmas cake with walnuts and raisins nearly (by) three weeks earlier than usual. Alice prepared fruit and decorated the living room. There was a knock on the door at eight o'clock. When Alice opened (*the door*), she was startled. There was somebody looking like a bishop

KEY

with a white full beard standing before her, next was a devil resembling a bear and trying to frighten Alice, and there was a wingless angel, too.
"Have you been a good girl all year, Alice?" asked St Nicholas the bishop.
"Yes, I have," answered Alice, suspecting who it was.
"You are not lying, are you?" asked the devil. "If you are, you will be given a piece of coal and a dirty potato," he added.
"Alice is not lying and therefore she deserves a present," said the angel and handed Alice a basket covered with some red material.
"What do you think of it?" asked Vojta and took off his beard.
"Well done. Young children's parents would certainly employ you. You have reminded me of my childhood," said Mr Mrázek who had come to see what was going on.
"Come in and take a seat," invited them Alice. "Petr, (you can) take the fur coat off. Where is Helena?" she asked.
"She is outside, waiting for the performance to be over. I'll fetch her," said the angel.

T24/1.4 If Vojta had suspected it

"When I was a young boy, we used to celebrate Christmas in the traditional way," said Petr. "There used to be a crib under the decorated tree, the presents had been hidden up to the last moment because I was to believe that it was baby Jesus who would bring them to me; and at midnight, we used to go to church to hear Mass."
"In my family, Christmas used to be dramatic," said Helena. "Once the whole Christmas tree burnt down after catching fire from a candle or a sparkler."
"We used to have electric light bulbs in our tree," said Klára, "but I didn't like it."
"I prefer Easter to Christmas," said Vojta, "because I like spring. I could do with some hibernation. I would fall asleep in autumn and I would wake up on the first Sunday after the first spring full moon."
"In my family, Easter is not celebrated at all," said Klára. "My grandmother used to have an Easter bun and a lamb of sponge but I was still a child at that time. I remember my parents hiding coloured, hard-boiled eggs in the garden at Easter and myself having to look for them. Then we ate the eggs."
"They were not the traditional Easter eggs, were they?" asked Alice.
"No," said Vojta, "the traditional Easter eggs are hollow and they are decorated in a way characteristic of a certain region. If I had suspected that we would speak about Easter eggs before Christmas, I would have brought my small collection to show to you."
"I will be happy if you show it to me next time. I hope we will see each other at one time or another," said Alice. "I would like to come back right after my exams best of all but I fear that it will not be possible. I will give you my address. I will be happy if you write to me. Thank you for those nice presents and ..."
"Don't speak about leaving (departure) now, Alice," said Petr. "We are sure to see each other before you leave (fly away). We will go to the airport with you to be able to wave goodbye to you."
"I have small presents for you," said Alice. "They are really small things," she added.
"I will put it under the Christmas tree and I will unwrap it on Christmas Eve. I think that it will be my only present," stated Vojta when everyone had said their 'thank you', and he asked, "What about having a game of ludo?"
"That's a good idea," answered Klára.

E24/1
hračka, látka, sbírka, rozinka, žárovka, ozdoba, píseň, oblast, košík, překlad, úplněk, zvyk, žert, čert, kapr, medvěd, synovec, křídlo, vejce, těsto

E24/2 dutý, charakteristický, oblíbený, tradiční, vánoční, veselý

E24/3 oblíbenější, nejoblíbenější; veselejší, nejveselejší

E24/4 odborně, tradičně, dutě, charakteristicky

E24/5 upleťte – uplést, upečte – upéci, nestrašte – strašit, odložte – odložit, oslavte – oslavit, ozdobte – ozdobit, přeložte – přeložit, prohlašte – prohlásit, rozbalte – rozbalit, rozsviťte – rozsvítit, sbalte – sbalit, zasluže – zasloužit, nelžete – lhát, poslechněte – poslechnout, zhasněte – zhasnout, nezmokněte – zmoknout, trvejte – trvat, schovejte – schovat, zamávejte – zamávat, zaměstnejte – zaměstnat, přikryjte – přikrýt, neriskujte – riskovat

E24/6 a) 1. látka, rozinka, ořech, piškot, pokrok, zvyk, smog, píseň 2. ozdoba, vejce, humor, advent, oblast 3. anděl, atmosféra, gramatika, kapr, medvěd b) plést, lhát, strašit, riskovat, tušit, zdobit, ozdobit, odložit, poslechnout, prohlásit, přeložit, sbalit, rozbalit, rozsvítit, hořet, schovat, zamávat, zaměstnat, zasloužit, zhasnout, zmoknout

E24/7 píseň, ořech, koš(ík), kožich, strom, anděl, čert, kapr, medvěd, těsto, vejce, žert

E24/8 1. nějakou látku 2. tuhle ozdobu 3. velkou a drahou sbírku 4. novou žárovku 5. anděla 6. nějakého čerta 7. kapra 8. medvěda 9. synovce

E24/9 a) ořechů, překladů, žertů, stromků, kaprů, medvědů b) koled, ozdob; kraslic c) hraček, látek, rozinek, prskavek, sbírek, žárovek; křídel d) písní; oblastí; představení

E24/10 a) oba: ořechy, překlady; bez: ořechu, překladu b) obě / bez: hračky, ozdoby, žárovky; písně; oblasti; těsta; představení

E24/11 u: synovce; stromku – od: anděla; dětství – do: košíku; sbírky, látky; těsta – ze zvyku; z látky; z těsta; z písně; z oblasti – kromě: pokroku; hračky, ozdoby; šera

E24/12 barva látky, cena hračky, velikost sbírky, datum úplňku

E24/13 v košíku, v ořechu, v překladu, ve zvyku; ve sbírce, v žárovce; v písni; v oblasti; v šeru; v těstě; v dětství – **na**: stromku; ozdobě, hračce; křídle; představení – **o**: zvyku, pokroku; andělovi, čertovi, kaprovi, medvědovi – **k** synovci; ke stromku; k těstu – **kvůli**: úplňku, plnovousu; hračce, ozdobě; šeru; představení

E24/14 a) žertech, překladech, kaprech, medvědech; oblastech b) sbírkách, hračkách, ozdobách, žárovkách c) synovcích; písních; stromcích, pokrocích, úplňcích

E24/15 a) ořechům, stromkům, zvykům, žertům, synovcům, medvědům, kaprům b) hračkám, koledám, látkám, ozdobám c) kraslicím; písním d) oblastem

E24/16 s humorem, s plnovousem, s překladem, se stromkem, se synovcem, s andělem, s čertem; s těstem; s hračkou, s látkou, s ozdobou, s(e) žárovkou; s písní – **před**: představením, mší – **za**: stromkem; oblastí

E24/17 a) ořechy, piškoty, stromky, zvyky, kapry, medvědy; křídly b) synovci; vejci c) hračkami, ozdobami, koledami, rozinkami, prskavkami, žárovkami; kraslicemi, Vánocemi d) oblastmi; představeními e) písněmi

E24/18 **pro český překlad**, z českého překladu, kvůli českému překladu, mluvil o českém překladu, s českým překladem – **pro zajímavou sbírku**, ze zajímavé sbírky, kvůli zajímavé sbírce, mluvil o zajímavé sbírce, se zajímavou sbírkou

KEY

E24/19 a) my se podobáme, my na tom trváme; my schováme, my zaměstnáme, my zamáváme b) on / oni se blíží, on / oni straší, on / oni tuší, on / oni zdobí; on / oni ozdobí, on / oni oslaví, on / oni odloží, on / oni prohlásí, on / oni přeloží, on / oni rozbalí, on / oni rozsvítí, on / oni sbalí, on / oni si zaslouží c) já poslechnu, já zhasnu, já zmoknu; já upeču d) vy riskujete; vy přikryjete e) to chytne, to shoří

E24/20 ona ozdobí, ona bude zdobit; ona oslaví, ona bude slavit; ona uplete, ona bude plést

E24/21 zhasněte / nezhasínejte, rozsviťte / nerozsvěcujte, zamávejte / nemávejte, přikryjte / nepřikrývejte, poslechněte / neposlouchejte, přeložte / nepřekládejte, rozbalte / nerozbalujte, odložte si / neodkládejte si, ozdobte / nezdobte

E24/22 1. Až půjdou ven, zmoknou. 2. Až se naučí francouzsky, přeloží ten článek do francouzštiny. 3. Až budeme odjíždět, zamávají nám. 4. Až budou potřebovat zaměstnance, zaměstnají nás. 5. Až bude tma, rozsvítí. 6. Až to chytne, shoří to. 7. Až ho poslechneme, přestane se zlobit. 8. Až se budou chystat na cestu, sbalí si kufr. 9. Až přijdou do předsíně, odloží si kabát. 10. Až bude Štědrý den, ozdobí stromeček.

E24/23 starý zvyk, drahá hračka, smutná píseň, žádný pokrok, hloupý žert, oblíbený zpěvák, veselé Vánoce a šťastný Nový rok

E24/24 1. přeložený 2. umyté 3. očekávaná 4. ukradené 5. objednané 6. ztracený 7. zatčený 8. pozvaní 9. rezervovaný 10. připravená 11. zrušené 12. navrhovaný 13. překvapení 14. otevřená 15. opravené

E24/25 1. Ano, uvařila jsem ji před deseti minutami. 2. Ano, uklidil jsem ráno. 3. Ano, zaplatila jsem ho minulý týden. 4. Ano, koupila jsem si ji předevčírem. 5. Ano, objednal jsem si ho před chvílí.

E24/26 1. Alice už má tu knihu přečtenou. 2. Alice už má tu šálu upletenou. 3. Paní Mrázková už má pečivo upečené. 4. Pan Mrázek už má vyluxováno. 5. Helena už má podlahu umytou. 6. Petr už má auto umyté. 7. Paní Mrázková už má uvařeno. 8. Vojta už má stromek ozdobený. 9. Alice už má kufr sbalený. 10. Petr už má vytapetováno. 11. Klára už má prádlo vyžehlené. 12. Vojta už má chodník zametený.

E24/27 1. Byl bych si to koupil. 2. Byla bych si to půjčila. 3. Byli bychom to připravili. 4. Byli bychom to nejedli. / Nebyli bychom to jedli. 5. Byl bys to pil? 6. Byli by to přinesli. 7. Byl bych na tom netrval. / Nebyl bych na tom trval. 8. Byla by je pozvala. 9. Byla byste mu volala? 10. Byli byste nepřijeli. / Nebyli byste přijeli.

E24/28 1. byli by nás informovali 2. byli by nám napsali 3. byla by zmokla 4. byl by mu je / byl by je kolegovi půjčil 5. byli by ho zaměstnali 6. Kdyby se byl nebál / Kdyby se nebyl bál 7. Kdyby byl uměl plavat 8. Kdyby byl nehrál dobře / Kdyby nebyl hrál dobře 9. Kdyby byl pospíchal 10. Kdyby se mu (ta kniha) nebyla líbila / Kdyby se mu ta kniha byla nelíbila

E24/29 1. Kdybychom tu knihu byli měli, byli bychom vám ji půjčili. 2. Kdyby byl měl dost peněz, byl by si koupil dům. 3. Kdyby byla hrála špatně, byla by prohrála. 4. Kdybych byl nezaspal, byl bych nepřišel pozdě. / Kdybych nebyl zaspal, nebyl bych přišel pozdě. 5. Kdyby bylo nepršelo, byli bychom nešli do kina. / Kdyby nebylo pršelo, nebyli bychom šli do kina.

253

E24/30 1. Tady stával dům. 2. Chodívali do práce pěšky. 3. Chodívali spát v sedm hodin. 4. Jezdívali na venkov. 5. Mívali k obědu bramborovou polévku. 6. Nosívaly se široké sukně. 7. Míval mnoho přátel. 8. Bývala šťastnější. 9. Býval dobrým studentem. 10. Brával své přátele do drahých restaurací. 11. Sníval o vysokém postavení. 12. Hrával tenis.

E24/31 1. Kdyby to byl potřeboval, byl by si to koupil. 2. Chodívala nakoupit každý den. 3. Máme všechno připravené. / Všechno jsme připravili. 4. Kdo nechal (tu) lednici otevřenou?

E24/32 1. hračka 2. látky 3. stromek 4. šero 5. úplněk 6. překlad 7. ozdoby 8. Nový rok 9. Štědrý den 10. Mikuláš

E24/33 1. zmoknou 2. zhasli 3. rozbalí 4. tušíme 5. riskovat 6. zamávali 7. rozsvítit 8. odložit

E24/34 1. Komu shořel stromek? 2. Komu se Petr podobá? 3. Co Alice tušila? 4. Kam rodiče schovali dárky? 5. Co si Alice upletla? 6. Koho ten pes poslechl? 7. Komu Petrův pes neublíží?

E24/35 Které svátky slavíte? Posloucháte na Vánoce koledy? Býváte o Vánocích doma? Chodíváte na půlnoční mši? Slavíte Nový rok s přáteli? Kolikátého je dnes? Kolikátého bylo před týdnem?

E24/36 1. Proč Alice dostala rýmu a kašel? 2. Proč Alice zůstala v posteli? 3. Co Alice pletla? 4. Čí knihu Alice četla? 5. Proč paní Mrázková nechtěla Alici pustit ven? 6. Co chtěla Alice koupit? 7. Proč Vojta chtěl, aby se Alice podívala na jeho překlad? 8. Byl Vojtův překlad dobrý? 9. Odložila Alice cestu domů? 10. Komu chce Vojta koupit hračky? 11. Koho hráli Vojta, Petr a Klára? 12. Míval Petr dramatické Vánoce? 13. Proč má Vojta raději Velikonoce? 14. Jsou kraslice k jídlu nebo na ozdobu? 15. Rozbalil Vojta svůj dárek hned?

Revision Test Six

RT6/1 1. já bych tam šel 2. my bychom to udělali 3. oni by rádi přišli 4. vy byste si to půjčili

RT6/2 1. kdyby 2. kdybych

RT6/3 1. Nemluvili s nikým. / S nikým nemluvili. 2. To nepatří nikomu. / To nikomu nepatří. / Nikomu to nepatří.

RT6/4 1. Neměli by 2. Neměla byste 3. Měly bychom 4. Měl bych

RT6/5 1. Co kdybychom jeli na výlet? 2. Co kdybychom šli někam na večeři?

RT6/6 1. Ten článek týkající se filmů pro děti je dobře napsaný. 2. Ti lidé čekající v hale jsou naši klienti.

RT6/7 1. mi, abych 2. nám, abychom

RT6/8 1. Chci, aby přišel. 2. Chci, aby přišli. 3. Chtějí, abychom přišli. 4. Chceme, abyste přišel.

KEY

RT6/9 1. aby 2. aby 3. abyste 4. abych
RT6/10 1. abychom, ně 2. abych, ni
RT6/11 1. Byli 2. není
RT6/12 1. zrušena 2. objednáno
RT6/13 1. uklizená 2. opravené
RT6/14 1. uvařeno 2. nakoupeno
RT6/15 1. byl, byl 2. byla, byla
RT6/16 1. bývala 2. chodívali 3. nemívali 4. jezdíval
RT6/17 1. The report was written by the (managing) director. 2. The town was founded by a king.
RT6/18 1. Z kterého století pochází ten kostel? 2. Odkud pochází ředitelova manželka?
RT6/19 1b), 2a)
RT6/20 1. nerozsvítíš 2. zhasni

SURVIVAL CZECH
Soňa Váchalová

Jazyková revize: Dora Slabá
Odpovědná redaktorka: PhDr. Jiřina Svobodová
Obálka: Bořivoj Frýba a Marek Jodas
Sazba: Tercie Praha s. r. o., Tuchoměřická 343, 164 00 Praha 6-Nebušice
Tisk a vazba: Rodomax, spol. s r. o., Nové Město nad Metují

Vydalo nakladatelství LEDA spol. s r. o., 263 01 Voznice 64
Book 1: 744 stran; Book 2: 256 stran
Vydání první, 2003
http://www.leda.cz